● 广西壮族自治区哲学社会科学规划研究课题 ●

广西玉林市客家海外联谊会

献给2011’中国广西北海市第24届世界客属垦亲大会

# 客家文化与和谐广西

● 徐天河 著

ZHEJIANG UNIVERSITY PRESS
浙江大学出版社

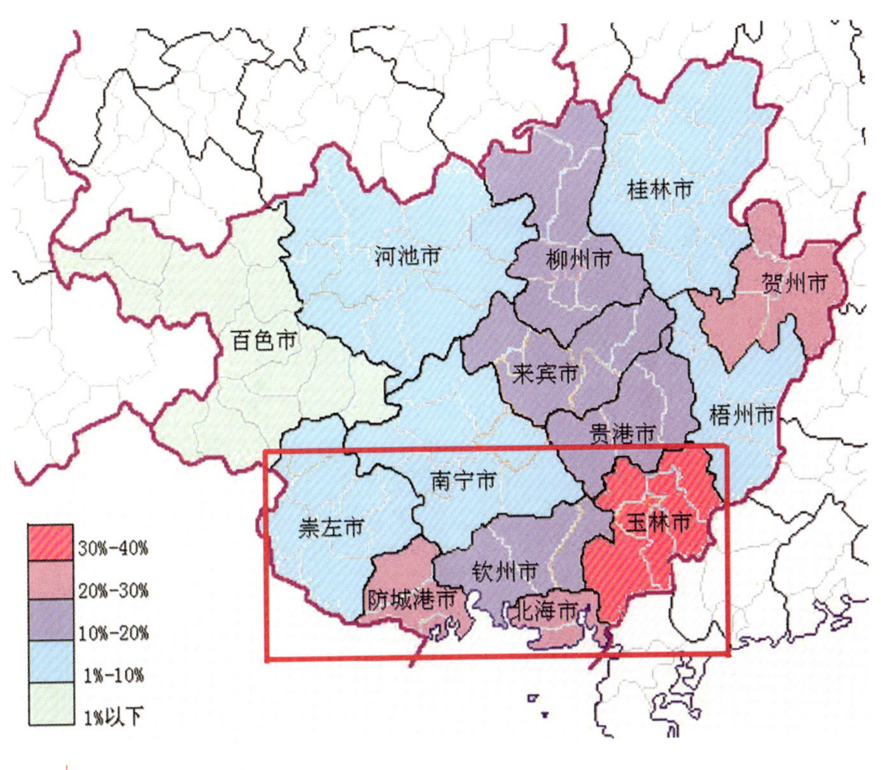


1 广西客家分布图

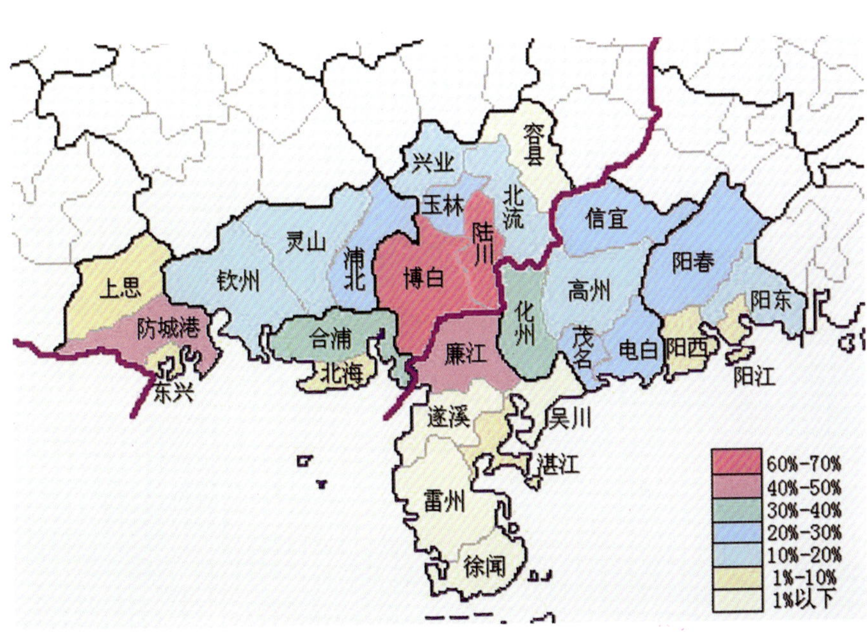


2 粤西桂南客家比例图

3 南流江

4 王力宗祠——博白金圭塘

5 客家山川民居

6 客家祠堂

7 客家围屋

8 博白蔡氏宗祠

9 陆川谢鲁山庄

10 博白王力故居

11 容县黄绍竑别墅

12 北流勾漏洞天

13 桂东南大榕山风光

14 玉林云天文化城

15 中国编织工艺品之都——广西博白

16 中国铁锅之都——广西陆川

17 广西特产——桂圆肉

18 桂东南特产——荔枝

19 北海涠洲岛风光

20 出 海

21 晚晴抗法爱国名将
——冯子材

22 晚清抗法、抗日的民族英雄，
铁血将军——刘永福

23 中国语言学家、教育家、
翻译家——王力

24 民革创始人之一
——陈铭枢

26 广西壮族自治区党委原书记、政协原主席、广西客家海外联谊会会长陈辉光

27 曾宪梓先生与羽毛球世界冠军林丹合影

世界客屬第二十四屆懇親大會誌慶

全球客家精誠團結

佗城積潤百齡老人

黄石華 敬題

二零一一年三月弍拾日

28 世界客属恳亲大会创始人之一——黄石华先生为北海世客会题词(2011年3月)

29 客家同胞一家亲

30 庆祝广西壮族自治区成立50周年文艺晚会(2008年12月)

31 作者与台湾大学专家、世界客家学者在中国台北合影(2006年10月)

32 玉柴集团

33 柳钢集团

34 正菱集团

35 睡宝集团

36 喷施宝集团

37 梦之岛集团

西麦
SEA MILD
公司成立八周年暨新综合大楼落成庆典
热烈欢迎各位领导,嘉宾莅临指导

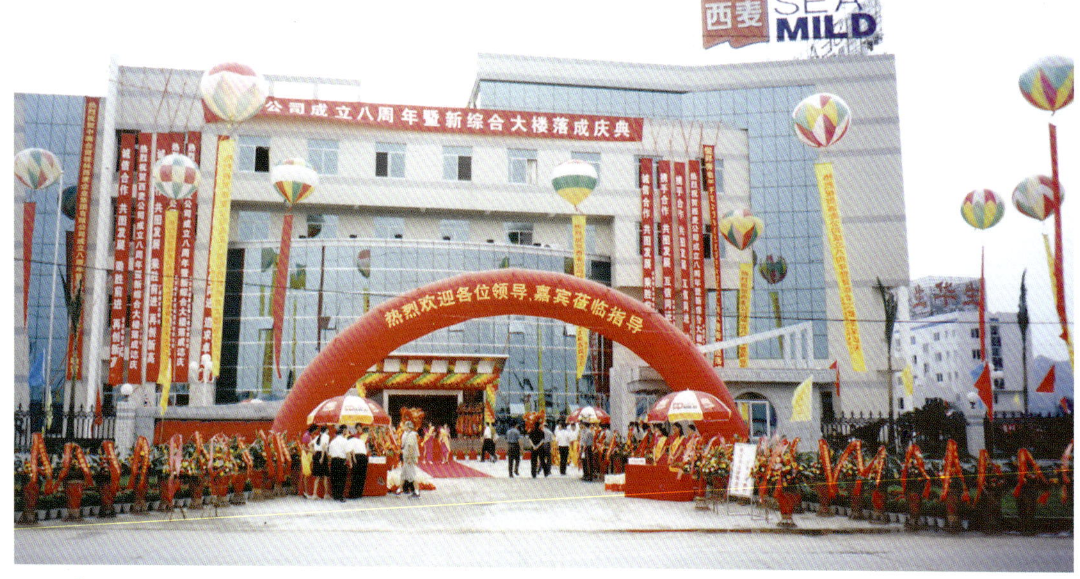

38 西麦集团

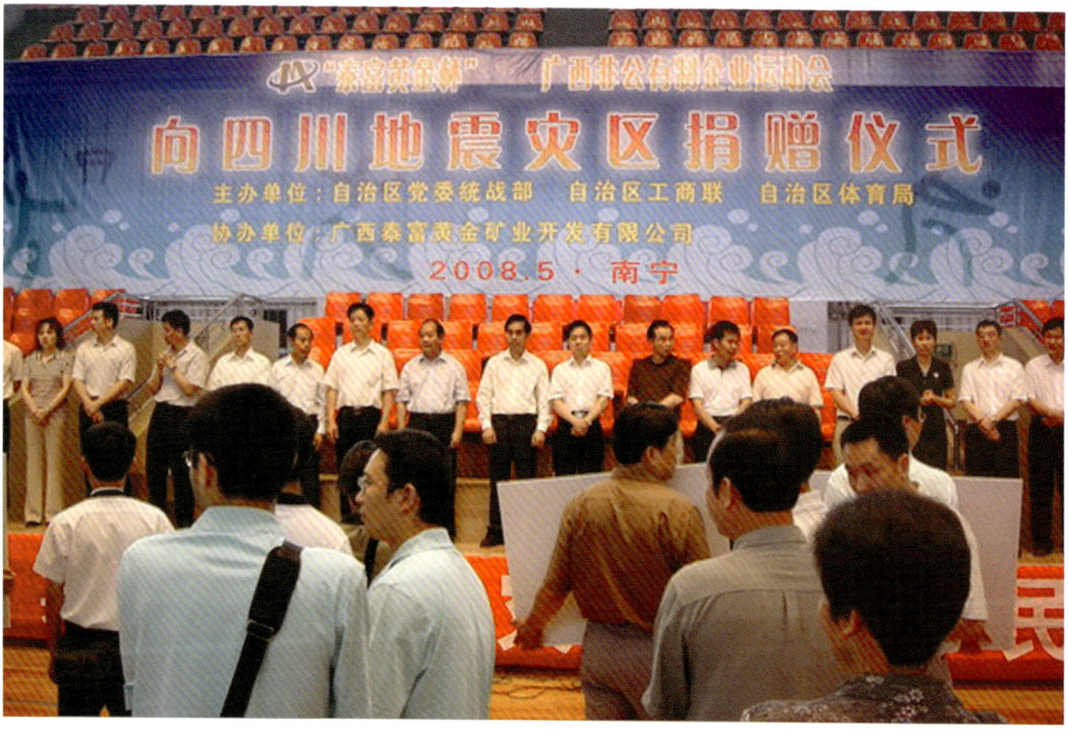
“泰富黄金杯” 广西非公有制企业运动会
向四川地震灾区捐赠仪式
主办单位：自治区党委统战部 自治区工商联 自治区体育局
协办单位：广西泰富黄金矿业开发有限公司
2008.5 · 南宁

39 广西泰富黄金矿业开发有限公司

# 序言

20 世纪前后，由于客家人在太平天国运动和辛亥革命中的重大影响，客家问题首次为世人注目。近几十年来，全世界有两个族群是学界研究比较热门的：一是以色列的犹太人，二是中国汉民族南迁形成的支系客家人。《美国国际百科全书》说："客家是中华民族最优秀的民族之一。"1911 年纽约版《不列颠百科全书》指出："客家人有独特的方言……是一个很勤劳的群体……他们非常聪明，许多著名学者都是客家人，太平天国的领导人洪秀全也是客家人。"

客家是中华汉民族重要民系之一，客家人在中国历史和中国革命中具有十分重要的地位和作用。中共中央政治局委员汪洋说："客家人源自中原，在不断辗转迁移过程中，传播了中原先进文化，创造了光辉璀璨的客家文化，涌现出了众多优秀杰出人才，为中华民族的繁荣发展作出了积极贡献。"客家人具有独特的生活方式、顽强的生命力和显著的创造力。他们在艰苦漫长的生活考验和生死斗争中，形成了刻苦耐劳、团结互助、崇文重教、注重家庭、睦邻友好、慎终追远、爱国爱乡的优秀传统，并在中华民族精神的孕育下，历经磨难，凝成了以开拓进取、四海为家、崇尚正义、不畏强暴、敢于担当、民族至上等为特征的客家精神。正是这种崇高精神，激励和鼓舞他们在中国近代、现代及世界舞台上发挥了重要作用。特别是在我国反帝、反封建的民主革命和民族解放斗争中，海内外不少客家人抛头颅、洒热血，前赴后继，英勇牺牲，为推翻封建主义、官僚资本主义和帝国主义在中国的统治，为建立新中国立下了不朽功勋，得到党、政府和人民的高度赞扬和充分肯定。

客家人的足迹遍及全世界，据国内外资料不完全统计，目前全世界约有一亿两千万客家人。由于历史原因，客家人从中原南迁，备尝艰辛和苦难，为了生存和发展，他们扎根我国南方贫瘠山区，其中部分人离乡背井，漂洋过海，终生打拼。如今，客家人遍布世界一百三十多个国家和地区，人称“有海水的地方就有华人，有华人的地方就有客家人”。客家人发扬了固有的爱国爱乡精神和勤劳本色，积极投入所在国家和地区的建设事业，有力地促进了所在国家和地区的经济社会发展，其中不乏客属贤达和科技、经济界精英，成为所在国家和地区政治、经济和科技界的领导人。

客家人历经千年创造的独具特色的客家文化，是中华文化的瑰宝，也是人类文化的宝贵财富，对促进我国和世界的文明建设有重要的作用。客家文化博大精深、蕴藏丰富，涵盖了社会生活的方方面面，其精华部分主要反映了人们对社会、自然的认识和祈望，体现了养德明志、积极向上的精神，显示了人民的智慧和力量。中共中央总书记、国家主席胡锦涛在2010年春节期间参观被列入世界文化遗产名录的福建永定客家土楼时，称赞它是“中华文化瑰宝，是大家庭、小社会和谐相处的典范，一定要把祖先留下的这份珍贵遗产守护好、传承好、运用好”。全国人大常委会原副委员长许嘉璐说：“客家文化可以说是中华文化的缩影、典型、样板，或曰范式，是中国人民献给人类的一份厚礼……保护、弘扬和创新客家文化，是客家之所急需，中国之所急需，世界之所急需。”

自两宋以来，一些文人、官吏出于猎奇心理，对客家地区的方言、习俗等作过一些记载，后各地方史均有收录。最早研究客家的论著是清中叶徐旭曾的《丰湖杂记》，后有黄钊、黄遵宪、章太炎、顾颉刚、罗常培、罗香林等学者的专著50余部。1980年5月，华东师范大学客家研究室首先成立，接着，为数甚多的客家研究所、研究会在世界五大洲100多个国家和地区纷纷成立。钟文典、刘佐泉、罗勇、谢重光、饶任坤、冯秀珍等百余位内地学者，加上中国港澳台地区以及美、英、法、日、东盟等国研究者的论著，如雨后春笋般涌现，对客家的源流、方言、教育、妇女、习俗、物产、民间文艺、宗教信仰、名人志士等进行了多维研究，硕果累累。但对广西客家文化与广西社会和谐稳定相互作用的研究，尚未引起学界足够的重视，而广西客家文化与广西社会稳定和谐发展的相互作用又是极其明显的。据不完全统计，广西客家人口约有700万，遍及全广西的14个地级市以及100多个县区。广西是全国少数民族人口最多的边疆省区，各民族相处融洽，社会发展稳定，成为中国西部经济与文化较为发达的地区之一。2008年广西壮族自治区成立50周年大庆时，中央充分肯定广西是维护民族团结的模范、维护祖国统一的模范、维护社会稳定的模范、我国民族关系"三个离不开"的模范。广西客家文化与社会和谐发展有什么主要经验？应采取哪些措施进一步巩固和发展现有的民族关系？徐天河同志的探索有一定的发现和启示。

客家先民自秦汉以来，由于征戍屯边、充军流放、逃避战乱、易地为官和流徙谋生等原因，从中原一带逐步南迁到闽粤赣桂地区开业定居。在过去的几十年中，客家问题虽然颇受世人的关注和重视，但学界的研究多集中在客家最主要聚集区——粤闽赣三省交界处，对客家源流、方言、习俗等基本问题进行探讨，而对深层次的客家文化特质和客家文化研究的现实意义等问题的讨论则显得比较薄弱，尤其是客家文化与社会和谐发展这方面的研究较少。正如全国人大常委会原副委员长许嘉璐指出："……对客家文化的研究，应不限于对过去的文献、历史的考证，文物的留存，风土文化的记录，应该研究如何使之内化，变为今天的我们和我们的子孙后代须臾不能去的内在。"徐天河同志将全书分十八章，其中五个方面的探索颇有价值。

一是客家文化与社会和谐发展的独特思维。人是社会变化的主体，人心稳定是社会稳定的基础，而心情愉悦又是人心稳定的前提。只有正确处理好人与人的关系，才能实现社会长期稳定和谐的目标。只有上下双方自觉的良性互动，才能产生长久的社会稳定与和谐。因此，广西客家文化强调社会转型的平稳实现不是通过暴力的强制手段或大规模的群众运动，而是通过各种不同文化的互相润滑磨合、共同发展生产力、确立普遍认同的文化理念及建立公信的社会秩序来完成。

二是客家文化与社会和谐发展的优先选择。没有物质文明，就谈不上精神文明，更不用说什么社会稳定、和谐。客家人充分认识到：人生的种种苦难，莫大于生存所需物质资料的贫乏，因此他们在漫长的生活和斗争中，凝聚了刻苦耐劳、坚毅刚强、开拓创新、团结奋进等优秀传统，大力发展生产力，共同创造了物质文明，也共同维护了社会的长期稳定与和谐，促进世界和平发展。

三是客家文化与社会和谐发展的价值基石。汉族社会是十分注重等级的，汉民族支系客家人虽然也讲究等级，但在促进社会稳定和谐过程中特别强调上下双方自觉的良性互动，即客家文化所倡导的“尊重彼此、相互包容、平等相待、共同发展”的价值取向。探讨客家文化的核心价值观与社会主义和谐社会的价值基石的联系，以及保持社会稳定和谐的内在源泉。徐天河同志的研究思路可以提供一些理论与实践方面的参考。

四是客家文化与社会和谐发展的文化根基。家庭是社会的细胞，是构成社会最具活力的基本单元，是社会多维关系的一个交叉点。家庭是人们安居乐业建立和谐人际关系的摇篮，也是消除各种矛盾、解决社会问题的首道防线，因而社会的稳定与否很大程度上取决于家庭的和谐与否。客家社会和谐的良性发展是与客家家庭的良性发展密不可分的。所谓和谐家庭，主要是指家庭内部各成员之间、家庭与社会之间、家庭与自然之间相互的系统和谐。它以家庭每个成员的全面发展为基础。

五是客家文化与社会和谐发展的秩序保障。宗法制度对客家宗族起了团结凝聚的作用，家规族训是客家宝贵的伦理和法律文化遗产，两者相互作用维系了客家社会秩序的和谐稳定。从客家宗法制度为着眼点，以客家族谱的家规族训为着重点，梳理客家宗法制度的形成与特点，解读客家家法、族规所具有的民间法律效力，以及如何通过畅通的民意表达机制、合理的利益协调机制、公平的纠纷处理机制、有效的权力制约机制、实现客家和谐社会的法律保障机制及作用，探析其对和谐社会秩序的保障作用和影响。

从客家文化与社会和谐发展的角度进行研究，在揭示汉民族文化根深叶茂、支脉纵横的博大气派的同时，重点研究汉民族支系客家文化在广西维护社会稳定和谐过程中，特别强调双方自觉的良性互动，较之前贤多是单方进行“如何使社会稳定”的研究，可以说是一种新的尝试。

社会冲突在一定意义上说就是文化的冲突，本书能离弃表象直插影响稳定和谐的内核，有现实的针对性。学界对转型期的社会如何稳定和谐进行了不少研究，但多是从居高临下的权力介入等强制手段或大规模的群众运动的视角来进行，而从相互尊重、平等互动、共同认可的价值永恒的文化视角切入解读，尚未引起学界足够的重视。本书拓展了转型时期的社会稳定和谐研究领域的空间。

当然，书中若能有效地梳理历史上的客家名人有关“和谐”社会建构的言行，就更能丰富民族历史文化发展的层次性和历史纵深感的认识了。

随着经济全球化、社会现代化进程的加快，客家传统社会已经解体，比如在民居建筑方面，传统的土楼、围屋已不再是21世纪客家人主要的居住方式。然而，客家人在漫长的生活中，在长期宗法制度下凝结的爱国爱乡、睦邻好客、坚毅刚强、刻苦耐劳、团结奋进、开拓创新等优秀传统却在新的居住地薪火相传，绵延不息，在世界舞台上也将继续发扬光大。

当前，我国社会秩序总体是稳定的，而这种稳定往往具有“刚性”作用。作为更好的辅助选择，若能借鉴客家安定社会秩序的方法，培养由血缘关系中形成的亲亲尊尊、敬老爱幼、团结凝聚、爱家爱乡的感情，培养正确的伦理道德观，建立以爱国主义为核心的价值观，就可能较好地通过法治实现与保障社会的长治久安，稳定和谐。

概言之，本书鲜明地提出了“客家文化与和谐社会”的论题，是客家文化研究中一个十分重要的内容，诚望学界予以重视，加强研究，为促进经济社会发展做出更大的贡献！

是为序。

陈辉光①

2011年10月16日

于广西南宁市

① 陈辉光：广西壮族自治区党委原书记、广西壮族自治区政协原主席、广西客家海外联谊会会长。

# 目录

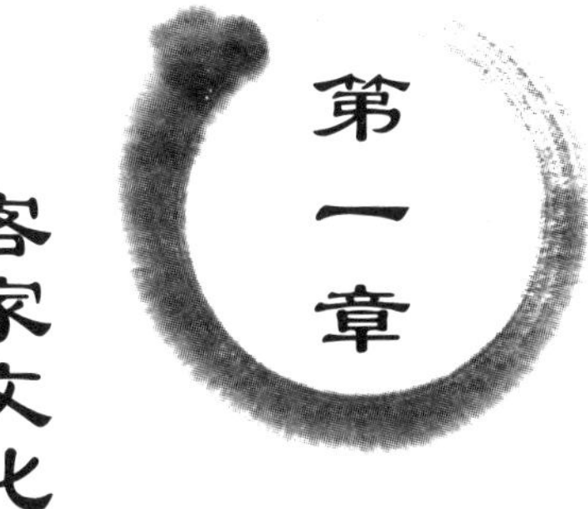

# 第一章 客家文化与和谐广西

客家是中华民族的一个庞大民系共同体，是历史移民的产物。中原汉人南下到达广西，始于秦代，《史记》载："三十三年，发诸尝逋亡人，赘婿、贾人，略取陆梁地，为桂林、象郡、南海，以适遣戍。"①其中自然也会有客家先民。秦汉以降，尤其是西晋以后，客家先民大量南移，跨黄河，渡长江，其中一支抵达江西、福建、广东三省交界的地区，与当地的土著畲族等互为影响，终于形成了客家民系。汉族人大规模进入广西应始于第四次大迁徙（约1645—1867年），且以客家大迁徙为主要迁入者。明末清兵南下是此次大迁徙的重要政治原因。长期的战争造成了社会的动荡不安，生产遭到严重破坏，不少汉人为躲避战乱，纷纷从福建、广东、江西等地迁入地广人稀而社会秩序相对安定的广西、海南等地。如今，"广西有客家人700万人，遍及全广西的14个地级市以及100多个县区。"②客家人上下有一千多年的迁徙史，不论其自身内部或与周邻居民都不乏矛盾，但最终都能和谐共处。究其原因，自然是其独特的思

① 《史记·秦始皇本纪》

② 闻育旻：《广西北海市盛邀全球客家乡亲参加24届恳亲大会》，引自网页：http://www.chinanews.com/df/2011/04-14/2973883.shtml

维方式、物质基础、价值基石、文化根基、制度保障等多方面的客家文化因素合力在起作用。

客家人在迁徙及定居的过程中所形成的客家文化，杂糅了中原文化、闽粤赣山区的土著少数民族（如古越族、畲族、瑶族等）文化及湘赣文化、广府文化、福佬文化等周边文化，经过上千年的社会生活、生产劳动的实践，去糟存精，在协调人的自身关系、人与社会关系、人与自然关系三方面达到一定的平衡效果，可谓是“和谐文化”。中共中央总书记、国家主席胡锦涛在2010年春节期间参观福建客家土楼时，称赞它是中华文化的瑰宝，是大家庭、小社会和谐相处的典范，一定要把祖先留下的这份珍贵遗产守护好、传承好、运用好。①正是看到了客家土楼作为客家物质文化的代表，蕴含着丰富的客家精神文化。客家人入桂以后，融合了不少南方区域文化的客家文化，又大量吸收了富有岭南民族特色的桂地文化，并由此逐渐形成了较为独特的广西客家文化景观。

广西是少数民族人口最多的边疆省区，各民族相处融洽，社会发展稳定。2008年广西壮族自治区成立50周年大庆时，中央充分肯定广西是维护民族团结的模范、维护祖国统一的模范、维护社会稳定的模范、我国民族关系“三个离不开”的模范。②这与客家文化在广西的盛行有着密切关系。

## 第一节　客家文化与广西社会的文明

社会文明，在这里主要指物质文明与精神文明，是社会成员共同创造的财富的总和。广西作为一个多民族聚居地，社会文明的形成与发展离不开各民族的共同努力，本章首先关注的是客家人在广西的表现。

广西地处中国南疆，先秦时期，广西叫“骆越国”，属于“百越（粤）”地区。“楚越之地，地广人希，饭稻羹鱼，或火耕而水耨，果隋蠃蛤，不待贾而足，地势饶食，无饥馑之患，以故呰窳偷生，无积聚而多贫。”③可见当时的广西仍处于原始封闭的状态，生产技术落后，生产资料贫乏，百姓蒙昧无知。由于战乱或其他政治、经济等因素入桂的中原人，给广西带来了当时绝对先进的农耕技术和中原文化，并与迁徙途经地、定居地人民进行了广泛的交流，和谐共处，吸收了各地文化的精华，形成了在语言、民俗、风情、精神风尚等方面有显著特点的客家文化。尤其是广西客家社会普遍存在的尊重彼此、相互包容、平等相待、共同

① 罗钦文：《八闽千姿：总书记春节看土楼 客家文化受瞩目》，引自网页：http://www.chinanews.com/gn/news/2010/02-18/2125374.shtml

②《广西日报》2008-12-20

③ 司马迁：《史记·货殖列传》

发展的精神文化，在广西社会和谐发展的相互作用中产生了明显的影响。

### （一）客家文化与广西社会的物质文明

广西位于全国地势第二台阶中的云贵高原东南边缘，地处两广丘陵西部，山岭连绵，岭谷相间，“喀斯特”（岩溶）广布，自然环境恶劣，垦地稀少，到处是茫茫的荒原。经过南明政权的抗清战争和“三藩之乱”，广西作为主要战乱之区，赤地千里，满目疮痍。清政府入关之后，为了安抚流民，尽快恢复社会生产，出台了一系列与民休养生息的政策，对“无主荒田”，准由官府“给以印信执照，开垦耕地”，作为己业。而且对新垦土地给以留用免予“征收钱粮”的优惠待遇。又由于清政府实行禁海政策，清初，闽、粤等沿海省区以及江西各地的客家人大量进入广西，开垦荒地，安家立业，为广西大地的绿化、耕地的垦辟、社会生产的发展做出了重要贡献。到了清代雍正年间，广西“休恬安养，生齿蕃盛，村落错居，寒暑应侯，近郡皆同中土”。[①]

这些变化与大量客家移民的开发大有关系，在官方文献、地方志书、客家人的谱牒中都有记载。如桂中《象县志》提到象州昔日是“满目篙莱”的旱地荒土，经过客家移民的开发，“已渐变水田”。桂南《防城县志》提到经过“射耕人”（客家移民）的开发“县境之田亩日辟，农业顿为之改观”。广西的自然条件非常复杂，有限的生产资料又早被土著占据。客家人为何能在广西站稳脚跟，又为何能推动广西生产力的发展？除了凭借中原先进的生产技术，客家社会提倡“勤俭耐劳、诚信睦邻”是其中重要原因。因为在开发山区的过程中，面临险恶的自然环境，层峦叠嶂，毒蛇猛兽出没，为了生存立足，他们需要有艰苦奋斗的坚强意志。深谙中华文化精髓“生于忧患，死于安乐”[②]的客家人素来特别能吃苦耐劳，每天披星戴月地在田间工作，晚饭后还要劳作一二小时才休息，周年如一日，毫无偷懒。广西客家社会有句俗话：“早起三朝当一工，早起三年当一冬。”并编有歌谣教育子孙：“勤俭丰足之家，耕读兴家之基。勤俭定能立业，奢侈导致贫困。春日一刻千金，季节绝不饶人……兴家如针挑土，败家如水洗尘。用物检点节约，破裂要多费神。房屋田地再多，乱用不久必贫。宁可自食其力，不能坐食山空。”客家人意识到，“勤俭耐劳”是生存的根本保证，也是发展的重要途径，在资源短缺的地区必须珍惜每一份资源，并做到最大化的利用。

然而，他们也知道仅仅依靠自身努力想要谋求发展是不够的，“一个篱笆三

① 金珙等：《广西通志》卷二《气候》
② 《孟子·告子下》

个桩，一个好汉三个帮”，创造平等互利，和谐融洽的人际关系是发展的必要人文环境，特别是身处多民系或少数民族居住为主的地方。所以，客家社会又提倡“诚信睦邻”，客家人常说“无信非君子，无义不丈夫。”把信义视为社会交往中为人处事的基本品德，并把它作为判别君子或“小人”的价值标准。历史上的客家人被迫流落异地谋生，在政治、经济上都处于较弱势的地位。为了生存与立足，他们首先要取信于人，也需要得到朋友的信义相助，把一切损人利己、欺诈、蒙骗、陷害、背信弃义等行为看做“小人”之举，并以“亲君子，远小人”①这一古训作为座右铭。客家人对待邻居做到诚实守信、与人为善、尊重彼此、相互包容、平等相待、共同发展。“勤俭耐劳”加“诚信睦邻”，使客家人能够迅速融入当地的生产生活，与土著居民一起创造物质财富，达到共赢。如广东兴宁人刘弼一，乾隆年间迁入马平基隆村后，因为村邻人排外，合议不让卖土地给外来人，刘弼一没有耕地，但他自强不息，依靠饲养鸡鸭开基立业，同时努力与当地居民沟通、协调，“三年之后，村人皆知我忠厚善良，敬而无失，恭而有礼，排难解纷，方得邻里相交，让卖田地。”刘弼一得到当地居民的信任，过上了比较安定康乐的生活。②

客家先民迁徙入桂，多是只身或单家独户而来。以农为本，各业并举，是广西客家人经济生活的主轴。广西商业呈现全面繁荣的局面，客家人的作用不可低估。在广西有客家人的地方，基本都有定期的集市，客家人称之为“圩”。民间有句俗语：“客家人创圩，广府人旺圩。”说的是客家人经商不避偏远，不择地域，经营成圩市，然后才有广府人的“旺圩”（扩大集市规模）。客家人热心商业，有商品意识和拼搏精神，勇于开拓，善于经营，能够在较短的时间积累较大的财富。在钟文典教授的《广西客家》中记载了这样一个实例：客家人在广西平果创建圩市以后，始终掌握当地的商业经营权。“文革”期间，经商者被强制下放到农村劳动，商店被迫关门。客家人却暗地里在农村饲养禽畜出售。“文革”以后，客家人纷纷回到圩市，借改革开放的东风，工、贸、商并举，远走宾阳、田东、百色等地，大展宏图，领先成为“万元户”者不少。广西贵港木格镇也有类似情况，“文革”期间被拉上台批斗示众的23个商人中，有18个是“客家佬”，改革开放以后，重新进入木格镇商业领域，带头发家致富的，仍旧是这些“客家佬。”③

客家人对商业的热心与执著，源于客家文化对物质追求的肯定，这与中国

① 诸葛亮：《出师表》“亲贤臣，远小人”的化用
② 钟文典：《广西客家》，广西师范大学出版社，2005年版，第133页
③ 钟文典：《广西客家》，广西师范大学出版社，2005年版，第154页

传统儒家文化“重农轻商”的思维方式有所不同。震惊世界的“太平天国起义”由客家人发起，起义的纲领《天朝田亩制度》要求废除旧有土地所有制，从中可以看出，客家人毫不掩饰对更好的物质生活追求。这也是客家文化对自然人性的肯定，对生命个体的物质要求给予正视。

客家社会对物质文明的追求，培养了客家人的商业素质，进入变化莫测的商海后能够做到沉着镇定，目光长远，开拓进取，在广西诞生了许多客商传奇。广西科宝公司、沙龙纸业公司、云南传承茶业有限公司董事长、广联（南宁）投资公司董事张国兴和玉柴机器集团有限公司董事局主席晏平都是其中的佼佼者。张国兴被称为“频创‘广西之最’的客家儒商”。他是广西第一个从日本引进最先进的彩色冲印设备的商人，把以前需要几天才能冲印出来的黑白照片变成了几十分钟就能冲印出的彩色照片，他也是广西最先开创生活用纸品牌——“沙龙纸巾”的商家，他同时也是广西培养老板人数最多的民营企业“校长”。据不完全统计，近二十年来，他带出了六十多位老板，其中有近三十位百万富翁，近十位千万富翁，如好友缘酒家、永恒婚纱、巴黎婚纱的老总黄虹就是其中之一。[①]晏平从2005年到玉柴集团任职以来，在原有的基础上，积极贯彻科学发展观，确立玉柴核心理念“绿色发展，和谐共赢”；经营思想“卓越品质，国际玉柴”。坚持走绿色工业发展之路，不断推进企业改革创新，连续五年保持高速发展，为国家和地方经济发展做出了巨大贡献。其中，2008年玉柴战胜全球金融危机影响实现销售收入209.88亿，同比增长14.32%，从规模到管理实现了“三年再造一个玉柴”的目标。2009年，晏平带领玉柴团队苦练内功、抢抓市场，销售收入达271.97亿元，同比增长29.58%，柴油发动机产销量突破67万台，连续五年稳居全国同行业首位。在2010中国企业500强排名榜上，玉柴集团排名第227位，比2009年度排名上升38位，成为2010中国企业500强收入增长最快的百家企业之一。玉柴品牌价值超过80亿元，在2010中国最具价值品牌排行中名列109位。正如晏平所说：2011年恰值辛亥革命一百周年、中国共产党建党90周年，欣逢玉柴建厂60周年，集团正式吹响向“十二五”千亿迈进、首战跨越400亿元规模的号角。动人心魄的时刻已经来临，催人奋进的乐章已经奏响，全体玉柴建设者厉兵秣马，踏上征程，迈向千亿第一春。[②]

客家大县广西博白有一个响当当的名号——“中国编织工艺品之都”。据考

① 王祖能：《频创“广西之最”的客家儒商》 http://blog.tianya.cn/blogger/post_show.asp?BlogID=318551&PostID=10363988，2007-07-19

② 慧聪工程机械网 2011-01-05 08:58

证，早在宋代，博白的民间编织工艺就已闻名。1979 年秋，来自博白的两套精美芒编工艺品在广交会上大放异彩，引来外商一片赞叹和大量订货，从此博白芒编工艺品在国内外声名鹊起，并远销东南亚及欧美市场。如今，芒编产业已发展成博白的支柱产业之一，博白也逐步成为全国最大的编织工艺品出口基地。目前，全县编织企业近 400 家。芒编产品的品种发展很快，已由当初的芒编逐渐发展到目前的以芒、竹、藤、木、草、纸绳、金属等为主要原料的混编工艺品，品种达上万种。仅 2009 年，该县编织业产值达 10.9 亿元，从事编织加工业的农民达 20 多万人，人均编织收入 1000 多元，成为客家人“指间飞舞的财富”。[①]

客农、客商、企业家，共同为推动广西经济发展做出了巨大贡献，也带动了广西各地农、工、商业发展的积极性，促进了广西社会的物质文明。

### （二）客家文化与广西社会的精神文明

古时广西封闭恶劣的自然环境一直是广西精神文明的巨大阻碍。先秦时期，中原地区文化鼎盛，学术呈现百家争鸣的局面，文化贤人辈出，而百越地区（包括广西）被称为“蛮夷之地”，即未开化的地区，没有文明曙光的地方。直至唐代，著名文学家柳宗元被贬永州（湖南、广东、广西三省交界处），在其《答韦中立论师道书》一文中仍称是“不意吾子自京师来蛮夷间”。[②]当时的广西仍然荒僻，在学者文人眼中是与有文化的中原截然不同的落后地区。然而，在广西客家人的聚居地，就有不少远近闻名的状元村落，如贺州秀水状元村，建于唐开元年间，立村建寨距今已有 1300 多年的历史，始祖毛衷，是唐开元年间进士，为广西贺州刺史。该村自唐繁衍发展至今，有一个宋代状元和二十六个进士。自 1977 年恢复高考制度以来，该村考取全国各大中专学校的人数就达 200 多人。南宁上林县白圩镇状元村，全村 82 户 500 多人，就有 74 户被誉为“状元户”，新中国成立以来，已有近 300 人考上大中专院校。各处状元楼、魁星楼更是多不胜数。这些在广西瑶乡、壮乡里发展起来的客家人，多是从中原或者文化发展较好地区迁徙而来，本身有着较高的文化素质与先进的汉文化理念，深知读书明理的重要性，秉承中原遗风，以耕读传家，以兴学为乐，以读书为本，以文章为贵，以知识为荣，在客家社会蔚然成风。因此，勤奋好学，孜孜不倦，成为客家社会实行教育的先驱，带动了当地教育事业的发展。

重视教育，俨然是广西客家的普遍现象，这与客家文化的“崇文重教”的

① 唐群峰：《博白芒编：指间飞舞的财富》，广西新闻网 2010-09-16

② 柳宗元：《杨慧文选注》见《柳宗元散文选集》，百花文艺出版社，2005 年版

传统密切相关。华南理工大学客家文化研究所所长谭元亨教授说："客家是这样一个民系，它首先是以高文化、高素质教育即'崇文重教'而著称于世。"[①]在广西客家，儒家圣人孔丘被人们作为神圣敬拜，书香之家，多敬"大成至圣先师牌位"。在一般人的心目中，也多知道有个孔圣人。子弟入书塾或学校读书，也都先具备供品礼敬圣人。客家谚语中有不少是关于劝读的"书爱读，打要练"，"生子不读书，不如养大猪"，"不读诗书，有目无珠"，"路不走不平，人不学不成"，"捡漏趁天晴，读书趁年轻"，"天光唔起误一日，少年唔学误一生"等。客家童谣也提到读书的重要："蟾蜍罗，咯咯咯，唔读书，冇老婆……"

南宋伟大的思想家、哲学家、教育家朱熹是客家人，[②]他从小受到"三堂"（墓堂、祠堂和学堂）教育的熏陶，把儒家的"仁、义、礼、智、信"和客家人的家庭教育结合起来，撰写了《朱子家训》，作为朱氏家族的家庭教育教材，规范家庭成员的行为道德标准。《朱子家训》是一部集为人处世等多方面道理于一册的经典著作，是一部家庭教育、培育子女完善人格过程中，接受传统文化教育的读本，能让受众坚持良好的生活习惯，去恶修善，坚持家长里短的品行，被誉为中国家族文化教育的典范文本。几百年来，广西官府与民间，都公开刻印发行，广为流传，家喻户晓。受教育者从个人修身到社会文明，从家庭和睦到构建和谐社会都作出了积极贡献，推动了广西教育事业的发展。以广西贺州为例，1905年（清光绪三十一年），地方客家士绅创办了贺县示范传习所。1921年，高雁秋、李孝先等创办了贺县中学（今贺州市中学），1930年又创办了贺县女子小学和女子中学。1940年，黄研真、黄德占等联合矿业界人士创办了临江中学（今贺州高中）。这些学校都成为了地区名校，培养出大量人才。

客家人的崇文重教，使广西客家社会人才辈出。如文史专家王力、罗尔纲，民族学家江应樑、徐松石，化工专家李运华，植物学家钟济新，兽医学家叶浩，医学专家叶馥荪、叶培，客家文化研究专家钟文典、卢斯飞、饶任坤、彭会资、王建周、刘道超、熊守清、徐杰舜、刘村汉，爱国将领黄一平、钟夫翔等。政要名人更是层出不穷，在国内外颇有影响，如原广西区党委书记陈辉光，广西区政府原副主席陈仁等。

客家社会富有独特风情的民间文化也增添了广西社会精神文明的内容。中华人民共和国中央政府门户网站发布的《第一批国家级非物质文化遗产项目名录》传统戏剧中，广西有三项入选，其中一项是桂南博白县客家的采茶戏，它是客家音乐文化的重要组成部分。在广西博白，每逢有庙会、观音旦、做社等

① 谭元亨：《客家文化史的思路与建构》，见《客家文化论坛论文集》（广西博白），2006年版，第1页

② 祖籍江西婺源

活动时，常有民间的采茶剧团走村串户进行表演。当演出达到高潮时，常常会出现台上台下一唱一和的动人情景，观众和唱时极其投入，戏散后回家也会边走边唱，可见采茶戏在当地深受广大群众的喜爱。近年来，广西陆川县高度重视本土文化的发展，把张扬本土文化事业纳入全县的总体规划，推出“客家每月一戏”，极大地丰富了人民群众的精神文化生活，也激发和培育了群众参与创作的热情，创作出了一批富有客家特色的优秀作品。在桂北地区，客家文化活动亦丰富多彩，如广西贺州八步客家山歌，将客家山歌、客家歌舞、客家曲艺融为一体，客家文化氛围十分浓郁。它以丑角为主角，以喜剧为结构，体现出客家人乐观幽默、勇于面对生活的达观豪放性格。八步客家山歌不仅深受当地人的喜爱，还多次在自治区汇演中获奖，得到区内外有识之士的广泛赞誉。

新中国成立后第一部音乐风光故事片电影《刘三姐》，一经播出，以惊人的影响力风靡全国乃至整个东南亚，堪称中国20世纪50—70年代的经典文艺作品，而刘三姐的扮演者黄婉秋正是桂林永福县客家人。她以纯自然的美、动人的歌喉、自尊自重的人格魅力征服了中国以及东南亚的观众，吸引了广大受众的注意力，成为那个时代的银幕偶像。在改革开放的30多年中，黄婉秋还以一个艺术团体现有体制的改革者的姿态，出现在广西艺坛上。1991年10月，黄婉秋就任桂林市文化局副局长，次年与香港中地投资有限公司合资成立了刘三姐艺术团，随着艺术团经济社会效益、艺术品位和知名度迅速上升，给广西的精神文明建设形成了不可估量的影响，积极推动了广西文化艺术的发展。

## 第二节　客家文化与广西社会的和谐

社会是一个共同体，不同人和群体之间产生矛盾冲突，以及同一个人和同一群体内部产生矛盾冲突，严重时都会阻碍社会的发展。历史上的社会冲突，绝大多数是利益矛盾引发的。对利益矛盾冲突表现出怎么样的态度，决定了解决矛盾所采取的方式。

### （一）人文教化与社会和谐

客家社会人文教化的动机与儒家宣扬“万般皆下品，唯有读书高”的出发点有所不同，客家人农、商、读并重，不因为抬高读书的地位而轻视农业、商业。客家社会人文教化的目的是为了明理，达到道德教化的效果。在人性欲望与现实生活发生冲突时，道德能够较好地引导人性建立一个欲望底线，而不至于被无边的欲望异化，迷失人性的价值或本性。当钱财与仁义二者冲突时，客家谚语有云："钱财如粪土，仁义值千金。"劝诫世人珍重仁义。在广西客家，"重仁义"思想作为客家的道德底线，不仅深入人心，而且被写入谱牒中作为法规，约束个人行为。如临桂县六塘乡张氏一族，家规第三条是"品行宜端"，注曰："礼义廉耻，为人生之大节，不独为士者当知自重，即农工商贾亦必恪守礼法，不得轻薄妄为，致玷家声，贻讥后世。"博白县与广东廉江县廖氏宗亲合修的《威武郡廖氏家史》，订有族规九条，明文规定："要无私奉献，不准见利忘义。"可以说，在广西大凡客家文化盛行的地区，道德风气浓厚，社会发展和谐。如贵港连续六届被评为"全国双拥模范城"，先后荣获全国群众文化和广西爱国卫生先进城市、广西文明城市等称号。《广西日报》刊载的《关于命名表彰第五轮自治区文明城市文明县城（城区）的决定》中，南宁市、桂林市、柳州市、北海市、贵港市、贺州市、北流市、桂平市、凭祥市、东兴市10个城市因全面推进城市文明的发展进程取得显著成绩，为推动广西的科学发展、和谐发展、跨越发展作出了积极贡献，被授予"自治区文明城市"荣誉称号。[1]令人高兴的是，这十个城市都是广西客家的主要聚居地。

### （二）崇尚佛道与自我和谐

客家是一个迁徙而成的汉民系，常常会在不同的时期不同的地域接触到各种不同的宗教信仰，因此，客家人没有统一的宗教信仰，可以说"客家人在民间信仰和宗教信仰上是多神论的混合体。"[2]虽然如此，但他们的神仙圣佛观念浓重，一般遇庙烧香，见佛就拜。客家人对佛道神仙的崇尚，不是单纯的迷信的膜拜，更是心灵的领悟。客家人在遇到不顺心的事情时，能圆通地运用佛道精神进行自我平衡，调节内心矛盾。如被功名利禄所困，客家山歌有唱到："唱歌好，唱支山歌了百愁；冇忧冇虑任捱去，安然自在胜封侯。唱歌好，唱歌快乐赛神仙；冇信请看刘三妹，唱歌得道上西天。"体现的是道家"清静无为"的观点，唱山歌是客家人无需花大力气就能掌握的技能，功名利禄是费精神费时间换取的，唱山歌能给人"安然自在"、"快乐"的感觉，选择哪个？歌中有了榜样刘三妹，她唱歌"上西天"（夸张迷信的说法），是无为战胜强为的选择。客家谚语也有提到"贫穷休要怨，富贵不需骄"、"有钱需念冇钱苦，得意还防失意时"，体现的是道、佛"福祸相依"的观点，奉劝人们辩证地看待功名利禄。

对佛道精神的崇尚，使客家人更为重视心境的平衡。他们称钱财名利为"身外物"，认为"名利身外物，有命就是福"，因此，客家人在利益面前能够保持

① 《广西日报》 2010-01-09
② 张卫东：《客家文化》，新华出版社，1993年版，第135页

阔达的胸襟。广西博白吉水村客家人陈树就是其中一个富有传奇色彩的典型。陈树少年时家境贫寒，很早就出来闯荡商海，他用向堂叔借来的 90 元钱艰苦创业，从普通推销员做起，凭借勤俭节约的拼搏精神和坚忍不拔的意志，奋斗成为资产超亿元的经济能人。致富后的陈树不忘回报家乡，累计捐资 200 万元，大办家乡慈善事业。在陈树的影响和带动下走出的多位拥有千万资产的经济能人，都相继出钱出力支持家乡公益事业的建设。

诚然，文化不能解决具体的冲突，但文化能够在思想和道德上提供给人一个解决问题的科学思维。客家文化浸浴下的客家人从内心到行动都表现出“重义轻利”、“淡泊名利”，追求心灵的满足，在解决由利益引发的社会冲突中起到缓解的作用，优化了广西的社会风气。

## 第三节　客家文化与广西各民族的共融

客家作为一个迁徙中形成的汉族民系，比一般地区民系要面对更为复杂的社会环境。首先是迁徙形成的客家文化与固存的主流文化之间的差异，影响客家人对国家整体的认识；其次是迁徙形成的生产生活方式与当地土著的生产生活方式的差异，影响民系成员与当地居民的友好的社会交际；再次是由迁徙到定居这个过程中，客家民系内部成员的价值观念、行为准则发生变化，影响成员之间的和谐聚居的相处。客家文化能够找准上述问题的平衡点，不造成差异扩大失衡，原因在于其对秩序和谐的高度重视与自觉维护——大至对国家秩序和谐的重视与维护，小至邻里秩序和谐、家庭秩序和谐的重视与维护。

### （一）维护国家秩序：重一个中国理念，追求民族共融

在中国历史文献中，很早就出现“爱国如家”[①]的记载。客家先人多数是在外族入侵时被迫南迁离开中原人文荟萃的家园的，他们备尝颠沛流离之苦，因而对国家民族的前途和命运极为敏感和关注。他们的灵魂深处蕴涵着不妥协、不受辱、不甘被奴役的反抗精神，怀有强烈的爱国主义情感。日本人山口县造高度赞扬客家人，认为“他们原有一种自信与自傲之气，使其能自北方胡骑之下，迁至南方，因此，他们的爱国心，比任何一支民族都强，是永远不会被征服的……”[②]

广西北流市刘氏客家在 2002 年 12 月修订《翰堂刘氏族谱》中明确规定“要

① 汉·荀悦：《汉纪·惠帝纪》
② 日本《大汉和辞典》，1975 年版

热爱社会主义祖国，不准危害国家”、“要维护社会稳定”。无论何时地，客家都坚持“一个中国”的原则，具有超越其他民系的大局感和强烈的国家认同感，这是一种“主人公”的姿态，自觉参与国家政治生活，自觉地维护社会各个民族群体之间关系的平衡。清末爆发的中国历史上规模最大的农民起义——太平天国运动，“举凡上帝教的创建与发展，金田起义的酝酿到成功，太平天国的政治与社会理想，以及太平天国的文献用语、服饰制度等，几乎无一不与客家人有着密切关系。”①

客家以“耕读传家”，崇文重教，又深谙佛道精神，并不是一个好战的民系。客家人之所以起义反抗，在于客家社会对国家秩序和谐的重视与维护。太平天国起义爆发的原因在于清末，当时国家土地兼并严重、政治黑暗、自然灾害频繁、战争赔款加重人民负担，清政府的软弱无能致使外患内忧加剧，国家政权岌岌可危。客家人深刻的敬祖宗崇根本的故土情节以及华夏一体的国家意识，无法容忍那些侵略中国、分裂中国、噬食中国的行为。对于严重破坏国家秩序和谐、阻碍国家正常发展的行为，客家人不惜抛头颅洒热血抗争到底。在抗争中，客家人善于团结其他民族成员，一起为维护国家秩序的和谐作出努力。太平军从永安古苏冲突围时，得到武宣东乡上武兰村壮族农民的配合；挥师北上经过各地瑶族山区时，宣传天兵与瑶胞“都是自己人”，同时还颁布禁令：“瑶家草屋木房易着火，千祈要小心火烛。”深得瑶族人民的欢迎和支持；太平天国运动将领石达开率十万大军由鄂入川时，得到矮寨的苗族人民赠送大量粮食和草药；太平军进入鄂西和川东时，许多土家族青年毅然加入太平军。②尽管起义运动最后被中外反动势力绞杀，但此次起义给腐朽的清政府以致命一击，加速了清政府的灭亡，打击了外国侵略者，阻滞了中国半殖民地化的进程。其反抗精神鼓舞了中国人民的革命斗争意志，为后来的辛亥革命奠定基石，同时促进了各民族的交流，是一次民族共融的实践。

### （二）维护邻里秩序：重和睦相处原则，实施文化互动

客家人与邻里相处，力求和睦，原因在于客家是饱经忧患，祖祖辈辈颠沛流离的移民。他们渴望得到一个安定的生活环境，谋取温饱的生活保障，因此客家人非常重视邻里关系的和谐。为维护邻里关系的和谐，他们一方面勇敢面对恶劣的自然环境与艰难的社会环境，以诚信为本，崇真务实，勤俭持家；另一方面，他们尊重当地的风俗习惯，乐于与当地人平等交流，善于向当地人（不

① 刘大可：《客家之光》，福建教育出版社，1995年版，第29页
② 朱万一编著：《中国少数民族革命运动史 1840-1919》，四川民族出版社，1988年版，第54页

同民族）学习，争取思想文化平等互动。前文提到的《威武郡廖氏家史》九条族规中要求族人做到“邻里相依，异姓相助，团结友爱。”就是无条件平等尊重他人，消除不同民系成员之间陌生感，身体力行“四海之内皆兄弟”①的古训。客家人不仅尊重他族信仰，而且是发自内心地接受他族信仰，贺州八步区都江盘古庙就是一个生动的实例。盘古是瑶族同胞的始祖大王，贺州市八步区的都江盘古庙的墙壁上刻着盘古大王神像，以及迎神转座建醮捐资的人名，这其中除了有瑶人，还有客家人、壮人，本地人、湖南人等。更有意思的是古盘庙的建筑是客家特色的一排三间，中厅全部敞开的传统房屋形式，而且正面内墙上画着一条黄色长龙，庙内神像中，除供奉盘古大王神像外，还有客家供奉的观音、八仙等23位神像，足见其他民族对客家文化的接受与亲近。同时客家入乡随俗，不仅尊重他族习俗，而且参与其中，现今广西客家各地都有“二次葬”的习俗，但北方的汉族（最忌挖祖坟）是没有这个习俗的，可见“二次葬”是汉族客家先民在迁入广西的过程中受他族影响而形成的。客家人奉行“和为贵”，即使与当地人不可避免地发生了冲突、争斗，客家人也能够不计前嫌，争取双方尽快和解。如广西贵县的“土”、“客”在经历咸丰年间大规模的“土来械斗”后，马上订立了《来土既合定章》，追溯“械斗频年，既田地之多荒，并行人之绝迹”的可怕恶果，决定“以前互相仇杀，并抢掠牛马及焚毁房屋各件，两造概行解释，罔念前仇。”②

正是由于客家人重视邻里秩序的和谐，客家才能够在保存好自我文化的基础上，进行文化互动，尊重他族文化，吸收他族文化，同时秉承“和为贵”的原则，积极构建一个和谐的族际关系。

### （三）维护家庭秩序：重同舟共济精神，消解成员隔阂

由于迁徙过程的艰辛，定居之后又必须面对复杂的社会环境，客家要立足、繁衍、发展，就必须团结一致，齐心协力共同奋斗，客家民系内部关系的和谐显得尤为重要。正如美国《新不列颠百科全书》所指出：“……迁居到华南的中国北方人即客家人，是一个非常勤奋和精明的群体，他们团结得十分紧密。”③

在平时生产生活和交往的过程中，客家人以家庭为核心，以家族为本位，一个家族就像一个小社会。修订详尽的族谱、家谱，以“敬祖收宗”、“尊祖重本”、“启裕后昆”，加强内部凝聚力；制定明确的族规、家规，以约束个人行为，

① 《论语·颜渊》
② 华中师范大学历史系《中国近代史资料拾遗》第一组
③ 天下书盟：http://book2.fbook.net/book/6019/index.htm

加强家庭之间和家庭内部成员之间的团结。同时，为提供族亲联系的空间平台，也为贯彻执行族规家规，体现它的权威性，客家人建立了祠堂。在客家人的聚居地，祠堂建立蔚然成风，以客家大县博白为例，各地、各姓皆有祠堂，只是规模大小、祭祖祠堂的人数多少有所不同而已。广西陆川县更以“祠堂多”而远近闻名。据地方志记载，早在清代，陆川就有各姓宗祠逾百座。又据近人调查，从明、清至新中国成立以前，陆川全县共有各姓祠堂 420 多座。[①]

除了靠族谱、族规、祠堂等维持家庭之间以及家庭内部成员之间秩序的和谐外，约束客家人行为的还有以“祖宗言”为纽带的“自家人”情结。客家人见面，只要一方讲客家话，对方会马上反应：“自家人哩！”于是彼此的陌生感会立即化解，亲密感油然而生。“自家人”情结使客家人能够同甘共苦，发挥协作与互助的精神，为社会和谐发展做出贡献。例如清咸丰、同治年间的粤西“土客械斗”，几户钟姓客家人狼狈逃离恩平，至广西永安州联手从事屠宰业，依靠互相扶持，诚信经营，短短几年间，共同垄断了县城的生猪屠宰业，直至新中国成立初期。在日常生活中，客家人能够互相帮助，济困救贫，少讲报酬，甚至不讲报酬，客家人的“蒸尝”机制就是基于“自家人”的感情基础出现的。蒸尝是秋冬祭祀名，蒸尝来源于族人量力捐助，或由族人按房派捐，或有族人违背族规罚款提供，还有绝户所遗财产拨入等。蒸尝的支出由族内分配，除了祭祀、办学、兴修祠堂，还用于扶困济弱，使失去生活的依靠的弱者（鳏夫、寡妇、孤老、残疾者等）和贫者有赖于“自家人”的接济，日有所食，岁有所依，嫁娶、丧葬得到帮助，这就减小了家庭间的贫富差距。根据马斯洛理论把人的需求分成五个层次，由低向高排列是：生理需求、安全需求、社交需求、尊重需求、自我实现需求。在蒸尝机制实施的过程中，富者提供蒸尝资金，满足了自我实现的高层次需要，会获得助人为乐的幸福感；弱者、贫者接受蒸尝，改善生活，满足了低层次的生理需要、安全需要，感受到来自社会群体的温暖，就会去努力追求更高层次的需要。可以说，蒸尝机制对客家社会内部稳定所起的作用，不仅显现在物质上，还显现在精神上。让人们的物质需求满足，使群体的精神追求愉悦，蒸尝机制是保持客家大家庭和谐的理想选择，也是维系客家小社会和谐的有效手段。

① 钟文典：《广西客家》，广西师范大学出版社，2005 年版，第 118 页

## 第四节　客家文化与广西的自然生态

人的生命得以延续，离不开自然界，人类和自然界是浑然一体的。但在人类的文明发展史上，人对自然的征服，人和自然的冲突从来就没有停止过，要做到天地与我并生，万物与我为一的生态和谐美学境界是难乎其难的。然而，客家这支神奇的民系向世人演绎了这一生态和谐境界，在处理人与自然的和谐问题上作出了近乎完美的选择。

### （一）天人合一的价值追求

孔子说“天何言哉，四时行焉，百物生焉。”[①]其大意是，天何尝说话呢？（春夏秋冬）四季自然运行，百物自然生长。可知“天”即“自然”。人与自然和谐相生是人类共同的审美价值追求，也是广西客家社会崇尚自然的最高境界。孟子曰“尽其心者，知其性也；知其性，则知天矣。”[②]汉代大儒的代表人物董仲舒进一步提出了“天人之际，合二为一”[③]的命题。道家学派的鼻祖——庄子也提出了“与人和者，谓之人乐，与天和者，谓之天乐。”[④]崇尚“天人和谐”已成为客家文化的精髓，也是堪舆文化所探索和追求的理想境界。

“天人合一”的有机自然观，深深地渗透在广西客家民居建筑中。“天人之和”是一种最高境界的审美乐趣，崇尚“和谐”成为客家传统民居建筑文化的首选。由此可知客家社会为何能把人与大自然和谐共处的关系表现得如此透彻。客家人往往会以堪舆文化的阴阳思想为根本，来认识大地，选择地形。因此，客家民居建筑的建造都依赖于自然，顺应气候和地势等自然条件来进行。此规划构思既神秘又科学，堪称为阴阳相济以及儒道两家“天人合一”思想的具体物化诠释，充分体现了深厚的历史文化底蕴，颇具审美价值。

安居乐业是人类的共同追求。恩格斯认为气候、食物、土壤、地形，这四大因素决定人类的性格与命运。客家人常说“地利人和”，“一方水土养一方人”，道出了优越的地理条件是营造和谐家居环境的关键所在。为此广西客家人在围龙屋建筑的选址时，重视地形与座向。一般是地势高爽，坐北朝南，坐西朝东或坐西朝东南取向，且讲究依山临水，绿树成荫之处。客家社会认为这种建筑取向所追求的是山环水抱，背后有山做依靠能旺人，前面有水来环绕能旺财，

① 《论语·阳货》
② 《孟子·尽心上》
③ 《春秋繁露·深察名号》
④ 《庄子·天道》

屋向南偏东，以门取旺气。且房屋能以四周的山川形势、砂、水等天然气势为主，结合与人类赖以生存发展、关系密切的水土结构。在这样的山边生活，空气流通，水源充足，土地肥沃，便于生产劳作。根据这些水土构成的天然的优美自然环境，采用合理的外部建造结构及其内部构造，以达到蓄气藏风得水的目的，从而引导人类与之产生和谐，有助于人的久远居住，使人们获得心理平和，保证人们的身心健康及后世的繁盛。客家人一旦在该地建造围屋，就会自发自愿地维护所依靠的那座山的自然生态不被破坏。客家社会认为，如果山的自然环境遭到了破坏，就是住宅的风水环境遭到了破坏，这是任何一个住宅主都不愿看到的。

因此，客家围屋没有挖山而建，而是依山而建，这样保持了自然的原来面貌，使之与自然达到和谐共存的境界。在广西的许多客家居处，依山临水而建的围龙屋比比皆是，玉林朱砂垌客家围龙屋、博白卧龙岗陈氏围龙屋都是典型的代表。

围龙屋大门前一般都有一个半月形的池塘和一块禾坪，屋后大致都有一片属于自家的竹林或果园式的风水林。客家民居建筑自古讲究阴阳结合，用阴阳的交互与融合来解释居住环境的完美和谐。因此围龙屋的空间布局除了具有实用功能外，还体现出阴阳结合、万物相生的审美建筑文化。池塘具有蓄水、养鱼、防火等作用。堪舆学把池塘称为阴，房屋称为阳，两者结合，阴阳交互相融。屋后的竹林或果园式的风水林，夏季可以遮阳，冬季可以避风。堪舆学认为树属阴，房屋属阳，“阴盛则阳病，阳盛则阴病。”[①]因而客家人选择“相其阴阳”，“阴阳合和，风雨所会。”[②]只有阴阳平衡的风水宝地才能“阴阳序次，风雨时至，嘉生繁祉，人民和利，物备而乐成。”[③]才具备人们繁衍生息，安居乐业的基本条件。这就不难理解客家人为何乐于选择人与自然和谐完美的价值追求了。

值得一提的是，围龙屋的建筑材料一般选择砖木，讲究的人家为了夯筑出厚实的墙，会在土中掺石灰，用糯米饭、鸡蛋清等作黏稠剂，以竹片、木条作筋骨。所有建造的围龙屋绝不会选择全木结构，因为客家人很爱惜树木，一些年份古远的树木甚至会被当地的客家人称作“伯公树”，当做神明来祭拜，在广西贺州市贺街镇的“桂花井”边的百年桂花树，至今一直香火鼎盛。

颠沛流离地迁徙使客家社会深刻体会到土地的重要性，土地是直接生活与

① 《素问·阴阳应象大论》
② 《诗经·公刘》
③ 《国语·周语》

生产的场所，土地所生长的一切都值得珍爱与保护。以典型的客家建筑广西陆川县谢鲁山庄为例，山庄依山而建，花果树木甚多，外貌似普通农宅，房舍皆用泥土烧制的砖瓦，有两道围墙、五座假山、六组房舍、七口池塘、八座凉亭，全部依照山势，因地设景，绝无挖山填坑之类的建筑，并巧妙地引了山上一股清泉终年流经山庄，自成天地。谢鲁山庄呈现的是鸟语花香绿树成林的自然生态景观，游人亲历其境，心旷神怡，流连忘返。

### （二）风水林的自然景观

广西许多客家居住地仍保留着“风水林”。“风水林”是客家社会认为对人的平安长寿，多子多福，升官发财，逢凶化吉等作用的天然或人工林木。在经济、科学技术均比较发达的今天，这些风水林依然存在着，且仍备受主人的保护。其实客家所谓的“风水林”也是堪舆意识的产物。堪舆理论认为好的风水不仅形局佳、气场好，而且山清水秀，环境宜人。树木繁密的“风水林”自然也成了好的堪舆景致。因此，“背山临水”的好屋址再加上风水林就完全符合了客家“屋场好，环境好，必家丁兴旺”的希冀。实际上，对风水林的保护也是客家人的一种自我保护。通过保护风水林来防止山上的水土流失，保护山的稳固和优美的自然环境。有山有水而无林木，犹如人之失却衣饰与毛发。山清水秀、鸟语花香，人文景观才能和谐发展。风水林的最大功用和最深教益是人们能够重视生态环境的保护，使生态环境达到平衡，达到天人和谐。由此可见，客家社会对风水林的保护，也是力求人与自然和谐的生态美学观的一种表现。

### （三）旅游文化的良性发展

客家民居建筑是一项重要的旅游资源。寻古探胜，求知求新，进而达到增长知识，愉悦心情是广大旅游者的普遍心理。人们都希望对自己所在地域的历史有所了解，更愿意感同身受去体验、去感悟与触摸博大精深的历史文化的积淀与传承。作为客家文化重要载体的客家民居建筑，凸显了广西客家先民发展历程的文物遗迹，能予人以直观的感受。观赏客家民居，能不同程度地满足人们日益丰富活跃的生活和精神需求，因而能成为广西旅游业不可或缺的重要组成部分。

近年来，客家民居这一独特的客家文化资源已被广西各地的文化部门紧紧抓住，以发掘客家文化为契机，把客家民居建筑有效地转化为经济优势，形成地方社会新的经济增长点，成为一项无污染、可持续发展的富民工程。如贺州市莲塘镇仁冲村江氏客家围龙屋是广西客家建筑中的典型代表，也是广西乃至全国保存最为完整的客家民居之一，目前已被开放作为广西观光旅游的景点。2005年11月6日至7日，亚细安（东盟）客属第六届恳亲大会及经贸洽谈会在贺州市举行，以客属恳亲大会和客家文化为纽带开放的广西贺州越来越吸引世界的目光。据统计，2005年1—6月份，全市接待国内外游客145.03万人次，同比增长15%。到2007年，贺州市年旅游接待人数差不多300万人次，贺州也因此成为广西旅游的一大亮点。贺州文化部门在将其列为文物保护单位的同时，又积极引导当地客家群众将其重新修缮，开发为客家历史民俗文化旅游景点，吸引了更多的客商来贺州旅游观光、投资。不仅较好地保护了文物，增加了群众的收入，还以此来全方位推动广西旅游事业的发展，对广西经济与社会的和谐发展，都起到了促进作用。此外，还有玉林市的朱砂垌客家围龙屋、陆川县的谢鲁山庄等客家建筑均已开放为旅游景点。

这些建筑群都是客家文化注重协调人与自然的关系的优秀作品，美化了地域生态环境，带动了广西旅游事业的发展，并为广西生态环境的改善做出了贡献。广西壮族自治区的首府、客家人的主要聚居地——南宁市被世人称为“绿城”，有花园城市的盛誉，处处绿叶婆娑，满目青翠，槟榔、棕榈等亚热带风景树，遍植街头、公园、城里和城外，这些乔木的果实与菠萝、香蕉、荔枝、龙眼等南国佳果，给南宁带来了芳馨的四季。山、河、湖、溪、绿树鲜花与林立的高楼、繁华的街景交相辉映，可谓“半城绿树半城楼”。然而数十年前的南宁曾在全国大中城市卫生检查评比中名列倒数第三！南宁今日优美的市容市貌，可以说是始于1994年底新任南宁市市长的广西客家人的不懈努力。他一上任南宁市市长，经过一番调查研究之后，下了铁的决心“创三城”，即集全城之智，举全城之力，争创全国“卫生城、园林城、文明城”。他本人亲任“创三城”项目的负责人，与全市人民一道努力，此后南宁逐渐起了翻天覆地的变化，1995年底南宁一举夺得“全国卫生城”和“全国城市环境综合整治优秀城市”称号，他也被评为“全国城市环境综合整治优秀市长”，洁净和文明之风在城街、在广大南宁市民的心头荡漾。南宁市成了广西乃至全国环境绿化的典范。[①]2007年被“联合国人居奖”评审委员会全票授予“联合国人居奖”。

“文化是一种历史现象，每一社会都有与之相适应的文化，并随着社会物质生产的发展而发展。作为意识形态的文化，是一定社会的政治和经济的反映，又给予巨大影响作用于一定社会的政治经济。”[②]在全国上下正努力探索如何有效构建“和谐社会”的新时期，我们对广西客家社会略作梳理和探析，高兴地

① 郑盛丰：《南宁市创建“中国绿城”纪实》，人民日报，2002-03-27
② 《辞海》（缩印本），上海辞书出版社，1985年版，第533页

看到汉族支系——客家族群迁徙入桂，促进了广西社会物质文明与精神文明的共同发展，肯定客家文化平衡人的自身、人与社会、人与自然三者关系的功用。相信客家文化的精粹“勤俭耐劳、诚信睦邻、崇文重教”将会继续推动广西社会的文明与进步；客家文化孕育下的客家社会在追求物质享受的同时，坚守“义重于利”的道德操守，善于运用佛道精神调节心理平衡，会继续在多民族和谐共处的地区得以不断发展、壮大；广西客家的发展不以损害自然环境为代价，讲求自然相宜，和谐相处，尤其是客家社会普遍存在的“尊重彼此、相互包容、平等相待、共同发展”的精神文化，必将在广西社会和谐发展的相互作用中继续发挥它的独特魅力与影响。

（本章2010年6月发广东河源“世界客属第23届恳亲大会”）

# 第二章 客家文化与和谐社会的独特思维

“文化是一种历史现象，每一社会都有与之相适应的文化，并随着社会物质生产的发展而发展。作为意识形态的文化，是一定社会的政治和经济的反映，又给予巨大影响作用于一定社会的政治经济”。①美国 1988 年英文版《新不列颠百科全书》指出：“客家人是迁居到华南的中国北方人……客家人是一个非常勤奋和精明的群体，他们团结得十分紧密。”②和以色列犹太人相比，汉族支系客家人有一千多年的迁徙史，不论其自身内部或与周邻土著居民都不乏矛盾，但都能和谐共处。靠的是什么？——是客家文化。

客家在不断迁徙及定居的过程中所形成的客家文化，杂糅了中原文化、闽粤赣山区的土著少数民族（如古越族、畲族、瑶族等）文化及湘赣文化、广府文化、福佬文化等周边文化，经过上千年的社会生活、生产劳动的实践，去糟存精，在协调人的自身关系、人与社会关系、人与自然关系三方面达到一定平衡的效果，可谓是“和谐文化。”客家人入桂以后，已经融合了不少南方区域文

① 《辞海》（缩印本），上海辞书出版社，1985 年版，第 533 页
② 美国《新不列颠百科全书》，1988 年英文版

化的客家文化又大量吸收了富有岭南民族特色的桂地文化，并由此逐渐形成了较为独特的广西客家文化景观。

“广西有客家人 700 万人，遍及全广西的 14 个地级市以及 100 多个县区。”[①]广西壮族自治区是中国少数民族人口最多的边疆省区，各民族相处融洽，社会发展稳定，是西部经济与文化较为发达的地区之一。2008 年广西壮族自治区成立 50 周年大庆时，中央充分肯定广西是维护民族团结的模范、维护祖国统一的模范、维护社会稳定的模范、我国民族关系“三个离不开”的模范。[②]究其原因，固然有其独特的思维方式、物质基础、价值基石、文化根基、制度保障等多方面的客家文化因素合力在起作用，本章主要关注的是广西客家社会和谐的独特思维方式。

人是社会变化的主体，人心稳定是社会稳定的基础，而心情愉悦又是人心稳定的前提。只有正确处理好人与人的关系，才能实现社会长期稳定和谐的目标，即只有上下双方自觉的良性互动，才能产生长久的社会稳定与和谐。为此，广西客家文化强调社会转型的平稳实现不是通过暴力的强制手段或大规模的群众运动，而是通过各种不同文化的互相润滑融合、共同发展社会生产力、确立普遍认同的思想文化理念和社会秩序来完成。

## 第一节　不同文化互相润滑融合

广西客家人因战乱逃难南迁，因谋求生存而扎根创业，是中原南迁汉人与当地土著民族和谐相处的典范。两千多年前，从秦始皇开发岭南起，便有从中原迁来的汉族人到广西定居。《史记》：“三十三年，发诸尝逋亡人，赘婿、贾人，略取陆梁地，为桂林、象郡、南海，以适遣戍。”[③]汉人带来了先进的文化和生产技术，与当地人共同开发，促进了岭南经济、文化的发展。这些最早入桂的汉人还不是客家人，他们中有些人后来才被客家人同化了。秦汉以后，尤其是西晋以后，客家先民大量南移，跨黄河，渡长江，其中一支抵达江西、福建、广东三省交界的地区，与当地的土著畲族等互为影响，终于形成了客家民系。汉族人大规模进入广西应始于第四次大迁徙（约 1645—1867 年），且以客家大迁徙为主要迁入者。

广西的客家人虽然比较分散，但又相对集中在如下五个地区：(1) 桂东南地

① 2011-04-14 17:17.来源：中国新闻网
② 广西日报 2008-12-20
③《史记·秦始皇本纪》

区，一般认为包括现在的玉林、贵港两市的全部县市，人口最多，约有300余万。(2)桂东地区，即今梧州、贺州市，人口约有100余万。(3)桂南地区，即今北海市、防城港市、钦州市，以及南宁市的一部分，人口约150万以上。(4)桂中地区，即今柳州市、来宾市和南宁市的一部分，人口约有70余万。(5)桂北地区，即今桂林市和柳州市的一部分，人口约有40余万。另外，桂西地区的河池、百色两市的一些县人口约有10余万。至今，只有博白、陆川这两个县的客家人占该县人口的绝大多数，其他一些县仅占10%~20%，有些县更少。所以，广西客家人多半是跟汉族其他民系或少数民族同住在一个县、一个乡镇或一个村里。他们同当地人和睦相处，相互通婚，关系融洽，因而互相同化。这种自然同化受到人数多寡、经济力量强弱、文化素质高低等因素的制约。

从人口分布来看，广西客家人最显著的特点是大分散，小集中，大多数在农村，也有不少在城镇。为什么广西的客家人这么分散呢？首先是跟客家群体意识和时代背景有关。客家人的独立生活能力特别强，能周游四海，闯荡天下，不管到什么地方，都能立足并生存下来。客家人入桂后，随着人口的增多，人多地少的矛盾越来越突出，迫使客家人往地广人稀的地方迁徙。从广西客家人的语言、习俗文化等方面考察，可以看到广西客家社会中汉民族文化的古风，更能领略到广西客家文化与土著民族文化相融合的独特现象。

### （一）语言交际的互相润滑融合

语言是人类交际的首要工具。无论身在何处，客家方言是客家“自家人”的认同基础，同说一种语言自然会给人们带来一种亲切感。在其他民族看来，对语言“亲切感”的认同似乎也是一样，只有语言的交流才能进行思想上的交流。语言本身就是一种思维方式，它是无形的，无处不在并影响其文化体系中的种种构成。语言交流实质上也是文化的交流，居住在同一地区的不同民族的语言是人们交际的必要工具。客家人意识到语言交流的重要性，与其他民族互相往来，和谐相处，语言的相通与融合是必不可少的。随着社会经济的发展，交流越来越频繁；而随时间的推移，势必出现两种或多种方言同时使用，甚或一方完全同化另一方的现象。这是多民系或多民族同居一地的结果，在广西“土”“客”之间普遍存在，也是客家在语言使用上的特点之一。在此，且以广西的部分地区为例，具体说明客家人在语言上与土著民众的融合。

博白县是客家人在广西居住最多的县，地佬话和新民话（即客家话，因新迁移而来得名）是博白百姓使用的两种方言。博白新民话的形成要比地佬话要稍晚些，但讲新民话的人数比地佬话要多，由于同居一个地区和社会交往、商品流通等因素，博白地佬话与新民话接触广泛频繁，互相影响，互相吸收，互相促进，在语音、词汇和语法上有许多共同之处。在语音方面，它们共同保留了一套入声韵的 p、t、k 和阳声韵的 m、n、ng 等。在词汇方面，有的互相吸收，有的大同小异地与普通话相对应。如“岩”（刚刚）则是新民话从地佬话中吸收的。在彼此交往过程中，地佬话和新民话的互相影响，在语言发音、词汇使用、句式语法等方面互相吸收。因此，在博白县绝大多数讲地佬话的群众不仅能听懂新民话，也能讲流利的新民话；而讲新民话的群众，绝大多数既能听懂，又能流利讲地佬话。这两种方言的交替使用已成为 140 多万博白人民交际的重要工具，共同推动经济社会的发展。

除博白县以外，广西其他很多县市也出现土著民族与客家民系语言相融合的情况，如宾阳县的方言有客家话、白话、桂柳话等多种。客家人占全县人口虽然只有 1/4，其分布是大分散、小集中，全县各乡镇的不少自然村屯都有客家人居住，所以新民话基本上能全县通行，而客家人也多能讲本地的各种方言。又如武鸣县陆斡、府城、两江、灵马等地的客家人，因为居住在壮民聚居区，也大都掌握了壮语，形成了双语互用的现象。

广西无纯客家话县，多是半客家或有部分客家的县市。广西的方言很多，而且比较复杂。光是汉语就有粤语（白话）、西南官话（桂柳话）、客家话、平话、湘语、闽语六种，同时，还有壮、瑶、苗、侗、仫佬等十几个民族的语言。此外，许多县还有本县通用的土话。因此广西的客家人除保留祖籍地的语言外，一般都会讲两种以上汉族其他民系或少数民族的语言。在桂东南和桂南地区一般讲白话和客家话；在桂中和桂北地区，讲桂柳话和客家话；在民族杂居的地方，讲白话、桂柳话、客家话和少数民族的各种方言。有些经济比较发达、商业比较繁荣、交通比较方便的县市或圩镇，客家人甚至会讲三四种语言。例如，贺州市八步镇的客家人，一般都能讲白话、桂柳话、客家话、本地土话四种，宾阳县宾州镇、贵港市贵城镇、柳江县拉堡镇亦然。在一个家庭里，同时讲几种话也是司空见惯的，有的父母和子女都讲客家话，媳妇讲白话或壮话，女婿讲桂柳话等，都能无障碍地交流，类似联合国，和睦相处，其乐融融。

### （二）民俗文化的互相润滑融合

客家人常说“入山随曲，入乡随俗”，“出门认路，入乡问俗”。参与他族习俗是尊重原住居民的重要方式，作为外来人的客家族群在这方面做得非常漂亮。他们延用当地人的特色饮食，参与他们的节庆活动，如祭盘王、抢花炮、歌节等。其中一些习俗后来成为客家民俗的有机部分，如丧葬习俗中的二次葬（北方汉人最忌“挖祖坟”）和买水浴尸习俗等。究其原因，与广西客家人和土著民族之间风俗习惯的相互影响、彼此认同的习俗的融合是分不开的，其主要表现在婚嫁、年节礼俗、信仰崇拜等方面。关于婚俗，广西客家人与土著民族彼此通婚、认亲，经历了很长一段时间的相互润滑磨合。虽然广西客家人在婚嫁习俗上有一些自己的特点，但是有些方面明显受了少数民族影响。广西客家著名研究学者钟文典在《广西客家》中说，在融安、来宾等地的客家人，结婚迎亲时有新郎向新娘“示威”的风习，这是民族间的影响形成的。这种“示威”的习俗是一种典型的“男权主义”的体现，也说明女性在家族的地位是低下的。据钟文典教授考证，这并非客家人所有，是受少数民族的影响。①

年节礼俗方面，广西客家人都过着与其他民族相同的许多节日。如春节、元宵节、清明节、中秋节等一些重大节日，都会做上一顿丰盛的晚餐联络族人与友人的感情，而在开宴前族长会带领后辈拜祭祖先，祈求祖先保平安。广西客家还过其他一些节日，如“三月三”的对歌节，男女青年通过对山歌抒发恋情；“六月六”晒红绿，这一天把所有衣物、书籍都拿出来晾晒，传说这一天晒太阳可以有效防止虫蛀；“七月半”鬼节，设宴接太公太婆回家；还有“春分节”、“冬至节”等。节日中少不了要狮、舞龙、踩高跷、踩船灯等节目。

壮、瑶、苗、仫佬等族有“歌圩”、“歌堂”、“走坡”等唱山歌的习俗，在桂东客家人居住较集中的贺州市八步区，每年农历四月廿六日（浮山庙炮期），五月十九日的歌圩，是贺州规模最大、参加人数最多的民间传统娱乐活动的节日。届时，成千上万的各族群众纷纷来到浮山，浮山歌圩唱的山歌形式有本地人山歌、客家山歌、壮歌、瑶歌等。这表明，各民族虽有不同的生活习俗，但由于人们长期生活、劳动在一起，思想文化的交流，各种习俗必然会互相影响，互相渗透，互相融合，互相吸收，共享和谐。

广西客家社会还善于利用当地信仰崇拜习俗，积极改善与当地人的关系，最有代表性的是广西桂平市蒙圩镇的四月社习俗。该镇的原住民是壮族，在客家人未迁来之前，当地壮族有四月做社敬虫王，祈求社王和虫王驱虫杀虫保丰收的习俗，从四月初三到十二，各村屯依次做社敬虫王。每至其日，做社的村民热情邀请亲朋好友前来“吃社”。即使与主人根本不认识，只要是“亲戚的亲戚”、“朋友的朋友”，主人同样热情接待。客家人迁入之后迎合这一习俗，一方面积极前往当地村屯“吃社”，借以沟通感情；另一方面亦自己做社，并主动延请当地居民来吃社，甚至强行将过往的当地人拉入席中，共同分享美味与欢乐。客家社会认为，“吃”能增进双方的相互了解，消除隔阂。因此，他们较易得到

① 钟文典：《广西客家》，广西师范大学出版社，2005年版，第225页

当地人的认可，很快就站稳脚跟并逐渐发展起来。

## 第二节　共同发展社会生产力

一千多年的迁徙历史和社会转型的变化，使客家人认识到：人生的种种苦难，莫大于生存所需的生活物质资料的贫乏，因此他们在迁徙过程中特别注重发展生产力，以保障自身的生活，满足人们的物质需要，以保证族群的稳定发展；加之，大量客家人的迁入，侵犯了土著人的利益，必定遭到土著人的排斥，所以客家人要靠自己的智慧，共同发展社会生产力，给当地带来经济利益，让土著民族感受到这样一个外来的族群，给他们带来了实惠，才会接纳客家人。

### （一）发展农副业

客家迁入的多为一些经济比较落后的少数民族地区，而广西又多为山区，刚来时地广人稀，经济落后，生活相当困难。面对穷山恶水的生存环境，“耕读”成了客家农业社会最普遍的生计模式，广西客家继承和发扬了“耕读”传家这一典型的族群传统。长期居住在封闭的山区和丘陵地区，是典型的小农经济，这种以低山、丘陵为主的地理环境，决定了客家人生计模式是以种植业为主的多种经营的农业生产方式，即以“耕”为生存之本。事实上，源于中原故土的客家移民特别善于耕种。加上客家人长期生活在人多地少的丘陵、山地，积累了丰富的山地农业开发的经验，因而广西客家在开山造田、改良土壤、精耕细作等农业生产技术方面绝对领先。

明末清初，广西遭受战争破坏较大，桂北地区更是人烟稀少，土地荒芜。自平定三蕃之乱后，清廷即着手对包括广西在内的西南地区进行大规模的招民垦荒。雍正年间，川陕岳钟琪奏开“招民事例”，向进入四川、广西、贵州的穷民提供“牛具、种子，令其开垦荒地。”[①]

早在宋代，广西桂林兴安已开始使用中原常用的利用水翻筒车提水灌溉的技术，到了清代象州等县已广泛运用这一技术。[②]明代，横州（即今广西横县）接受了大量来自江浙的军事移民，他们把江浙发达的水利技术带了过来。据明人笔记记载，横州乡村“有田一丘，则有塘潴，水塘高于田，旱则决塘窦以灌。”[③]来宾良江乡龙安村等处，因为严重缺水，客家人迁入以后，大力开垦荒地以

① 罗香林：《客家源流考》，中国华侨出版公司，1989 年版
② 清《世宗实录》卷六一
③ 曹文深：《全州志》卷一

种甘蔗、瓜菜、棉麻、豆类及其他作物。甘蔗榨糖、豆类榨油供应市场，棉麻自纺自织自用，瓜菜自给，既解决了生活问题，又以先进种植技术带动土著居民发展生产，使生活得到了改善。

在广西经济较发达的地区，“首推桂东南，桂南次之，桂中、桂东、桂北再次之。”[①]这与客家人人数分布的多少成正比关系，越是客家人相对集中的地方经济越发达。明清时期，客家人聚居的桂东南成为广西最大的“粮仓”和“果仓”，这一区域无论农业种养或是手工业生产、商业经营或是城镇圩市聚落的发展水平，都为广西之最高。[②]据客家历史文化纵横学.史籍记载：“乾隆十三年到二十六年，广西贮谷从 20 万石增至 183 万石。且大部分在桂东南。”[③]粮食的增产使桂东南成为重要的商品粮基地。

### （二）搞活商品经济

客家人除了在耕种方面与土著居民共同发展外，还非常重视开拓商业贸易市场。圩市贸易讲究的是小农之间互相补给的自然经济贸易，是农村物资交流的定期集市。广西圩镇贸易的发展与客家人有密切的关系，民间有句俗话“客家人创圩，广府人旺圩。”其中代表了圩市从无到有，都是客家人迁徙到广西，为谋求生存，搞活经济的一种方式。而从另一角度看，客家人给土著人的经济贸易发展创造了条件，他们不避偏远，将小本经济运行于各个小镇，给土著居民的生活注入了新的活力，也带动了当地民间买卖的积极性。广西拉堡地方距马平县城 10 余公里，原是一片荒郊。清乾隆初年，有詹、袁、马、何、李、魏、伍等姓的客家人从广东迁来，有的开荒种植，有的做小本生意。稍后，又有刘、邹、黄等客家人在此定居。不久，因大发圩遭兵火，逐渐冷落，定居拉堡的客家人便就地自成圩市，四周居民及村屯亦迅速增加，拉堡成了三都、里高、成团、六道、百朋、进德等通往柳州的必经之路，地利加人和，各地粮食、油盐、山货、牛马以及各式日用手工产品多在拉堡交易。今日的拉堡，柳江县治所在地，已经成为柳州市郊繁荣的政治经济文化市镇了。除本地圩镇外，客家人还经营木材出口、山货经济作物、矿产开采等等，并都有突出的贡献。其中离不开他们搞活经济的经营理念和勤劳刻苦的拼搏精神，更重要的是他们注重与土著居民一起发展社会生产力，满足人们物质的需求，共同创造和谐的社会环境。

据钟文典教授的《广西客家》记载：客家人在广西平果创建圩市以后，始

① 熊守清：《略论广西客家的源流分布及特点》，广西师范大学学报（哲学社会科学版）第 32 卷，第 4 期，1996-12-25
② 饶任坤、卢斯飞：《客家历史文化纵横谈》，广西教育出版社，1993 年版，第 123 页
③《清史稿》（食货志），卷五

终掌握这当地的商业经营权。“文革”期间，经商者被强制下放到农村劳动，商店被迫关门。客家人却暗地里在农村饲养禽畜出售。“文革”以后，客家人纷纷回到圩市，借改革开放的东风，工、贸、商并举，远走宾阳、田东、百色等地，大展宏图，领先成为“万元户”者不少。广西贵港木格镇也有类似情况，“文革”期间被拉上台批斗示众的23个商人中，有18个是“客家佬”，改革开放以后，重新进入木格镇商业领域带头发家致富的仍旧是这些“客家佬”。[①]“客家佬”就是促进当时广西经济社会发展的商界英杰。他们对商业有着一股向往的热情与执著奋斗的激情，这与中国传统儒家文化“重农抑商”思想是有所不同的。

## 第三节　确立普遍认同的文化理念

中国传统文化的核心精神是“和”，孔子说：“礼之用，和为贵。”[②]它是儒家追求的最高社会理想。“和”的人生观，具体表现在以“中庸”[③]为准则的处世哲学上。它要求人们在处理问题时，注意避免“过”或“不及”两个偏向，以保持各种矛盾与关系的和谐统一。中华民族崇尚和平的价值取向，由此形成。这种处世哲学中“和”的原则，使中华民族注重个人品格的修养，待人接物讲究礼节，养成谦和善良、温柔敦厚的品格与习惯。因此，“文质彬彬”、“温良恭俭让，”[④]被公认是君子应有的品德风范。

广西客家人之所以能与当地土著居民和谐相处，这与他们历来受到中国传统文化和客家精神熏陶有密切关系。传统文化对客家人善良、好客、和谐的性格的形成起了重大影响，至今仍影响着客家人的为人处世哲学。

### （一）尊重包容

两个人在狭窄的路上相遇，客家人会主动让路，年轻的让年老的，男的让女的，空手的让挑担的，挑担轻的让挑担重的，挑重担的让给扛抬的。俗话说“客家，客家，好客之家”，主张“以和为贵”的客家人，素有热情好客的传统。倘有贵宾登门，殷富之家将以丰盛酒席盛情款待；就是贫穷人家，他们宁可自己勒紧腰带，节俭过日，也要倾其所有招待客人。在一些偏僻山村，还有家族，邻里共同招待的情况。来了不速之客，主家正在为一时无法置办食品而发愁时，家族邻里闻讯，或送来贮藏的香菇、竹笋干、银耳等山珍，以及平时舍不得食

① 钟文典：《广西客家》，广西师范大学出版社，2005年版，第154页
② 《论语・学而》
③ 《中庸》和《大学》、《论语》、《孟子》并列称为“四书”
④ 《论语・学而》

用的鱿鱼干、墨鱼干等海味或烹制一道自己最拿手的菜肴端上席来。这时，主家依例请来族长或长辈坐于上席，并请来家族，邻里一起作陪，共享美味与欢乐。客家人认为，“吃”能增进双方的相互了解，消除隔阂。因此，他们较易得到当地人的认可。

“万事和为贵”，这是包括客家人在内的中国人普遍认可的处世原则。历经坎坷的客家人更为信奉，更能体会客谚“杀人一万，自损三千”，“斗则两伤，和则两利”的道理。因此，客家人自觉选择“恭谨忍让，是居乡之良法”。[①]在客家社会的人际或族际交往中，以“忍让”为先的良俗。广东恩平客家人李氏于同治年间率领家人迁居广西柳城县木桐村，向当地人租地耕种，为方便耕作，住房就建在田间。凡遇当地强人入室偷窃，既不与之打斗，亦不躲藏，反而指引盗者，粮仓、猪牛、鸡鸭之所在，任由强人取拿。李氏平时为人勤谨真诚，乐于助人，包容忍让最终获得当地人的接纳认可，逐渐发展成为富甲一方的大户。[②]有着自觉包容理念的客家人对他人他族的尊重、理解与包容，律己之真诚与信用，最终赢得他人他族的认可和尊重。

### （二）和谐发展

客家人迁来之前，广西山区地带都是人烟稀少、毒蛇猛兽出没的原始森林。在这荒野的崇山峻岭中，居住着壮、瑶、苗、侗、仫佬、毛南、回、京、彝、水、仡佬等当地土著。这些少数民族文化落后，处于刀耕火种的荒蛮时代，生产力水平极其低下。客家人大量的入桂，给这些荒僻而神奇的土地带来了蓬勃的生机。客家人把从中原地区带来农作物的种子、先进的农耕技术和建筑技术等，毫无保留地与所在地的土著人分享。他们共同伐木垦荒，筑坝造田，把一个个小盆地或低缓的坡地开垦成片片井田或层层梯田，并修渠筑坡，引水灌田，使寂静的群山阡陌纵横，如诗如画。昔日荒凉闭塞的山野，变得人声喧闹，鸡犬相闻，生产力水平得到了很大的提高。客家人逢山开路，遇水搭桥，一个个村寨有盘山小径或与大道相通。一些人口集中的较大村寨形成了集贸市场。就这样，客家人把热闹带进了千沟万壑，把繁荣带进了穷乡僻壤，把文明带进了荒峦山野，与土著人和睦相处，和谐发展，和乐融融。

① 王士禛:《池北偶谈·谈献二·魏尚书格言》
② 钟文典:《广西客家》，广西师范大学出版社，2005年版，第136页

## 第三节　建立公信的社会秩序

客家人不断地迁徙，通常面临着自然与社会环境的双重挑战，只有利用家族的整体力量才能够立足、发展。为了家庭成员的生存与发展，一整套关于家庭成员内部与外界关系的规范条文便应运而生。这些规范条文并非在短期内集中产生，而是家庭成员内部和家庭与外界之间长期良性互动的结果，并且有一个逐步完善的过程。在客家社会，调整人与人之间的规范，当初没有明确的法律关系文本，而是以家训、族规作为准则。

### （一）平等的宗族法律秩序

长期的逃难迁徙，在严峻的现实面前，客家人意识到只有宗族团结、齐心协力才可以维系自身的生存和宗族的发展。因此，客家人重视宗法制度，在迁徙地迅速地组织人建立祠堂、编写族谱、制定族规，规范族众，以祭祖敬宗的方式联络宗族感情，形成了一套既体现汉民族普遍性，又有客家特殊性的宗法制度。在族规面前，不分贫穷富贵，不分男女老幼，不分地位尊卑，客家子弟一律都是平等的，就算是高高在上的族长，一旦触犯了族法，一样要依族法处置。据族谱记载，广西北流市客家联石第九代族长罗应宸利用向族人借贷之机，挪用公款，以至账目不清，被族人勒令交出。客家社会还是男女平等的典型，女儿也有继承家族遗产的权利。客家人重昭穆、伦常，尤其要求族人奉公守法，如违反家训族规，或是危害国家社会及他人生命财产者按危害程度处罚，一律严惩不贷。广西贺州客家《龙氏家祠规章》对作奸犯科，杀人掳掠者，不管是族长也好族人也罢，一视同仁，平等看待，常以出宗作罚。由此可知，广西客家社会机制健全，社会管理完善，社会秩序良好。

### （二）公信的社会保障体系

客家人能营造平等相待，互相帮助，济困救贫，友爱族人的温馨氛围，客家的社会保障体系——“蒸尝”机制不可忽视。蒸尝是秋冬祭祀名，蒸尝收入来源于族人量力捐助，或由族人按房派捐，或有族人违背族规罚款提供，还有绝户所遗财产拨入等。蒸尝的支出由族内分配，除了用于祭祀、办学、兴修祠堂外，还用于扶困济弱，使失去生活依靠的弱者（鳏夫、寡妇、孤老、残疾者等）和贫者，有赖于“自家人”的接济，日有所食，岁有所依，嫁娶、丧葬得到帮助，这就减小了家庭间的贫富悬殊，保持“自家人”生活的基本平等。据柳城县大埔镇客家李树璋长者介绍，他们有族规规定：祠堂蒸尝对族中孤寡老弱者养老和送终的有“长春尝田”，对年节祭祀祖宗的有“敬宗尝田”，有帮助贫困族人殡葬亲人的“老人费”，还有帮助族内贫困男丁成亲的“老婆费”。可以说，蒸尝机制对客家社会内部稳定所起的作用，不仅显现在物质上，还显现在精神上，使人人的物质需求得到基本满足，精神得到愉悦。客家这一社会保障体系——蒸尝机制是保持“自家人”大家庭平等和谐的理想选择，也是维系客家小社会友爱温馨的有效手段。

凡此，不难明白：2008 年广西壮族自治区成立 50 周年大庆时，中央充分肯定广西是维护民族团结的模范、维护祖国统一的模范、维护社会稳定的模范、我国民族关系“三个离不开”的模范。广西 700 万客家群体强调社会转型的平稳实现不是通过暴力的强制手段或大规模的群众运动，而是身体力行各种不同文化的互相润滑融合、共同发展社会生产力、确立普遍认同的思想文化理念和社会秩序来完成的独特思维，确实是广西社会稳定和谐和西部地区经济文化较为发达的地区之一的重要思想文化组成部分。

# 第三章 客家文化与和谐社会的优先选择

2008年7月，福建省永定客家土楼被正式列入《世界文化遗产名录》，世界遗产委员会这样评价福建土楼：“世界上独一无二的集居住和防御功能于一体的山区民居建筑的福建土楼，体现了聚族而居这一根深蒂固的中原儒家传统观念，更体现了聚集力量、共御外敌的现实需要。同时，土楼与山水交融、与天地参合，是人类民居的杰出典范。”[①]2010年春节期间，中共中央总书记、国家主席胡锦涛考察福建永定客家土楼时，称赞它是“中华文化瑰宝，是大家庭、小社会和谐相处的典范，一定要把祖先留下的这份珍贵遗产守护好、传承好、运用好”。[②]

为什么南方众多的围屋、土楼、九厅十八井等典型的客家建筑，被国家主席誉为大家庭、小社会和谐相处的典范？这得追溯到它的渊源。客家是汉民族中具有独特文化的重要民系之一，客家先民多居黄河流域以南，长江流域以北，淮河流域以西，汉水流域以东等人文荟萃的中原。由于政治、经济、军事等多

① 殷晓玮：《东方古城堡——福建永定客家土楼》，文汇读书周报，2008-06

② 罗钦文：《总书记春节看土楼 客家文化受瞩目》中国新闻网，2008-02-18

种原因，早在两晋之际，客家先民就从中原地区不断向南迁徙。他们先在闽粤赣交界的广袤山区中扎根，以后又向南方各省及海外播衍，现在已有千万客家人分布在全世界80多个国家和地区。

在不断南迁的过程中，客家人本身所保留的中原传统文化与江淮江南文化、闽赣粤岭南文化以及南方山地少数民族文化不断地发生碰撞与冲突，融合与吸收所形成的客家文化，杂糅了中原文化、闽粤赣山区的土著少数民族（如古越族、畲族、瑶族等）文化及湘赣文化、广府文化、福佬文化等周边文化，经过上千年的社会生活、生产劳动的实践，去糟存精，在协调人的自身关系、人与社会关系、人与自然关系等方面达到一定平衡的效果，可谓是“和谐文化”。

广西是少数民族人口最多的边疆省区，各民族相处融洽，社会发展稳定，2008年广西壮族自治区成立50周年大庆时，中央充分肯定广西是维护民族团结的模范、维护祖国统一的模范、维护社会稳定的模范、我国民族关系“三个离不开”的模范。[①]客家人上下有一千多年的迁徙史，不论其自身内部或与周邻居民都不乏矛盾，但都能和谐共处。究其原因，自然有其独特的思维方式、价值基石、文化根基、制度保障等多方面的因素合力在起作用。本章要重点探析的是客家与和谐社会的优先选择。

## 第一节　广西客家的起源及其生存策略

广西壮族自治区是我国客家人最主要的聚居地之一，元朝以前，就有部分客家先民陆续远徙至广西各地。从元朝末年至明清时期的四五百年间，已在赣、闽、粤等地定居的部分客家人开始成批的迁入相对地广人稀的广西，并散居于广西东部、南部、中部各地，甚至深入桂西民族聚居地。明末清兵南进是此次大迁徙的重要政治因素。长期的战争造成了社会的动荡不安，生产遭到严重破坏，不少汉人为躲避战乱，纷纷从广东、江西等地迁入当时社会秩序相对安定的广西、海南等地。如今，“广西有客家人700万人，遍及全广西的14个地级市以及100多个县区。”[②]他们的到来，不仅增添了民力，弥补了迁徙地广西“地广人稀”的不足，更带动了所到之处经济社会的发展。

客家人从四面八方迁入广西，除去少数人由于做官、经商、征调驻屯之外，绝大多数是由于在本乡本土失去生活依靠，或者逃避战乱而被迫背井离乡、两手空空迁徙而来的。虽然广西地广人稀，但自然条件十分复杂，为数不多的好

① 广西日报 2008-12-20
② 2011-04-14 17:17. 来源：中国新闻网

田、好地、好山场多已被土著居民占有，后来的客家人要想在新的环境中站稳脚跟、安居乐业，只有凭借自己的身手和技术，发扬刻苦耐劳、团结奋进的精神，才能协调各方，制服穷山恶水，开创新的家园。这其中充满了艰难困厄、成败悲欢，而在创业过程中与土著居民的相互交流、彼此吸纳取得的骄人成绩，又极大地推动了广西社会的和谐发展和进步。

## 第二节　重视奠定和谐社会的物质基础

古语云：仓廪实而知礼节，衣食足而知荣辱。[①]没有物质文明，就谈不上精神文明，更不用说社会的和谐、稳定、发展。纵观人类社会发展史，许多血淋淋的明争暗斗，大多与人的自身生活物质需求有关。人生的种种苦难，莫大于生存所需的生活物质资料的贫穷了。物质基础，顾名思义，离不开“衣、食、住、行”，只有在这最基本的几方面得到充分保障，人心才能稳定，民众才能真正安居乐业，社会才能和谐发展。因此他们在漫长的生活和斗争中，凝聚了刻苦耐劳、坚毅刚强、开拓创新、团结奋进等优秀传统，大力发展生产力，共同创造了广西社会的物质文明，也共同维护了广西社会的长期稳定与和谐。

### （一）衣着方面

广西地处中国南疆，先秦时期，广西叫“骆越国”，属于“百越（粤）”地区。“楚越之地，地广人稀，饭稻羹鱼，或火耕而水耨，果隋蠃蛤，不待贾而足，地势饶食，无饥馑之患，以故呰窳偷生，无积聚而多贫。”[②]可见当时的广西处于原始封闭状态，生产技术落后，生产资料贫乏，百姓蒙昧无知。自汉族支系客家先民入桂后，给广西带来了当时先进的农耕技术与中原文化，极大地促进了广西的经济和社会的发展。对广西社会的开发，无疑应首先归功于自古就聚居在此地的各个少数民族，但汉族大量移民的到来，对广西的经济发展和社会进步作出了不可磨灭的贡献。由于自然条件恶劣和生产力水平低下，古代广西土著人口长期处于停滞和缓慢增长的状态，既无开发的动力，也无开发所需的劳力。大量外来人口的徙居广西，正好弥补了这两方面的不足。由于客家人主要来自农业和手工业发展水平较高的中原地区，他们的徙居不仅为广西的开发带来了充足的劳动力，而且带来了先进的农业技术和手工业技术，大大地促进了广西经济社会的发展。古代的广西农业，长期处于粗放型经营状况，生产技

①《管子·牧民》
②《史记·货殖列传》

术落后，大部分地区不粪不溉，仰成于天。随着客家人的迁入，这种状态逐渐有所改变。早在宋代，广西桂林兴安已开始使用中原常用的利用水翻筒车提水灌溉的技术，到了清代象州等县已广泛运用这一技术。[①]明代，横州（即今广西横县）接受了大量来自江浙的军事移民，他们把江浙发达的水利技术带了过来。据明人笔记，横州乡村“有田一丘，则有塘潴，水塘高于田，旱则决塘窦以灌。”[②]广西在明末清初遭受战争破坏较大，桂北地区更是人烟稀少，土地荒芜。自平定三蕃之乱后，清廷即着手对包括广西在内的西南地区进行大规模的招民垦荒。雍正年间，川陕岳钟琪奏开“招民事例”，向进入四川、广西、贵州的穷民提供“牛具、种子，令其开垦荒地。”[③]因此，大批无地或少地的湖南农民来到桂北地区，“杂集于山谷高原、水泉阻绝之处”[④]

源于中原地区的客家先民从中原带来了先进的耕作技术，一改当地刀耕火种的原始农耕状态，农业生产飞速发展。他们与当地人民共同开垦荒地，种植经济作物，有效解决衣着材料方面的困难。在客家少数先民进入广西的宋代，广西经济作物的种植主要是苎麻。陈尧叟任广西转运史时，看到农民种苎麻有好处，认为除耕种水田外，“地利之博者惟苎麻尔”，因而倡导“广植苎麻”。[⑤]经他大力提倡，苎麻种植得到普遍推广，“今树艺之民，相率竟劝；杼轴之功，且以推广。”[⑥]此外，宋时广西的植棉也有相当发展。宋人周去非记载；“吉贝木，如低小桑枝，萼类芙蓉花之心，叶皆细茸，絮长半寸许，宛如柳棉，有黑子数十，南人取其茸絮，以铁筋碾去其子，即以手据茸就纺。不烦缉织，以之为布，最为坚善。”[⑦]当时江浙一带种棉尚少，而两广已是“木棉收千株，八口不忧贫。”[⑧]由于获利甚厚，植棉已经很普遍了。心灵手巧，刻苦耐劳的客家先民，凭借自己的辛勤劳动很快满足了自己的基本生活资料，同时也很快用上了从中原带来的先进纺织技术，大大发展了客家社会的手工业。

据明人方瑜所记，明代广西的纺织品主要有葛布、苎麻布、络布、竹布、棉布兼丝布等。[⑨]其中以麻布最多，当时麻布仍是广西人的主要衣料。明代广西宾州（今宾阳）已采用高机纺织麻布，比传统的矮机大大提高生产效率。明人郭棐引用了《宾州永圃歌》：迩来女工高上机，织纴旋勤事缵织；只恨山荒不

① 清《世宗实录》（卷六一）
② 曹文深：《全州志》（卷一）
③ 罗香林：《客家源流考》，中国华侨出版公司，1989 年版
④ 曹文深：《全州志》（卷一）
⑤《宋史》卷二八四《陈尧叟传》
⑥《宋史》卷二八四《陈尧叟传》
⑦ 周去非：《岭外代答》卷六《服用门》
⑧ 谢枋得：《谢刘纯父惠木棉诗》
⑨ 黄现璠等：《壮族通史》，广西民族出版社，1988 年版，第 327 页

长麻，葛布官买用钱补。[1]这首民歌表明，宾州的麻织业已相当发达。19 世纪前期，西江流域各地棉麻纺织业的也相当兴盛：农妇“每日黄昏，则纫麻出棉，夜分乃息。农事即毕，机声轧轧，与小儿啼笑之声相杂”。[2]贵县农家，耕作之外，“妇女自染自舂，深秋玷声四起，丁冬可听”。[3]“他们的入抵，有力地提高了广西少数民族与汉族的融合程度，改变了广西的文化景观和经济面貌，为广西社会注入了新的血液。”[4]

客家人的衣着穿戴，包括衣服、鞋、帽、裙、帕、首饰和雨具等，皆为汉唐服制遗风，比较古朴、大方，偏宽偏长，色偏深，多黑、蓝、灰色，只有夏季用苎麻纺织的白布，富家用白绸缎，直至清末也大体如此。平时一般人家的衣服，男女无多大区别，上衣是“大襟衫”，右边斜下开襟，安布纽扣，讲究的用铜钮，女服只是在襟加一二条边（讲究的绣花边），以示男女之别。衣服袖子宽长，袖口宽一尺左右。男装另一式是“长衫”，俗称“四围齐”，长度以能遮盖“脚眼仁”为准。此衫当为礼服用，讲究外面加穿“马褂”，配上小官帽（俗称“榄豉帽”），在年节或做客时才穿。裤子，则男女基本无别，一律宽头大脚，裤腰是用较软的布做的，穿时用纱织布带（俗称“裤头带”）扎紧，或干脆不用布带，将裤头交叉绞紧反扎于内即可。裤管（俗称“裤脚”）宽尺八至二尺，一条裤管穿两条腿也还很宽，如果裁去一截，就像当今流行的时装“裙裤”。客家人筚路蓝缕，创业维艰，物质上以饱暖为需求，精神上以安稳为目标，只求效益，不图奢华。

客家先民生活在闭塞的山区，在恶劣的环境中形成了一种刻苦耐劳、朴素节俭的优良传统。他们常讲“多衣多寒，少衣自暖，衣必常暖，然后求丽”，这表现出了客家人不慕虚荣、不尚奢华、崇尚节俭的精神品质和追求自然朴素、简单实用的审美情趣。加之因受自然、生活条件和“富有莫忘艰苦时”观念的影响，除了富裕之家，一般都比较简单朴素。广西地处我国南方，除桂北冬季稍冷外，桂中、桂南广大地区，年均气温较高，终年少见冰雪，所以一般人衣着比较简单，仅够替换即可，非十分需要或在青年男女婚嫁之时，很少添置新衣。

勤俭持家，不尚奢华，是客家社会生活的好风尚。在广西客家人中，广泛流传着老人教育后生的一句俗话是：“有人笑漫，冇人笑烂。”意即日常穿着虽然陈旧一些，只要勤换勤洗，卫生整洁，就可以得到别人的理解；如果满身腻

① [明]郭棐：《宾州志》（卷一四）
② 程大璋：《桂平县志》（卷二九）《纪政・食货中・民业》
③ 龚政、梁崇鼎：《贵县志》（卷三）《社会・生活状况》
④ 饶任坤、卢斯飞：《客家历史文化纵横谈》，广西教育出版社，1993 年 12 月版，第 105 页

垢，汗渍斑斑，虽然服饰华丽，亦难免招人耻笑。

新中国成立后，衣着随着工业的发达，生活改善，更趋多样化。女的穿红着绿，花色品种层出不穷；男的西装革履，自由选择，穿着追逐现代化，这是客家社会的普遍现象。改革开放以来，人们穿着向时髦、漂亮、高档发展。夏天，多姿多彩的化纤、丝绸，普遍进入职工、市民、农民家庭，一般人都有内衣、外衣之分。西装革履、白袜、边衣裙、旗袍已成为男女青年夏装。冬天，老人普遍穿棉衣、毛绒衣、卫生衣，青年人穿各式毛线衣、夹克衫、西装或各式呢绒中褛。

具有“世界裤子之都”的玉林市福绵管理区也是客家人聚居地，早在唐宋时期，福绵就是一个商业重镇。明末清初，粤东、南海等地的客商来到福绵发展。清光绪三十年（1904 年），南流江成为广西食盐进口航道，福绵船埠成了广西最大的食盐市场和玉林的重要商埠。福绵与外地的文化、语言、风习等方面的互相交流影响，商业集散地的文化积淀，形成了福绵人特有的儒商文化气质。福绵服装起步于 20 世纪 70 年代，发展于 80 年代，服装企业经历了数量由少到多，规模从小到大，实力由弱到强，档次从低到高，品牌从无到有，产品从单一到多元，管理从传统到现代的转变，赢得了“世界裤都”的美誉。

### （二）饮食方面

孔子在《礼记》说“饮食男女，人之大欲存焉。”[①]孟子也说“食色，性也。”[②]他们直指“饮食”是人的众多自然欲望的首选。汉代班固说“王者以民为天，而民以食为天。”[③]饮食之欲是人的本性释然。在一千多年的迁徙历史和社会转型变化中，汉族支系客家人充分认识到，人生的种种苦难，莫大于物质生活资料的贫乏。从表面看，粮食对于人们的生活是不可或缺的，探其深意，即物质是发展的根基。历次的改朝换代大多是被农民起义推翻或者因此元气大伤，是农民碰上天灾，粮食寡收，而官府仍然横征暴敛，致使民不聊生，最终揭竿而起，这是社会动乱的根本原因。

客家社会重视以农为本，深刻体现了“固本”理念。农为根本，各业并举，是客家人经营生活的主轴。客家人之所以对“家”情有独钟，把它视为创业兴家、安身立命的根本，原因是多方面的。概而言之，一是由于客家多为中原士族的后裔，深受“耕读为本”传统思想的影响。二是在人们的生活观念上，工

① 《礼记》
② 《孟子·告子》
③ 班固:《汉书·郦食其传》

农兵学商，最稳妥者莫过为“耕读”。读书上进，功名利禄相随，可光宗耀祖；田地不怕水火，不忌兵匪，火烧不了，水淹不去，兵匪也掳不走，只要好自耕耘，总会有所收获。何况客家男女多有一副务农、做工的好身手、好技术。凡此种种，当是客家人“喜农”并且“力农”的根源所在。

宋人周去非说：“西北流民，自五代之乱籍于钦者。”这种西北流民，多是今天钦州各地客家先民。[①]“杂集于山谷高原、水泉阻绝处”，种植红薯、玉米等杂粮。[②]民国年间柳城客家人“性殊强悍，勤苦耐劳，男妇终岁不辍……闻其初来时亦殊贫苦，然能以勤俭自持，努力奋进，由雇农而佃农而自耕家，迄今成为大地主都不少。”[③]大量客家移民的迁入，使得南方各地的农田耕作技术不断改进和提高。他们的到来不仅增添了人力，弥补了南方“地广人稀”的不足，更带来了先进生产技术和经验及作物新品种。客家人把从中原地区带来农作物的种子、先进的农耕技术和建筑技术等，毫无保留地与所在地的土著人分享。他们共同伐木垦荒，筑坝造田，把一个个小盆地或低缓的坡地开垦成片片井田或层层梯田，并修渠筑坡，引水灌田，使寂静的群山阡陌纵横，如诗如画。昔日荒凉闭塞的山野，变得人声喧闹，鸡犬相闻，生产力水平得到了很大的提高。德国威斯巴登 1969 年德文版《布洛克豪斯百科全书》说：“客家人促进了华南丘陵地区农业的显著发展。”英国学者布克斯顿（Buxton）在他所著的《亚细亚人》一书中，说客家人的优点是“勤劳耐苦，节俭慷慨，团结爱国，敢做、敢为、敢当”。美国现代人文地理学者亨廷顿（Ellsworth Huntington）在他主编的《国家地理杂志》中也认为“客家人的坚韧不拔，刻苦耐劳，是其男女的共同特性”。

客家社会有一句俗语：“早起三朝当一工，早起三年当一冬”。还有一首教子的歌谣，都可以作为中外学者对客家人勤俭耐劳的注脚：“勤俭丰足之本，耕读兴家之基。勤俭定能立业，奢侈导致贫困。春日一刻千金，季节绝不饶人。一年只望一春，一日又望早晨。有事莫推明日，今日就想就行……勤俭先贫后富，懒惰先富后贫。兴家如针挑土，败家如水洗尘。用物检点节约，破烂要多费神。房屋田地再多，乱用不久必贫。宁可自食其力，不能坐食山空。”[④]

广西地处我国南方，属亚热带湿润季风气候，夏季时长而炎热，干湿季节明显，是我国重要的水稻产区。广西客家地区种植水稻，多是因地制宜，视水土条件选用品种，讲究精耕细作，注重冬翻晒田或泡田，促进泥土熟化，减少

① 周去非：《岭外代答》卷三《五民》
② 曹文深：《全州志》
③《柳城县志.民事》卷四
④ 严永通、凌火金：《广西客家山歌研究》，广西人民出版社，1991 年版，第 198-199 页

虫害。除早、晚稻两熟制外，还多在晚稻收割后冬种蔬菜或豆类。总而言之，客家人种植水稻，从品种选择、耕作技术到耕作制度，都比较讲究。广西的水稻种植历史悠久，桂林甑皮岩原始文化遗址中出土了大量稻谷遗物化石，说明广西培植水稻已有几千年的历史，但直到宋代，广西的水稻品种仍只有几种。明清以来，随着外来移民的增加，水稻品种也不断出现，清代达到了几十种。清代，广西已有了旱稻的种植，康熙五十二年凌森美任贵县知县，他看到"邑境地高水大，不知灌溉"，于是"历乡村，相其土宜，教以种旱稻。"[①]外国学者爱特尔在他《中国客家人种史概况》中说：客家素有"优秀的种植水稻的农民"之称。至清代中叶，广西已成为重要的产粮基地，每年向广东运销粮食200多万担。有学者认为，从闽、粤、赣迁桂的客家人，"有较强烈的商品经济意识，他们看准市场，大力种植经济作物，提高了农产品的商品率，促进了农业商品化的发展，他们还充分利用广西的原材料，兴办和发展手工业。同时，积极进行商业活动，促进了商品流通。"[②]

红薯和芋头，是广西客家人种植的主要杂粮作物，也是日常除了大米之外的又一主食。因为红薯属于高产作物，既可作为主粮，其茎叶可作菜蔬，又是喂养猪、牛等的主要饲料，所以，在客家山区，往往利用整块耕地薯芋兼种。

对于经济作物，客家社会重视种蔗榨糖。道光年间博白县种植"腊蔗"和"竹蔗"，前者为本地品种，后者为福建传入，春种冬收，皆可制糖。桂林阳朔一带大种甘蔗，"皆畦种，有红白两种，邑人租地与客民种之，沿河皆是"。[③]柳城县东泉镇，从清代、民国直至今日，多产甘蔗。目前全县40多个村街，户口近万户，居民千万人，客家居民占80%，他们主要在清代来自广东嘉应州各县。全镇等地面积六万余亩，主要种植水稻和甘蔗，为桂中地区出产大米与蔗糖的重要产区之一。而来宾良江乡龙安村等处，因为严重缺水，客家人迁入以后，大力开垦荒地用以种甘蔗、瓜菜、棉麻、豆类榨油供应市场，棉麻自纺自织自用、瓜菜自给，既解决了生活问题，又以先进种植技术带动土著居民发展生产，使生活得到了改善。[④]可见，客家人的迁入和土民杂居，共同促进了广西经济社会的发展。

客家地区也比较重视种植果蔬。各种蔬菜，多随季节栽种，品种随季节而定，力求做到春、夏、秋、冬四季皆可自给，主供佐餐，余则作为畜禽饲料。

① 谢启昆：《广西通志·宦绩》
② 郑树钰、廖允武：《客家人对环境的适应性成就了客家人的辉煌》，载于第22届世客会《国际学术研讨会论文集》，2008年版，第401页
③《阳朔县志·物产》卷三
④ 钟文典：《广西客家》，广西师范大学出版社，2005年版，第140页

水果则以桃、李、柑、柚为主，多在宅边空地栽种，一可以节约耕地，二可以美化环境，三易看守保护。收获果实，少则供自己食用，多则投放市场，换钱帮补贴家中其他开支。民国《柳江县志》中说：客家人“皆务农，善治田，尤勤于时蔬、种麻，虽宅前屋畔，多有菜圃麻园，令人一看而知为客家人村庄者。”[①]柳江如此，其他客家地区亦然。客家人辛勤劳作，不仅解决了自身的生活问题，还传播了先进的种植技术，带动了土著居民的生产发展，大大推动了广西经济的发展和社会的进步与和谐。

客家精英孙中山在他的《建国方略》中说：“我中国近代文明进化，事事皆落人之后，唯饮食一道之进步，至今尚为文明，各国所不及。中国所发明之食物，固大盛于欧美；而中国烹调方法之精良，又非欧美所可并架。”

### （三）居住方面

客家民居是客家人在古代农业文明高度发达的基础上，历经长期的辗转迁徙，为适应新的自然环境与社会环境条件而营建起来的。它兼容了古代中原建筑风格和南方山地居民特色，比较全面地体现出客家社会的生产技术水平和精神文化风貌，是客家社会集体智慧的结晶。广西客家在社会环境、文化迥异的南方地区创建了或长或短，或高或低，或大或小的客家民居建筑——围屋。

围屋是广西客家人特有的民居形式，是客家文化的物化载体。“围屋”顾名思义就是被围起来的屋子，是广西客家人居住、祭祀、议事、生产、生活的场所。围屋始见于唐宋，兴盛于明清。围屋巧妙地结合了中原古朴遗风以及南部山区的文化特色，广西贵港君子垌客家围屋群、合浦县曲樟乡、贺州莲塘镇、贵港木格镇等地的客家围屋，处处彰显中国五大民居建筑之一的特色。灵川江头村、长岗岭村、灵山大芦村、灌阳月岭村等建筑则带有明显的中原民居建筑特点。昭平黄姚、南宁杨美、平南大安等则是著名的古镇，而陆川谢鲁山庄、平南范家大院、武宣黄氏庄园等古宅大院，以其规模体量之大，建筑水平之高，享誉一方。

钟文典教授认为，围屋是广西客家对传统建筑文化的创新与发展，因此“走遍广西客家分布的城乡，没有类似福建永定、南靖等的圆形土楼，也少看到福建、广东、江西等省客家人的五凤楼或方楼。”[②]这与广西独特的历史地理环境有关。

广西地处祖国南疆，自古以来民风淳朴，壮、汉、瑶、苗等民族能够和谐

① 《柳江县志·民事》卷二
② 钟文典：《广西客家》，广西师范大学出版社，2005 年版，第 178 页

相处，甚至“亲如兄弟”，各族之间少有冲突发生。客家人入桂以后，虽然土著居民与迁桂客家人之间不可避免地会发生一些矛盾、摩擦，但相对于发生在咸丰、同治年间极为惨烈的广东“土客大械斗”案来说，广西土客之间基本上维持了一种和善交往的关系。一方面是由于广西“地广人稀”的特殊环境，人们不必为争夺土地而斗狠；另一方面是广西本土民风“淳朴而犷悍”，尊之则“淳”，辱之则“悍”，少“好勇斗狠”之士。这样，防御性极强的客家传统建筑便没有了发展的空间，失去了存在的必要。

由于历史原因，客家人的主要聚居地都分布在山区或丘陵地带，所以有“有山便有客”的说法。广西是典型的多山之地，客家民居建筑几乎无一例外地依山而建。客家人充分利用了自然资源，又遵循了自然规律，做到了人与自然和谐统一，体现了天人合一的价值观念和审美追求。

房屋建造关系安居乐业的大事。客家人构建房屋，重视地形与座向，先确定山形、水势等，然后确定整座建筑的地势，即宅基走势与周边地势，使二者达到高度的和谐统一。取向多取坐北朝南，坐西朝东或坐西朝东南，讲究依山临水，绿树成荫之处。客家人选地，多请阴阳先生看风水，定座向，而后选择吉日良辰，破土动工。凡立柱、安门、上梁，都要烧炮挂红，以祈吉利。新屋落成，再选好日子“进火”。亲朋好友前来祝贺，则设酒席以答谢。

在广西，无论是蒙山的钟家、柳江的曾家、北流的刘家、贺县的江家，还是广西其他地方的客家围屋，都是聚族而居的产物。“公厅”（厅下）是整座围屋的中心，从中心四向，房舍相连，互相通达，构成家族强大的内聚力和伦理亲情的向心力。房屋四周围墙环绕，有统一进出的门楼和监控全局的炮楼，具有良好的防御性能，给家族成员一种同舟共济的安全感。目前保存完好的客家民居，有玉林市的朱砂垌客家围屋、博白县的蔡氏民居、贵港市的君子垌客家围屋群以及贺州市的江家大屋等。贺州市莲塘镇仁冲村的江家大屋始建于清光绪末年，至今已有120年的历史。全部房屋占地20亩，建筑面积近7亩，大小房屋近百间。全部房舍，由前往后逐步升高，厅、廊、房布局连成一体，厅与廊通，高低相衬，迂回曲折，错落有致。楼房转角处设有炮眼，屋后有常年不干、水质甘甜的水井。现在居住的40余户人家全是江海清的子孙。

安居乐业是社会稳定的基础，而社会和谐稳定又是安居乐业的前提。随着全球化、现代化进程的加快，客家传统文化中的许多现象都在消失，客家民居建筑传统的围屋已不再是21世纪客家人主要的居住方式。然而客家民居建筑在形成与发展过程中所凝聚的团结协作、睦邻友好、共同发展的精神价值取向，确实是在安居乐业与社会稳定发展中起着不可忽视的作用。

### （四）出行方面

客家先民主要迁徙（出行）路线是由北而南沿水路下来，在主要水系周边不远处寻找生存机会，刻意找到能够远离战争的、交通阻隔的边缘山区。秦代以前，今桂东南属“百越之地”，山岭连绵，岭谷相间，“喀斯特”（岩溶）广布，自然环境恶劣。

秦王政二十六年（公元前221年），秦始皇东灭六国，北定匈奴后，命赵佗为统帅挥师五十万南下，平定“百越”（今广西，广东一带）实现其统一大业。因桂北山高路岖，运送军需极为不便，秦军粮草不济，久战不下，士兵“三年不驰弩”。秦始皇令史椂凿灵渠以通航道。秦始皇四年（公元前214年），包括有客家先民在内的十万秦军历经4年修成33公里长的灵渠。秦军得到了经灵渠源源不断运送的军需物资，最终将百越纳入大秦帝国版图。秦始皇统一岭南后，派遣大量军卒到岭南镇守边疆，留下五十万人就地开发，开创了汉人南移的先河。秦末，中原动乱而岭南偏安，迁徙岭南的客家先民不返回中原，而在岭南定居、生活和发展。如，《钦州宁氏族谱》载：“至秦始皇平六国后，使任嚣、赵佗定百粤，谪中原五十万人戍南粤，我君（宁逵因公以戍）。”宁氏之后裔散居于博白、浦北和灵山一带。至今，定居于博白县那林、江宁两镇山区的宁氏族人，主要讲客家话。

秦王朝开凿灵渠，沟通湘江与桂江，第一次打开了长江与西江两大水系的水上通道。这些客家先民为在西江流域创置郡县、移民拓殖西江沿岸平原，创造了良好便利的交通条件。沿此路线可上溯至浔江和郁江，从而加强了浔江和郁江沿岸与中原经济文化的联系，促进了今广西地区西江沿岸各族人民的交往与经济社会的开发、发展。据记载，建武十八年（公元42年），马援南征交趾，“发长沙、桂阳，零陵、苍梧兵万宗南下，汇集合浦，”[①]即充分地重用了秦代开辟、西汉利用的湘桂水路和西江航道，并将这一水路向南开拓至合浦。新开拓向南延伸的路线，即在今藤县北流江口进入北流江朔江南下，至今北流县城附近舍舟登陆，过鬼门关，至今玉林市玉东新区茂林附近马援营转入南流江，经马门滩直下台浦。（当时为人马粮秣中转设置的军营城堡，史称“马援营”，至今遗迹尚存——位于玉林市玉东新区茂林镇东南，南流江东岸。）从此舟楫通行，人无艰阻，使客货通过能力大大提高，从而为以后进一步开发桂东南及加强和安南的联系打下了良好的交通基础。北流江、南流江及联系二江的陆路形成的联水陆运交通线，使郁（玉）林州城人烟辐辏、市肆繁荣、户口繁殷，

① 韩光辉、张宝秀：《地理科学》第12卷第2期（1992年5月）

从而维系和发展了它在桂东南物资集散地和南北物贷使客中转站的地位，并上升为“岭南一大都会”。

广西客家人主要聚居的南流江是合浦北上的水道，成为南海古丝绸之路的内陆部分。秦汉定都关中，与岭南和海外联系，取道秦岭，入汉中，跨洞庭，溯湘江，经灵渠，顺湘、桂走廊，过鬼门关，顺南流江即出合浦而达北部湾。长沙马王堆汉墓的象牙、犀角、玳瑁，亦为假道南流江输入的舶来品。南流江——“古丝绸之路”带动了玉林纺织手工业的发展。汉代生产的鬱林葛布，进贡朝廷，以至京城“榜人皆着鬱林布”。[①]因为交通便利，加上桂东南地理及气候条件优越，南流江两岸成了中原人南来首选的“安置点”。可以说，客家先辈虽是以各种原因而来，却是因为这条南流江而自愿停步，大量移民带来了中原先进的农耕技术与文化信息。航运发达的南流江上，无数文人、武士、商人穿梭往来、南来北去，加速了当地经济发展，推动了文化、语言的融会、变化和发展。这种无心插柳的结果，使南流江流域经济富庶、文教兴旺，自古以来一直是广西人口最密集的地方。而在农耕时代，人口的多寡与经济的发达密切相关。目前，南流江流域仍是广西客家人的主要聚居地。广西七百多万客家人，博白就有一百多万，加上周边合浦、浦北诸县，南流江流域的客家人要占广西客家人总数的三分之二以上。

凡此，客家人在不断迁徙与发展的过程中，充分认识到——只有在社会物质充分保障的前提下，社会的稳定与和谐才有了基础；只要能够安居乐业，人们都处于互相敬重的和谐环境中。客家社会优先选择衣、食、住、行等物质基础的全面建设的文化理念及其所起的作用是巨大的。正由于这一理念的薪火相传与不断实践，才使得客家人在颠沛流离的艰苦环境中得以立足、发展、壮大，才使得客家群体在发展所在区域社会的经济以及为国争光的历史长河中大放光彩，才获得中共中央充分肯定广西是维护民族团结的模范、维护统一的模范、维护稳定的模范、我国民族关系“三个离不开”的模范等高度赞誉。客家这一“大家庭小社会和谐相的典范”，向世人展示了和谐的真谛：加强物质基础等建设，能让人们前进的步伐走得更加稳健有力，人们的精神生活更加丰富多彩，人们的心情更感幸福、更有尊严。

① 文德馨、牟懋圻：《玉林州志》

# 第四章 客家文化与和谐社会的价值基石

自秦汉以来由于逃避战乱、征戍屯边、充军流放、易地为官和流徙谋生等原因，客家先民从中原一带逐步南迁到闽粤赣桂地区开业定居。在过去的十几年中，客家问题虽然颇受世人的关注和重视，但对客家源流、方言、习俗等基本问题进行探讨，学界的研究多集中在客家最主要聚集区——粤闽赣三省交界处，而对深层次的客家文化特质和客家文化研究的现实意义等问题讨论则显得比较薄弱，尤其是客家文化与广西社会和谐发展这方面的研究较少。全国人大常委会前副委员长许嘉璐先生指出：“保护、弘扬和创新客家文化，是客家之所急需，中国之所急需，世界之所急需……对客家文化的研究，应不限于对过去的文献、历史的考证、文物的留存、风土文化的记录，应该研究研究如何使之内化，变为今天的我们和我们的子孙后代须臾不能去的内在”。[①]

“广西有客家人 700 万人，遍及全广西的 14 个地级市以及 100 多个县区。”[②]广西是少数民族人口最多的边疆省区，各民族相处融洽，社会发展稳定，

① 梅州网 www.meizhou.cn 2011-06-28 08:52:02 来源：梅州日报

② 2011-04-14 日 17:17.来源：中国新闻网

成为中国西部经济与文化较为发达的地区之一。2008 年广西壮族自治区成立 50 周年大庆时，中央充分肯定广西是维护民族团结的模范、维护祖国统一的模范、维护社会稳定的模范、我国民族关系“三个离不开”的模范。[①]这与客家社会普遍存在的“尊重彼此、相互包容、平等相待、共同发展”的价值观基础有着密切的联系。

## 第一节　尊重彼此

尊重彼此就是彼此间尊重对方，包括尊重对方的文化、习俗、兴趣爱好等。翻阅华夏几千年的历史，尊重是一个永恒的话题。《礼记》曰：“君子贵人而贱己，先人而后己。”[②]大儒荀子也强调：仁者必敬人。深谙儒家文化精髓的汉族支系——客家人，千年万里的苦难史、迁徙史、发展史，靠的就是理解、尊重和信任他人他族，最终赢得他人他族的认可和尊重，建立起族群之间的和谐大家庭小社会，并得以生生不息地发展。

### （一）互尊人格

客家先民在南迁的历程中，经受了无比的艰辛、战乱、伤病、天灾、饥饿等考验，仍保持从中原地区带来的文化元素，又在不断迁徙的过程中大量吸收新居地的养分。就儒家学说而言，其核心思想是“仁”，所谓“二人为仁”，强调人与人的关系要“克己”、“爱人”。孙隆基先生认为，中国人的“仁”指的是这样的一种关系：人与人之间的心意感通，亦即是“以心换心”，并且，在这种双方心意感通的过程中，理想的行径必须是处处以对方为重。中国人的“礼让”其实正是这种关系的外在表现。[③]

乾隆年间迁入广西柳州市马平县（今柳江县）基隆村的广东兴宁人刘弼一说：他刚迁入时，当地人非常排斥他，不但不卖地给他，还常来偷窃，为难他，想让他自动搬走。刘弼一没有耕地，但他自强不息，始终“敬而无失，恭而有礼”，靠饲养鸡鸭开基立业，同时努力与当地居民沟通、协调，最终让当地人了解其忠厚善良，得到当地居民的信任，接纳了他，最后他过上了比较安定康乐的生活。[④]另一位广东兴宁人刘胜章在乾隆四十五年（1780 年）迁入马平，当时土著乡邻相约对他不租不借不卖田地，也禁止他开荒种地。刘胜章遂以养鸡、

① 广西日报 2008-12-20
② 《礼记·访记》
③ 曾平：《风水文化：客家文化的主要特质》，见《“移民与客家文化”国际学术研讨会论文集》，（下集）
④ 钟文典：《广西客家》，广西师范大学出版社，2005 年版，第 133 页，第 134 页

打铁并为乡邻修理或打造农具为业，同时不计得失在家门前设置茶缸，免费为路人提供茶水。他的善良忠厚最后得到了乡邻们的信任和尊重。[①]他们由被排斥到被接纳，由不被理解到被信任，最后与当地人和睦相处，共同生活。这就是客家人以尊重换来的尊重，这曲折复杂的过程，无不透视客家文化的理性精神和尊重他人的价值观念。

仅仅是为了田地、为了生存而尊重别人，还不足以体现客家人的“尊重彼此”的普遍价值观。广西博白县客家凤山镇罗更城黄氏的祖先迁入后，始终与人为善，真诚不欺，赢得当地人的敬重的故事，是客家人尊重人、理解人的精神价值的又一真实写照。黄维（曾任博白县副县长）之曾祖时代，某年除夕前夜，邻村一贫苦人，因无钱买肉过年，半夜潜入黄宅欲盗其鹅，被曾祖发现。曾祖知其不是惯偷，既未驱赶他，亦未训斥他，见贼慌逃在梁上反而说：“不要慌，慢慢下来!”并拿来梯子，以免他跌落受伤。之后，曾祖又亲自捉来一只肥鹅，让其拿回去过年。临走时又问：“你家有姜和粉条吗?”随即让家人取来给他，并嘱咐：“以后若有什么缺失，可直接来取好了!”[②]别人来偷盗，黄维的先祖不但不把他当贼，还把他当客人以礼相待，让人十分感动。因此，黄维的祖先赢得了大家的敬重，这体现了客家人善于换位思考的宽广胸襟与尊重人、理解人的精神境界。

广西贺州市八步区芳林村客家人对中原古文明的传承也是很到位的。他们热情好客，尊敬有礼，倘有贵宾登门，殷富之家将以丰盛酒席盛情款待。即使是贫穷人家，他们宁可自己勒紧腰带，节衣缩食过日，也要倾其所有好好招待客人。在一些偏僻的山村，还有家族，邻里共同招待客人的情况。倘若突然来了客人，主家正在为一时无法置办食品而发愁时，家族邻里闻之，或主动送来贮藏已久的香菇、竹笋干、银耳等，或送来平时自家舍不得吃的鱿鱼干、墨鱼干等海味，更有甚者倾其所有，还有的亲自烹饪拿手好菜送来。有物的出物，无物的出力，这真是一幅敬重他人，热情有礼的温馨景象啊！

“纸上得来终觉浅。”在2011年1月26日来宾市普通高校毕业生双选会暨春季人才招聘会上，笔者有幸看到来宾高级中学以及来宾第六中学的老师，冒着细雨从上午9点开始一直忙碌到下午6点，连快餐都顾不上吃。他们十分体谅和理解应聘者着急和渴望的心情，本着人人有机会报名的原则，自己不怕辛苦不怕劳累，一直接收纷纷投来的简历，还不忘安慰后面排着长队的同学不要着急，说人人都有机会面试。待把所有的简历都接收完了，他们才进行简历筛

① 钟文典：《广西客家》，广西师范大学出版社，2005年版，第133页，第134页
② 刘道超：《族群互动中的文化自觉》，广西民族研究，2008-01

选工作，然后又进行现场面试。他们严谨的工作作风以及充分尊重每一个应聘者的态度，让人感佩。后来从其他渠道得知这两所学校的招聘工作人员中很多是客家人，他们都住在来宾市兴宾区。

可见，不断传承的客家文化使客家人做事认真负责，尊重他人，友善待人。尊重不同文化的差异，尊重少数民族的风俗习惯，也是客家人尊重彼此的一贯作风。

### （二）互尊习俗

有客谚："进屋要问人，入庙要拜神。"这并不是简单的要获得神灵的保佑，而是在尊重对方时连同其信仰的神灵一并尊重。来自中原人文荟萃的客家人梳理出人际交往的一条规律：越是对对方所爱或所崇拜的事物表示真诚的欣赏和喜爱，就越容易产生共鸣，获得对方的接纳和认可。神灵崇拜是各族群最为神圣的信仰世界，客家族群不仅尊重他族的信仰，并且真诚地"进庙拜神"，甚至在原住居民自愿离开之后，仍然敬奉不辍，这是一种充满智慧的族际交往法则。在广西博白县客家社区，原为瑶族先民百越的居住地，有许多称为"盘古"的社坛。盘古是瑶族同胞的始祖大王，但庙的建筑却是客家人的一排三间，内墙画有一神龙。庙里供奉的有盘古大王，有观音、八仙等32位神像。在原居民自愿迁离该地之后，博白客家人仍不改其名，不变其俗，四时依礼祭祀，至今仍不断——无怪乎客家族群容易得到原住居民的接纳。

客家人常说："入山随曲，入乡随俗"，"出门认路，入乡问俗"。参与他族习俗是尊重原住居民的重要方式，作为外来人的客家族群在这方面做得非常漂亮。他们延用当地人的特色饮食，参与他们的节庆活动，如祭盘王、抢花炮、歌节等。其中一些习俗后来成为客家民俗的有机部分，如丧葬习俗中的二次葬（北方汉人忌"挖祖坟"）和买水浴尸习俗等。客家族群还善于利用当地习俗积极改善与当地人的关系，最有代表性的是广西桂平市蒙圩镇的四月社习俗。该镇的原住民是壮族，在客家人未迁来之前，当地壮族有四月做社敬虫王，祈求社王和虫王驱虫杀虫保丰收的习俗，从四月初三到十二，各村屯依次做社敬虫王。每至其日，做社的村屯必热情邀请亲朋好友前来"吃社"。即使与主人根本不认识，只要是"亲戚的亲戚"、"朋友的朋友"，主人同样热情接待。客家人迁入之后迎合这一习俗，一方面积极前往当地村屯"吃社"，借以沟通感情；另一方面亦自己做社，并主动延请当地居民来吃社，甚至强行将过往的当地人拉入席中，共享美味与欢乐。客家人认为，"吃"能增进双方的相互了解，消除隔阂。因此，他们较易得到当地人的认可，很快站稳脚跟并逐渐发展起来。

儒家始祖孔子根据不同的对象采取不同的态度说话，这是孔子为人处世的智慧。深谙儒家文化的客家人深知，尊重会产生一种“多米诺骨牌效应”——由尊重引来尊重。只有学会尊重他人，才能得到他人的尊重。与陌生人见面，只要对方讲客家话，他们就会迅速反应：“自家人哩！”于是彼此间的陌生感马上化解，亲密感油然而生。客家人很善于将心比心，于是就有了客家俗谚：“到麻介山头唱麻介歌”，“同麻介人讲麻介话”，“见人讲人话，见鬼讲鬼话”。在与他族交往之时，客家人习惯给对方应有的尊重，这无疑是与人相处的一种智慧，双方更容易交流、沟通。可见，敬人如敬己，立人如立己，达人如达己。有了相互尊重，才会有融合与发展，才会有遍布世界的客家人。

## 第二节 相互包容

孔子曰：“礼之用，和为贵。”[①]它是儒家追求的最高社会理想。孟子曰：“天时不如地利，地利不如人和。”[②]可见人和的重要。要达到“人和”就得先学会“包容”，包容即宽容、容纳、容忍、忍让。只有懂得相互包容，人际关系才会和谐。包容能协调各种社会关系，化解各种矛盾冲突。辗转移居的客家人本着传统文化“和为贵”的原则，在为人、语言、习俗等方面与当地的土著居民虽然有过矛盾冲突，但更多的是相互包容，互相影响，互相渗透，互相融合，互相吸收，和谐发展。

### （一）包容得道

包容是一种思想境界，人要达到这种境界，就必须拥有博爱的心和博大的胸襟，这是一份坦荡、一种气概，是赢得朋友的保证。有客谚：“和气生财，斗气生灾”；“唔怕困难多，最怕人不和”，“冤家宜解不宜结”，“冤冤相报何时了”，“冤家不可结，朋友不怕多”，“人要广交，路要宽敞”，“忍气人留财，受气人得福”。客家先民在千年万里的迁徙过程中，经历了万般艰辛，最后在山区定居。为了生存与发展，他们必须依靠集体的力量，才能战胜恶劣的自然环境，这就要求和睦相处。与此同时，儒家文化精神也伴随着他们在新的地方扎根，并与客家精神文化融为一体。这对客家人善良、好客、包容的性格形成起了重大的影响，至今仍影响着客家人的为人处世哲学。

客家人十分讲究待人接物的礼节，如若有违，则曰：“早死爷哀（客语“娘”

① 《论语·学而》
② 《孟子·公孙丑下》

的意思）少教导。”又说：“入门就是客，待客要热情”，“人情要长，数目要短”，“人要长交，数要短算”。即是说不要计较一时一事的得失，要看到长期友谊所带来的益处。相互交往时，要注意节制自己，“有理也要让三分，得饶人处且饶人”。多数客家人宁可吃亏忍让，也不与他人结仇。他们认为以和为贵，少结冤家，才能立足异地并多交朋友；多一个朋友，多一条路走。客家大县——广西博白有句流行语“行为失措，尚可挽正。人际失和，百事无成”。强调了人和的必要性，强调要拥有博爱之心和博大胸襟的重要性。两个人在狭窄的路上相遇，客家人会主动让路，年轻人让老人，男士让女士，空手的让挑担的，挑担轻的让挑担重的，挑重担的会让给扛抬的。偶尔在涉外交往过程中有争执和冲突，他们尽量息事宁人，避免永无休止的官司纠纷，争取大事化小，小事化了，充分体现客家俗谚：“相打望人拖，官司望人和”，“忍得一口气，免受百日灾”的包容思想。

尤其值得一提的是客家妇女。她们在家庭中不仅是半边天，而且几乎算得上是顶梁柱：上山砍柴、下地耕作、担水喂猪、洗衣做饭等，出得厅堂，入得厨房。不论在家里还是家外，男人能做的，她们基本能做，男人能受的一切苦和累，她们同样受得。客家妇女这种任劳任怨的精神，说白了就是在尊重理解男人的基础上忍让出来的。男人是一家的主心骨，肩负着赡养老人，照顾妻子，抚养儿女多重责任。客家妇女看在眼里记在心中，将心比心去体会做男人的不易，理解男人的压力，知道男人在外奋斗的艰辛，因此她们谅解男人在家不做家务的懒惰。她们无怨无悔地包下家里的一切劳作，尽己之能，出己之力，妥善处理好家庭琐事，竭尽全力为男人分担责任。日本人山口县造在《客家与中国革命》评价：“日本女人以温柔顺从著称于世，而客家妇女亦毫不逊色。而且我们可以说，日本妇女之所以温柔顺从，是病态，因为她们的生活，须靠男子，不能不籍此求怜固宠；而客家妇女的温柔顺从是健康的，因为她们都能够生活，她们纯然是真挚的爱和传统的对于丈夫的崇敬……”①

### （二）有容乃大

迁徙的苦难、闯荡的冒险，使客家人强烈企盼和衷共济、平等友爱、共同发展。他们继承、发扬儒家以和为贵的仁爱精神，积极化解当地土著人的戒心和敌意，教化、同化他们，使当地土著（如古越族、畲族、瑶族等）部分人自愿融入客家民系之中。客家民系的形成进程，让人们清晰地看到中华民族睦邻谦和、和谐相处的形成与发展过程。客家人身上所体现的包容精神，也折射出

① [日本]山口县造:《客家与中国革命》

中华民族“海纳百川，有容乃大”[①]源远流长的文明光彩。

“万事和为贵”。这是包括客家人在内的中国人普遍认可的处世原则。经历坎坷的客家人则更为信奉，更能体会“杀人一万，自损三千”，“斗则两害，和则两利”的道理。因此，客家人自觉选择“恭谨忍让，是居乡之良法”。[②]在客家社会的人际或族际交往中，以“忍让”为先，形成了不少类似“吃和合酒”、“做和合朝”的良俗。即便是因为某种原因发生族际械斗，最后也能通过自律实现和合。如贵县“土”、“客”双方在经历了咸丰年间的大规模械斗之后，共同订立了《来土既和定章》，决定“以前互相杀死，并抢掠牛马及焚毁房屋各件，两造概行解释，罔念前仇”。[③]外来的客家人能与土著人共同生活，靠的不是征服，而是用博爱的心和博大的胸襟去包容和忍让，否则无法在迁徙南国后重建家园并安居乐业，更不可能在海外扎根立足，繁衍生息。

孟子说：“仁者爱人，有礼者敬人。爱人者，人恒爱之；敬人者，人恒敬之。”[④]由爱引起爱，由尊重引起尊重。包容他人对自己的伤害，是让人钦佩的气概；包容他人曾经的过失，是对他人改过自新的最大鼓励；包容他人对自己的敌视、仇恨，是人格至高的袒露。广东恩平客家人李氏于同治年间率领家人迁居广西柳城县木桐村，向当地人租地耕种，为方便耕作，住房就建在田间。凡遇当地强人入室偷窃，既不与之打斗，亦不躲藏，反而指引盗者，粮仓、猪牛、鸡鸭之所在，任由强人取拿。李氏平时为人勤谨真诚，乐于助人，包容忍让最终获得当地人的接纳认可，逐渐发展成为富甲一方的大户。[⑤]有着自觉包容理念的客家人对他人他族的尊重、理解与包容，律己之真诚与信用，最终赢得他人他族的认可和尊重，建立起族群之间的和谐，使自己的族群也得以生存、发展、壮大。

## 第三节 平等相待

平等指将所有人视为同等，它具体指人们在社会、政治、经济、法律等方面享有相等待遇。平等是人和人之间的一种关系、人对人的一种态度，是人类的终极理想之一。人和人之间的平等，不是指物质上的“相等”或“平均”，而是在精神上互相理解，互相尊重，把对方当成和自己一样的人来看待，没有地

① 1839 年 3 月，林则徐奉旨以钦差大臣身份到广州查禁鸦片，在其厅堂内挂此联
② 王士禛：《池北偶谈 · 谈献二 · 魏尚书格言》
③ 华中师范大学历史系《中国近代史资料拾遗》第一缉
④《孟子 · 离娄下》
⑤ 钟文典：《广西客家》，广西师范大学出版社，2005 年版，第 136 页

位高低、身份显赫之别。社会是由人组成的，社会和谐取决于人与人之间的和谐，而平等相待是实现人际关系和谐的重要条件。没有平等相待，就不会有诚信友爱；没有诚信友爱，社会就不会诚实守信、互帮互助，人们就不会融洽相处，人际关系就会紧张，而人际关系不和睦，就不会有社会的和谐。

### （一）族内平等友爱

一千多年前客家先民因战乱或迫于生计，举家从中原往南迁徙又流徙它地。他们聚族而居，同楼共住，以血缘为纽带组成大家庭。同族人尊重彼此，相互包容，相互照顾，平等相待，和睦相处，不分你我，共同发展。围屋不仅是一个平等相处的大家庭，还是一个平等友爱的小社会。为了防御盗匪与外族欺凌，围屋基本上都有很强的防御功能、强劲的应急体系。在遇到盗匪入侵或外族骚扰，楼内有足够的柴、米、水、菜等，生活资料完全自给自足，不出门照样可以生活，围屋内的几百号人构成一个小社会，齐心协力，共对外患。

长期的移居生活，使客家人养成一种不卑不亢，团结友爱，平等待人的传统精神。因为在逃难的时候，无论昔日在故乡时如何富贵或何等贫贱，“同是天涯沦落人”，大家都一样了，没有你看不起我，我瞧不起你的情形，而且大家也都因此知道，不互相团结，互相帮助，就不能共同渡过难关。所以养成了人人平等，守望相助的精神，形成了每个客家人彼此像兄弟姊妹一样友爱的传统。客家人在农忙时，家里人手不够，不去“雇请”工人，只找左邻右舍，他们就来“帮工”。“帮工”也叫“换工”，这是基于客家人传统的平等精神。他们认为你来替我做工，不是我用钱买来的，而是你发挥友爱精神来给我帮忙的。现在广西陆川、博白等地方的客家人农忙、婚丧嫁娶等大事的操办，他们总是互相帮忙的。那一座座工程艰巨而浩大无比的客家土楼、围屋，正是客家人的团结创业的结晶。四圆同心、三圆同心的楼房，正体现了客家人同心同德，同甘共苦，团结友爱的精神。

“自家人”的普遍认同，促进了客家族内的交融和发展，对客家社会的和谐起到了明显的作用。在广西陆川县《周氏孟九支谱·族训》中，对子孙后代有如下要求：“倡平等互助、互相提携……”陆川的启氏之族，族约也有重生产发展，讲平等互助的条文。在广西博白县，这一特征的表现更为明显，只要步入博白客家地区，无论是在村镇还是边远的山乡，哪怕你平时不会喝酒，在宴席上，在他们热情、豪爽的劝饮下，你也不得不喝上一盅。当然，这不仅表现在宴席上，平时你若有什么困难，他们都会热情地伸出援助之手，千方百计，竭尽全力去帮忙。中国驻泰国大使张九桓，出生于博白县龙潭镇田面村中山队的一个农民家庭。初中三年正好碰上我国三年困难时期，家里贫困，交不起伙食费，只能靠老师、同学、亲戚、朋友的接济。在大家的支持和帮助下，他最终考取了北京外国语大学。凡此，说明了客家人平等友爱、互助互惠的精神传统。他们重感情，重义气，鄙视那种斤斤计较的思想和行为。他们为朋友两肋插刀，甚至不惜陪上身家性命，情义之重，令人感佩。正因为如此，客家人比较容易获得他人的认可和信任，进而与他人打成一片，结成良好的人际关系，共同发展。

从共和国十大元帅之首朱德总司令身上也不难发现客家人平等友爱的精神。在井冈山斗争时期，国民党“围剿”、“进剿”红军的同时，还对井冈山地区进行了经济封锁，以使红军断粮断盐，企图把红军困死在井冈山上。为了粉碎敌人的围攻，红军需要储备大量的粮食。朱德当时作为红军军长，在指挥部队战斗的同时，还亲自下山去挑粮食，他丝毫没有因为自己是领导人而摆起架子。他用兵如神，爱兵如子，体恤部下，和战友们建立起深厚的手足情，正是客家人平等友爱每一个人的人格魅力体现。

客家人能共同营造平等相待，互相帮助，济困救贫，友爱族人的温馨氛围，客家人的“蒸尝”机制不可忽视。蒸尝是秋冬祭祀名，蒸尝收入来源于族人量力捐助，或由族人按房派捐，或有族人违背族规罚款提供，还有绝户所遗财产拨入等。蒸尝的支出由族内分配，除了祭祀、办学、兴修祠堂，还用于扶困济弱，使失去生活依靠的弱者（鳏夫、寡妇、孤老、残疾者等）和贫者，有赖于“自家人”的接济，日有所食，岁有所依，嫁娶、丧葬得到帮助，这就减小了家庭间的贫富差距，保持“自家人”生活的基本平等。据柳城县大埔镇客家李树璋长者介绍，他们有族规规定：祠堂蒸尝对族中孤寡老弱者养老和送终的有“长春尝田”，对年节祭祀祖宗的有“敬宗尝田”，有帮助贫困族人殡葬亲人的“老人费”，还有帮助族内贫困男丁成亲的“老婆费”。可以说，蒸尝机制对客家社会内部稳定所起的作用，不仅显现在物质上，还显现在精神上，使人人的物质需求得到基本满足，精神得到愉悦。蒸尝机制是保持“自家人”大家庭平等和谐的理想选择，也是维系客家小社会友爱温馨的有效手段。

### （二）族际平等相处

客家代表人物文天祥说：“愿自一家之亲，以亲四海之亲。”[①]著名客家人物洪秀也全喊出“天下多男人，尽是兄弟之辈；天下多女人，尽是姐妹之群”[②]

① 文天祥：《永和文氏宗序》
② 太平天国《原道醒世训》

平等的口号。客家人千年万里饱经忧患，祖祖辈辈颠连迁徙的经历，使他们渴望得到一个安定的营生环境，谋取温饱生活，因此客家人非常重视邻里关系的和谐。为维护邻里关系的和谐，他们一方面勇敢面对恶劣的自然环境与艰难的社会环境，以诚信为本，崇真务实，勤俭持家；另一方面，他们尊重当地的风俗习惯，乐于与当地人平等交流，善于向当地人学习，争取思想文化平等互动。博白《威武郡廖氏家史》九条族规中要求族人做到“邻里相依，异姓相助，团结友爱。”就是无条件平等尊重他人，消除不同民族之间陌生感，身体力行“四海之内皆兄弟”①的古训。客家人不仅尊重他族信仰，有遇庙烧香见神就拜的表现，而且是发自内心的平等相待他族的信仰，贺州八步区都江盘古庙就是一个生动的例子。盘古是瑶族同胞的始祖大王，贺州市八步区的都江盘古庙的墙壁上刻着盘古大王神像，以及迎神转座建醮捐资的人名，这其中除了有瑶人，还有客家人、壮人，本地人、湖南人等。更有意思的是庙古盘的建筑是客家特色的一排三间，中厅全部敞开的传统房屋形式，而且正面内墙上画着一条黄色长龙，庙内神像中，除供奉盘古大王神像外，还有客家供奉的观音、八仙等23位神像，足见客家与其他民族间的平等以及互相接受与亲近。同时客家人入乡随俗，不仅尊重他族习俗，而且参与其中，把它当自己的习俗一样相待。现今广西客家各地都有“二次葬”的习俗，但北方的汉族是没有这个习俗的，可见“二次葬”是汉族客家先民在迁入广西的过程中受他族影响而形成的。

客家精英孙中山认为“天下一家，则人不独亲其亲，子其子，是世之极治”。②表现了客家人希望与土著居民互敬互重，平等相待，和睦相处的思想，彰显客家人有容乃大，能容纳一切“族群”的广阔胸襟。客家民系之所以能取得较快的发展，原因之一就是注重睦邻，把邻居看作相亲相爱的“自家人”平等相待，从而为自己也为他人创设了一个和谐相处的生存与发展环境。

### （三）建立平等机制

平等这一价值观在客家这个“大家庭小社会”里还得到不断的演绎。在长期迁徙中，在严峻的现实面前，客家人意识到只有宗族团结、齐心协力才可以维系自身的生存和宗族的发展。因此，客家人重视宗法制度，在迁徙地迅速地组织人建立祠堂、编写族谱、制定族规，规范族众，以祭祖敬宗的方式联络宗族感情，形成了一套既体现汉民族普遍性，又有客家特殊性的宗法制度。宗法制度对客家宗族起团结凝聚的作用，家规族训是客家宝贵的伦理、法律文化遗

①《论语·颜渊》

② 孙中山：《五修詹氏族谱序》，中山大学历史系孙中山研究室编《孙中山全集》（第七卷）

产，两者相互作用维系了客家社会秩序的和谐稳定。如兴宁孙氏族谱“凡同宗之人，富贵贫贱不能均一者，皆天命也。宗族间不可持富骄贫，倚贵轻贱。”在族规面前，不分贫穷富贵，不分男女老幼，不分地位尊卑，客家子弟一律都是平等的，就算是高高在上的族长，一旦触犯了族法，一样要依族法处置。如广西北流市客家联石第九代族长罗应宸利用向族人借贷之机，挪用公款，以至账目不清，被族人勒令交出。客家社会还是男女平等的典型，女儿也有继承家族遗产的权利。客家人重昭穆、伦常，尤其要求族人奉公守法，如违反家训族规、或是危害国家社会及他人生命财产者按危害程度处罚，一律严惩不贷。广西贺州客家《龙氏家祠规章》对作奸犯科，杀人掳掠者不管是族长也好族人也罢，一视同仁，平等看待，常以出宗作罚。北流客家经过家族委员会扩大会议通过，然后由族内的社会精英在公平公正的原则上严格制定的族规《翰堂族谱》，要求“凡我族人皆要自觉遵守，互相监督。如有违者，定要严训。屡教不改，且已经触犯法律者，必须向政府或司法部门报告，绳之以法，决不宽恕。”凡此，客家社会和谐的价值基石之一是平等公正、安定有序，即社会机制健全，社会管理完善，社会秩序良好。

## 第四节　共同发展

客家人从中原迁徙到各地，能发展到今天的辉煌，必有其独特的思想价值理念。除了上文提到的尊重彼此、相互包容、平等相待之外，还有其力求共同发展的独到之处。

说到客家“共同发展”的价值理念，首先要提的是在广西桂平金田兴起的太平天国运动，这场运动的领导人洪秀全就是客家人。为了实现共同发展的信念，建立一个共同发展的社会，客家人以坚定无比的意志，义无反顾的勇气，排山倒海的凝聚力进行斗争。他们砸锅卖铁、拆屋卖瓦，踊跃参战，直到流尽最后一滴血。太平天国行动纲领的核心内容是“无人不饱暖”，“无出不均匀”，“天下人人不受私，”[①]就是要建立一个大同世界，共同发展的世界。

广西是以壮族为主体的少数民族聚居区域，客家人入桂后，主要是与壮族杂居。在长期交往接触中，相互文化不可避免地发生碰撞、交融，在这一系列的嬗变中，既有壮人的客化，亦有客家的壮化。客家人把共同发展这一思想价值理念付诸实践的具体表现是，将中原先进的生产技术、先进的文化带到迁徙的居住地，与当地的土著人一起生产生活，共同发展。“他们的入抵，有力地提

① 太平天国《天朝田亩制度》

高了广西少数民族与汉族的融合程度，改变了广西的文化景观和经济面貌，为广西社会注入了新的血液。”[①]

上文提到的“蒸尝”机制是客家社会在新中国成立前，力求共同发展的具体措施。今天，“共同发展”的价值观使得客家人无论是在人与人、人与自然还是人与社会等方面，都做得非常独到。

### （一）经济共赢

广西位于中国地势第二台阶中的云贵高原东南边缘，地处两广丘陵西部，山岭连绵，岭谷相间，“喀斯特”（岩溶）广布，自然环境恶劣，垦地稀少，到处是茫茫荒原。经过南明政权的抗清战争和“三藩之乱”，广西作为主要战乱之区，赤地千里，满目疮痍。清政府入关之后，为了安抚流民，尽快恢复社会生产，出台了一系列与民休养生息的政策，如对“无主荒田”，准由官府“给以印信执照，开垦耕地”，[②]作为己业。而且对新垦土地给以留用免予“征收钱粮”的优惠待遇。又由于清政府实行禁海政策，清初，闽、粤等沿海省区以及江西各地的客家人大量进入广西，开垦荒地，安家立业，为广西大地的绿化、耕地的垦辟、社会生产的发展做出重要的贡献。到了清代雍正年间，广西“休恬安养，生齿蕃盛，村落错居，寒暑应侯，近郡皆同中土”。[③]

这些变化与大量客家移民到来的开发大有关系。客家人迁来之前，广西山区地带都是人烟稀少、毒蛇猛兽出没的原始森林。在这荒野的崇山峻岭中，居住着壮、侗、苗、瑶等当地土著。这些少数民族文化落后，处于刀耕火种的荒蛮时代，生产力水平低下。大量的客家人不断入桂，给这些荒僻而神奇的土地带来了蓬勃的生机。客家人从中原地区带来农作物的种子、先进的农耕技术和建筑技术等，毫无保留地与所在地的土著人分享。他们共同伐木垦荒，筑坝造田，把一个个小盆地或低缓的坡地开垦成片片井田或层层梯田，并修渠筑坡，引水灌田，使寂静的群山阡陌纵横，如诗如画。昔日荒凉闭塞的山野，变得人声喧闹，鸡犬相闻，生产力水平得到了很大的提高。客家人逢山开路，遇水搭桥，一个个村寨有盘山小径或与大道相通。一些人口集中的较大村寨形成了集贸市场。就这样，客家人把热闹带进了千沟万壑，把繁荣带进了穷乡僻壤，把文明带进了荒峦山野，与土著人和睦相处，和谐发展，和乐融融。

这一切，在官方文献、地方志书、客家人的谱牒中都有记载。如桂中《象

① 饶任坤、卢斯飞：《客家历史文化纵横谈》，广西教育出版社，1993 年版，第 105 页

② 《清世祖实录》卷 43，顺治 6 年 4 月 24 日

③ 金拱等：《广西通志》卷 2（气候）

县志》提到象州昔日是“满目篙莱”的旱地荒土，经过客家移民的开发，“已渐变水田”。桂南《防城县志》提到经过“射耕人”（客家移民）的开发“县境之田亩日辟，农业顿为之改观。”广西的自然条件非常复杂，有限的生产资料又早被土著占据，客家人除了凭借中原先进的生产技术外，客家文化提倡“尊重彼此、相互忍让、平等相待、共同发展”的思想理念是其中重要原因。他们深知，仅仅依靠自身努力想要谋求发展是不够的，“一个篱笆三个桩，一个好汉三个帮”，创造平等互利，和谐融洽的人际关系是发展的必要人文环境，特别是身处少数民族居住的地方。因此客家人能够迅速融入当地的生产生活，与土著居民一起创造物质财富，共享物质文明。

客家人迁徙入桂，多是只身或单家独户而来，以农为本，各业并举，是广西客家人经济生活的主轴。广西商业呈现全面繁荣局面，客家人的作用也不可低估。在广西有客家人的地方，基本都有定期的集市，客家人称“圩”。民间有句俗语：“客家人创圩，广府人旺圩”，说的是客家人经商不避偏远，不择地域，运营集市，然后才有广府人的“旺圩”（扩大集市规模）。客家人热心商业，有商品意识和拼搏精神，勇于开拓，善于经营，能够在较短的时间内积累较大的财富。在钟文典教授的《广西客家》记载了这样一个实例：客家人在广西平果创建圩市以后，始终掌握这当地的商业经营权。“文革”期间，经商者被强制下放到农村劳动，商店被迫关门。客家人却暗地里在农村饲养禽畜出售。“文革”以后，客家人纷纷回到圩市，借改革开放的东风，工、贸、商并举，远走宾阳、田东、百色等地，大展宏图，领先成为“万元户”者不少。广西贵港木格镇也有类似情况，“文革”期间被拉上台批斗示众的23个商人中，有18个是“客家佬”，改革开放以后，重新进入木格镇商业领域，带头发家致富的，仍旧是这些“客家佬”。①

客家人对物质文明的追求，培养了优秀的客商素质，进入变化莫测的商海后能够做到沉着镇定，目光长远，开拓进取。在广西诞生了许多客商传奇，广西科宝公司、沙龙纸业公司、云南传承茶业有限公司董事长、广联（南宁）投资公司董事张国兴和玉柴机器集团有限公司董事局主席晏平就是其中佼佼者。张国兴被称为“频创‘广西之最’的客家儒商”。他是广西第一个从日本引进最先进的彩色冲印设备的商人，把以前需要几天才能冲印出来的黑白照片变成了几十分钟就能冲印出的彩色照片。他也是广西最先开创生活用纸品牌——“沙龙纸巾”的商家，他同时也是广西培养老板人数最多的民营企业“校长”。据不完全统计，近二十年来，他带出了六十多位老板，其中有近三十位百万富翁，

① 钟文典：《广西客家》，广西师范大学出版社，2005年版，第154页

近十位千万富翁，如好友缘酒家、永恒婚纱、巴黎婚纱的老总黄虹就是其中之一。[①]晏平从2005年到玉柴任职以来，积极贯彻科学发展观，确立玉柴核心理念“绿色发展，和谐共赢”经营思想“卓越品质，国际玉柴”，坚持走绿色工业发展之路，不断推进企业改革创新，连续五年保持高速发展，为国家和地方经济发展做出了巨大贡献。其中，2008年玉柴战胜全球金融危机影响实现销售收入209.88亿，同比增长14.32%，从规模到管理实现了“三年再造一个玉柴”的目标。2009年，晏平带领玉柴团队苦练内功、抢抓市场，销售收入达271.97亿元，同比增长29.58%，柴油发动机产销量突破67万台，连续五年稳居全国同行业首位。在2010中国企业500强排名榜上，玉柴集团排第227位，比2009年度排名上升38位，成为2010中国企业500强收入增长最快的百家企业之一。玉柴品牌价值超过80亿元，在2010中国最具价值品牌排行中名列109位。正如晏平所说：2011年恰值辛亥革命一百周年、中国共产党建党90周年之际，欣逢玉柴建厂60周年，集团正式吹响向“十二五”千亿迈进、首战跨越400亿元规模的号角，动人心魄的时刻已经来临，催人奋进的乐章已经奏响，全体玉柴建设者厉兵秣马，踏上征程，迈向千亿第一春。[②]

广西博白有着一个响当当的名号——“中国编织工艺品之都”。据考证，早在宋代，博白的民间编织工艺就已闻名。1979年秋，来自博白的两套精美芒编工艺品在广交会上大放异彩，引来外商一片赞叹和大量订货，从此博白芒编工艺品在国内外声名鹊起，并远销东南亚及欧美市场。如今，芒编产业已发展成博白的支柱产业之一，博白也逐步成为全国最大的编织工艺品出口基地。目前，全县编织企业近400家。芒编产品的品种发展很快，已由当初的芒编逐渐发展到目前的以芒、竹、藤、木、草、纸绳、金属等为主要原料的混编工艺品，品种达上万种。仅2009年，该县编织业产值达10.9亿元，从事编织加工业的农民达20多万人，人均编织收入1000多元，成为客家人“指间飞舞的财富”。[③]

客商、企业家，先富不忘带动后富，为推动广西社会的物质文明做出了巨大的贡献。

### （二）文化交融

就一般而言，经济的发展需要文化提供支持，文化的繁荣有赖经济作保证。离开了文化的支持，经济不能持久；离开了经济的支持，文化也难以生存，经

① 王祖能：《频创“广西之最”的客家儒商》，引自网页：
http://blog.tianya.cn/blogger/post_show.asp?BlogID=318551&PostID=103639882007
② 慧聪工程机械网 2011/1/5/8:58
③ 唐群峰：《博白芒编：指间飞舞的财富》，广西新闻网，2010-09-16

济与文化相互依存相互影响。一个国家，一个民族，一个地区，一个企业，一个部门，如善于发现自己的文化优势，用文化优势来促进经济的发展，就可以使经济的发展找准主攻方向，提高知名度，提升品牌形象，增加发展后劲，带来长远和持久的效益。如没有广而深的文化功底和综合理念“组织”思维，就不可能作出经济发展的成功创意策划。经济实力的较量，说到底就是文化实力的竞争。随着知识经济时代的到来，经济活动中的文化含量与需求越来越大，文化性的竞争也越来越突出。在经济发展的过程中，没有文化就谈不上竞争力。可以说，在21世纪对文化内涵的注重将成为竞争的起点。在各地都为发展经济而迅猛冲刺的跑道上，一个善于发现自己文化优势的选手，肯定要比忽视文化的选手，更具有发展力，持久力和决胜力。

广西玉林市地处广西东南部，管辖范围很大，包括陆川、博白、北流、容县、兴业等县市，其中博白、陆川两县是地地道道的客家大县。以前因对外宣传较少，起步也较慢，所以外界知道的人不多，广西客家文化资源还有待开发。如今通过广西客家文化资源的发掘，通过举办各种客家文化节等联谊活动，使得广西客家文化慢慢成为对外开放的一张名片，成为广西展示对外开放形象的一个窗口。现在，不仅海内外都知道广西有客家人，广西也逐渐成了吸引海外客家人士关注的热点。通过客家文化研发这座桥梁，直接加强了与海内外的联系与交流，从而促进了广西社会文化与经济的发展。

2004年5月24日博白县政协委员刘斯创办了广西第一家客家文化时空网站。在刘斯的执著和艰辛的带动下，网站全体人员同心奋进，使网站的内容越来越丰富，登陆和注册的人数也越来越多。7年来，网站组织和举办的客家文化活动有数十次，来参观、考察和访问的地方人士有玉林、贵港、贺州、南宁、广州、上海、新加坡等地区和国家。值得一提的是，网站7年来与世界各地的客家联谊会、会馆、媒体多次接触，接待了来自桂林、梅州、厦门、广州、北京、台湾和新加坡等地的专家学者。其中，网站还与广西师范大学客家文化研究院、华南理工大学客家文化研究所、新加坡茶阳（大埔）会馆等组织、社团开展客家文化交流，同时网站也成为各地专家、学者和客家乡贤到博白考察调研客家文化的基地。目前，网站的注册会员已有2万多人，网友有来自国内各个省市，也有来自新加坡、日本、美国和欧洲等国家和地区。经过广泛的交流往来，如今广西客家文化时空网站已发展的顾问、编委和管理人员，遍布美国、新加坡和北京、上海、广西、广东、福建、江西、山东、湖北、海南、台湾等国家和地区，影响日益扩大。目前，网站开设有资讯、博客、相册、商品、影音、文件、书签、圈子、论坛等多个栏目，其中论坛是全球最具专业的客家文化交流平台。论坛开设了客家文化、各地客家、时空文化、休闲娱乐和管理专区五大板块96个栏目，其中38个母栏目，58个子栏目。这些栏目文化性和专业性都比较强，分类齐全，易于阅读和查阅资料，特别是许多专家学者的栏目，个性突出，可读性强，资料权威，论点新颖突出，促进了广大客家地区文化的交流和发展。

不同的民族，有各自的语言、各自的习俗及文化思想，客家人长期同壮、瑶、侗、苗等少数民族生活在一起，民间文化总会互相影响的。以生活习俗为例，婚前“以歌择偶”、“抛绣球”、“换巾”、“赠槟榔”等求情、定情的恋爱方式，并非壮族仅有。婚后“不落夫家”婚俗，以及童养媳、上门等，壮族有，瑶族、汉族客家人也有。壮、瑶、苗、仫佬等族有“歌圩”、“歌堂”、“走坡”等唱山歌的习俗，在桂东客家人居住较集中的贺州市八步区，每年农历四月廿六日（浮山庙炮期），五月十九日的歌圩，是贺州规模最大、参加人数最多的民间传统娱乐活动的节日。届时，成千上万的各族群众纷纷来到浮山，浮山歌圩唱的山歌形式有本地人山歌、客家山歌、壮歌、瑶歌等。这表明，各民族虽有不同的生活习俗，但由于人们长期生活、劳动在一起，思想文化的交流，各种习俗必然会互相影响，互相渗透，互相融合，互相吸收，共同发展。

旅游者在外出旅游的过程中，不可避免地与旅游目的地的居民、旅游从业人员和其他旅游者进行各种各样的接触和交流。在他们的接触和交往过程中，文化的交流与互动也相伴而生，从而带动当地经济的发展。被誉为中国五大传统民居之一的广西客家建筑——围屋、语言学家王力的故乡——博白城厢镇、有名的“八桂第一庄”——陆川的谢鲁山庄、既是沙田柚的出产地又是杨贵妃故乡的容县等地吸引了越来越多的游客。广西客家旅游文化的不断发展和旅游活动的日益大众化，推进了广西对外开放的进程，也带动了广西社会经济的发展。

### （三）人际和谐

长期筚路蓝缕的移民生活经历，使客家人非常重视人际之间的和谐。广西贺州市是一个本土人与客家人、各族人和谐相处，多元文化并存的地方。客家人重名节、薄功利，重孝悌、薄强权，重文教、薄无知，重信义、薄小人。受儒家文化的熏陶，客家人非常尊重年长者，有“尊老敬贤，老有所养，居住环境，整齐清洁”之美谈。客家妇女有“勤劳俭朴、刻苦耐劳”，客家男人尚“自重”，喜“自尊”，强调“天下客家一家亲”等美誉。2005年11月6日至7日，亚细安（东盟）客属第六届恳亲大会暨经贸洽谈会在贺州市举行，亚细安（东盟）客属恳亲大会是具有广泛影响力的华人盛会，也是亚细安（东盟）客家人以文化和经济活动为主要内容的大联谊、大交流、大聚会。在中国——东盟自由贸易区加紧构建之际，贺州市承办亚细安（东盟）客属第六届恳亲大会暨经贸洽谈会，旨在弘扬客家精神，增进海内外客家人的团结和友谊，促进贺州与东盟国家的文化交流和经济合作，推进祖国和平统一。扩大贺州在客属世界的影响，吸引更多的人到贺州旅游观光投资兴业，带动贺州乃至整个广西的改革开放、经济建设和社会进步。亚细安（东盟）客属恳亲大会由“10+3”组成，即由东盟 10 国加上中国（包括台湾、香港、澳门地区）、日本、韩国的客属社团组成，其前身为印度尼西亚客属总公会。亚细安（东盟）客属第一届恳亲会在雅加达隆重召开后，客属恳亲会基本上每年召开一次，第二至五届分别在印尼巴厘岛、马来西亚沙巴州、文莱、中国深圳举行。恳亲会的宗旨是：“迈向世界，和平开拓，发展经贸，联谊连心”。贺州市洋溢着客家人浓浓的亲情，与来自东盟各国及世界各地的千名客家人代表欢聚一堂，共叙乡情，共谋发展。千年不改是乡音，万水难隔故乡情，足见客家人非常重视人际关系的和谐。

当今，国家正强烈呼吁共建社会主义和谐社会，甚至倡导共创和谐世界。客家人就像时代的先锋，他们在自身的修养、与人的平等交往、与自然的和谐相处等多方面都创造了独特和谐的理念，并将这种和谐理念付诸于日常生产和生活中，做到平等相待、互惠互利，这无疑是对构建社会主义和谐社会的贡献。尤其是客家文化的核心价值——“尊重彼此、相互包容、平等相待、共同发展”的精神理念，对于正确处理个人与他人、个人与集体、个人与家庭、个人与社会的关系，推进现代化建设事业和构建社会主义和谐社会，未尝不是一种有益的参考。只有每个社会成员都以“尊重彼此、相互包容、平等相待、共同发展”为价值指向，并自觉地进行良性互动，才有可能产生长久的社会稳定与和谐。

# 第五章 客家文化与和谐社会的文化根基

中国传统文化的核心精神之一是“和”，即追求和谐的中和主义。孔子说：“礼之用，和为贵，先王之道，斯为美”。[①]和就是美，它是儒家追求的最高社会理想。孟子说：“天时不如地利，地利不如人和。”[②]可见人和的重要。在中国古代，人们对“和”的涵义有多种解释。其中，《广韵》的注解流传较广。它把“和”解释为“顺也，谐也，不坚不柔也”。《谥法》也说，“不刚不柔曰和”。从古至今，和谐都是人类孜孜不倦地追求的目标，尤其是建设社会主义时期，和谐更是被提上的重要日程。2010年春节期间，中共中央总书记、国家主席胡锦涛在参观被列入世界文化遗产名录的福建永定客家土楼时，称赞它是中华文化瑰宝，是大家庭、小社会和谐相处的典范，一定要把祖先留下的这份珍贵遗产守护好、传承好、运用好。[③]为什么南方众多的围屋、土楼等典型的客家民居建筑，被国家主席誉为大家庭、小社会和谐相处的典范？追根溯源，一千多年前汉族支系客家人因战乱、饥荒等种种的历史原因，辗转南迁赣、粤、闽交

① 《论语·学而》
② 《孟子·公孙丑下》
③ 罗钦文：《总书记春节看土楼 客家文化受瞩目》，中国新闻网，2008-02-18

界山区落籍繁衍。所迁徙之地自然环境大多恶劣，生产力大多低下，这种生活的压力迫使客家人以血缘为纽带组建大家庭，聚族而居，团结协作，互相帮助，互为周济，以便保障最低生活水平。

在千百年的迁徙历史和社会转型的变化中，客家基本上采用大家族或小家庭的居住模式，共楼或共围屋而住。一个大围屋或土楼常常住着几百甚至上千人，或者一座客家围屋往往就是一个村寨。围屋不仅是一个大家庭还是一个小社会。在这个大家庭小社会里，客家人彼此尊重，相互照顾，和睦相处，不分你我。围屋是客家文化的重要象征，客家文化是围屋的主要灵魂。围屋等客家聚落模式，体现了客家人家族理想与世俗生活完美结合的理念，同时建筑格局在一定程度上也反映了客家家庭或家族的生存秩序。

家庭是社会的细胞，是构成社会最具活力的基本单元，是社会多维关系的一个交叉点。家庭还是人们安居乐业、建立和谐人际关系的摇篮，也是消除各种矛盾，解决社会问题的首道防线。社会的稳定和谐与否，很大程度上取决于家庭的稳定和谐与否。客家社会和谐的良性发展与客家家庭和谐的良性发展是密不可分的。所谓和谐家庭，主要是指以家庭内部各成员之间、家庭与社会之间、家庭与自然之间相互和谐的系统和谐。

## 第一节　客家家庭成员间的和谐

家庭和谐是社会和谐的重要基础和保障，中国主流文化素来强调“家”与“国”是同构的。《大学》：“欲治其国者，先齐其家”；“一室不治，何以治天下”[①]；“家和万事兴，家齐国安宁”；“天下之本在国，国之本在家。”[②]儒家把“修身、齐家”看作“治国、平天下”[③]的前提，认为家是缩小了的国，国是扩大了的家，家庭利益与国家利益密不可分，只有每个家庭都和谐了，社会的稳定和谐才有可能。承载着中华文化精髓的汉族支系——客家人在千年万里颠沛流离的迁徙过程中，认同、实践并不断强化了这一主流文化的理念。客家社会常说“大人要像个大人的样子，小孩要像个小孩的样子”，即无论大人、小孩都有一套世俗的伦理规范。他们重视婚姻、家庭。在家庭的各种关系中，如果为父不慈，为子不孝、为夫不能、为妻不贞，都会使人的心灵蒙上阴影。孙隆基先生认为，中国人的“仁”指的是这样的一种关系：人与人之间的

① 刘蓉：《习惯说》
② 《孟子·离娄上》
③ 《礼记·大学》

心意感通，亦即是“以心换心”，并且，在这种双方心意感通的过程中，理想的行径必须是处处以对方为重。中国人的“礼让”其实正是这种关系的外在表现。[①]客家社会的和谐家庭关系，主要包括夫妻之间、父子之间、家庭其他成员之间的相互尊重、理解、体贴和关爱。

### （一）夫爱妇敬

《序卦传》说：“有天地然后有万物，有万物然后有男女，有男女然后有夫妇，有夫妇然后有父子，有父子然后有君臣，有君臣然后有上下，有上下然后礼仪有所错。”[②]可知在诸多社会结构中，家庭结构是根本。在家庭关系中，夫妻关系是家庭关系的根本，一切家庭关系都是以夫妻关系为中心展开的，其他社会关系如父子、兄弟、姐妹等，皆源于此。夫妻关系的好坏不仅关系着婚姻质量的高低，也影响到下一代的健康成长，而且与社会的安定团结也有密切关系。良好的夫妻关系是建立理想家庭关系的基础：夫妻恩爱，孩子才会在充满爱的家庭氛围中长大，从父母的关爱中感悟到什么是爱，才会将爱延伸到对方的家人。从中原迁徙来桂的客家人深受汉民族“家国同构”传统文化的影响，非常重视家庭和谐关系的营建。

客家人，这是一个充满颠沛流离、饱经风霜的苦难的代名词，客家人迁徙过程充满血泪和辛酸；客家人，这又是一个富有艰苦奋斗、自强不息的光辉的代名词，客家人历经磨难，创造了独特的客家精神文化。尤其是客家男子深知男人的“男”字是“用力把田地扛起来”的深刻内含，大多能勤劳耐苦，不畏艰难，勇于接受厄运的挑战，敢于冒险，开拓进取，就算是已婚的客家男子仍坚持出外拼搏。他们常说“熬得苦中苦，方为人上人”，“人勤地生宝，人懒地生草”。这一切就是为了使家里的日子越过越富足，减轻妻子的负担，使家庭生活能够尽快奔小康。好些客家男子为了养家糊口，背井离乡，甚至漂洋过海，谋求发展，开辟家庭事业可持续发展的新天地。

因此，留守在家的客家妇女便义不容辞担当起家庭的重担，无怨无悔。在客家社会中，客家妇女几乎是家庭的重心，客家有俗语：“没有老婆不成家”。这个“家”不仅指结婚生儿育女，更重要是指在家庭生活中所处的特殊地位。客家妇女在家中勇于担当一家之主的角色，经常主持家政，对老人的照顾，幼儿的教养，家庭生活的料理等，无不做到周到完美，且从无怨言。客家妇女还扮演男子外出进行事业打拼背后的力量源泉，是成就丈夫事业的好帮手。由于

① 曾平：《风水文化：客家文化的主要特质》，见《“移民与客家文化”国际学术研讨会论文集》，（下集）
② 《周易·序卦传》

客家妇女在家庭生活中与丈夫相互支持，相互帮助，共同承担家庭发展的责任。因此，客家妇女普遍具有不可多得的良好素质与涵养，使她们不仅在体力上，而且在精神上都能很好地胜任自己在家庭中所承担的重要角色。中外不少文章赞美过客家妇女的优秀品质：健康、自然、独立、奋斗、坚忍、耐劳、贤良、勤俭、精干、大方、聪明、热情、有礼……是中国劳动妇女最好的典型。美国纽约版《不列颠百科全书》指出："客家妇女比纯中国人漂亮……在公共场合自由活动，是一个很勤劳的群体……非常聪明……"①美国人史密斯也毫不吝啬地赞美："客家妇女，真是我们所见到的任何一族的妇女中之最值得赞叹的了……除了刻苦耐劳和尊敬丈夫以外，她们的聪明热情和在文化上的进步，也是很使我们羡慕。"②

诚然，客家妇女一反传统妇女深锁闺阁的习惯，走出家门，承担繁重的农耕，应酬众多亲朋；家中内务，无所不通，无所不为。某些客家族谱，如广西荔浦修仁的蒋氏族谱就载有"妇女资历"和"烈妇传"。在中国这个男权社会的宗族组织中，把表彰妇女的文字载入族谱是很少见的。广西客家宗法中重视对妇女褒扬的记录，反映了客家妇女在家庭生产生活中的突出地位。正是客家妇女在家庭中的特殊地位和所具备的良好素质，才使得客家家庭得以和谐发展，夫妻同舟共济的精髓在客家妇女身上表现得淋漓尽致。

然而，客家人毕竟是性情中人，是血肉之躯。在夫妻性生活的问题上，留守在家的客家"晡娘"，谨记为人妻为人母的本分，自觉遵守传统妇德，恪守婚姻家庭秩序，履行婚姻家庭义务，安分守己，忠于丈夫，对家庭尽职尽责，不与丈夫之外的登徒浪子乱搞关系。她们偶尔有原始的自然冲动，也在终日不停的家务劳动和田间劳作中转移、消解了。一旦丈夫外出回来，她们会加倍体贴入微地服侍夫君，致使客家夫君觉得更应该奋发图强，励志衣锦还乡，以慰藉温柔体贴的妻子。出门在外的客家男子大多也不忘为人夫为人父的责任，忠于妻子、忠于家庭。和睦的夫妻关系，就这样在客家社会的家庭中互尊互助，彼此忠诚，相互信任依赖，相互理解支持，相互体贴沟通，相互包容付出。正是客家夫妻间的这种互敬、互爱、互信、互勉、互帮、互让、互谅、互慰的关系不断地维系着客家社会家庭的稳定和谐，也促进了广西社会的稳定和谐。

### （二）父慈子孝

亲子关系在这里主要指父母与子女的关系。父母与子女之间的关系，是家

① 美国《不列颠百科全书》，1911年纽约版
② [美]罗伯史密斯：《中国的客家》，中国民俗网 2009-09-28

庭关系的重要组成部分，它的和谐关系到整个家庭的和谐。家庭中亲子关系包括父母抚养、教育子女，子女赡养、孝敬老人两方面内容。他们之间所遵循的道德规范是“慈孝”，即父慈子孝。简单地说“慈”就是父母对子女仁慈、厚爱的情感与态度。父母要以无私爱心养育儿女，还要以认真负责的态度教导儿女成为一个品德高尚、对社会有用的人。儿女要遵循主流文化中的孝悌理念，使父母老有所依，老有所养、老有所乐。

广西客家社会往往是共围屋而住，而一个围屋一般都住着一个宗族。围绕着公厅（厅下），各家各户的居所按照长幼辈分进行尊卑有序地排列，层次分明。客家社会通过崇祖敬宗为内容的各种形式的仪式和活动，使家族、宗族的观念深入人心。因此，作为社会最基本单位的家庭成为他们精神和生活上的直接寄托和依靠，对家庭的依赖成为他们的生存意识而渗入心中。这种心理意识上所形成的一系列品格——忠于家庭、孝顺父母、尊长敬老，“长幼有序，和睦相处，互敬互爱，家和业兴”等，遂成为客家人倡导的家庭伦理规范。广西最大客家聚居地博白县刘氏族谱中就有族规：“要尊老爱幼，不准凌弱逞强”。《廖氏家史》族规：“老者维护至百年终老，幼者抚养成人”。客家社会特别强调“大人要像个大人的样子，小孩要像个小孩的样子”，即无论大人、小孩都应该遵循一整套世俗的伦理规范。如广西来宾客家人的俗规：吃饭时，老人座位面向大门，以示尊重，成年人次之，坐在两旁，小孩只能坐在对着老人的那一面的座位。如果家里人太多，男的坐一桌，女的坐一桌。吃饭时，小孩要主动帮老人夹菜，小孩帮老人添饭时，接碗、递饭必须是双手伺候。老人讲话，小孩不能随便插嘴，或在旁喧闹。吃完饭，小孩得讲一声“慢吃”。

父母是孩子人生教育的第一任老师，在家庭教育中扮演了重要角色，父母的一言一行对子女起着潜移默化的作用。“龙生龙，凤生凤，虾公生仔背弓弓”。为人父母首先要率先垂范，否则，“上梁唔正下梁歪”，“上歪一尺，下歪一丈”。因此，客家父母很注重自己身体力行对子女的影响，父母的一言一行都努力要求作为孩子学样的典范。客家有谚语“大做样，细学样”，“大个（大的）带哩（小）无好样，细个学哩唔晓几像（不知有多像）”，“为老不尊（正），带坏子孙”，“老娘无好样，嫩娇宿和尚”，“中梁不正桷子（擦条）斜，父娘（父母）不正子女歪”，“父正子不邪，母勤女不懒”等，都体现了这种思想。客家人相信“屋檐流对水，点点不差池”，要教育好子女，自己必须先做好榜样。要教育好晚辈，首先从长辈做起。若是孩子被人骂为“早死爷娘无教养”，则是对父母及家人的极大侮辱。可见，客家社会极重视对孩子进行道德教育和培养的，而家庭对孩子的早期教育又是任何其他教育所不能替代的。教育具有很强的教化功能，对客家大家庭小社会的良性发展起了积极的促进作用。

客家社会普遍的崇文重教，使家人都知规、守规，形成一定的并被客家家庭普遍认同的道德价值观念，为有序的大家庭小社会提供了思想保障。客家人把“父慈子孝”的和谐家庭关系推及到整个社会，不断践行传统文化“老吾老，以及人之老，幼吾幼，以及人之幼，天下可运于掌。”[①]孝敬天下所有父母，慈爱人间所有的子女。父慈子孝不仅是一个理想的家庭格局，而且这种风气若能长期推广到社会中去，社会将会变得更加文明。正是这种充满亲情的父子关系才使得客家社会家庭内部不仅很少产生矛盾，而且更互尊互重，更具凝聚力和向心力，从而促进了客家社会长期的和谐发展。

## 第二节　客家家庭邻里间的和谐

邻里关系是人们之间最简单、最基本、最受关注的社会关系。邻里关系是人们除了家庭之外，首先接触到的微观社会环境，邻里关系的好坏直接影响到社会的和谐稳定。广西是个多民族的大家庭，客家人作为这个大家庭中的特殊一员，由于不断迁徙和面临自然与社会环境的双重挑战，使他们具备了和迁徙地的土著人相互尊重，相互忍让，平等相待，团结友好，互助互爱的传统精神。客家人常说：“远亲不如近邻”、“千金买宅，万金买邻”、“人到难处邻里亲”、“亲不亲客家人，一块番薯也都分着食”。客家邻里守望相助，这种“天下客家是一家”的心理认同，使得“天下客家一家亲”的美德延续至邻里。客家传统家训极力倡导与邻为善、和待乡民、救难怜贫、体恤羸弱等道德教化内容。如广西贺州鹅塘镇彭氏之族，其先祖彭居敬订的“家训”就有“敦亲族，恤孤寡，礼宾客，睦邻里。”2001 年新修的博白县《刘氏族谱总谱》中家训也有“敦孝悌，睦宗族，和相邻”等内容的记载。客家人无论是安处家园，还是身处异地，偶遇客家人，都能表现出声应气求，互相提携的义举。客家独特的宗族文化为和谐邻里的关系作出了重要贡献。客家人的邻里关系主要表现在两个方面：一是宗族制度下的同胞邻里关系，二是客家人与迁徙地的土著人之间的邻里关系。

### （一）客家宗族内的和谐

客家人筚路蓝缕的迁徙，总面临着自然与社会环境等重重困难，只有利用家族的整体力量才能够迎接挑战，立足生根。所以客家人聚族而居，以血缘关系组建大家庭，形成宗族社会。但随着宗族社会的不断壮大，人口的不断膨胀，

① 《孟子·梁惠王上》

处于宗族最高地位的客家家长为鼓励子孙自立自强，避免因弟兄过多而引发种种家庭矛盾和由此产生的弊端。按照客家旧俗，男子一旦成婚和生儿育女，家长就要分给其一部分财产令其分炊，以组成在大家庭庇护下的小家庭，这就是其民间俗称的“树大开杈，子大分家”。这些由大家庭分化而来的小家庭分门立户，相对聚居，构成邻里，从而产生宗族里的邻里关系。

汉民族自古就有“和则一，一则多力，多力则强，强则胜物”[①]和“天时不如地利，地利不如人和”[②]的先进理念，认为只要内部和谐团结，上下齐心合力，力量就会增大，就能立于不败之地。在千年万里的战乱逃难中，客家人意识到了加强宗族团结的重要性：只有聚宗团结，一致对外，才可以维系自身的生存和宗族的繁衍。几百年前，广西还是一个地处偏远，经济、文化落后，生产力水平低下的地区。外来的客家人必须依仗家族的整体力量，才有可能在广西站稳脚跟，求得生存和发展。因此，客家人特别重视宗族内部团结和集体观念，倡导“天下客家一家亲”的意识，逐渐养成家族团结观念浓厚，宗族凝聚力尤为强固的群体。美国《新不列颠百科全书》指出：“……迁居到华南的中国北方人即客家人，是一个非常勤奋和精明的群体，他们团结得十分紧密。”[③]

客家人非常强调宗族感情，凡族内有纠纷，多由房族老人出面调解，一般不通过官府，以免“浪费金钱，且伤情感”。凡族中大事，均由族中男丁开会解决；一旦族人与外族发生争执，客家人则发动整宗整族的男丁前往压阵解决，为的是避免吃亏。这种宗族集体观念较之其他民族，显得更为突出。如广西富禄地区，成立有客家人的互助会，每家每户每年交一定数额的互助金，置办锅碗瓢盆、桌椅板凳，以备急用。哪家老人去世，全镇的客家人到场帮忙，每家每户还送礼，帮助主家办好丧事。在日常生活中，客家人能够互相帮助，济困救贫，少讲报酬，甚至不讲报酬，客家人的“蒸尝”机制就是基于“自家人”的感情基础上产生的。蒸尝是秋冬祭祀名，蒸尝来源于族人量力捐助，或由族人按房派捐，或有族人违背族规罚款提供，还有绝户所遗财产拨入等。蒸尝的支出由族内分配，除了祭祀、办学、兴修祠堂，还用于扶困济弱，使失去生活的依靠的弱者（鳏夫、寡妇、孤老、残疾者等）和贫者有赖于“自家人”的接济，日有所食，岁有所依，嫁娶、丧葬得到帮助，这就减少了贫富悬殊，使得族群内部能够和谐发展壮大。

千百年来，客家宗族的稳定秩序和团结友爱，靠的是传统的宗法制度。其宗法制度包括组织专人编写族谱，制定族规，规范族众，购置祠产，建立宗祠，

① 《荀子·王制》
② 《孟子·公孙丑下》
③ 美国《新不列颠百科全书》，1988 年英文版

以祭祀祖宗等方式联络宗族感情等。客家人通过共同的祖先这一先决条件进行祭祖敬宗，修建祠堂，修谱定规等活动来体现家族亲和力、凝聚力，进而加强族人的联系、团结，帮助和保护同族人，扩大宗族的影响力。客家人注重祖先崇拜，每逢墓祭，客家人都踊跃参加，无论身处何方，都会赶回去参与，人数众多，场面宏大，因为他们都有着强烈的同祖同宗意识。这一习俗活动，不仅体现出客家人在祖宗崇拜观念上的比较强烈，同时折射出崇拜同一祖先的宗族团结的凝聚力。在整个广西客家社会中，只要是聚居一地的家族必有族谱。客家族谱保证了宗族成员血缘宗法关系的可靠性，明确了宗族内的辈分等级的上下尊卑地位，保证了宗族内部的稳定秩序和尊卑礼仪。

此外，客家一家亲的和谐关系也受客家语言守护，客家人“宁卖祖宗田，唔忘祖宗言”,“离乡不离腔”。如柳城县古碧乡的百姓人是来自广东的一支汉人，在杨梅、江口等村的壮、仫佬等族的影响下，现全操壮话，并且还继承了仫佬族的隆重节日“依饭节”。客家人迁桂数百年，其语言仍保持不变。客家社会普遍流传着这样一句话：“宁卖祖宗田，不丢祖宗言”。客家语言能保持独立性，归根结底在于宗法制度对客家宗族起了团结凝聚的作用。在客家人看来，语言是祖宗遗传下来的，是宗族的象征；丢掉本民族的语言，即是“叛逆”祖宗的表现。可以说，客家语言的独立性大大加强了客家人的宗族团结。

除了靠宗法制度维持宗族里秩序的和谐，还有以“祖宗言”为纽带的“自家人”情结。客家人见面，只要一方讲客家话，另一方会迅速反应：“自家人哩！”于是彼此间陌生感会马上化解，亲密感油然而生。“自家人”情结使客家人能够同甘共苦，发挥协作与互助的精神。广西贺州市江海清“发达”后，曾数次回贺州老家，因家族人口繁衍，仁冲老屋已不够族人居住，他出资请人在老屋东南面另建一座围屋，兄弟六人共同分享，称为“新屋”，也就是保存至今的有名的江家围屋。江海清极重亲情、顾念族人，出资助学于族亲贫穷子弟，至今仍为族中后辈称颂。这种怀土思宗的“自家人”情结惠及江家后代。

### （二）客家宗族外的和谐

就儒家学说而言，其核心思想是“仁”，所谓“二人为仁”，强调人与人的关系要“克己”、“爱人”，处世上推崇“仁、义、礼、智、信”。客家民系是由南迁汉人与当地土著融合而成，这种融合是在生产生活和日常交往中自然而然的兼容和同化，而不是暴力的征服与被征服。作为一支迁徙的民系，客家人要想在多民系或多民族居住的地方，以少数、弱势立足其中并得到发展，一个很重要的原因就是入乡随俗，与当地土著人和平共处，从而创设一个较为和谐的发展环境。对和谐共处的追求应当是完成这种融合的重要的理念背景，这种追求最直观的表现就是“克己”、“爱人”、睦邻。因此，客家人在与土著居民相处、交流、融合时，秉承尊重彼此、相互忍让、平等相待、共同发展的理念，坚持与土著居民和睦相处，最终赢得了尊重和信任，赢得了立足之地，构建一个和谐的族际关系。客家社会的流行语“远亲不如近邻”，“行为失措，尚可挽正；人际失和，百事无成”。确切地强调了人和的重要性。以客家人为主体的太平天国运动，提出了“天生天养和为贵，各自相安享太平”，“天下多男人，尽是兄弟之辈；天下多女人，尽是姐妹之群”[①]的口号，表现出客家人希望与土著居民相互敬重，和睦相处，共同发展的思想。

广西是一个本土人与客家人，各民族和谐相处，创造出多元文化并存的地方。客家人重名节、薄功利，重孝悌、薄强权，重文教、薄无知，重信义、薄小人，在多民族大家庭中起到了不可忽视的和谐润滑剂作用。客家人通过友善、和蔼、宽容、讲义气、讲诚信等，赢得了少数民族的亲近与信任。有首《传家宝训》的客家山歌唱道：

开店公平和气，主顾富客常临。
兄弟和睦相处，外人不敢欺凌。
夫妻更要和顺，吵闹家室不宁。
亲朋不可怠慢，姐妹切莫断情。
贫富需要来往，免被别人看轻。
奴婢多宜恩待，必有护主之心。
切莫小气刻薄，忍耐三思而行。
和睦村坊为贵，不可伤害村邻。
莫听恶人甜言，良朋忠告记心。
瞒心拐骗莫做，斗称总要公平。[②]

事实正是如此。广西三江富禄镇成立有客家人的互助会，互助会不仅帮助客家人，别的民族成员有困难，他们也鼎力相助。如在镇上以理发为生的夏家老人去世，家里困难，大家去帮忙。残疾人王富昌去世，家产全无，大家也去帮忙。互助会的组织一直延续至今。建国后，大批的富禄客家人迁到三江县城（现已有 180 户），他们又在县城组织客家人互助会，继续发扬互相帮助的优良传统。哪家有难，一个电话，随叫随到。客家人真诚、谦和、宽容、有礼貌，善于将“小家”融入“大家”。每年农历正月初一，在客家聚族而居的村庄，都

① 太平天国《原道醒世训》
② 严永通、凌火金：《广西客家山歌研究》，广西人民出版社，1991 年版，第 198-199 页

要在众家厅堂里摆上几台八仙桌，各家将米酒、糖果、饼干端出，满满一桌，在相互酬酢中共祝新春。这种类似团拜的风俗颇有几分“独乐乐不如众乐乐”的意味。客家人以一片热心善待客人，不论是本村邻居，还是外村人，只要进了家门，一律当做自己的客人，送上一杯热茶或开水，“兜”上凳子请客人坐，然后进入聊叙或正题畅谈。村中的人平时见面便嘘寒问暖，当有什么困难时，共同排忧解难，如有病痛，或三长两短，做到休戚与共，第一时间去探望、慰问、抚恤，以求共同渡过难关。平时踏粄、舂糍粑、做豆腐等，大凡每做一件事，不论大小，有什么好吃的邻里都能分到一份尝尝。客家人奉行“和为贵”，即使与当地人不可避免地发生了冲突、争斗，客家人也能够不计前嫌，争取双方尽快和解。如广西贵县的“土”、“客”在经历咸丰年间大规模的“土来械斗”之后，马上订立了《来土既合定章》，追溯“械斗频年，既田地之多荒，并行人之绝迹”的可怕恶果，决定“以前互相仇杀，并抢掠牛马及焚毁房屋各件，两造概行解释，罔念前仇。”[①]

客家人在守护汉民族文化的同时，也尊重当地他族文化，甚至认同和吸纳外族文化。表现在他们尊重当地的风俗习惯，乐于与当地人平等交流，善于向当地人学习，争取思想文化平等互动。《威武郡廖氏家史》九条族规中要求族人做到“邻里相依，异姓相助，团结友爱。”就是要无条件尊重他人，消除不同民族成员之间陌生感，身体力行“四海之内皆兄弟”[②]的古训。客家人不仅尊重他族信仰，有遇庙烧香见神就拜的传统，完全是发自内心地接受他族信仰，贺州八步区都江盘古庙就是一个生动的实例。盘古是瑶族同胞的始祖大王，贺州市八步区的都江盘古庙的墙壁上刻着盘古大王神像，以及迎神转座建醮捐资的人名，这其中除了有瑶人，还有客家人、壮人，本地人、湖南人等。更有意思的是盘古庙的建筑是客家特色的一排三间，中厅全部是敞开的传统房屋形式，而且正面内墙上画着一条黄色长龙，庙内神像中，除供奉盘古大王神像外，还有客家供奉的观音、八仙等23位神像，足见各民族文化的共融。同时客家入乡随俗，不仅尊重他族习俗，而且参与其中，如现今广西客家各地都有“二次葬”的习俗，但北方的汉族是没有这个习俗的，可见“二次葬”是汉族客家先民在迁入广西的过程中受他族影响而形成的。客家人与其他少数民族产生文化兼容共生的现象，在风俗习惯上互相影响、交流与吸纳，逐渐达到民族属性的转化与认同。这种习惯用和蔼、仁爱的金子般的心善待他人，积极营造友好相处的氛围，构建和谐的族际关系，有力推动了广西社会各民族的和谐发展。

① 华中师范大学历史系《中国近代史资料拾遗》第一缉
②《论语·颜渊》

## 第三节　客家家庭与自然界的和谐

家庭与自然界的和谐，是指家庭与所处的自然环境之间的和谐。家庭是由人组成的，而人又是自然界的产物。探讨家庭与自然界和谐的问题也就是探讨人与自然界的和谐问题。人与自然界的关系，其实质就是人类与资源之间的关系。在这个过程中，人类不仅要通过自身的活动来调整人与人、人与社会的关系，同时也要调整人与自然的关系。人类与自然界是浑然的一体，人的发展与自然界是密不可分的。在人与自然的关系上，古人主张天人合一（这里的“天”，指的是自然之天，即天地万物，可理解为自然界、自然环境）。认为人的一切都不是独立于自然界的，而为自然之物，肯定人与自然界的统一。将人与万物一视同仁，视为一个和谐统一的整体。强调人类应当认识自然，尊重自然，保护自然，而不能破坏自然。反对一味地向自然界索取，反对片面地利用自然与征服自然，并批判那种偏狭的人类功利主义的伦理、秩序和价值观。庄子强调人必须遵循自然规律，顺应自然，与自然和谐，达到“天地与我并生，而万物与我为一”[①]的境界。老子的哲学观“人法地，地法天，天法道，道法自然。”[②]这是一种“天人合一”的思想。客家人非常注重与自然的和谐共处，在构建和谐家庭的同时，也神奇地演绎了人与自然和谐这一完美的传奇。在客家民居建筑、伯公信仰、风水园林等方面都体现了“天人合一”的和谐美学思想，体现了客家人超凡的睿智。

### （一）民居建筑的和谐

人与自然和谐相生是人类的审美价值追求，也是广西客家人崇尚自然的最高境界。推崇“天人和谐”已成为客家文化的精髓，也是堪舆学所探索和追求的理想境界。“天人合一”的有机自然观，深深的渗透在广西客家民居建筑之中，如孟子的“尽其心者，知其性也，知其性，则知天矣”。[③]庄子的“与人和者为之人乐，与天和者谓之天乐。”[④]汉儒董仲舒的“天人之际，合二为一。”[⑤]等。“天人之和”是一种最高境界的审美乐趣，崇尚“和谐”成了客家传统民居建筑文化的精髓，因而能把人与大自然和谐共处的关系表现得如此的透彻。客家

① 庄子《齐物论》
②《道德经·第二十五章》
③《孟子·尽心上》
④《庄子·天道》
⑤《春秋繁露·深察名号》

人往往会以堪舆学的阴阳思想为根本，来认识大地，选择地形，因此广西客家民居建筑的一般都依赖于自然，顺应气候和地势等自然条件来进行。此规划既神秘又科学，堪称为阴阳相济以及儒道两家“天人合一”思想的具体物化诠释，充分体现了客家民居建筑深厚的文化底蕴，颇具审美价值。

安居乐业是人类共同的追求。恩格斯认为，气候、食物、土壤、地形，这四大因素决定人类的性格与命运。客家人常说的“地利人和”，“一方水土养一方人”，道出了优越的地理条件是营造和谐家居环境的关键所在。广西客家人在围屋建筑的选址时，颇重视地形与座向，一般首选地势高爽，坐北朝南，坐西朝东或坐西朝东南取向，且讲究依山临水，绿树成荫之处。客家人认为这种民居建筑的价值取向是山环水抱，背后有山做依靠能旺人，前面有水来环绕能旺财，屋向南偏东，以门取旺气。且房屋能以四周的山川形势、砂、水等天然气势为主，结合与人类赖以生存发展、关系密切的水土结构，构成天然优美的自然环境。加之采用合理的外部建造结构及其内部构造，以达到蓄气藏风得水的目的，从而引导人类与之产生和谐。这有助于人的长久居住，获得人们的心理平和，保证人们的身心健康及后世的繁盛。客家围屋没有挖山而建，而是依山而建，这样不仅保持了自然的原来面貌，使之与自然达到和谐共存的境界。在广西的许多客家居处，依山临水而建的围屋比比皆是，玉林朱砂垌客家围屋、博白卧龙岗陈氏围屋、东平塘龙林氏围屋都是典型的代表。

客家围屋不分大小，大门口均有一个半圆形池塘，围屋与池塘的结合使得居住环境清新恬静，居住者心情舒畅，让人感觉与自然融合为一体。围屋大门之内分上、中、下三个大厅，左右分成两厢或四厢，俗称横屋，一直向后延伸。在左右横屋尽头，筑起围墙形的房屋，把正屋包围起来，小的十几间、大的二十几间，正中一间为“公厅”（或称“厅下”），故也称为“围龙屋”。围屋构形中前半圆的池塘象征“阴”，后半圆的围屋代表“阳”，两个半圆合为一圆代表“天”，两半圆之间的方形代表“地”。这一设计表达了中国古代“天圆地方，阴阳和德”①的传统文化意象。古人认为：天属于阳，是圆形的，地属于阴，是方形的，天圆地方本身就是一种和谐。围屋的这种特殊结构，正是中华民族“天人合一”生态和谐美学观的一种体现。目前，各级政府都很重视客家围屋的保护和传承。2011年上半年我国首座客家生态博物馆在广西贺州市建成并开馆：莲塘镇有三处保护非常完整的客家围屋，约有百户分散居住在这三处地点，面积大约为2平方公里。其中，仁冲村客家围屋是目前我国保存最完整、规模最大、历史最悠久的围屋建筑群之一。

①《周易·系辞》

## （二）伯公信仰的和谐

从中华民族远古时代开始，人们就开始膜拜土地，对具有无限生殖力量的“地母”敬献有加。至周代，又开始有了“社”，上至天子，下至庶民，都得封土立社。直至宋代以前，对天地诸神的祭祀几乎只是皇室、王公、贵族的特权，而与民间百姓无关。唯有土地神是人人都可以无限亲近的神明，也唯有土地神赐予了民间看得见、摸得着的丰收，以及国泰民安。客家人对土地的崇拜，从客家民系诞生的时代开始。“伯公”是客家人对土地神的特有称号，源于中国古代“公、侯、伯、子、男”五种爵号，“伯”为其首。可见，“伯公”是客家社会对土地神尊敬和热爱的昵称。大凡客家聚落，普遍存在着伯公信仰，“伯公”无处不在，神位处处皆有。在住屋内有镇宅土地的“龙神伯公”、“灶头伯公”、“床头伯公”；在屋外田野有“田头伯公”、“水口伯公”、“大树伯公”、“石头伯公”；祖坟旁还建造有“后土伯公”等等。

“土地伯公”的神位的设置极其简单，往往一小神龛，两边贴有对联“神恩施大化，厚德载群生"，龛内常只一块石碑或木牌、红纸、石头等。客家人对住宅内所设土地伯公神位，主人们会早晚上香供茶。他们在从事生产或其他活动之前，也总要先敬土地神。如每年农事之始，首次下田时要备果品、香烛、茶水，在路边或树旁或石壁等处，祭奉土地神。播种时要在田头烧纸，禀告土地伯公，祈求鸟雀不要糟蹋谷种秧苗长得茁壮。上山打猎、建造新屋都要敬土地神。此外，出远门，无论经商、求学、出嫁，均会到伯公坛前祈佑平安顺遂；新添人丁，向伯公报到，请伯公佑护，快长快大。客家地区至今还流传着“入山先问伯公”、“伯公唔开口，老虎唔敢吃狗”、“宰猪杀羊，问过公王”等民谚。

“伯公”其实就是土地神，客家敬土地如敬神，可见客家人对土地崇拜之情。客家人这些崇拜土地的做法其实是他们崇尚自然的表现，也是他们对土地表达敬意的表现。人类是踩着土地一步步发展到今天的，土地不仅是自然界的重要部分，同时也是人类必不可少的生存要素之一。尤其在农耕社会，土地还是人们一切生存资料和物质财富的主要来源。离开土地，客家人将无法生存。客家人崇拜土地，希冀能和土地达到和谐，进而与自然和谐，使自已能在土地上生存发展，继而繁衍后代，保持家庭的稳定和壮大。客家人正是凭着这种崇拜土地，珍惜土地，爱护每一寸土地的思想观念，才使他们在外乡的土地上落地生根。客家对土地崇拜之情，已经内化成了一种信念。至今，这种崇拜土地的和谐观，还一直被其子孙后代延续着，且津津乐道。

### （三）风水林的和谐

“风水林”是客家人认为对人的平安长寿、多子多福、人丁兴旺、升官发财、逢凶化吉等作用的天然或人工林木。其实客家所谓的“风水林”也是古代堪舆意识的产物。风水林的产生就是古代人基于培护“龙脉”的目的，而进行人工栽植或保护天然生长的林木。风水林培护体现的风水绿化思想，体现了古人注重林木景观、推崇绿化环境的风水思想，体现了倡导植树造林的绿化思想，体现了禁止毁林的护林思想。所谓堪舆观是国人在长期适应自然生态环境过程中形成的一种思想意识，其目的是追求理想的生存环境。理想的生存环境必须“藏风”、“得水”、“乘生气”。中国古代人们对居宅、村寨、城镇、葬地的选择，都强调地形地貌对“藏风”、“得水”的功用，注重选择风、水结合和富有“生气”之地，特别重视对挡风聚气、藏水聚水的环境选择。汉族支系客家人凡到一处，必进行堪舆，堪舆后首先要做的是栽种“风水林”。“风水林”即“水口树”，是龙脉上的毛发，而龙脉则是所依托的村落、家族的命脉，故亦有称风水林为“围衣”的。堪舆好、种好树，这才有大规模的住宅兴建。因此，“靠山傍水”的好屋址，再加上风水林就完全符合了客家“屋场好，环境好，必家丁兴旺”的希冀。为保护好风水林，有的地方，专门有乡规民约，任何人不得入林砍伐；否则，就要惩罚。惩罚的方法有：违约者罚一台大戏，以向乡亲和风水林赔罪；或者罚款，赶猪。猪是农家的小钱库，把猪杀了，分到各家各户，能起到警戒的作用。实际上，对风水林的保护也是客家人对自我的一种保护。通过保护风水林，保护山体的稳固，防止山上的水土流失，为客家家庭创造了和谐的外部环境。有山有水而无林木，犹如人之失却衣饰与毛发。山清水秀，人文景观才能健康发展。风水林的最大功用和最深教益是人们能够重视生态环境的保护，使生态环境达到平衡，达到天人和谐。可见，客家人对风水林的保护也是力求人与自然和谐的生态美学观的一种表现。

凡此，“家庭——家族——国家”是宗法社会的显著特征，这种“家国同构”的社会政治模式是儒家文化赖以存在的社会渊源。随着全球化、现代化进程加快，客家民系身处的社会、经济、政治、文化环境都发生了很大变化。客家传统社会在全球化、现代化进程中逐渐解体，客家传统文化中的许多事象都在流失，比如在民居建筑方面，传统的围屋已不再是21世纪客家人主要的民居形式。可以说客家人已经从传统社会中兑变出来，已完全融入现代主流社会，但是客家人在漫长的迁徙和生活中所凝结的爱国爱乡、睦邻好客、独立自强、刻苦耐劳、团结奋进、敢于冒险、开拓创新、讲求实际、刻苦勤俭、不屈不挠、尚武崇文、乐善好施、崇文重教等优秀传统和美德却在新的居住地薪火相传，绵延不息，并在现代社会中发挥着独特的作用。客家人通过营造和谐家庭来实现客家社会的和谐，并以此来推动客家社会秩序良性发展。客家社会秩序的和谐有序主要依赖于客家社会的宗族制度，而客家社会的宗族实际上是大家族小社会制，而其主要形式是由众多有血缘关系的小家庭聚族而居。正是这种在血缘关系基础上形成的亲亲尊尊、敬老爱幼、团结凝聚、爱国爱乡的感情，在任何社会中都是无法替代的人类最原始最基本的思想感情，维系了客家家庭的和谐。家庭是社会的细胞，一家一族的和谐维系着中华大家庭的和谐。因此，在构建和谐社会的同时，应着力构建和谐家庭。而和谐家庭的建构，若能借鉴客家群体血缘亲属组织中一贯存在的亲亲、仁爱、互助、合作、团结、忍让、爱家的文化思想，也许可以获取某些有益的启示。

# 第六章 客家文化与和谐社会的秩序保障

宗法制度对客家宗族起团结凝聚的作用，家规族训是客家宝贵的伦理、法律文化遗产，两者相互作用维系了客家社会秩序的和谐稳定。本章以客家宗法制度为着眼点，以客家族谱的家规族训为着重点，解读客家宗法制度的形成与特点，梳理客家家法、族规所具有的民间法律效力，以及如何通过畅通的民意表达机制、合理的利益协调机制、公平的纠纷处理机制、有效的权力制约机制实现客家和谐社会的法律保障机制及作用，探析其对和谐社会秩序的保障作用和影响。

孟子说："天时不如地利，地利不如人和。"[①]可见人和的重要。在中国古代，人们对"和"的涵义有多种解释。其中《广韵》的注解流传较广，它把"和"解释为"顺也，谐也，不坚不柔也"。《谥法》也说"不刚不柔曰和"。和谐是人类社会永恒的主题，也是近年来人们关注的焦点。汉族支系客家人上下有一千多年的迁徙史，不论其自身内部或与周邻居民都不乏矛盾，但都能和谐共处。究其原因，自然有他们独特的思维方式、物质基础、价值基石、文化根基等多

①《孟子·公孙丑》(下)

方面的因素合力在起作用，以下要重点探析的是客家文化在宗法制度下所形成的伦理、法律文化遗产的精要，以及它对当今社会治理、家庭教化，尤其是转型时期社会稳定、和谐构建的保障价值。

## 第一节 客家的宗法制度

一千多年前客家人因战乱或迫于生计等原因，举家从中原迁徙又流徙他地。由于特殊的流迁经历，各种外来力量的袭扰常常威胁他们的生存，同宗同祖的认同可以增强团结，团结就是力量，力量是异地的立足之本。这就使得他们的血缘意识和宗族观念特别强烈，敬祖穆宗，祖先崇拜尤为盛行。他们聚族而居、共楼而住，以血缘为纽带组成大家庭，同族人彼此相互照顾，和睦相处，不分你我。围屋不仅是一个大家庭，而且还是一个小社会。为了防御盗匪，防御外族欺凌，围屋基本上都有很强的防御功能，强劲的应急体系。在遇到盗匪或外族欺凌，楼内有足够的柴、米、水、煤，完全的自给自足，不出门照样可以生存，楼内几百号人在围屋内构成一个小社会，齐心协力，共对外患。可以说围屋是客家聚落模式的典型表现，是客家人家族理想与世俗生活的完美结合，建筑格局在一定程度上维护了家族的生存秩序。其实，还有一种无形的东西在起作用，这就是客家人在特定的时空作用下形成的一整套制度。在一千多年的迁徙历史和社会转型变化中，客家先民与迁徙地、定居地的人民进行了广泛的交流，吸取了各地文化的精华，形成了在语言、民俗、风情、精神风尚等都有显著特点的客家文化。客家人能够在多次的迁徙中保持语言、生活习俗的独立性，归根到底在于宗法制度对客家宗族起了团结凝聚与保障的作用。孔永松、李小平先生认为在社会调控无法将自己的逻辑秩序实施于社会时，自然发生的共同体，唯一能成为社会秩序依据的就是血缘关系。以生物学为基础的血缘关系是一种天然秩序，在社会控制不及或脆弱的地方，血缘关系便外化为一种社会秩序，在中国古代便形成宗法制度，进而演变为家庭秩序。[①]

### （一）客家宗法制度的形成

宗法制度是一种流行于中国几千年的社会组织形式，它是以父权、族权为特征，以凝聚宗族为目的，包含了阶级对抗内容的一种宗族、家族制度。众所周知，我国汉族几千年来一直存在宗法制度。客家作为汉民族的民系之一，本身就存在宗法制度。据不完全统计，目前全球客家人总数约为一亿两千万人，

① 孔永松、李小平：《客家宗族社会》，福建教育出版社，1995 年版，第 10 页

八千万人左右居住在中国大陆，四千万客家人分布在世界各地，形成了有太阳的地方就有中国人，有中国人的地方就有客家人，"无客不成埠"的局面。客家人主要分布在赣南、闽西、粤东、粤北、桂东南、桂东北和桂中以及台湾和海南两省的部分地区。此外，在四川、湖南的部分地区以及东南亚、南亚乃至欧洲、非洲、北美洲、大洋洲和拉丁美洲等国家和地区也有客家人居住，其迁徙的足迹遍及全世界。从分布的地点来看，被喻为是中国"犹太人"的客家人迁徙的地方基本上是当时地处偏远，经济、文化落后、生产力水平低下、民族矛盾尖锐的地区。在长期迁徙中，在严峻的现实面前，客家人意识到只有宗族团结、齐心协力才可以维系自身的生存和宗族的发展。因此，客家人重视宗法制度，在迁徙定居地迅速地组织人建立祠堂、编写族谱、制定族规，规范族众，以祭祖敬宗的方式联络宗族感情，形成了一套既体现汉民族普遍性，又有客家特殊性的宗法制度。宋元时期，客家民系基本形成，祠堂开始初建，客家的宗族制度也开始确立，即为创始阶段。可以说客家祠堂的建立与宗法制度的建立基本是同步的。祠堂的建立是客家宗族制度建立的标志。祠堂本身是客家宗法制度的重要内容，且是宗族祭祀、议事、教育的重要场所。明朝中期之后，宗族祠堂大量兴建和重新修葺，客家宗族制度从此逐渐走向成熟和完善。

宗族制度作为一种流行几千年并且现在还存在的社会组织形式，不仅盛行于客家地区，而且盛行于中国的其他地区。客家建筑却无独有偶地得到国家主席胡锦涛的高度评价，客家的宗法制度有何特点？

### （二）客家宗法制度的特点

宗法制度是一定社会条件下产生的，不同民族不同地区在不同的社会条件下，决定其产生的宗法制度不同。林晓平教授在《赣南客家宗族制度的形成与特色》一文中曾这样概括客家宗族制度的特色——崇祖、联宗、重教。他认为：客家宗族制度的特色通过祠堂、族谱、族规、祭祖仪式等方面表现出来。①

1. 祠堂：祭祀供奉崇祖睦邻

祠堂分为宗祠和家祠，是家族祭祀祖先，商议众事，族长或家长实行宗法统治，族人"联宗"的重要场所。祠堂是宗族历史与荣誉的象征，是家族的标志。因此，客家人重视祠堂的修建，每个家族都把祠堂修建与修葺当做宗族的头等大事。祠堂比较讲究，一般建在聚族而居的乡村、府、州、县城之中，往往与文庙、会馆并为城中的重要堂馆。客家在聚族而居的村落，一村一姓的家族，有合祠共祀的宗祠，也有各房的支祠。在广西，客家人的祠堂可以说是各

① 林晓平："赣南客家宗族制度的形成与特色"，《赣南师范学院学报》，2003年第1期

个姓氏都有，随处可见，甚至一姓一族，建家祠、宗祠几处或十几处的并不少见。[①]祠堂是祭祀之地，平时威肃无比，但在祭祀之日，却热闹非凡，本村及附近村落的本族人齐聚祠堂，不少远迁他地，甚至移居东南亚各国的子孙都会回到祖居地参加祭祀。举行隆重的祭祖仪式，一方面是表达崇祖之情，希望得到祖先庇佑，另一方面也希冀通过祭祀共同祖先来笼络族人的感情，实现宗族内部的大团结。因而，在祠堂举行春秋二祭仪式之后，一般情况下宗族随即要举行盛大宴会，由参加祭祖仪式的全体族人参加，宴席从族产收入中开支，颇为丰盛。酒宴中，族人们饮水思源，怀念祖先，共叙亲情，增强宗族成员之间的团结。祠堂不仅强化了祠堂所在地附近的族人的宗族群体意识，而且还使远在异国他乡的族人得以联络和归依，这使整个宗族群体更有凝聚力。因此，整个客家宗族的团体观念突出。作为客家伦理道德典范的文天祥写道："敬父如天，敬母如地；汝之子孙，亦复如是。"[②]这种忠孝的情感，或许能解答客家人团结，少有族群矛盾的问题。确实，客家宗族团结观念浓厚，宗族凝聚力强，却不狭隘。以客家人为主体的太平天国运动，提出了"天生天养和为贵，各自相安享太平"，"天下多男人，尽是兄弟之辈；天下多女人，尽是姐妹之群"[③]的口号。这与文天祥在蒙古侵略者践踏国家领土，在《永和文氏宗序》中告诫人们的"原自一家之亲，以亲四海之亲"[④]异曲同工。客家代表人物孙中山认为"天下一家，则人不独亲其亲，子其子，是世之极治。"[⑤]这表现客家人希望与土著居民相互敬重，和睦相处，一视同仁的思想，彰显客家人有容乃大，能容纳一切"族群"的广阔胸襟。客家还有"远亲不如近邻"的俗谚，由此，也不必质疑客家在历史上是否能与相邻和睦相处。毕竟，相邻之间和睦相处，不仅体现了客家气量大，也是客家宗族发展的客观需要。在漫长的农业社会中，人们生活的圈子小，社会关系较为简单，除了血缘关系外，乡邻关系应该是最重要的一种社会关系了。客家民系是由中原南迁的汉人与当地土著融合而成的，这种融合是在生产生活和日常交往中自然而然的兼容和同化。客家民系之所以能取得较快的发展，其中原因之一就是注重睦邻，从而创设了一个较为和谐的生存与发展环境。证词在此且引钟文典先生的田野调查为例，"广东兴宁人刘胜章，清乾隆四十五年（1780 年）迁马平，落脚桥板村。因为土著相邻相约对他不租、不卖田地，也禁止他自己开荒种地。他遂以养鸡、打铁并为相邻修理或打造农具为

① 钟文典：《广西客家》，广西师范大学出版社，2005 年版，第 118 页
② 文天祥：《忠孝碑》
③《原道醒世训》
④ 文天祥：《永和文氏宗序》
⑤ 孙中山：《五修詹氏族谱序》中山大学历史系孙中山研究室等编，《孙中山全集》（第七卷）

业，同时在家门前设置茶缸，免费为路人提供茶水。他的义举终于取得乡邻们的理解，知道其和善忠厚，于是合议卖给他5亩水田。他仍以养鸡、打铁、种田兼作，家业很快得到发展，过上安居乐业的生活。”[①]民以食为天，我们从客家春节的一个习俗可以深切感受到客家睦邻的风俗。每年农历正月初一，在客家聚族而居的村庄，都要在众家厅堂里摆上几台八仙桌，各家将米酒、糖果、饼干端出，满满一桌，在相互酬酢中共祝新春。这种类似团拜的风俗颇有几分“独乐乐不如众乐乐”的意味，反映了客家人将“小家”融入“大家”的和谐价值取向。客家人以邻为亲的特点，从一些颇有意思的称谓使用也可见一斑。如对长辈称“老叔公”、“老叔婆”，对同辈称“表兄”、“表嫂”；反过来，也有称父亲为“邻舍”的。

**2. 族谱：昭穆有序团结内部**

我国的谱牒之学源远流长，根深叶茂，主要记载家族的源流和繁衍发展的历史。族谱并非客家独有，但客家作为一个迁徙的汉族民系，因为背井离乡，远离故土，为了怀念故土、敬宗，防止血缘关系混乱导致家族的瓦解，十分重视族谱的编修。罗香林教授说：“客家人士最重视谱牒，所谓崇先报本，启裕后昆，皆以谱牒为寄托依据……宋明以来，修谱的风气更盛。”[②]它利用文字记录列祖列宗的世代派系、迁徙足迹、家训族规等，有书为证，不忘根本。如果说家族的家祭、墓祭以及春秋两季的祭祀仪式是家族宗法制度的行为表述，那么造谱可以说是家族制度的行文表述。

客家族谱较之其他土著民族更为完善。家谱和族谱通常都由谱、牒两个主要部分组成。谱指图、表如世系图、人物表；牒指文字说明，每图之后，列字说明字行、生卒、妻妾、子女等等。反映了数百年家族繁衍的状况，明确了宗族内的辈分等级，保证宗族成员血缘宗法关系的可靠性。客家人编修族谱的宗旨是为了“尊祖、敬宗、睦族、知本。”目的是严姓氏，详源流，知亲疏，别长幼，辩彰血统，报本返始，敬宗睦族，弘扬祖德，使家族、宗族能得到认同，强调内部团结。有的族谱在引言直接把谱当做家史看待，说道：“家谱之设，何所仿哉？毋乃仿乎史而作业也。读国史则知天下之物之善恶，读天下史则知古今人物之是非，读古今史则知古今人物之得失，读家谱则知上祖创业知劳逸而及昭穆名分之风规，墓坟茔葬之名所，久远如斯，则谱之广俾后人也减非浅鲜矣！”[③]族谱是一份珍贵的家族史料，通过追寻远祖源流，以了解世系的先后，

① 钟文典：《广西客家》，广西师范大学出版社，2005年版，第134页
② 罗香林：《客家源流考》，中国华侨出版公司，1989年版，第10页
③ 章学诚：《宜兴陈氏宗谱书后・客家民间信仰》，福建教育出版社，1995年版，第103页

达到认宗收宗的目的。1997 年 10 月，由福建省闽台交流协会和闽西客家联谊会联合主办了“闽西、闽台渊源关系谱牒展”。谱牒展深深吸引了寻根意识强烈的台湾乡亲。可见客家族谱不仅起到“尊祖、敬宗、睦族、知本”的目的，同时也可推进祖国和平统一大业。客家长期是宗族社会，个人是宗族的成员，按照客家人的说法“同是一个祖宗下的子孙不分亲疏，团结互助，光宗耀祖，就是所谓的‘一家亲’”。“一家亲”思想将一家一族捆成一个整体，促进家族团结友爱，将宗族正确的意识转化为宗族整体的守法意识，维系宗族社会和谐有序。当然，在传统时期只有男性家族成员能登录名字，以示家族的香火绵延不绝，在当代，女性也得以入谱，使族谱的修纂得以反映家族的全貌。

可见，客家文化有着浓厚的宗族观念，从法律的角度看，宗族已成为一个共同利益的集团。人与人之间的交往不可避免会产生摩擦，宗族的存在与国家利益、地方利益也多少会存在一定的矛盾，只有科学地规范它，才能使三者良性互动。国有国法，家有家规，为了实现宗族的共同利益，理性地处理宗族内部、外部的利益纠纷，建立有效的约束机制是必要的。那么，客家族谱明确地记载的家规族训的作用有多大？

## 第二节　客家的家规族训具有民间法律效力

客家人不断地迁徙，通常面临着自然与社会环境的双重挑战，只有利用家族的整体力量才能够立足、发展。为了家庭成员的生存与发展，一整套关于家庭成员内部与外界关系的规范条文便应运而生。这些规范条文并非在短期内集中产生，而是家庭成员内部和家庭与外界之间长期良性互动的结果，并且有一个逐步完善的过程。在客家社会，调整人与人之间的规范，当初没有明确的法律关系文本，而是以家训、族规作为准则。族规是族人日常生活准则，是族长管理族人行使族权的法律依据。有学者认为：“家法族规最基本也是最重要的作用，是维护本家族、本家庭的生存与发展。”①客家每个家族记载的家训族规，较之其他民族更为完备，涵盖日常生活的方方面面，对族长的产生、婚姻、财产继承权等做了具体的规定。家族根据家训族规履行司法功能维护宗族内部秩序，保护宗族存在与发展。在古代，虽然在宗法制度下，族老可对“作奸”“乱伦”“大盗”的族员作出沉塘溺死的处分，但不轻易使用酷刑的处死方式。即便是犯刑事案件者通常也只是被逐出宗，并交由官府处理。出宗即意味着被宗族摒弃，不仅生前得不到宗族的关照和保护，而且死后亦得不到香火的供奉，这

① 费成康：《中国的家法族规》，上海社会科学院出版社，2002 年版，第 205 页

对尊祖敬宗、家族意识强的客家人来说是一种非常严厉的处罚。因此，客家家法族规处罚虽比较温和，却很有实效。经过家法族规的惩治，一些违背道德规范的恶行，诸如忤逆、赌博、偷窃之类，有所抑制。族规在一定程度上补充了国家法律的空白。实际上，无论是试图解读传统时期，抑或是现代客家的家法族规，我们看到，它既体现了国家的权力意志，也体现了家族的意识形态，还体现了地方性文化的张力。而且家法族规并不只是国家政策和法规的简单转移，而是将其与乡规民约巧妙地糅合起来，采用国家现行法规条例的叙述方式清晰地表达出来，并具有民间的法律效力。例如：

在权力的继承上，客家既沿袭中原汉族的传统，又借鉴迁徙途径地土著的优长，族长由族众公选产生。据各家谱记载，族长人选必须是“衣冠贤者”，[①]“齿德俱尊”，[②]“有名望声誉者”，[③]聪明能干或家资殷富者担当。“但同姓而不同宗的，曾经触犯族规、国法的，一般不享有被选举为族长的权利。”[④]类似于现行国家法篇的领导选举法。

客家人在财产继承问题上有严格规定，如“男子无嗣，宜择本族侄辈抚养承祧，不得看非本族人”。[⑤]因为“育族外子，紊乱宗亲……”[⑥]财产继承措施中排除了女子的继承权，确保宗族的财产永远控制在直系血统的子孙后代手里。虽说宗法性强，封建性浓，但这也是使宗族兴旺发达的基础前提，因此在客家民系延续了很长时间。近年来客家关于财产继承问题的族规随时代发展而有了进步，女性也可继承财产了。另外，祠规要求“公共的或个人的财产按照法律享有继承权”。[⑦]类似于现行国家民商法篇的继承法。

客家不存在“不落夫家”，转房婚等婚姻形态，基本上是一夫一妻制的“聘婚制,”客家“严禁同姓同族结婚。”2002 年 12 月新编的北流《翰堂刘氏族谱》简直是国家婚姻法的民间版本，明确对婚姻作了规定：“要慎重择偶，不准违法结婚”，“要夫妻互敬互爱不准弃旧贪新。”

在国内外，不少地方的客家人，在家族或宗族内部，有一种具有社团性质的社会组织，参与者皆出于自愿。社团的性质是敬老、互助和宗亲之间的联谊，包括老人会（长寿会）、婚姻会、互助会、兰友会、处罚会等等。类似于现行国家行政法篇的社团法。如今客属社团逐渐成为海内外客属乡亲联络乡谊和进行

① 北流：《鸭啃陈氏族谱》（第一卷）民国 24 年
② 《修仁三诺蒋式族谱》（第一卷）（1949 年）
③ 容县：《陈光远堂规则・陈氏宗祠》，光绪三十三年
④ 刘介：《广西通志稿・社会篇》（氏族三）
⑤ 章树罗氏十五修族谱
⑥ 广西藤县李庆春《李氏族谱》，民国 23 年
⑦ 广西北流罗凤羽《联石罗氏族谱》，民国 11 年

跨国跨地区交往的重要载体，成为各国各地区客家开展经济合作和文化交流与传承的重要舞台，代替了宗族的功能。如XX客属会馆、第24届世界客属（2011年北海）恳亲大会等。客家人这种大大小小各种血缘、地缘、族缘和业缘的客属社团和组织，团结互助、济弱扶贫、共建美好家园的活动，仍然值得提倡和发扬。

客家是中华汉民族的民系，一方面深受儒家文化影响，希望宗族的教育能造就知书识礼、忠孝双全的后代子孙，另一方面由于客家迁徙之处均为穷乡僻壤且交通不便之地，要生存勤耕种，要发展只有读书仕进。于是客家人以“耕读为本”，十分重视教育，这在族谱的家规族训中多有体现。《大埔黄氏族谱.江夏最要家训》有“隆师道”条目：“师道为教化之本，隆师重道，正以崇其教也。若不尊崇，不惟教化不行，而且有亵渎之嫌，何得漫言传道？”[①]崇文重教主要体现在兴学奖学上，如桂平县朱砂黄氏族人，不但利用蒸尝创办基础小学一所，在族谱中明文规定“族中所有儿童，不分性别，一概不征收学费”，“校内台椅及应用器具，由校董会认定购置”。除了用共财办学外，自我捐资办学之风极盛。客家英杰广西泰富黄金矿业开发有限公司董事长、总经理陈大光先生捐资在家乡陆川办了学校。此外，部分客家在族谱中表明设置“功名田”、“石旗杆”，从物质和精神两方面双重表彰获得功名者，体现了现行国家行政法篇的教育法精神。

客家人重视耕读传家、崇文重教的结果是客家人才辈出，不管是古代、近代、当代，客家儿女对中国乃至世界各国的政治、经济、文化的发展都作出了重大贡献。如泛北部湾区域内的广西壮族自治区党委原书记、广西客家海外联谊会会长陈辉光，广西壮族自治区政府原副主席陈仁，玉柴集团公司董事局主席晏平，香港实业家曾宪梓与田家炳，泰国前总理他信，新加坡建国之父李光耀，菲律宾前总统阿基诺夫人，缅甸“万金油大王”胡文虎，马来西亚矿业首富姚德胜，印度尼西亚巨商罗芳伯等客家人，均使人们倍感到一地的领军人物等同一地的鲜明符号。泛北部湾经济社会的发展明显带有客家人的执政思路印迹，以及客家群体团结一致、蓬勃奋进的生机和无限活力。

客家文化中崇文重教的特点对民众法律意识的形成和发展起到了基础性作用。客家族规的范围广，蕴含丰富的法律意识。一个社会或民族总体上对待法律的态度，在一定程度上与教育密切相关。客家崇文重教使全族都知规、守规，从而树立起对法律的信仰与敬畏。

客家族谱有关于在屋后、村背、坟头周围的植树造林，禁砍“风水林”、“神

① 大蒲县黄氏源流编委会《大蒲黄氏族谱》

坛树”和“伯公树”的条规，违者将严惩不贷。在广西博白顿谷镇金圭塘周围，那里的大片风水林，繁盛茂密，是小鸟的天堂、孩子的乐园。这片风水林茂盛不败与一个禁山的故事分不开。据说，当年金圭塘理事会领导曾主持订立村规，规定禁止砍伐风水林，初犯者罚戏一台，重罚则加倍处罚。不久，理事会一位主要领导出谋让自己的儿子傍晚偷偷入林打柴，故意被村民发现。儿子被村民告发后，理事会这位领导大义罚亲并向村民赔礼道歉。村民见理事会领导严格执法，皆自觉遵守保护金圭塘风水林的条规。另外，客家族谱对“祠堂”、“庙宇”等家族的公共财产严加保护。如广西陆川罗氏家族谱就有“不损害他人利益和公共财产，不扰乱社会秩序”与“对所有祠堂、庙宇和名胜古迹加以保护和维修，严禁盗窃或采取任何手段侵占或毁灭。”①

一族之大，人口众多，难免会有贫富、强弱之分。老人、孤儿、寡妇、鳏夫、残疾者没有生活来源，有赖于亲人、祠堂的接济，使其生活有着落。广西柳城县大埔镇李氏之族，在“族规”中有明确规定：祠堂蒸尝对族中的孤寡老弱者养老和送终，有“长春尝田”；对年节祭祀祖宗，有“敬宗尝田”；有帮助贫困族人殡葬亲人的“老人费”；还有帮助族内贫困男丁成亲的“老婆费”。②

客家人重昭穆、伦常，尤其要求族人奉公守法，违反家训族规，甚至是危害国家社会及他人生命财产者按危害程度处罚。广西贺州客家《龙氏家祠规章》对作奸犯科，杀人掳掠者常以出宗作罚：

1. 为娼优隶卒者，重责惩戒，罚银五十两。不改，出宗。

2. 奸盗诈伪者，重责，罚银五十两，再犯，出宗。

3. 刑丧过犯者，轻则重责、罚银，重则出宗。

4. 族内斗殴角力及赌博，无理构讼者，初犯重责，罚银五两，再犯同。③

可见客家的家法族规与国家法律相辅相成，并随着时代的发展而发展。总之，在族谱中通过家族成员的行为从日常生活到家庭仪式加以规范化，毫无疑问，客家的家训族规是健全的。最主要的是，广西客家谱牒在形成和传播忠信孝悌伦理道德过程中的教育引导的作用是不可低估的，养成了客家人诚信孝悌伦理的道德观。为了使宗族法规深入人心，各宗族的具体做法：首先是宣讲，特别是从青少年的教育抓起，定时讲训，务必使家喻户晓、人人皆知，自觉规范其行为。而且执法者由于具有较高的道德水平，在执政过程也能更好地为族众服务，坚持以“调解为主，惩治为辅”的方针，力求族内纠纷，族内调解。

① 陆川乌石罗氏十六修族谱
② 钟文典：《广西客家》，广西师范大学出版社，2005年版，第127页
③ 刘介：《广西通志稿·社会篇》（氏族三）

在涉外的争执和冲突中，尽量息事宁人，以规避永不休止的官司纠纷，有大事化小、小事化无之实效。广西客家有俗谚：“相打望人拖，官司望人和”，“忍得一口气，免受百日灾”。凡此种种，客观上预防和减少族人犯罪，为稳定地方社会秩序发挥了一定的积极作用。

## 第三节 客家社会和谐的法律保障机制及其主要功能

和谐社会必定是法律制度健全，个人权利得到保障的法治社会。广西客家致力于和谐社会的构建，除了建立和完善与之适应的家训族规外，逐步形成畅通的民意表达机制、合理的利益协调机制、公正的纠纷调处机制、有效的权力制约机制。

### （一）畅通的民意表达机制

所谓政治，就是民意的表达。畅通的民意表达机制是沟通领导层和民众的桥梁，只有建立畅通的民意表达机制才能将矛盾化解在基层，大事化小、小事化了，否则问题积重难返，就会造成社会动荡。客家民意表达通畅，表面上族中的一切事情由族长决定，族长看似有至高无上的权力，其实，他们只是客家宗族的官方发言人，族长和各房支长组成的族老管理层均由房族人公选产生。况且，决议族中大事并非族长实行霸权，颁行一家之言。基本上通过召开家属会议由族众代表合议而来，族众也是有话语权的。除了特殊或紧急的事务外，亲属会议通常于春秋两祭时在祠堂举行。届时所有族亲齐聚祠堂，共同商讨族内需要解决的事务。包括祠堂的维修、保护、谱牒的修纂、保管，子弟的教育，宗族的对外交流活动等一系列事务。客家处理宗族事务严格按照程序进行。一家之事持之难决，告知一房之属共议于支祠，支祠不能决，再告知族长，会议于宗祠，由族长裁决，或者取决于族众的意见。博白县的《茶根陈氏族谱》中记载茶根群众兴办学校经历的漫长过程。辛亥革命后，科举已废，新校未立，族中适龄儿童失学甚多。1925 年，陈广鸿从广州中山大学回乡度假，积极建议将该族各种神会的会产拨作建校及今后办学费用，经宗内提议、讨论、争议、协商，最终决定于村西镇龙寺背建校。1927 年，新校建成。可见，在决议族中事务，族长和各家各房的代表认真倾听各个方面的意见和要求，理清族众意见和要求，及时解决族众所反映的问题，化解族众的怨气，从而增强凝聚力，实现稳定与和谐。

## （二）合理的利益协调机制

“人们奋斗所争取的一切，都同他们的利益有关”。[①]利益分配不均衡导致贫富差距，人心不稳。当然合理的利益分配并不指“不患寡而患不均”的平均主义。老子将其形容为“小国寡民，使有什伯之器而不用，使民重死而不远徙……甘其食，美其服，安其居，乐其俗。邻国相望，鸡犬之声相闻，民至老死不相往来。”[②]客家虽族大人多，一旦迫于生计毫不犹豫举族远迁以求发展，不可能发展这种贫穷的“和谐社会”，况且贫穷绝不是和谐。也正因为族大人多，不可避免有贫富分化现象。因此有必要通过各种教化、规定来灌输同族人之间的亲睦观，协调利益分配。贵港桥圩客家有“睦宗族”的条目：“凡同宗之人，富贵贫贱不能均一者，皆天命也。宗族间不可恃富骄贫，倚贵轻贱。盖视子孙而无轻疏，祖宗一体之心也，使富贵仰体同爱之仁，解衣推食。以其所有余，济其所不足，则宗族无困乏之虞矣，而贫贱安守穷约之分，修身俟命，知此之仁义，当在位之爵禄则宗族自无凌竞之风矣。”[③]难能可贵的是客家人将合理的利益协调机制落到实处。孤儿、寡妇、鳏夫、残疾人缺乏劳动力，客家人就在农忙时不遗余力地帮扶他们。这也是客家“大家庭、小社会”居住模式优势的体现。这些具有共同血缘组成的大家庭，“无事则各分，有事则合食”，平时的生产生活则以户为单位，而农忙与村落的非常时期，则集合族之力量齐帮忙。更多的是在日常生产和生活中的互相帮助，济困救贫，一般都是尽心尽力，通常不讲报酬。

要强调的是，上面所举的除了劳动力帮扶外，贫弱者的衣食住行都得到一定程度的帮助，使之日有所食、岁有所依、老有所养。有的祠堂在订立的家训族规中作了明确规定。如博白县客家《廖氏家史》明确“老者饥寒，维护至百年终老，幼者抚养成人”。有的祠堂在订立的族规中，还规定“族中鳏寡孤独及年老无依靠者由公项付给恤费。寡妇守节，奉准族会后，可由公项给建房金，并优先给胙肉”。扶贫济弱需要一定的物质基础，就是族内的公共财产。每个宗族掌握相当数量的公共财产，向族人提供基本的生存和安全保障，这也是维持宗族制度的物质基础。客家的公共财产是平时逐步积聚起来的。族产主要包括蒸尝田、荷塘、店铺、商店、墟集等生产生活资料，但数量最多、最重要的当推族田。客家宗族土地的占有量，在总耕地面积的比例较高。族田的处理方式有三种：并非全族人共同耕种，而是以租佃的方式租给族人或外族人，族田的

① 马克思、恩格斯：《马克思恩格斯全集》（第1卷），人民出版社，1956年版，第82页
② 《老子》（第八十章）
③ 贵港桥圩《杨氏族谱》（手抄本）

租率较一般低，故族人乐于承租；或是分种，由设立蒸尝田的祖先之下的各房平均分种其中的一份；或是轮种，由数房子孙轮流耕种。农业是客家人生存的基础，公平地处理族田，平衡各房经济，利于缩小贫富差距。

族产作为整个宗族的共产，取之于族众，用之于族众。凡属有关全族事务的经费开销，均由族产支付，如修建宗祠、供学奖学、修路、架桥、修水利等项目的开支，首要且是开支最大的是祭祀的费用。族产用以祭祀为中心的宗族事务外，另一要务就是赈济救恤贫困的族人，家族设立义田、义仓，使救助行动得以保障。为了使救济族人的行为更为有效、更制度化，一些家族还鼓励族人设立义仓，维持族人低水平的生存需要。族中的富户殷商也乐于捐赠义田、设义仓，致力于族内的济弱扶贫活动。一方面可缓解贫困族人的危难，另一方面，又借以树立良好的族内声望。因为善举可以得到族内对善举楷模、典范的旌奖，得以书谱入志，流芳百世。通过家训族规的教育，丰富的精神嘉奖，体恤、义善等道德价值观念形成并得到客家族群的普遍认同。客家社会的道德规范体系就是在这样的推动下逐步建立起来的。陆川县众多客家人的祠堂，除用共产祭祖、助学外，还设有“功名田”，供族内那些穷秀才和做过文武官员，享有“功名”的族老作养老费，直到去世。单凭客家的共产很难实现儒家的重要儒家经典《礼运》篇所描绘的万物和谐的大同世界景象：“故人不能独亲其亲，不独子其子，使老有所终，壮有所用，幼有所长，矜寡孤独废疾者；皆有所养”。①蒸尝等共产是一定社会的产物，虽然蒸尝不能使客家实现大同世界，但在旧社会，没有固定的社会保障制度，如果祠堂的共产积储比较丰富，司其事者比较公正、开明，自可在扶贫济困中起到缓解或降低社会矛盾的作用。

### （三）公平的纠纷调处机制

和谐的社会应当是一个公正的社会，丧失了公正，社会成员就容易产生怨恨情绪，可能引发社会各种矛盾，从而不能形成和谐稳定的秩序。前面梳理客家的家训族规尤为繁细，与国法相辅相成。北流客家《翰堂族谱》中提到族规是经过家族委员会扩大会议通过的，可见为了纠纷调处的公平公正，族内的社会精英制定族规的过程是严格的。同时族规要求“凡我族人皆要自觉遵守，互相监督。如有违者，定要严训。屡教不改，且已经触犯法律者，必须向政府或司法部门报告，绳之以法，决不宽恕。”②柳州客家《刘氏族谱·其合族家戒二十条》有云：“士农工商各勤其业，敢有游堕自安，敢防正务者，该家长严加训

①《礼记·礼运》卷七
② 北流客家家族委员会《翰堂族谱》

斥。”又云：“人无论贫富贵贱，均宜持正守法，敢有赌博淫逸酗酒行凶吃鸦片烟者，该家长严加约束，若资终不悛，凭族处罚。”这显示了家训族规一方面认同国家法治制度，以“王法”来规约族众行为；另一方面，规约在先，劝族众遵循，如有违反，先由家长从实际后果和损失程度劝导，严加约束，屡教不改者，则由房族公议，轻则责罚，重则送官府法究。无疑，客家是以亲情伦理为基础，运用道德手段与法律手段，让族众自我教育、自我约束、自我监督。客家人非常强调宗族情感，因此客家处理纠纷基本在内部进行，“凡族内有纠纷，多由房族老人出面调解，一般不通过官府，以免浪费金钱，且伤感。”[①]族众信赖房族老人是基于房族老人处理事务公正公平。当族人触犯家法、族规时，房族老人充分运用家训族规为法律基准进行协调、平衡直到裁决，以维护宗族的团结与稳定。家族长老所谓“敦族好”，处理家族纠纷的具体办法是，派下子孙未鸣鼓则本房为之处释，既鸣鼓则祠中为之剖分。若在祠中解决纠纷，一般是族长主持，族老们参加，经过商议，取得一致意见，最后作出决议，决议多以契约文书形式公诸于族人，然后加以实施。房族老人秉公而论是非曲直，绝不阿谀徇情。倘若房族老人有不依公论，以强凌弱，以众暴寡，争刚持气者，众共锄之，倍行罚赋。凡此，体现了客家宗族纠纷调处判决公平、执罚公正。有的族长由于执法公正受族人称赞，“族长决是非、断曲直、亲疏厚薄，以公处之，此不惟一族感其公，即乡党中亦莫颂其德”。[②]由于客家制规严格、判决公平、执罚公正，正确地处理族内矛盾，因此能推动家族和谐的良性运行。

### （四）有效的权力制约机制

“有权不用，过期作废”。这句话在中国的腐败官员中盛行，缺乏监督的权力容易滋生腐败。在客家，家族内部的权力机构具有以下等级：祖先——族长——房支长——家长，宗族赋予他们至高的地位。这些客家的首脑们如果负责任便是给宗族谋福利，维护家族秩序，如果滥用权力则可能成为少部分人谋取私利的手段，给宗族社会带来灾难。族长是家族在现实生活秩序的最高代表，在日常生活以及家族公共事业中形成了权威地位，拥有至高的权力：倡议建立家族的公共事业管理，管理家族的公共财产如学田、祭田以及其他产业，调解家庭成员的纠纷，负责家族的保卫，负责祭祖仪式的主持工作，负责家族与外界的联系。房族横介于宗族与家庭之间，是家族的分支组织，它直接由宗族产生并凌驾于各家庭之上。在宗族内部的活动中，除每年两度的重大祭祀和例行

① 广西藤县李庆春：《李氏族谱》，民国23年
② 曾愈：《四修族长・富东李氏族谱》

聚会外，其余祠祭、聚会和扫墓等，都基本落实以房族为单位进行，这样既有利于族人凑份子，便于管理，同时也更加容易联络和促进本房族人感情。麻雀虽小，五脏俱全，客家家长也拥有一定实权。古代客家，男子一旦成婚和生儿育女，家长就分一部分财产令其分家，以组成大家庭荫庇下的小家庭。但这些小家庭的自主权还是有限的，有时甚至是象征性的，因为家内一切大事的决策者都是大家长。

客家为了保证权力的正常使用，动用各种监督主体，运用多种手段监督。总体来说，客家权力制约体系由两部分组成：一是设立管理层分权。客家所有宗族分为宗族——房族——家庭三个等级，每个级别都有一定自主权，这本身就是对上级权力的分化。况且，客家宗族无论贫富，各级均设管理层以负责管理宗族的各项事务。如族长以下还有主要负责人，称谓甚多，或曰监理，或曰族正、总首。其下还设有财务总管、文书、学务管事等，他们分管宗族的财务、文书档案、族学等等，总之，分工明确。每年这些管理人员定期接受检查并在轮换时做到账目、银钱、财务三清，否则将受到严厉处罚。同样，房族一般都推选房长并聘请族内、族外精英共同处理本房的各项事务。一个大家庭除家长外，通常也委托一个办事能力较强者协助自己司其职，后者被称为二当家。二是监督。客家首脑们并非世袭制，族人有公选和弹劾的权力。客家民众对他们进行监督、考核，如若首脑们在其位不谋其职，玩忽职守，贪赃枉法，拟其不孝之罪，重罚不恕，甚至是惩处永不许入祠，以为后戒。据族谱记载，北流客家联石第九代族长罗应宸利用向族人借贷之机，侵吞挪用公款，以至账目不清，被族人勒令交出。客家通过权力制约机制保证权力的正常使用与客家社会和谐的良性运行。

随着全球化、现代化进程的加快，客家传统宗族田和族产基本上都不存在了。随着客家的物质基础的解体，作为上层建筑的宗法制度也瓦解，因而基本上可以视为客家传统社会已经解体。如今，客家传统文化中的许多现象都在消失，比如在居民建筑方面传统的土楼、围屋已不再是21世纪客家人主要的居民方式。然而，客家人在漫长的生活和斗争中，在长期宗法制度下凝结的爱国爱乡、睦邻好客、坚毅刚强、刻苦耐劳、团结奋进、开拓创新等优秀传统却在新的居住地薪火相传，绵延不息，在世界舞台上继续发扬光大。反思客家宗族家族制度，它是历史上形成的产物，虽有封建迷信、重男轻女、宗派观念等缺点，但客家家族制度及其思想文化仍有合理的科学成分，仍有可以借鉴的地方。宗法以宗族为基础，宗族以血缘关系为基础，血缘关系是个人从出生到老死都脱离不开的最重要的人际关系；由血缘关系中形成的亲亲尊尊、尊老爱幼、团结凝聚、爱家爱乡的感情，在任何社会中都是无法替代的人类最原始最基本的思想感情。客家人在宗法情感上建立了以爱族主义为基础，家族主义为支柱，爱国主义为核心的价值体系，并通过族规培植法律信仰，形成客家社会秩序，实现和谐。如今，客家宗法制度解体，但客家所培植的法律信仰却根植在客家每个人的心中，推动客家社会和谐秩序的发展。家庭是社会的细胞，一家一族的和谐，无疑维系着广西乃至整个中华大家庭的稳定与和谐。

现阶段我国农村仍属于熟人地区，村民间彼此有浓厚的乡情和宗族血脉联系。多年来形成的约定俗成、维系亲情的伦理基础，为运用道德手段、协商调节的方式解决彼此间的矛盾提供了条件。而乡规民约评议是农村基层根据农村特点，在遵从社会主义法律和道德准则基础上形成的，村民公认约定俗成的行为准则，是农村法治的重要补充。制定并利用乡规民约协调化解村民之间的各种隔阂、利益冲突，既可减短化解矛盾的时间，也大大地降低诉讼成本。在体制转轨、社会转型的过渡时期，利用道德约束的力量、乡规民约的力量解决某些问题，可能比法律和行政手段更有效。

也许会有质疑，农村具有特殊性，在全国范围内的维稳工作可能行不通。其实不然，近年来的社会矛盾基本是由利益之争而引发的，是人民内部范围的利益冲突和利益矛盾，是可谈判、协调的。况且，宗法制度流行中国几千年并且现在还存在，其影响并非只在农村，而是全中国。中国国民的整体，都是具有浓厚的宗族血脉情感的。广西虽然是少数民族自治区，但汉族人口仍占全区总人口的大多数。占中华民族大家庭中人口最多的汉民族的稳定和谐，在一定意义上说就意味着大局上的稳定和谐。

因此，在今天我国改革开放的大潮中，在世界和平与发展的大势所趋下，弘扬人类血缘亲属组织中一贯存在的亲亲、仁爱、互助、合作、团结、凝聚、爱家、爱乡、爱国的思想，推崇法治建设，建立基层民主管理，必将对当今建构和谐社会起积极的推动作用。

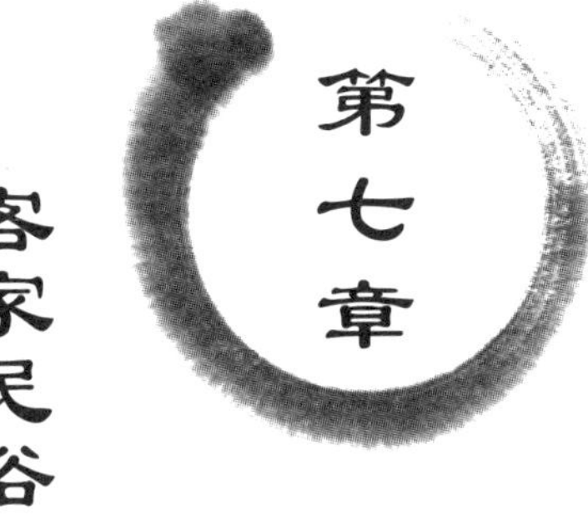

# 第七章 客家民俗与和谐社会

民俗，顾名思义就是民间风俗，是一个国家或民族（族群）广大民众所创造、享用和传承的生活文化。它起源于人类社会群体生活的需要，在特定的民族（族群）、时代和地域中不断形成、扩大和演变，为民众的日常生活服务，是特定族群在生产、服饰、饮食、居住、节庆、礼仪、信仰等物质文化与精神生活的喜好、风气、习惯等广泛流行而反复出现的行为方式。

任何一种民俗事象的产生与形成，都是由该民俗事象的一些创造者和执行者所在的那个特定时空的自然因素和社会因素这两个方面决定的。自然因素，一般指的是地理环境和气候状况，而社会因素往往指的是经济资源以及文化背景等。客家是汉民族中的一支重要民系，中原汉人南下到达广西，始于秦代，《史记》载："三十三年，发诸尝逋亡人，赘婿、贾人，略取陆梁地，为桂林、象郡、南海，以适遣戍。"[①]这些最早入桂的汉人还不是客家人，他们中有些人后来才被客家人同化了。秦汉以降，尤其是西晋以后，客家先民大量南移，跨黄河，渡长江，其中一支抵达江西、福建、广东三省交界的山林地区，与当地

①《史记·秦始皇本纪》

的土著畲族等互为影响，终于形成了客家民系。汉族人大规模进入广西应始于第四次大迁徙（约1645年—1867年），且以客家大迁徙为主要迁入者。明末清兵南下是此次大迁徙的重要政治原因。长期的战争造成了社会的动荡不安，生产遭到严重破坏，不少汉人为躲避战乱，纷纷从福建、广东、江西等地迁入地广人稀而社会秩序相对安定的广西、海南等地。

客家人常说："出门认路，进村问俗"，"入山随曲，入乡随俗"。客家人迁徙到壮乡后，为了站稳脚跟和发展自己，加强与土著民族睦邻友好的关系，做到融通共处，参与他族习俗是尊重原住居民的重要方式。久而久之，壮族的一些民俗习惯，也就成为了客家人的习俗及其文化的组成部分。比如捡骨葬（尸体埋葬三年左右，再掘开墓冢打开棺材驱除尸骨外物，装入金坛封好，另择吉地再葬）是壮族民间普遍流行的一种葬俗。许多客居壮族地区的汉族因受壮族影响而行此葬俗，客家人也是如此，从防城港客家人的捡骨葬来看，程序与当地壮族大体相同。可见，"捡骨葬"是汉族客家民系在迁徙入广西的过程中受它族影响而形成的。正是由于广西客家民俗文化重视邻里秩序的和谐，才能在保存好原有中原民俗文化的基础上，进行互动，尊重并吸收它族民俗文化，实现与当地民俗的共融，体现孔子所提倡："礼之用，和为贵"①的原则，积极构建一个和谐的族际关系。

如今，"广西有客家人700万人，遍及全广西的14个地级市以及100多个县区，"②各民族相处融洽，社会发展稳定。2008年，在广西壮族自治区成立50周年大庆时，中共中央充分肯定广西是维护民族团结的模范、维护统一的模范、维护稳定的模范、我国民族关系"三个离不开"的模范。③客家民俗文化与广西社会的和谐发展有着怎样的联系？本章着重从宗教信仰、妇女天足、堪舆文化、客家山歌以及民俗禁忌等几个方面进行梳理与辨析，以就教于方家。

## 第一节　宗教信仰与和谐社会

由于迁徙的不确定性及客居他乡的不安全性，饱尝战乱饥荒、颠沛流离之苦，而又感到孤独无援，因此凡能祈安、求福、修身、养性的宗教以及有保佑现世幸运、平安、消灾、解厄、长寿、财富的民间诸神，客家人不问神祇的性质如何，统统兼收并蓄，加以利用，融会贯通于自己的信仰生活中，从而将中

①《论语·学而》
② 2011-04-14 17:17. 来源：中国新闻网
③《广西日报》 2008-12-20

国汉族社会多神信仰的特征表现得格外突出。不论是中华文化的三根主轴儒、道、佛，还是耶稣基督和伊斯兰教，客家人基本上是“见庙就烧香，见神就叩头”。中国的民间信仰，自汉以来，大致形成了三大类。第一类为儒家，是以孔孟为首，尊崇的是忠孝节义；第二类为释家，也就是佛教，从印度传入，以释迦牟尼为佛祖，提倡的是吃斋念经，教人积德行善；第三为道家，以老庄为代表，尊崇自然，提倡天人合一，平衡各种关系。

### （一）尊崇儒家忠孝节义

以“智者必怀仁”[①]为核心的儒家思想，很受广西客家人的尊崇。以“忠”为信条之一的儒家信仰，秉承“一个中国”的爱国忠节情操最能体现其精髓所在。这种信仰文化在形成和传播忠信孝悌伦理道德过程中的教育作用是不可估量的，养成客家人忠信孝悌伦理的道德观。因为客家先人多数是在外族入侵时被迫南迁离开中原故土，尝尽颠沛流离之苦的，所以对国家民族的前途和命运极为敏感和关注。他们的灵魂深处蕴涵着不妥协、不受辱、不甘被奴役的反抗精神，怀有强烈的爱国主义情怀。

在中国重大社会事变中，都会出现广西客家人的身影，他们为抗击外敌入侵而奋勇作战，为反对暴政而慷慨捐躯。1894年中日战争爆发后，广西灌阳客家人唐景崧被任命为台湾巡抚。他看到了台湾民众“愿报效杀贼者，日有千数百人”的强烈抗日情绪，积极策划防务。《马关条约》签订后，他反对割让台湾，并筹措抗敌，毫不怯于日军悬金60万购其头颅的威胁。广西博白客家人刘永福，受命率领黑旗军驻守台南。台北沦陷后，刘永福向台湾同胞发出联合抗日的号召，将自己率领的黑旗军放到最危急的战场上，以团结不同派系不同地区的各军。他在台南被推为军民抗日首领，所带领的黑旗军曾在苗栗、彰化和嘉义等地联合义军英勇抗击日军。直到10月19日，日军大举进攻台南，他才内渡大陆。

可见，客家人忠贞爱国的精神特别突出，极其重视维护国家的统一。广西北流刘氏客家一族在2002年12月修订《翰堂刘氏族谱》中明确规定“要热爱社会主义祖国，不准危害国家”、“要维护社会稳定。”无论任何时候，客家人都坚持“一个中国”的原则，具有超越其他民系的大局感和强烈的国家认同感。这是一种“主人公”的姿态，自觉参与国家政治生活，自觉地维护社会各个民族群体之间关系的平衡。日本人山口县造曾高度赞扬客家人：“他们原有一种自信与自傲之气，使其能自北方胡骑之下，迁至南方，因此，他们的爱国心，比

① [唐]李世民：《赠萧瑀》

任何一支民族都强，是永远不会被征服的……”。[①]

孝。由本义指尽心侍奉父母，延伸为报效家乡、祖国。2011年3月14日，陆川客家人——广西地大集团董事长林伟在秦镜林伟希望小学演讲时说：“爱父母是人生中感恩之心最重要的一环，一个不孝敬父母的人，没人跟你交朋友，不会有人跟你合作。我虽然在县城长大，但是小时候因兄弟姐妹太多，还有爷爷奶奶要抚养，家里又只有父母领工资，日子过得十分艰难。寒冷的冬天，放学回家，吃的常常是咸鱼青菜……家庭的贫困最让我刻骨铭心的是我母亲天天起早摸黑的养猪种菜，每当放学之后和节假日我和我的几姐妹都在母亲的带领下去捡石头卖给建筑工地，辛勤劳动得来的微薄的收入都给我们交学费，看着母亲苍老的容颜，我在心里默默发誓：无论如何，一定要奋斗！一定要活出个人样来！至少让我的父母活得开心、舒心。就是这个信念，让我充满信心不屈不挠，终于创出了一片天地！虽然离开家乡二十年多年，但我的心永远牵挂着生我养我的父老乡亲。我现任广西地大集团董事长，同时担任着广西民营商会会长、广西客家商会会长以及广西人才交流服务中心党委委员等职务。至2010年广西地大集团公司产值达5.6个亿，年上缴国家利税1900多万元。作为民营企业，树品牌、成大业是我们的目标，追求卓越，敬业报国，为民营企业振兴跻身世界前列，更是我义不容辞的责任。在有能力回报社会时，我选择了香港著名爱国人士邵逸夫先生说的“一个企业家的最高境界是慈善家”作为座右铭。从我工作以来一直致富不忘回报社会，热心公益事业，几年来累计捐款慈善事业已达到700多万元。[②]2011年7月16日，林伟又捐款50万元给百色田阳高考贫困生上大学。”

节。指节制、容忍、包容、忍让。客家人认为只有懂得节制自己包容他人，人际关系才会和谐，因此，他们自觉选择“恭谨忍让，是居乡之良法”。[③]在客家社会的人际或族际交往中，以“忍让”为先，形成了不少类似“吃和合酒”、“做和合朝”的良俗。即便因为某种原因发生族际械斗，最后也能通过节制、自律实现和合。如贵县“土”、“客”双方在经历了咸丰年间的大规模械斗之后，共同订立了《来土既和定章》，决定“以前互相杀死，并抢掠牛马及焚毁房屋各件，两造概行解释，罔念前仇”。[④]外来的客家人能与土著人共同生活，靠的不是征服，而是用博爱的心和博大的胸襟去节制自己，包容他人，否则无法在迁徙南国后重建家园并安居乐业，更不可能到海外扎根立足，繁衍生息。

① 日本《大汉和辞典》，1975年版
② 客家文化时空网站 www.kjwhsky.com
③ 王士禛：《池北偶谈・谈献二・魏尚书格言》
④ 华中师范大学历史系《中国近代史资料拾遗》第一辑

义。在客家人看来既是丰富的，又是简单的。之所以丰富，是因为客家人牢记“贫贱不能移，富贵不能淫，威武不能屈”[①]的古训，视财利为过眼烟云，大有“生不带来，死不带去”的朗阔胸襟。义是大度、宽容、理智、正直，它是人生极为重要的组成部分。“舍生取义”、“忠肝义胆”、“大义凛然”等，是客家人常常挂在嘴边并付诸行动的原则。而“钱乃身外之物”的乐善好施精神，便是客家人对义的最简单、最朴素的理解和诠释。当钱财与仁义二者冲突时，客谚有：“钱财如粪土，仁义值千金”，劝诫世人珍重仁义。在广西客家，“重仁义”思想作为客家的道德底线，不仅深入人心，而且被写入谱牒中作为法规，约束个人行为。如临桂县六塘乡张氏家规第三条是“品行宜端”，注曰：“礼义廉耻，为人生之大节，不独为士者当知自重，即农工商贾亦必恪守礼法，不得轻薄妄为，致玷家声，贻讥后世。”[②]2002 年 12 月新编的北流《翰堂刘氏族谱》明文规定：“要无私奉献，不准见利忘义。”陆川客家人——广西泰富黄金矿业开发有限公司总裁陈大光，几年来向国家和地方缴纳各种税费达 4800 万元，并积极参加社会公益事业，捐资建校、建桥、修路、饮水工程等总计 1150 万元。[③]陆川客家人——远辰（北京）国际投资集团董事长刘金华捐资 20 万元建设乌石镇月垌小学。[④]2005 年，博白客家人——莫始华怀着对家乡难以割舍的眷念，放弃了在成都经营多年的事业，回到广西从零开始。5 年后，他不仅把企业发展成为广西最大的医药流通企业，还实现了建设家乡的理想：投资 200 多万元支持发展社会文化、教育事业，投资 200 多万元兴建家乡凤坪新农村合作医疗中心。[⑤]冯寿群是玉林市兴业县沙塘镇冯屋村客家人，致富后，仍然关心家乡建设事业，一直以来经常为家乡的建设事业捐款，2007 年 2 月光为硬化村道就捐赠了 25 万元。世界客属第 24 届恳亲大会 11 月 30 日至至 12 月 2 日在国家历史文化名城、滨海客属之乡北海市举行前夕，广西客家商会组织 14 名客家民营企业家踊跃捐赠。广西欧美留学人员商会副会长黄诗予捐赠 200 万元，广西客家商会会长、广西地大集团董事长林伟捐赠 100 万元，广西客家商会常务副会长、柳州正菱集团董事长廖荣纳捐赠 100 万元，柳州客家商会捐赠 100 万元，广西钦州万港物流发展公司总经理柯雄焱捐赠 100 万元，广西客家商会常务副会长、广西祖龙集团董事长张祖龙捐赠 50 万元，广西客家商会会员、广西泰富黄金公司董事长陈大光捐赠 50 万元，广西客家商会常务副会长、广西荣昌能源

① 《孟子·滕文公下》
② 临桂六塘《张氏以灵族谱》民国 26 年修
③ 百度和网页 http://www.cspgp.org.cn/5_hyhd/6-6/2-4/11.htm2007-2-8
④ 2010-03-18 来源：陆川生活网
⑤ www.yltvb.com/vod/TitleNewsShow.asp?Title 2011-4-22

公司董事长张明捐赠30万元，广西客家商会副会长、柳州市政工程集团董事长李明捐赠30万元，广西客家商会副会长、远辰（北京）投资集团董事长刘金华捐赠20万元，广西客家商会常务副会长、广西群邦市场投资公司总经理冯寿群捐赠 10 万元，广西客家商会副会长、广西中骏房地产公司董事长肖汉金捐赠10万元，广西客家商会副会长、武汉中天投资公司董事长彭定青捐赠10万元。

### （二）信奉佛教积德行善

佛教在汉代传入中国，魏时开始广泛传播。东晋时，佛学采用玄学的语言，加速了它的发展，广泛为士大夫所信奉。到了南朝，佛教的发展达到了高峰，因此唐代杜牧有诗句“南朝四百八十寺，多少楼台烟雨中。”随着改革开放大政方针的实施和宗教政策的逐步落实，佛教进入一个新的发展时期，广西客家人修心积德行善。2011年3月上旬，玉林市佛教协会会长释荣波法师积极参与玉林市客家海外联谊会倡议的扶贫助学活动，向105名贫困学生发放善款5万多元。如今信仰佛教的人也越来越多，不少客家人在家中或者店堂里设置财神爷和观世音菩萨加以供奉。佛教讲究的是“生死轮回”、“因果报应”，教人去恶从善，积德行善，又以“苦谛”为出发点，以顿悟成佛为目标，所以信奉者较多。佛教在客家人身上体现了佛理强调的人内部的和谐调节，即从心理上去调节人们的欲求，以维持社会与家庭的和谐。早期的广西客家先民，面对日复一日的劳作和随时可能会遇到的危险，长期被压抑的心灵需要找到一个释放的舞台，而佛教所宣传的转世轮回，让人们在这些痛苦中得到了解脱，并且在长期的生产劳动过程中，形成了体现于客家人身上的勤劳与智慧。

### （三）追求道家平衡和谐

中国本土的道教神灵众多，有天神、人鬼等，玉皇大帝、太上老君、过海八仙等在民间的流传很广泛。有人认为：道教与其他宗教不同，儒家重政治伦理道德，道教促进科技发展，讲养生长寿，不排斥对现实享受的追求。可见，道教信仰文化对促进科教进步、推进经济社会和谐发展是十分有利的，而且道家大力张扬自然主义思想，主张回归自然，不脱离自然，与自然和谐为一。道家鼻祖老子提出人法自然的思想：“人法地，地法天，天法道，道法自然”。[①]人与地为法则，地以天为法则，天以道为法则，道的法则就是自然而然。人由天地而生，天地由道而生，道并非由谁所生，道本身是自然而然的，本来如此的。

① 《老子》第二十五章

所以宇宙间有“四大”，即“道大、天大、地大、人亦大。”[①]从上述四者的关系来看，归根到底，就是人应当法天地，法自然。老子关于人是自然界即天地万物的一部分，人应当效法自然这一生态哲学，实际上和中国古代最早的“天人合一”[②]的生态和谐观是相吻合的。

人的一切思想和行为与自然相一致、相协调，不能违背自然，更不能破坏自然的和谐。这些思想在客家人迁入广西之时，面对恶劣的环境以及资源匮乏的状况，激励他们充分合理的运用自然资源，用自身的勤劳在广西地区扎根。面对荒芜的土地平原，广西客家人从实际情况出发，勇于开拓，讲究规划，在广西创业兴家。他们根据广西的土地以及自然气候等情况，进行农作物和果蔬的种植，饲养畜禽，进行水产养殖，种甘蔗榨糖，进行山林开发，矿产开采。在这些种植和开采业上，客家人充分利用了自然资源，又遵循了自然的规律，做到了人与自然的和谐共处。

广西客家民居建筑集中体现了“天人合一”的自然观。围龙屋讲究堪舆，一般在建屋时，讲究地理位置要左青龙，右白虎，前朱雀，后玄武，而房屋的建造又符合八卦要求的。这样建造的房屋其实是为了追求与大自然的统一，也是当时的环境所驱使。客家先民从中原迁来，到了广西，多数是山地，面对穷山恶水，为了预防自然猛兽以及当地土著人的侵袭，客家人把房屋建造成了这种“围龙”模式，把家族成员聚集在一起，这样的居住方式有利于防御外来骚扰，平安生存。

同时，佛道精神及崇尚信念深深根值在广西客家人心中，让他们在为人处世、生产生活中的思想和行为更为和气和谐。每当遇到困难的时候，广西客家人能够圆通地运用佛道精神进行自我平衡，调节内心的矛盾。诚然，这种佛道精神与信仰文化不能解决具体的冲突，但却能够在思想上和道德上提供一个解决问题的科学思维。广西客家人在这种信仰文化的浸浴下，从内心到行动上都表现出“淡泊名利”的倾向。而追求内心平衡满足，在解决由利益引发的社会冲突中起到缓解的作用，优化了社会风气。

当然，广西不同地方的客家人的信仰民俗也不完全一样，除上述儒道佛以外，还有信奉基督教的。在西方基督新教进入中国时期，客家人群是其最早的传播对象，并且间接促成了震动中外的太平天国运动（太平天国运动起家时是以“拜上帝会”吸收群众。“拜上帝会”则是根据米怜牧师施洗的基督教徒梁发所撰《劝世良言》发挥而成）。基督教的核心是爱，爱神和爱人是统一的，爱别

① 《老子》第二十五章
② 《春秋繁露·深察名号》

人就像爱自己一样，广西其他一些地方的客家人就是这样。早在1939年，博白教徒就在县城南街建了基督教堂，并时常开展活动宣传这种教义。广西社会在这种“爱”的氛围中发展，其文明和谐风气必定得到提升。

综上客家宗教信仰的诸多内容，无不有利于人们的生产生活，有益于人们的身心健康。此外，宗教信仰的约束力也是非常强大的，在无法可依的历史长河中，社会秩序的稳定与维持，很大程度得益于人们精神上的信仰。梳理宗教对客家人心理影响的客观规律，探究宗教信仰对人的行为规范的潜在法则，对解决今天的道德和法律问题，具有一定的借鉴价值和不容忽视的现实意义。

## 第二节　妇女天足与和谐社会

中国古代的汉民族妇女有缠足的习俗，相传在五代南唐之际，李后主令宫嫔宫娘以帛绕脚，使脚变得很纤细，形成新月的形态，以之为美。从此，后人仿效并沿袭成俗，这与“楚王好细腰，宫中多饿死”[①]的情况一样，严重影响着女性的身心健康，是十分可悲的。在汉族社会中，唯独客家妇女没有缠足的习俗。九死一生的迁徙过程与聚居“山高皇帝远”的历史时期，客家人的精神得到空前的解放，个性自由得到充分的体现，人的智慧、人的激情也都能浓酣的发挥，是不会接受那种自残和畸形的美学观的。客家妇女绝不缠足，也不束胸，以天生的形态和健康的形体为真正的自然美，在汉族社会中成为了特立独行的一群。

从外地辗转迁来广西的客家人，在入住之时，条件艰苦，必须辛勤劳动，才能创基立业，否则难以立足发展。因此，客家男子不可能安逸的待在家里享受，大多数选择出外谋生。有一首广泛传颂的《客家男子汉》歌曲：“闯天下，离家乡。客家男子汉，百折腰不弯；心存高远志，心胸四海宽；脚下没有路，也爱走四方；再苦无喊累，再穷无喊难；历尽苦难志不改，敢把命运来改变。”留守的客家妇女就得用她们的一双天然大脚，“日则作田工，夜则纺织纱”，并且还要对内侍奉老人、养育儿女，对外社会交际、应酬周旋，这一切都依赖客家妇女的全力担当。这种里里外外的劳作不仅仅是贫穷的人家如此，那些富裕人家的妇女也是这么勤劳的。把客家妇女称为“半边天”是有据可依的，黄遵宪曾引用了外国传教士的话，来赞许客家妇女：“西人束腰，华人缠足，唯客家人无此弊，于世界女人最完全无憾云。”[②]在《清稗类钞》中也说客家妇女：“向不缠足，

① 《资治通鉴》卷四六《汉纪三十八》
② 梅州日报 2009-05-15

身体健硕，而运动自如，且无施粉及插花朵者。日出而作，日落而息。”[①]1965年，郭沫若在广东梅县曾挥毫赞美：“健妇把犁同铁汉，出歌入夜颂丰收。”正因如此，不少外国人士对客家妇女大为赞叹，曾在客家地区居住多年的美国传教士罗伯•史密斯在他所著的《中国的客家》一书中说：“客家妇女真是我所见到的任何一族妇女中最值得赞叹的了。在客家中，几乎可以说，一切稍微粗重的工作，都是属于妇女们的责任。如果你是初到中国客家地方住居的，一定会感到极大的惊讶。因为你将看到市镇上做买卖的，车站、码头的苦力，在乡村中耕田种地的，上深山去砍柴的，乃至建筑屋宇时的粗工，灰窑瓦窑里做粗重工作的，几乎全都是女人。她们做这些工作，不仅是能力上可以胜任，而且在精神上非常愉快，因为她们不是被压迫的，反之，她们是主动的。”[②]

诚然，客家妇女一反汉族传统妇女深锁闺阁的习惯，走出家门，承担繁重的农耕，应酬着众多亲朋，家中内务，无所不通，无所不为。有些客家族谱，如广西荔浦修仁的蒋氏族谱，就载有“妇女资历”和“烈妇传”。在中国这个男权社会的宗族组织中，把表彰妇女的文字写入族谱是很少见的。广西客家宗法中重视对妇女褒扬的记录，反映了客家妇女在家庭生产生活中的突出地位。正是客家妇女在家庭中的特殊地位和所具备的良好素质，才使得客家家庭得以和谐发展，夫妻同舟共济的精髓在客家妇女身上表现得淋漓尽致。

然而，客家人毕竟是性情中人，是血肉之躯。在夫妻性生活的问题上，留守在家的客家“晡娘”，谨记为人妻为人母的本分，自觉遵守传统妇德，恪守婚姻家庭秩序，履行婚姻家庭义务，安分守己，忠于丈夫，对家庭尽职尽责，不与丈夫之外的登徒浪子乱搞关系。她们偶尔有原始的自然冲动，也在终日不停的家务劳动和田间劳作中转移、消解了。一旦丈夫外出回来，她们会加倍体贴入微地服侍夫君，致使客家夫君觉得更应该奋发图强，励志衣锦还乡，以慰藉温柔体贴的妻子。出门在外的客家男子大多也不忘为人夫为人父的责任，忠于妻子、忠于家庭。和睦的夫妻关系，就这样在客家社会的家庭中互尊互助，彼此忠诚，相互信任依赖，相互理解支持，相互体贴沟通，相互包容付出。正是客家夫妻间的这种互敬、互爱、互信、互勉、互帮、互让、互谅、互慰的关系不断地维系着客家社会家庭的稳定和谐。

家庭是社会的细胞，是构成社会最具活力的基本单元，是社会多维关系的一个交叉点。家庭还是人们安居乐业、建立和谐人际关系的摇篮，也是消除各种矛盾，解决社会问题的首道防线。因而社会的稳定和谐与否，很大程度上取

① 《清稗类钞》
② [美]罗伯史密斯:《中国的客家》，中国民俗网 2009-09-28

决于家庭的稳定和谐与否。客家社会和谐的良性发展与客家妇女主导的家庭生活和谐的良性发展是密不可分的。

## 第三节 堪舆文化与和谐社会

恩格斯认为气候、食物、土壤、地形，这四大因素决定人类的性格与命运，说出了优越的地理条件是营造和谐家居环境的关键所在。安居乐业是人类的共同追求，客家人在围屋建筑的选址时是很重视“堪舆”文化意象的。东晋郭璞《葬书》:“古人聚之使不散，行之使有止，故谓之风水。”“风水之法，得水为上，藏风次之。气之盛，而流行，而其余者犹有止。虽零散而其深者犹有聚。”[①]明代乔项《风水辩》亦云“。“所谓风者，取其山势之藏纳，土色之坚厚，不冲冒四面之风与无所谓地风者也。所谓水者，取其地势之高燥，无使水进夫亲肤而已。”[②]

在客家人看来，“堪舆”二字，无非是讲民居建筑与自然山水达到和谐、相宜、浑然一体的境界。这与老子最高的智慧与哲学“道法自然，天人合一”[③]的生态和谐美学观是相一致的。山与水是自然界的两个代表，堪代表高处，表明地势变化与自然环境。山水用抽象的“气”来解释自然环境，认为按照“气”的运动变化规律即按照自然的秩序，采取自然的行动，就会获得平安与快乐。在地理学中，这“阴阳”二气交流而产生出各种变化。可见，“堪舆文化”是一种有关村镇、屋宅、园林等建筑环境的基本理论与规划设计的理论。它集自然地理学、建筑景观学、环境心理学、风景美学等知识于一体，运用于传统建筑规划之中，含有丰富的科学成分。注重建筑本身的布局安排，从空间的维度考察人体与自然地理环境、地极磁波变化的关系，力求人与自然环境的和谐统一。用现代观点看待堪舆文化，就是按照天人和谐的生态美学观来选择和营造有利于身心健康的居住环境的一门技术。堪舆文化在建筑屋址上要求“背山面水”，也科学合理地利用了大自然。因为人们在生活实践中发现，向阳的南坡适宜人居，冬季温暖干燥，夏季温和湿润，树木易于生长，有助于调节气候，而且背山可以阻挡冬季的北向寒风。另外，较之于平原上孤零零的小屋，山体还可依为屏障，紧临水系，为人们提供了丰富的水源，解除了饮食、浣沐、消防等后顾之忧。由于特殊的生存环境背景，客家民系耕山是历史的无奈选择，但是长

① [东晋]郭璞:《葬书》
② [明]乔项:《风水辩》
③ 老子:《道德经》

期的耕山生活渐渐沉淀为文化情结。这种情感一经形成，就必然左右该民系的思想行为。广西客家围屋作为特有的建筑文化结合体，无论是蒙山的钟家、柳江的曾家、北流的刘家、贺州的江家、博白的蔡家、玉林的黄家、王力宗祠——博白顿谷金圭塘，还是广西其他地方的客家围屋，都是十分讲究“山水相依，天人和谐”的堪舆文化的意象的。

广西客家民居建筑以公厅（祖堂）为主，建设公厅（厅下）最为讲究，往往会请很多地理先生临场考究，最后认定立什么坐向，基本上是按形势派风水的四兽理论来选择地形的。即要求玄武高耸，明堂藏风蓄气，水口紧锁，朱雀跳跃，左边青龙山要高，仰首，右边白虎砂要低，俯伏。玄武就是后山，就是来龙，对来龙要求要有生气，即山势连绵不断、蜿蜒起伏、开张收束，这样就能让主人兴旺发达。前面是明堂位置，要求开阔又要四周有山环绕，才能藏风聚气；还要有弯环有情的水自长生、帝旺、临官等吉的方向流来，往墓、死绝、衰病等凶的方向流去，水的出口还要有山紧紧挡住，只见来水看不到去水的情形来说一般都比较好。前山是朱雀，包括靠近的案山和远方的朝山，都要求有起伏有致。通常来说右手边的白虎山要比左手边的青龙山低，前面的朱雀山要比后面的玄武山低，像这样理想的地方，在现实生活中不是那么容易找到的，但客家人总是乐此不疲地追求。

在堪舆学中，日月星辰象征“天”，池塘的半月形状代表天上的月亮，则寓意“天”，禾坪用于晒谷、乘凉和其他活动则象征“地”。古人认为：天属于阳，地属于阴，阴阳和德本身就是一种和谐的象征，《周易·系辞》中亦有“一阴一阳之谓道”，“阴阳合德而刚柔有体，以体天地之撰，以通神明之德”[①]等说法。阴阳结合，万物相生。古人用阴阳的交互与融合来解释居住环境的完美和谐，直接地将大自然“天时、地利”融入建筑中，这样的房屋寓意人居天地间，一年四季保平安，一切风调雨顺。这是客家人继承中国传统文化“天人合一”这一生态和谐观的一个重要表现。

客家人不仅特别重视屋址的选择，而且阳宅选定后也要选择吉日良辰，即客家人所说的“黄道吉日”。这个黄道吉日，要由民间的“地理先生”择定，或者是自己看“黄历”选定。如果动土时定在“子”时，哪怕晚上子时挖一锹土都算是动上了。动了土，就算占有了这个地方。凡立柱、安门、上梁、都要贴对联烧爆竹，对联常常写“地灵人杰”、“吉星高照”等以祈吉利。新居落成，再选好日子“进火”，开始应先安放由旧屋带来的祖先神位等，进行一次拜祭，希望在新环境里继续保佑家宅平安，参加入宅仪式的亲友越多越好，多点人气

①《周易·系辞》

可收旺宅之效。客家先民的这种选择与建房程序，也是希冀房屋能和土地达到和谐，房屋与人的和谐，进而与自然的和谐，使自己能在这片土地上生存发展，生生不息地繁衍后代。

《黄帝宅经·序》："夫宅者，乃是阴阳之枢纽，人伦之轨模，非夫博物明贤未能悟斯道也。"[①]即是说，住宅不仅应当是天地之间阴阳之聚集交汇平衡、人们物质生活的场所，而且还应是人们社会精神生活准则的体现。广西客家社会认为，好的住宅配合人文教化，才能达到"家代安昌"的目标，从而实现"明德平天下"的和谐社会。因此，在广西客家宗祠、公厅（厅下）等众多图文并茂的石刻与木雕中，人们还可以清楚地看到许多有关儒家为人处世的训诫，主张人和人之间要多一些尊重、理解、体贴、关爱，多一些诚信，类似于当今主流社会倡导的敬祖睦邻，尊老爱幼，诚实守信等村规民约。这一思想无疑是中华民族的传统美德，这一美德同时也是安家定国之本，不仅是初迁广西的客家人不忘这传统美德，使之成为安家之本，他们的子孙后代亦牢记祖宗的安家之训。他们把诚实守信、和睦邻里、尊老爱幼这些原则刻写在宗祠、公厅的墙壁上，让人们记在脑海里，付诸行动中，代代相传，延绵不息。

广西客家人重孝道，讲礼仪，崇宗敬祖。当长辈去世后，为了寄托哀思，缅怀恩泽，总是希望找一块山青水秀、可避干旱、不受水淹，又符合"葬乘生气"规则的佳地来安葬长辈，而对选取阴宅地理方位的讲究也是一种对祖先崇拜的表现。广西玉林市陆川县大桥乡的陈氏兄弟，为了替先祖重选阴宅，请了不少的地理先生来勘查地势，选取风水宝地。选好地理位置以后，几个亲兄弟花了一个星期的时间亲手挖掘先祖阴宅，以显对先祖的崇敬。广西客家人辗转迁徙，生活奔波，每到一个地方，艰苦创业，更祈望得到祖宗的庇佑，需要亲人的帮助。而选取阴宅地理方位的讲究所体现出的敬祖尊宗，正是团结家人、族众与宗亲的最好精神支柱，富有强大的凝聚力量。尤其是在身处逆境，或分迁远去的时候，这种情结更加强烈。每到清明佳节，春雨纷纷，客家人都去墓地祭奠先人，让跟随前去祭奠活动的后人接受一种传统文明的孝道、伦理及礼仪的文化教育。由此可以看出，广西客家堪舆民俗对于继承客家文化传统和强化中华民族文化特征，高扬宽容的人文思想，鼓励健康、高尚的精神价值取向，与和谐人文社会的要求是相一致的。

堪舆这一文化现象，能够流传千年不消亡，除了达到"道法自然，天人合一"外，也有着其传承的社会心理和社会基础的，因为它具有特定的心理功能，减轻心里焦虑。特定而积极的心理暗示功能，激励人们朝着某一方向努力，并

① 《黄帝宅经·序》

成为人们适应社会，求生存发展的一种有效途径。例如，如果堪舆先生说某家将来会出现文人英杰，父母对子女的教育热情就会变得更大，小孩也会形成一种更为勤奋学习的后劲。这无疑对社会的文明风气的提升，对和谐社会的构建设又注入了新的力量。

客家堪舆民俗是中华民族传统文化的现象之一，是一种有关环境与人的关系的学说，是人类对居住环境的选择和处理时，一切为了避凶择吉，从心理到行为的民俗文化。它注重自然生态平衡，与大自然的和谐相处，讲究的是人类生存环境的协调，重视空气和循环清洁，由表到里的营造美好的自然与人文景观。

在建设有中国特色社会主义的大环境中，人们普遍谋求安定繁荣，与客家堪舆文化择吉避凶是有共通之处的。在科学发展观的指引之下，客家堪舆文化，必然会剔除那些封建迷信的负面影响，成为为讲究科学、环保、生态、阳光、气流、水洁的综合民俗文化。这也是堪舆文化进化到了为谋求生态、心态平衡，健康愉悦，安居乐业的法理性质文化了，在以人为本的和谐社会里，文化的多元性也总是与世界文明的发展同步的。

## 第四节　客家山歌与和谐社会

广西壮族自治区是我国具有鲜明文化特色的省区之一。客家先民颠沛流离，自北南迁入桂，在各县市大地上扎根以后，大多是披荆斩棘，居于崇山峻岭当中，经过与当地土著人相互交流融合，形成很有风格特色的客家文化。客家山歌这一习俗，就是这一文化的重要组成部分，也是他们在劳动、生活中抒发情感和交流思想的重要工具和途径之一。广西地区客家人出门、干活和休养生息多半离不开山，跟山歌有很深的缔结缘分。

广西地广人稀，且自然条件十分复杂，为数不多的好田、好地、好山场多已被当地的土著居民占有，要想在恶劣的环境下生存繁衍，协调各方，制服穷山恶水，建立新的家园，除了凭借中原先进的生产技术，客家社会提倡“勤俭耐劳、诚信睦邻”是其中重要原因。因为在开发山区的过程中，面临险恶的自然环境，层峦叠嶂，毒蛇猛兽出没，为了生存立足，他们需要有艰苦奋斗的坚强意志。深谙中华文化精髓“生于忧患，死于安乐”[①]的客家人素来特别能吃苦耐劳，每天都是披星戴月地在田间工作，晚饭后还要劳作一二小时才休息，周年如一日，毫无偷懒。广西客家社会有句俗话：“早起三朝当一工，早起三年当一冬”。并编有歌谣：“勤俭丰足之家，耕读兴家之基。勤俭定能立业，奢侈

①《孟子·告子下》

导致贫困。春日一刻千金，季节绝不饶人……兴家如针挑土，败家如水洗尘。用物检点节约，破裂要多费神。房屋田地再多，乱用不久必贫。宁可自食其力，不能坐食山空。”客家人意识到，“勤俭耐劳”是生存的根本保证，也是发展的重要途径，在资源短缺的地区必须珍惜每一份资源，并做到最大化的利用。同时客家人也认为，除了谋生技能不可缺少之外，像蕴含着刻苦耐劳、积极进取和乐观向上等精神方面的客家山歌，在平衡人们内心矛盾方面也是极为重要的。

然而，他们也知道仅仅依靠自身努力想要谋求发展是不够的，“一个篱笆三个桩，一个好汉三个帮”，创造平等互利，和谐融洽的人际关系是发展的必要人文环境，特别是身处多民系或少数民族居住为主的地方。所以，客家人通过友善、和蔼、宽容、讲义气、讲诚信等赢得了少数民族的亲近与信任。有首《传家宝训》的客家山歌唱道：“开店公平和气，主顾富客常临。兄弟和睦相处，外人不敢欺凌。夫妻更要和顺，吵闹家室不宁。亲朋不可怠慢，姐妹切莫断情。贫富需要来往，免被别人看轻。奴婢多宜恩待，必有护主之心。切莫小气刻薄，忍耐三思而行。和睦村坊为贵，不可伤害村邻。莫听恶人甜言，良朋忠告记心。瞒心拐骗莫做，斗称总要公平。”①事实也正是如此，客家人重名节、薄功利，重孝悌、薄强权，重文教、薄无知，重信义、薄小人，在整个民族大家庭中起到了不可忽视的和谐剂作用。在科技不发达的年代，山歌是很好的娱乐工具，不管是在田头还是地尾，不管是山上山下，还是江河两岸都是对唱山歌的好场地。

当然，除了娱乐外，客家山歌也有一定的教育和鼓励性。在中国革命时期，广西客家山歌充分发挥了它的战斗教育作用。广西百色地区就是唱响客家山歌的典型，它用唱山歌来鼓励亲人参加红军，鼓励后方支援前方。如：“山角开花满岭红，百色儿女心最红，生产支前齐动手……工农翻身做主人……”广西客家山歌更唱出了和谐社会之声，在开展“婚育新风进万家”活动中，充分利用山歌形式：“计划生育意义长，关系民富与国强，计划生育利于民，封建思想要扫清，重男轻女要不得，少生优育最聪明……”起到很好的宣传教育意义。这些寓教于乐的客家山歌无疑对宣传国务院在2001年3月2日提出的《关于加强人口与计划生育工作稳定低生育水平》的决定之精神起着极大的作用，对构建和促进广西和谐社会具有积极的意义。在桂东地区，客家文化活动亦丰富多彩，如广西贺州市八步镇将客家山歌、客家歌舞、客家曲艺融为一体，客家文化氛围十分浓郁。它以丑角为主角，以喜剧为结构，体现出客家人乐观幽默，勇于

① 严永通、凌火金：《广西客家山歌研究》，广西人民出版社，1991年版，第198-199页

面对生活的达观豪放性格。八步客家山歌不仅深受当地人的喜爱，还多次在自治区汇演中获奖，得到区内外同行的广泛赞誉。

客家人在遇到不顺心的事情时，也能圆通的运用佛道精神进行自我平衡，调节内心矛盾。如被功名利禄所困，客家山歌有唱道："唱歌好，唱支山歌了百愁；冇忧冇虑任捱去，安然自在胜封侯。唱歌好，唱歌快乐赛神仙；冇信请看刘三妹，唱歌得道上西天。"体现的是道家"清静无为"的观点，唱山歌是客家人无需花大力气就能掌握的技能，功名利禄是费精神费时间换取的，唱山歌能给人"安然自在"、"快乐"的感觉，选择哪个？歌中有了榜样刘三妹，她唱歌"上西天"（夸张迷信的说法），是无为战胜强为的选择。客家谚语也有提到："贫穷休要怨，富贵不需骄"、"有钱需念冇钱苦，得意还防失意时"，体现的是道、佛"福祸相依"的观点，奉劝人们辩证地看待功名利禄。

说起广西客家山歌，不能忽视它的情歌部分。谭元亨教授认为：那"独钟于情，情义千金，兴往情来"的永恒主题，便似那漫山带露的茶花，闪烁不止，令人迷醉。那隽永清丽、哀伤顽艳的客家山歌，相信人们都会为之动容。[①]如"别人有钱我唔贪……只贪人情长久行。百万钱财借手过，膝头有肉贴唔心。"又如"你系有心我有心，花有清香日有阴，两人莫道钱财事，总爱情义值千金。"在此可以窥见一斑，拜金主义在这里没有市场，情义是唯一的标准和通行证，丝毫动摇不了"情义值千金"的坚定信念。这与博白县和广东廉江县廖氏宗亲合修的《威武军廖氏家史》中"要无私奉献，不准见利忘义"的规定是一致的，给现在物欲横行的当下只讲商品经济、重利轻义以有力的一击。

这些包括以上提及或者没有提及的客家山歌内容，是人们为人处世不可缺少的精神生活资源。人们的疲累在山歌中消散，忧愁在山歌中隐退，误会在山歌中冰释，即便家庭的矛盾有时也可在山歌的对骂中化解，山歌成了客家民众休闲娱乐的极佳方式和养育心灵的精神食粮。山歌也拉近了不同民族的距离，是广西各民族和谐共处的融合剂。广西客家以山歌歌唱爱情，歌唱劳动，歌唱大自然，歌唱美好生活。有的山歌因为客家与各民族世世代代共同传唱，已分不清最初出自哪一民族，成为多民族共同的精神财富，受到广西各民族的喜爱，成为多民族文化交流和友好往来的见证。风情浓郁的广西客家山歌，唱出了时代的强音，唱出了社会和谐的意蕴！

① 谭元亨：《客家圣典》，海天出版社，1997年版，第360页

## 第五节 民俗禁忌与和谐社会

作为以信仰为核心的心理民俗，禁忌是指为避免招致惩罚，禁止同“神圣”、“不洁”或者“危险”的事物接近，形成的非理性和缺乏验证而又区别于法律的禁制。它属于民间风俗习惯范畴，建立在族群共同信仰之上，是一个区域内共同的文化现象。在广西客家民俗中，各种各样的禁忌纷繁复杂，这些禁忌渗透每一个角落，深刻地影响着人们生活的各个领域，约束着人们的举止言行。有许多禁忌附在人们的思想深处，不时地闪现出独特的光芒，关联着广西客家社会的团结与和谐。尤其是客家民俗禁忌中的春节禁忌、数字禁忌、火的禁忌和动物禁忌等与家庭及社会的和谐发展关系密切。

### （一）春节禁忌

广西客家有俗话说：“新年头，旧年尾。”意思是一年中最重要的日子是“除夕”与“春节”，所以过年时言行需特别谨慎，希望一年的开始事事顺利，有个好兆头，因此其禁忌也特别多，俗称“人哩年假禁忌多”：禁打骂小孩，禁打碎器皿，禁讲粗话恶语。除夕要洗澡，俗话说“洗去懒惰泥”，是为了新的一年能勤劳工作。要把水缸挑满，换下的衣服及时洗净，为的是年初一不干任何活，否则终年都要劳碌，不得安闲。年初一该日尤为谨慎，唔敢讲恶话骂人，也少人出门。若在年初一早晨碰到好的事情、听到好听的话，就看做是一年的好兆头，看做是今年会利市。所以碰到人，就互相恭贺，讲各样吉祥如意的好话。年初一禁忌扫地，以免把钱财扫走。年初一不洗碗，因为洗碗时碗筷会互相碰撞发出响声，预示家庭一年内不和睦、有冲突、有争吵。初一忌向邻居借火种，认为火意味着红火，家庭红火即财气旺；初一向人家借火种意为把别人家的火种借走，会伤别人家的财气。正月不到别人家借钱物，等等。

从春节禁忌可以感悟到广西客家社会践行孔子：“礼之用，和为贵。”[①]的人文思想。汉民族自古就有“和则一，一则多力，多力则强，强则胜物”[②]和“天时不如地利，地利不如人和”[③]的先进理念，认为只要内部和谐团结，上下齐心合力，力量就会增大，就能立于不败之地。在千年万里的战乱逃难中，客家人意识到了加强宗族团结的重要性：只有聚宗团结，一致对外，才可以维系自身的生存和宗族的繁衍。所以，每年农历正月初一，在广西客家地区聚族

①《论语·学而》
②《荀子·王制》
③《孟子·公孙丑下》

而居的村庄，都要在众家厅堂摆上几台八仙桌，众人在一起互相恭祝新春快乐，万事顺利。“独乐乐不如众乐乐”的气氛十分温馨，促进人际关系融洽和谐。

### （二）数字禁忌

忌“四”。广西客家话“四”与“死”谐音，有些地方同音，因此而忌讳。小孩四岁时称为两双岁，猜拳行令时要说“四季发财”，阴历四月份没有人结婚办喜事。

忌“七”。广西客家地区老人去世，亲属服重孝需七七四十九天，据说是人死后其灵魂在去阴曹地府途中，每七天要经过一个鬼门关，七七四十九天后才能得到安息，如果人死后的某一个七天恰逢阴历初七、十七或二十七，则叫“撞七”，“撞七”时亲属不去上坟祭祀，尤其是“头七”，即第一个七天，最忌“撞七”。广西客家人在日常生活中，如果有做事急急忙忙、毛手毛脚，损坏了东西，别人便会骂他：“急什么，要撞头七吗?”可见，客家人忌“七”。

忌“八”。“八”在粤语中与“发”谐音，在广东、港澳等地是吉祥数字，近年甚至成为全国性的吉祥数字，在车牌号、电话号码等拍卖中能卖高价，在商品售价中也竞相标上带“八”的高价。但在客家地区，“八”与“七”连在一起，是不吉的，如“七七八八”、“七上八下”、“七零八落”等等都表示“麻烦”的意思，都是客家人所忌讳的，尤其是死人的棺材要八个人抬，因而客家人忌“八”。凡逢农历七、八之日，乡间不相亲，有“七不出行，八不回家”的规矩。如客家歌谣所唱：“初一就系初一头，初二还系新年头。初三就系穷鬼日，初四就系妹家日（回娘家）。初五又话出年卦，初六又喊嘣一日。七不去，八不归，九九十十看打狮。十一十二龙灯到，索性月半正来归。”

广西客家民俗数字禁忌，主要表现出趋吉避凶、趋利避害、弃恶从善的心理倾向。虽然许多禁忌带有迷信色彩，但是都表达了善良的愿望，而且在传承过程中，这一禁忌所包含的畏惧和迷信的色彩渐为人与人之间皆大欢喜，互相爱护的情调所取代。如以上的列举禁忌，正是客家人希望一年到头顺顺利利，平平安安过好日子的心理表现，虽然人们并不都真正相信坚持这些禁忌就能一年到头万事大吉，但图吉利的心态人人皆然，在当今物质丰富、物欲横流的社会，人们能够获得精神愉悦，也是维系广西客家大家庭小社会和谐相处的理想选择。

### （三）火的禁忌

广西客家社会对火的认识反映到日常生活行为中，是民俗中许多关于火的禁忌：客家人把乔迁新居称为“入屋”，“入屋”前先要举行“筑灶”仪式（砌土灶），而“入屋”本身最重要的环节正是在新灶上点火煮第一餐饭，其火种必须引自旧宅，才能薪火相传；做饭时不准对着火骂人，否则将不时引发火灾；不准用冷水浇灭灶火，否则会导致家运突然衰败，等等。广西客家人同时相信火具有净化驱邪等作用：嫁女时，嫁妆件件要在煤油灯上绕三匝，俗称“照火”；孩子出生，客人送的礼物要“照火”方能给孩子用；由人及物，新搭建的猪栏鸡橱、新添置的生产劳动工具、孵化小鸡的蛋、下田的种子等都要过火。火浴也是重要的广西客家礼俗之一，新娘踏进夫君家大门时要先跨过门前事先准备好的火堆；病人出院或送殡回家时也要跨火才进门；而要将婴儿抱出门，则先要在其额前抹上锅底灰，因为成灰的火能护魂，企盼出入平安，一切顺利，健康成长。

**（四）动物禁忌**

忌养别人家走失的禽畜。广西客家地区广泛流传“猪来穷，狗来富，猫来穿麻布”的说法，其意思是，如果别人的猪、狗、猫来到你家，你不送还人家而自家留养的话，那么，猪会给你带来贫穷，狗会给你带来富贵，猫则会给你带来灾祸。因此，广西客家人一般忌养别人家走失的牲畜，唯有狗例外，因为在客家地区，狗本来就是自由自在地走东窜西不用圈养的。这一禁忌从一个侧面反映了广西客家人路不拾遗的良好民风，有利于社会和谐风尚的建设。

忌杀活捉的野兽。广西客家一般居住在山区，山上的野兽种类很多，以农耕为主的客家人长期与百兽和平共处。只要不是伤人或糟蹋庄稼的野兽，客家人一般都不捕杀野兽，尤其是弱小动物，如野兔、野鸡等，被人追赶时总是藏头露尾，可怜地束手待擒，因此，客家人即使把这些动物抓回家，也不会把它杀掉，而是养大以后放归山林。只有那些会伤人性命的毒蛇猛兽和破坏庄稼的野兽如野猪、老鼠等，客家人才会去围猎或捕杀。这一禁忌反映了广西客家人同情弱小生灵、爱惜生命的善良心态，体现了客家人惩恶扬善的传统美德，而忌杀活捉的野兽，将活捉的野兽放归大自然，不仅对提倡生态平衡、维护生态和谐有积极的意义，同时优化了广西的社会品德和风气。

凡此，广西客家人所有的各种民俗主要精神在于劝诫族人爱国、爱乡、睦邻，严守伦常、族规、国法，立志、勤学、勤俭持家，治生、讲究自身和环境保护等等，而且它们在客家社会都是互不排斥而和谐共处的。把林林总总的思想和意识网罗其中，绝大多数客家人行为端正、关系和睦、尊老爱幼和富于团结互助精神，具有良好的道德风范，达到较好的道德教化效果，这也正是客家健康民俗与那些封建迷信糟粕的本质区别所在。其辐射到周边及整个广西乃至更广的区域，恰恰与“公平正义，诚信友爱，安定有序，保护生态”和谐社会的呼吁十分切合。著名民俗学家、中国文联副主席冯骥才指出：“民间文化是我们民族的精神传统的重要组成部分，是我们珍贵的历史记忆，对于一个民族的未来十分重要，我们必须留住民族的文化基因。失去它，我们的文化将失去凭依，也将失去产生文化的原动力……古村落可以说是我们民族的精神家园……古村落是民间文化最后的防线。”[①]

（本章作者为广西客家海外联谊会常务副会长、秘书长陈仕金先生等）

① 杨竞：《国务院参事冯骥才：古村落是民间文化最后的防线》，载《辽宁日报》，2009-11-23

# 第八章 客家民居与和谐社会

民居建筑是人类文明的集大成者，直接反映民族（系）、地域的特点，生产力水平的高低和文明发达的程度。2008 年 7 月，福建省永定客家土楼被正式列入《世界文化遗产名录》，世界遗产委员会对福建土楼的评价为："世界上独一无二的集居住和防御功能于一体的山区民居建筑的福建土楼，体现了聚族而居这一根深蒂固的中原儒家传统观念，更体现了聚集力量、共御外敌的现实需要。同时，土楼与山水交融、与天地参合，是人类民居的杰出典范。"[①]客家民居建筑在广西的分布相对集中，类型多样，功能齐全，无不承载着社会和民居的双重历史文化内涵。在实用美学、堪舆文化、人文教化等方面具有很强的地域性和可究性，其中以客家围屋最为典型。围屋是广西客家地区最具特色的标志性民居建筑风格，是客家历史文化的一个重要的载体。它集中反映客家文化的主要特征，体现广西客家人的团结友爱，和谐相处的精神。

广西壮族自治区是客家人最主要的聚居地之一，元朝以前，就有部分客家先民陆续远徙至广西各地。从元朝末年至明清时期的四五百年间，已在赣、闽、

① 殷晓玮："东方古城堡——福建永定客家土楼"，《文汇读书周报》，2008-06.

粤等地定居的部分客家人开始成批地迁入相对地广人稀的广西，并散居于广西东部、南部、中部各地，甚至深入桂西民族聚居地区。客家传统文化在客家人相对集中居住的桂东南、桂东及桂中等地区较多的保留下来。作为客家人栖息之地和安身立命之所的客家民居，则是人们了解和认识客家文化的重要载体。国家主席胡锦涛在2010年春节期间，参观被列入世界文化遗产名录的福建永定客家土楼时，称赞它是“中华文化瑰宝，是大家庭、小社会和谐相处的典范，一定要把祖先留下的这份珍贵遗产守护好、传承好、运用好”。[①]这是真知灼见的。客家民居凝聚了客家人的心智血脉，承载着客家人的文化理念。客家人上下有一千多年的迁徙史，不论其自身内部或与周邻居民都不乏矛盾，但基本上都能和谐共处。究其原因，自然有他们独特的思维方式、物质基础、价值基石、文化根基、制度保障等多方面的因素合力在起作用。本章要重点探析的是客家民居建筑本身所蕴含的客家文化与社会和谐发展的关系。

## 第一节　广西客家民居的分布

广西壮族自治区有客家人700万人，遍及全广西的14个地级市以及100多个县区[②]，是广西境内汉民族中仅次于讲粤语和西南官话汉人的一个重要支系。

客家人从四面八方迁入广西，除少数人由于做官、经商、征调驻屯之外，绝大多数是由于在本乡本土失去生活的依靠，或者逃避战乱而被迫背井离乡，两手空空迁徙来到广西的。为了能在新的环境安居乐业，客家人选择了不同的地域繁衍生息，久而久之，客家建筑遍布广西不少城区与县市，形成了桂东南的玉林聚居区，桂南的北（海）、钦（州）防（城港）聚居区，桂中的贵港、柳州和柳城聚居区以及桂东的贺州聚居区。

“围屋”顾名思义就是被围起来的屋子，是客家人居住、祭祀、议事、生产、生活的场所，是广西客家人特有的民居形式，是客家文化的物化载体。围屋始见于唐宋，兴盛于明清。围屋结合了中原古朴遗风以及南部山区的文化特色，贵港君子垌客家围屋群、合浦县曲樟乡、贺州莲塘镇、贵港木格镇等地的客家围屋，处处彰显中国五大民居建筑之一的特色。灵川江头村、长岗岭村、灵山大芦村、灌阳月岭村等建筑则带有明显的中原民居建筑特点。昭平黄姚、南宁杨美、平南大安等则是著名的古镇，而陆川谢鲁山庄、平南范家大院、武宣黄氏庄园等古宅大院，以其规模体量之大，建筑水平之高，享誉一方。玉林

① 罗钦文：《总书记春节看土楼 客家文化受瞩目》，中国新闻网，2008-02-18
② 2011-04-14 17:17. 来源：中国新闻网

市的朱砂垌客家围龙屋、博白县的蔡氏民居以及贺州市的江家大屋等，无不承载着社会和建筑的双重历史传统文化内涵。

博白县的蔡氏民居就是一座典型的客家建筑，此民居对外封闭，对内交往，属于围龙结构，呈天井的格局。第一层对外不开窗或开极小的窗口，仅为通风和装饰而用，建筑的内部则开放通透，有利于家庭成员及邻里之间的交往。建筑的中轴线上采光好，面积最大的下堂、中堂与上堂是开放性的。客家民居建筑中设有最为便捷的通道，这个通透的空间不仅便于建筑群内客家人平日的交往，而且也提供节假日亲朋好友来访聚会的空间。此外，客家民居建筑门前禾坪的面积较大，与半月型的池塘共享一块宽敞的空间。禾坪除了有晒稻谷的功能外，平时也可以用于乘凉或举行其他的户外活动，也是邻里交流的好场所。这种方便邻里之间交往交流空间的客家民居，正体现了客家人注重睦邻友好的文化心理与精神价值取向。可以说在广西，客家民居存在的地方，客家文化极为盛行，道德风气浓厚，社会和谐发展。

相邻之间和睦相处，不仅是客家宗族社会发展的客观需要，也体现了客家人的大气和量度。除了血缘关系外，乡邻关系是客家人最重要的一种社会关系。以钟文典教授的调查为例："广东兴宁人刘胜章，清乾隆四十五年（1780 年）迁马平，落脚桥板村。因为土著相邻相约对他不租、不卖田地，也禁止他自己开荒种地。他遂以养鸡、打铁并为相邻修理或打造农具为业，同时在家门前设置茶缸，免费为路人提供茶水。他的义举终于取得乡邻们的理解，知道其和善忠厚，于是合议卖给他 5 亩水田。他仍以养鸡、打铁、种田兼作，家业很快得到发展，过上安居乐业的生活。"①客家民系之所以能取得较快的发展，原因之一就是注重睦邻，从而让客家民居在当地立稳脚跟，创设了一个较为和谐的生存空间与发展的基本条件。邻里之间和睦团结，可以形成健康文明的社会风气，如客家人聚居的贵港市连续六届被评为"全国双拥模范城"，先后荣获全国群众文化和广西爱国卫生先进城市、广西文明城市等称号。

广西客家民居建筑，不仅是客家祖先遗留给子孙后代的遗产，更是留给汉民族乃至整个中华民族的一份珍贵的物质文化遗产，最能直观地反映客家文化的深厚底蕴及其与古代中原文化一脉相承的渊源关系，是研究客家历史文化不可多得的宝贵资料。但随着经济全球化趋势和现代化进程的加快，原有的建筑文化元素在不断拆迁中被大面积毁掉、压缩，地方性的居住环境也成了不合时宜的事物被不断的铲除。就整个广西而言，至今能够较好地保存下来且比较有特色的客家建筑，其数量也不容乐观，有的时至今日仍在不断遭受着自然和人

① 钟文典：《广西客家》，广西师范大学出版社，2005 年版，第 133 页

为的破坏。如蒙山县的文尔“钟家大屋”，原占地 100 余亩，有大小房舍 200 余间，周围建有炮楼 5 座，全为砖木结构，新中国成立后至今也被陆续拆除；北流市的塘岸镇，有几处建于清乾隆、嘉庆年间的客家建筑，这些古建筑历史久远，结构严密，技术精湛，可惜年久失修，已非昔日风貌。目前，保存比较完整并已开放作为旅游景点的客家建筑有玉林市的朱砂垌客家围龙屋、陆川县的谢鲁山庄、博白县的蔡氏民居、博白县的罗经城客家围屋、北流市的八角楼以及贺州市莲塘江家围屋等。

## 第二节　广西客家民居的主要类型

民居建筑类型，是指对具有相同的形式结构但又赋予了特性化的民居建筑类别的称谓。每一种民居类型即具有其自身独特的识别性，传递着某种特定的文化和价值信息，又具有同类民居建筑的某些共同的特征。同一民系或民族传统民居建筑在不同的历史时期和不同的居住地域，都会产生不同的类型，并从某一侧面反映某一民系或民族在不同时期不同地域的精神文化。

在广西客家民居分布的区域，没有类似福建永定、南靖等地的圆形土楼，也很少看到福建、广东、江西等省客家人居住的五凤楼或方楼。除了上述典型的客家民居建筑外，在广大客家地区，尤其是在广西客家聚居地区，还分布着大量的其他类型的客家民居建筑，如围龙屋、走马楼、殿堂式、四角楼、锁头屋等，且颇具特色。

### （一）围龙屋

围龙屋（又称围屋）是一种采用中原汉族的抬梁式和穿斗式建筑工艺相结合的技艺，依山坡或丘陵而建造的客家民居建筑。由上、中、下殿堂及左右对称半圆形分布围屋组合而成，外围最多的有十几围，前面为半圆形鱼塘与围屋形成一个圆形，其建筑和设计艺术独特，给客家地区带来了浓郁的地方特色。围龙屋建筑面积一般在一千平方米以上，大的围龙屋甚至上万平方米。虽然规模大小不同，但围龙屋的各种基本结构与设施都很完善。屋内主要包括大小厅堂、卧室、厨房、天井、巷道、游廊、水井、排水沟、禽畜棚、厕所、杂物屋等。屋外有池塘、禾坪等。屋内和屋外主要是通过正大门及横屋小门连通，一座围龙屋就形成了一个客家宗族社会和一个功能齐全的群体生活社区。可知客家人在规划时就设计了四代同堂的宏伟蓝图，以备三世同堂、四世同堂甚至五世同堂，表现了客家人传统的家族血统传宗接代的伦理观念，并融传统人文艺术特色为一体，具有综合实用艺术价值。

据历史学家考察，这种类型的客家建筑与中原贵族大院屋型十分相似。客家先民原属中原汉人，因战乱、灾荒等原因辗转南迁赣、粤、闽、桂山区落籍繁衍。客家先民南迁定居岭南后，不但传播了中原的先进耕作技术，而且民居建筑仍保持了原有的传统风格。这种类型的客家民居建筑是客家地区一种最普遍也最具特色的民居建筑形式，是除客家地区之外看不见的。在广西，贺州市莲塘江家围龙屋最具代表性。据江氏族谱记载：江姓人最早从广东五华迁到贺县，靠着聪明勤劳，慢慢积累了财富，在仁冲一带建房。光绪十一年（1885年），先祖江海清在镇南关大战中，因战功显赫，被晋升为三品朝官，出任云南省盐检道台，受赏白银一百万两和“万宝来朝”牌匾一块。江氏将白银带回贺县莲塘，历时八年建造了这座客家围龙屋。其建筑和设计艺术之独特，给客家地区乃至广西地方社会带来了浓郁的乡土风情。

### （二）走马楼

此类形式的客家民居建筑多见于粤、闽、赣边境山区，以粤东为著，但在广西部分地区亦有少量分布，如贺州沙田刘姓人家民居。走马楼的外形有一字形、凹形或曲尺形，多为依山建筑，分为上下两层，下层为厨房、农具杂物房、畜厩、厕所，上层为卧室和仓库。岭南位于我国的最南部，地处亚热带沿海区域，空气潮湿、多雨，洪水等自然灾害多数发生在岭南地区。客家人认为下层湿气重，即他们常说的“地气”，是土壤或地下水所挥发出的水蒸气。从医学角度看，居室内的相对湿度一般要求为30%～65%，空气湿度高可增加机体的传导而流散热量，引起体温下降，神经系统和其他系统的机能活动随之降低，同时过湿的空气还不利于带走人体内热量的汗水的蒸发。如长期生活在寒冷潮湿的环境中，就容易患感冒、冻疮、风湿病等。客家人设计的走马楼，分上、下两层的合理安排则适应岭南山区空气潮湿、多雨的自然环境，有利于人的健康长寿。

其主要特色是在二楼外部用木料建成一条长长的走廊，既可以防山洪、避潮，又可防盗、防野兽，同时也方便行走。屋内能够保持干爽、卫生、通风。岭南地区地处有山、有水，河流小溪交错复杂的位置，加上人多地少，耕地资源比较紧张，这种建筑结构可以节省有限的耕地面积。这种类型的客家民居，完全符合岭南特定的地势、气象、环境等条件，是真正意义上的岭南民居建筑。

### （三）殿堂式

殿堂式客家建筑继承了古代中原汉族府第风格的民居形式。它采用我国民族传统建筑工艺中最先进的“抬梁式”和“穿斗式”混合结构，布局严谨，讲究座向，主次对称，外形堂皇美观具有较高的科学价值和实用价值。其主要特点是屋内厅堂多，天井多。沿中轴线进入为上中下三个大厅，左右对称为厢房，作为居住场所，以公厅（厅下）为中心分成若干个生活单元。一座大型的殿堂式民居建筑有上百个房间，可供一二十户甚至上百户人口居住。柴草间、禽畜栏一般都在居住屋两侧一定距离的地方。门前池塘可养鱼、灌溉、消防，且便于屋内排水。屋后有“花头茔”，为半月形土丘，用于种植风水林，调节气候且可防风沙侵袭。殿堂式客家建筑所用建筑用料为三合土或青砖围墙，雕梁画栋，工艺精美。当地群众习惯称这种类型的建筑为十厅九井或九厅十八井，其结构是在中轴线上为二厅或三厅，最多者达五厅，基本上是两座完整“四合院”合并与扩充，大型的有五进五座形成十厅相向格局，多为富豪或官宦的客家人所建造。

崇文重教是客家人的立身之本，客家民系自古崇尚教育，以耕读传家，所谓“万般皆下品，唯有读书高”。客家长期处于农耕社会，以耕读为本。“耕可以养身，读可以养心”，“朝为田舍郎，暮登天子堂”等已蔚为传统发扬至今，成为客家稳定生活、光宗耀祖的途径。为了能更好地激励客族人刻苦学习，客家人已把这种崇文重教的思想融入到客家民居建筑的设计当中。其中自家无功名的，门楼的屋顶不得设计成飞檐起翘；若有飞檐起翘，则称为大夫第，故又称为府第式。有进士头衔所建造的称为“進士第”等。它是客家人为了炫耀本家族人才辈出的一个标志，同时有利于教育后代要有所作为，有所建树。如客家大县广西博白顿谷镇的王氏宗祠——金圭塘，据说王履坦国师的五个儿子都中了科举，当地的人称五子登科，后来这五个儿子各立门户分成了现在的五房人，这五房人在当地相当有名声、势力，在当地无人不晓。世界著名语言学家王力教授、北京大学国际关系学院院长王缉思教授、广西著名诗人秦似教授、全国政协委员、广西喷施宝董事长王祥林、参与研究神舟 6 号并获奖励的王熙强、2010 年被中国原子能科学研究院录取为博士研究生的王祥高等均出自金圭塘。

### （四）四角楼

四角楼俗称“四点金”。此类型的客家建筑的一大优势是抵御外侵，具有“一夫当关，万夫莫开”之势，既有被动防守又有主动抗击的特点，是客家建筑中的又一特色民居。除粤闽赣边境山区，在博白、陆川、贺州等客家聚居地区亦有一定数量的分布。现存的四角楼建筑年代都较为久远，短则百年以上，长的有三四百年之久。其整体结构是在左右横屋的前面第一间和后面第一间，即在房屋的周围的四个角加建炮楼，炮楼内广设枪眼，便于居高临下地对周围进行监护，又可对入侵者进行射击。据史料记载，1921年博白县新田镇福龙田的客家村民遭遇匪患时，大家便迁入角楼内躲避固守，免遭祸害。可见，此民居建筑所具备较强的防御功能，正好适应了客家人聚族而居，对外封闭、对内开放及山区环境较为恶劣的生存状况，它是客家地处山区民居建筑的一大杰作。

### （五）锁头屋

锁头屋又称“三间两廊”式客家民居建筑，是广西传统客家民居建筑的基本形式之一，其他大型围屋建筑均以此为基础而发展起来。此类民居建筑在贺州等客家聚居地区有较广泛的分布，如贺州沙田逸石的锁头屋。它的主要特征是由三开间的正厅和前方的左右两廊构成主体，而左右两廊又由正门加以连接，从高处往下看，其形状酷似一个中国古代的铜锁，故称为锁头屋。纵观全楼，高低层次分明，色彩搭配和谐，屋体至今仍保存完好。其门窗为朱红褐色，围墙花瓶状通花为绿色，与遥遥相对的朱红色木刻围栏相互辉映。壁画大多为墨色，配上的花草虫鱼则为蓝色、紫色和红色相间。这种风格很少见，也很特别，让人赏心悦目。

大门与小门侧面的两堵对称的墙很有讲究，具备防火防盗的功能。从外观看，墙体坚实，高出屋的瓦面，如遇火灾，可以保护里边的木料不被火烧毁。从文化艺术内涵看，墙的上端、侧面都绘有蓝色、红色和紫色的花卉，或者一些龙凤呈祥的图案。这些与人类生活息息相关的事象，在画工手中，变得栩栩如生。此外，墙体有五等级差的弧线组合，体现了客家人期盼子孙步步高升，吉祥如意的伦理观念。建此类民居的客家人，一般都是聚集的财富尚不富足，或者家族人口相对较少的。锁头屋的面积虽然不大，却具备了客家民居建筑的特色，蕴含着丰富的客家文化内涵。

广西客家民居建筑除上述主要类型外，还有棋盘楼、方楼、八角楼、穿堂屋、下山虎、吊脚楼等。因自然环境和文化背景的不同，不同的客家民系之间、同一个客家民系中的不同客家之间又有着不同的居住习惯，从而形成了风格迥异的客家民居建筑类型。客家民居折射出了客家人独特的建筑风格，还集中地反映出客家人聚族性的生活方式。孟子曰：“居者有其屋。”[①]客家人长途跋涉迁徙至广西，不仅有了安定的住所，而且拥有了属于本家族风格多样的民居建筑，居住其中，其乐融融。

①《孟子·梁惠王章句上》

## 第三节　广西客家民居的主要功能

客家人从北到南，千年万里的不断迁徙，历尽艰辛，最终才寻到落脚生根之地。他们既要开荒生产、建造家园，又要与当地土著斗争、磨合，直至和谐相处。民居建筑是客家民系的重要标识，那些由客家人用血汗泪水和着泥土沙石夯筑起来的雄伟壮丽的客家民居，就是博大精深的客家文化的载体。它记载着一代代客家人的交往方式，也记载着客家人继承传统文化有序和谐的伦理观念，以及客家人为适应新的自然和社会环境而创造出来的从注重现实防御逐渐向审美功能多元化的价值追求。

### （一）有序和谐

在儒家思想体系中，礼是社会的伦理秩序。儒家经典《礼记》曰："夫礼者，所以定亲疏、决嫌疑、别同异、明是非也。道德仁义，非礼不成。教训正俗，非礼不备。分争辨讼，非礼不决。君臣、上下、父子、兄弟，非礼不定。"[①]人是社会关系的总和，孟子将人的社会关系分为五种：父子、夫妇、兄弟、君臣和朋友，称为五伦。人们处于五伦之中，负有不同的责任、义务："父子有亲、夫妇有别、长幼有序、君臣有义、朋友有信。"[②]可见古代中国，首先是一个等级社会，讲究严格的等级差别。同时又是一个宗法社会，将等级社会中的等级观念融入有血缘亲疏关系的宗族当中。《礼》曰"大宗能率小宗，小宗能率群弟，通其有无，所以纪理族人者也。"这样，大大小小的宗族都忠实守护着封建统治秩序。从此，尊卑有序的宗族礼法观念便在"聚族而居"的宗族社会中根深蒂固。中国又素称礼仪之邦，用礼"以统百官，以谐万民"。[③]历代统治者便把礼制作为治理国家的基本策略。于是礼无处不在，无时不存，上至宫殿，下至民居都有着严格的等级规定。作为人们日常活动的民居建筑，也逐渐被处于宗族礼法社会中的人们赋予了新的涵义。《唐六典》："宫室之制，自天子至于庶人，各有等差。"[④]可知住宅的建造已由个人的事情上升为国家的大事，体现着统治阶级的意志，有着极其严格的等级规制。从王宫府第到一般民居建筑，都体现出传统的儒家礼法思想。这种蕴含在民居建筑当中的传统文化，被汉族支系——客家人带到迁徙地广西。于是客家民居受到传统文化的影响，也融入了一种

① 《礼记·曲礼上》
② 朱熹:《白鹿洞教条》
③ 《周礼》
④ 《唐六典》卷23（佐校署）

浓郁的等级礼法、有序和谐的理念。

广西客家民居建筑是客家文化精神的一种物化表现。无论是哪一种建筑的类型，它们总体布局的特点总是以祠堂（或称公厅、厅下）为中心，形成“祠宅合一”的布局结构。祠堂分为宗祠和家祠，是家族祭祀祖先，商议众事，族长或家长实行宗法统治，族人“联宗”的重要场所。祠堂是宗族历史与荣誉的象征，是家族的标志。因此，广西客家人把祠堂修建与修葺当做宗族的头等大事。他们把祠堂建于房屋的中轴线上端，而其他建筑包括横屋、围屋、杂间等均围绕祠堂的左右，呈几何型分布。祠堂位于整座建筑核心的位置，所谓“居中为大”，表示至尊无上的地位。据贺州江氏的客家人介绍，每逢端午、春节、元宵等传统节日，江家子孙便齐聚于此，拜祭祖先，大人小孩都必需参与。可见宗族礼法观念已深入客家人心，而客家人对祖先的无限崇敬和思念之情，正体现了客家文化尊祖敬宗、慎终追远的传统礼制。

客家人崇尚礼节，尊祖敬宗的种种表现，源自于周朝中原传统与儒家文化。司马迁《史记》曰：“周武王为文王木主，载以伐纣。”[①]“木主”即木雕祖像，置于厅堂，作为敬拜的神位于年节祭祀。广西客家人保留了中原的遗俗，既具有强烈的尊祖敬宗的传统观念，又受儒家“慎终追远”的思想影响。曾子说：“慎终追远，民德归厚矣。”[②]意思是慎重地对待父母的丧礼，敬重真诚的祭奠祖先，社会道德风尚才能日渐淳厚。荀子也说：“生，人之始也；死，人之终也。终始俱善，人道毕矣。故君子敬始而慎终。始终如一，是君子之道，礼仪之文也。”[③]这种忠孝的浓厚情感，实则也是客家人宗族观念强、没有族群矛盾的传统表现。祠堂是祭祀之地，平时是威严，神圣不可侵犯的场地，但在祭祀的时候，却非常热闹。本村及附近村落的本族人都会齐聚到祠堂，不少远迁他地，甚至移居海外各国的子孙都会回到祖居地参加祭祀。举行如此隆重的祭祖仪式，一方面是客家人衷心表达崇祖之情，希望祖先保佑子孙后代；另一方面也希望通过祭祀共同的祖先来笼络族人的感情，实现宗族内部的大团结。广西客民居家建筑的这种“祠宅合一”的布局结构，充分体现了客家人并没有因为族群经历多次的迁徙而丧失对传统文化的保存，反而造就了客家人更强的亲和力与凝聚力。

广西客家建筑以一条纵轴线为核心，将主要建筑物布置在主轴线上，次要建筑物则布置在主要建筑物的两侧，东西对峙，组成一个方形或长方形院落。

①《史记·周本纪》
②《论语·学而》
③《荀子·礼论》

这种院落布局，既满足了安全与向阳防风寒的生活需要，也符合中国古代社会宗法和礼教的制度。当一组庭院不能满足需要时，可在主要建筑后延伸布置多进院落，在主轴线两侧布置跨院。以构成一组组相对独立的组合单元，而每一组单元内则通过大小不等的天井又构成若干个四合院小单元。这种内部纵横交错而秩序井然的建筑格局，是与客家人传承主流文化宗法和礼教制度密切相关的。它最便于根据宗法和等级观念，使尊卑、长幼、男女、主仆之间在住房上也体现出明显的差别。从这种尊卑有序的等级观念中，可以看出广西的客家人与其他地区的客家人一样，受主流文化的影响很大。他们的言谈举止以及家庭成员的关系等都受到儒家思想的影响，而儒家思想就是一种以上下尊卑、等级有序的以“仁”为核心的思想体系。

所谓“不知命，无以为君子也。”[①]强调只有知天命，才能成为君子，而要成为君子，首先必须是“仁”者，“为仁者能好人，能恶人。”[②]将此引申到民居建筑上，则以“里仁为美。择不处仁，焉得知?”[③]即是说，人如果能居住在行仁道的地方是最好的，如果挑选不行仁道的地方居住，哪里还算得上是明智之举？可见儒家所强调的是要建立一种伦理有序的关系，以宗法礼制来体现。认为只有遵循礼制，才能维护上下尊卑关系，才能使家族之间有序和谐。这种尊卑有序的宗族礼法观念在聚族而居的客家民居建筑根深蒂固。广西贺州市莲塘江家围龙屋是最能体现这一组群布局原则的典型实例。除了上文所述的祠堂位于整座建筑物的核心位置，即处于整座围龙屋的地势最高处，尽显其尊贵地位以及门楼的屋顶设计成飞檐起翘，体现门第观念的等级布局外，在住室的分配上，也严格遵照尊卑次序来安排。江氏族人依照中原传统习惯，以东为尊，以西为卑。如江海清之父，娶有一妻一妾，各育三子，右侧厢房（东厢）为其妻及三子居所，自长至幼顺序居住；左侧厢房（西厢）为其妾及三子居所，亦按长幼依次居住。其后，所生各子再分别向外围及楼上住所延伸。总之，辈分越大住所位置越靠近厅堂乃至上厅，辈分小的则分住在靠近下厅的位置乃至外围。居住的原则，如同宴席上，老人、长辈坐上位，等他们就坐后，其他人方可入座。晚辈要给长辈敬酒、敬歌、盛饭。儿女、晚辈不得直呼父母、长辈的姓名，对长辈要使用敬语。宴会的出席、陪席，晚辈对待长辈的做法等都有固定位置，尊卑次序决不可乱。

实际上，客家人认为住宅的布局和设计已不仅仅从生活舒适方便为出发点，

①《论语·尧曰》
②《论语·里仁》
③《论语·里仁》

在儒家礼制思想占统治地位的古代，“三纲五常”、尊卑有序等礼制思想已深入客家民心，而住宅的格局与形式本身就是一个“修身齐家”，道德教化的场所。《黄帝宅经·序》“夫宅者，乃是阴阳之枢纽，人伦之轨模，非夫博物明贤，未能悟斯道也。”就是说，住宅不仅应当是天地之间阴阳之聚集交汇的平衡，人们物质生活的场所，而且还应是人们社会精神的生活准则的空间存在模式，是建筑的自然属性和社会属性的统一。广西客家民居建筑的布局，遵从了中国封建宗法礼制秩序，尊祖敬宗、长幼有序、男女有别、尊卑有等、内外有差。这些封建大家庭的伦理道德礼制，不但是修身齐家必须贯彻的，同时也成了家宅建筑所必须遵循的准则。

儒家文化强调治国先治家，好的住宅配合人文教化，方可达到“家代安昌”。正是由于客家民居的修建重视传承儒家宗法礼制秩序的和谐，客家才能够在保存好自我传统文化的基础上，进行异族文化的互动，尊重、吸收、涵化他族文化，极力营造一个和谐相处、充满多元文化氛围又极具礼制传统的乐居环境。这不仅是客家人对居住环境有着高层次的追求，同时也是为广西社会的族际关系构建了一个有序和谐的范式。

### （二）有利防御

客家人是古代中原汉族的后裔，自西晋“永嘉之乱”以来，历经了五次大规模的南迁，最终在粤闽赣等地区定居下来，逐步形成客家地区。客家人大规模迁入广西应该始于1645年—1867年的第四次的客家大迁徙，且以闽粤地区客家人为主要入迁者。明末清兵南进乃是促成此次大迁徙的重要的政治因素。长期的战争造成社会的动荡不安，生产遭到严重破坏，不少汉人为躲避战乱，纷纷从广东、福建等地迁入地广人稀且社会相对平静的广西，渴望得到一个安定的营生环境，谋取温饱的生活。他们初来乍到，人生地不熟，立足未稳，基业未开，对当地的土著人并未构成威胁，更谈不上挑衅于人。

加之，客家先民作为“客”，是后来人，自然条件比较优越的地方早已被土著占据，他们只能向尚未开发的山区进军，才能找到落脚之地。在开发山区的过程中，面临山区丛林，毒蛇猛兽伤人，以及经常遭受异族或盗匪的侵袭，险恶的自然环境和社会环境都对客家人的居住安全构成了很大的威胁。所谓安居才能乐业，客家人不得不注重民居建筑的防御功能。虽然来自人文荟萃的中原的客家先民明事理，宁可忍辱负重也绝不轻易挑衅他族，但是还是首先选择主动防卫以防止他人的攻击。有意识有目的地在民居建筑上加强防御工事，未雨绸缪，一旦他人进攻，可有效的击退他们，客家民居建筑的设计正是针对这一问题应运而生的产物。赣南围屋、闽西土楼等客家民居都是防御性极强的客家建筑典型代表。作为客家民居建筑的另一种重要类型，广西贺州市江氏围龙屋根据地理环境和历史环境的变化，也凸显出极强的防御功能。

作为第一道防线的江氏围龙屋的米黄色外墙，不仅高大而且厚实，围墙高约 2.6 米，厚约 0.6 米，两侧围墙均用土砖砌成，前部圆围以石砖筑成，十分坚固。墙体绕屋一周，将整座房屋及整个禾坪包围其中，以达到维护整个院落及围龙屋的安全。对于地处南方湿热地区的客家人来说，围墙不仅有防水的功能，而且石砌的围墙更加坚实，可以防止盗匪、野兽等的突然袭击。无论是古代还是现代，高大、坚固的围墙的防御体系都占据十分重要的地位，是阻挡外来入侵者的最有力的屏障。位于门楼正上方的“青龙阁”内还设有瞭望台，类似于一个木阁楼。其顶部与地面的距离大约有 7 米，当然，为了便于上下还设有固定的木梯与院内的地面相连。登楼远观，围龙屋内外方圆数百米范围的景况可一目了然。其主要的防御功能就在于，一经发现周围有可疑的状况，观察者可立刻向屋内的人传递信息而不为外敌有所察觉。除门楼外，在院内正门上方也设有两处瞭望口，用以观测院内外具体情况。有所不同的是，这两处的瞭望口具有隐蔽性，以达到对外监视、警戒的作用。

当然，广西客家民居建筑的防御功能不仅仅表现在有足够的手段拒敌人于门外，打退敌人的进攻，还表现在有固守的能力，以确保族人生命财产的安全。倘若要坚持持久的战争就必须准备充足的粮食和水源以防后患。所以，几乎每一座客家民居建筑内都设有水井、粮仓，并饲养一些家禽家畜，即使足不出户也可以在这座民居建筑中生活数月之久。由此可知，客家民居建筑不仅具有积极抵御的功能，还有主动抗击的特点，不仅能满足一时抵抗的要求，还能满足长期固守的需要，可见其防御功能的张力。

吴良镛教授在《广义建筑学》指出：“从原始时代的树巢土穴到后来的村镇和城市，我们都可以看到聚居的存在和重要性——只有单个建筑的概念，而没有聚居的概念，似乎不可能完整地揭示历史上人类的建筑活动。”[①]客家先民举族南迁，合家而行，体现了团结一致的优良传统。客家人也继承了“聚族而居”的传统，当面对异族人或盗匪的侵袭时，可充分调动团体的力量。汉民族自古就有“和则一，一则多力，多力则强，强则胜物”[②]和“天时不如地利，地利不如人和”[③]的先进理念，认为只要内部和谐团结，上下齐心合力，力量就会

① 吴善平主编：《客家古邑·民居》，华南理工大学出版社，2010 年版，第 109 页

② 《荀子·王制》

③ 《孟子·公孙丑下》

增大，就能立于不败之地。在旧社会，常有恃强欺弱的事件发生，若得知某地同姓的客家人被外人欺负，大家立即闻风而动，无条件支援。从历史上看，客家人团结共事的精神是相当突出的，尤其是遇到重大的事件都是团结协作统一战斗。如广西博白县福龙田四角四楼围屋，位于新田镇的百赖村。1921 年，土匪头目龙卅八到处扰乱，曾于次年对围屋的始建者陈广兴丢柬威逼，要送交白银一百两，鸦片五十两。否则移营到去，一扫清光。陈广兴为了使百赖村人能安全生产生活，免遭匪祸，一面迅速造炮楼，做好防御工事；一面用缓兵之计，派人回报龙卅八说："白银正在筹集，鸦片已派人到云南采购，请稍等两样到手，即给你指定的人送去。"过了一段时间，龙卅八不见动静，立即带领数百名土匪前来威逼，高声喊道："陈广兴，快把白银、鸦片交来，否则便把百赖村的财产抢个精光!"当时，城楼已经修建好，一切备战工作就绪。陈广兴立即带领众人开炮轰击，火炮铁砂打中了龙卅八匪首的马脚，马被惊吓逃窜，众匪徒也惊慌地四处逃命。客家民众的有效防御，保卫了族人生命财产安全。[①]

地处祖国南疆的广西，自古以来民风比较淳朴，汉、壮、瑶、苗等民族和睦相处，甚至"亲如兄弟"，各族之间少有冲突发生。客家人入桂后，土著居民与迁桂客家人之间虽然不可避免会产生一些矛盾或摩擦，但相对于与发生在咸丰、同治年间极为惨烈的广东"土客大械斗案"来说，广西土客之间基本上维持了一种较和平交往的正常关系。由于广西"地广人稀"的地理环境，人们不必为争夺土地而斗狠，再加上广西本土居民民风"淳朴而犷悍"，尊之则"淳"，辱之则"悍"。多淳朴好客之人，少"好勇斗狠"之士。这样，防御性极强的客家传统建筑便没有了发展的空间，失去了存在的必要。而客家人的团结精神历经千年沧桑淬励，早已深入整个群体的血液和骨髓。在千年万里的发展与融合中，客家人之间血浓于水，不离不弃。这个团结的大家庭来之不易，正需要团结友爱的精神继续维系。这也正是客家人坚持互相帮助，依靠团结奋斗，才有客家民居建筑这些宝贵的历史文化遗产保存下来。如今，客家民居的防御功能已经完全消失了，而客家民居所蕴含的客家人"聚族而居"团结协作、和谐相处的氛围似乎越来越浓厚。

马克思说："人的本质并不是单个人所固有的抽象物，在其现实性上，它是一切社会关系的总和"。[②]人来到世界上，就不是孤独的个体，个体与他人必须构成群体的生活，才有乐趣，才有意义，才能延年益寿。因此，人们总是希冀和谐安定，反对动乱，也只有建立团结协作的和谐关系，社会才能繁荣发展，

① 凌世耀、刘斯：《博白大观》，广西人民出版社，2010 年版，第 772 页

②《马克思恩格斯选集》(第 1 卷)《马克思：关于费尔巴哈的提纲》，人民出版社，1995 年版，第 56 页

人们才能安居乐业。历史和实践反复证明，凡是民族团结的国家和地区，社会就和谐、人民就幸福，而民族矛盾冲突不断的国家和地区，就会内乱、纷争不断，人们会因此流离失所，苦难深重。2008 年，在广西壮族自治区成立 50 周年大庆时，中共中央充分肯定“广西壮族自治区是维护民族团结的模范，维护统一的模范，维护稳定的模范，是我国民族关系‘三个离不开’的模范”。[①]从地方社会的长远发展和各民族共同利益角度出发，维护各地方人民群众的团结是我们每个公民义不容辞的责任和义务。客家民居建筑所体现的大家庭小社会和谐相处的范式正向世人展示了和谐的真谛。

## （三）审美追求

人们对建筑的审美，首先是对建筑环境的审美注意，然后是对其深刻意境的审美体悟。客家民居的审美追求则集中体现在建筑环境的选择以及建筑意境的营造上。

### 1. 崇尚自然的价值取向

人与自然和谐相生是人类共同的审美价值追求，也是广西客家人崇尚自然的最高境界。崇尚“天人和谐”已成为客家文化的精髓，也是堪舆学所探索和追求的理想境界。“天人合一”的有机自然观，也深深的渗透在广西客家民居建筑中。孟子曰：“尽其心者，知其性也；知其性，则知天矣。”[②]汉代大儒的代表人物董仲舒进一步提出了“天人之际，合二为一”[③]的命题。道家学派的庄子也提出了“与人和者，谓之人乐，与天和者，谓之天乐。”[④]“天人之和”是一种最高境界的审美乐趣，崇尚“和谐”成为客家传统民居建筑文化的精髓，因而客家人能把人与大自然和谐共处的关系表现得如此透彻。客家人往往会以堪舆学的阴阳思想为根本，来认识大地，选择地形。客家民居的建造都依赖于自然，顺应气候和地势等自然条件来进行。此规划构思既神秘又科学，堪称为阴阳相济以及儒道两家“天人合一”思想的具体物化诠释，充分体现了客家民居深厚的历史文化底蕴，颇具审美价值。

安居乐业是人类的共同追求。恩格斯认为：气候、食物、土壤、地形，这四大自然因素决定人类的性格和命运。客家人常说的“地利人和”，“一方水土养一方人”，道出了优越的地理条件是营造和谐家居环境的关键所在。为此，广西客家人在围龙屋建筑的选址时，颇重地形与座向。一般是地势高爽，坐北朝

① 广西日报 2008-12-20
② 《孟子·心上》
③ 《春秋繁露·深察名号》
④ 《庄子·天道》

南，坐西朝东或坐西朝东南取向，且讲究依山临水，绿树成荫之处。客家人认为这种建筑取向所追求的是山环水抱，背后有山做依靠能旺人，前面有水来环绕能旺财，屋向南偏东，以门取旺气。且房屋能以四周的山川形势、砂、水等天然气势为主，结合与人类赖以生存发展、关系密切的水土结构。根据这些水土构成的天然的优美自然环境，采用合理的外部建造结构及其内部构造，以达到蓄气藏风得水的目的，从而引导人类与之产生和谐。这有助于人的久远居住，获得人们的心理平和，保证人们的身心健康及后世的繁盛。客家围龙屋没有挖山而建，而是依山而建，这样不仅保持了自然的原来面貌，使之与自然达到和谐共存的境界。在广西的许多客家居处，依山临水而建的围龙屋比比皆是，玉林朱砂垌客家围龙屋、博白卧龙岗陈氏围龙屋、东平塘龙林氏围龙屋都是典型的代表。

围龙屋大门前一般都有一个半月形的池塘和一块禾坪，屋后一般都有一片属于自家的竹林或果园式的风水林。客家民居建筑自古讲究阴阳结合，用阴阳的交互与融合来解释居住环境的完美和谐。因此围龙屋的空间布局除了具有实用功能外，还体现出阴阳结合、万物相生的审美建筑文化。池塘具有蓄水、养鱼、防火等作用。堪舆学把池塘称为阴，房屋称为阳，两者结合，阴阳交互相融。屋后的竹林或果园式的风水林，夏季可以遮阳，冬季可以避风。堪舆学认为树属阴，房屋属阳，“阴盛则阳病，阳盛则阴病。”[①]因而客家人选择“相其阴阳”，“阴阳合和，风雨所会。”[②]只有阴阳平衡的风水宝地才能“阴阳序次，风雨时至，嘉生繁祉，人民和利，物备而乐成。”[③]才具备人们繁衍生息，安居乐业的基本条件。这就不难理解客家人为何乐于选择人与自然和谐完美的价值取向了。

**2. 园林文化的自然追求**

广西许多客家居住地仍保留着“风水林”。“风水林”是客家人认为对人的平安长寿，多子多福，升官发财，逢凶化吉等作用的天然或人工林木。在经济、科学技术均比较发达的今天，这些风水林依然存在着，且仍备受主人的保护。其实客家所谓的“风水林”也是风水意识的产物。堪舆理论认为好的风水不仅形局佳、气场好，而且山青水秀，环境宜人。树木繁密的“风水林”自然也成了好的风水景致。因此，“背山临水”的好屋址再加上风水林就完全符合了客家“屋场好，环境好，必家丁兴旺”的希望。实际上，对风水林的保护也是客家

①《素问·阴阳应象大论》
②《诗经·公刘》
③《国语·周语》

人对自我的一种保护。通过保护风水林，来防止山上的水土流失，保护山体的稳固和优美的自然环境。有山有水而无林木，犹如人之失却衣饰与毛发。山青水秀，人文景观才能健康发展。风水林的最大功用和最深教益是人们能够重视生态环境的保护，使生态环境达到平衡，达到天人和谐。由此可见，客家人对风水林的保护，也是力求人与自然和谐的生态美学观的一种表现。

**3.堪舆文化的科学选择**

客家人在围屋建筑的选址时是很重视"堪舆"文化意象的。孔子曰"智者乐水，仁者乐山。"[①]其实，"堪舆"二字，无非是讲民居建筑与自然山水达到和谐、相宜、浑然一体的境界。这与老子最高的智慧与哲学"道法自然，天人合一"的生态和谐美学观是一致的。山与水是自然界的两个代表，堪代表高处，表明地势变化与自然环境。堪舆用抽象的"气"来解释自然环境，认为按照"气"的运动变化规律即按照自然的秩序，采取自然的行动，就会获得平安与快乐。在地理学中，这"阴阳"二气交流而产生出各种变化。可见，"堪舆文化"是一种有关村镇、屋宅、园林等建筑环境的基本理论与规划设计的理论。它集自然地理学、建筑景观学、环境心理学、风景美学等知识于一体，运用于传统建筑规划之中，含有丰富的科学成分。注重建筑本身的布局安排，从空间的维度考察人体与自然地理环境、地极磁波变化的关系，力求人与自然环境的和谐统一。用现代观点看待堪舆文化，就是按照天人和谐的生态美学观来选择和营造有利于身心健康的居住环境的一门技术。堪舆文化在建筑屋址上要求"背山面水"，也科学合理地利用了大自然。因为人们在生活实践中发现，向阳的南坡适宜人居，冬季温暖干燥，夏季温和湿润，树木易于生长，有助于调节气候，而且背山可以阻挡冬季的北向寒风。另外，较之于平原上孤零零的小屋，山体还可依为屏障，紧临水系，为人们提供了丰富的水源，解除了饮食、浣沐、消防等后顾之忧。由于特殊的生存环境背景，客家民系耕山是历史的无奈选择，但是长期的耕山生活渐渐沉淀为文化情结。这种情感一经形成，就必然左右该民系的思想行为。客家围屋作为特有的建筑文化结合体，正是"山水相依"、"天人合一"的自然产物。

客家民居以公厅（祖堂）为主，建设公厅最为讲究，往往会请很多地理先生临场考究，最后认定立什么坐向，基本上是按形势派的四兽理论来选择地形的。即要求玄武高耸，明堂藏风蓄气，水口紧锁，朱雀跳跃，左边青龙山要高，仰首，右边白虎砂要低，俯伏。玄武就是后山，就是来龙，对来龙要求要有生气，即山势连绵不断、蜿蜒起伏、开帐收束，这样就能让主人兴旺发达。前面

① 《论语·雍也》

是明堂位置，要求开阔又要四周有山环绕，才能藏风聚气；还要有弯环有情的水自长生、帝旺、临官等吉的方向流来，往墓、死绝、衰病等凶的方向流去，水的出口还要有山紧紧挡住，只见来水看不到去水的情形来说一般都比较好。前山是朱雀，包括靠近的案山和远方的朝山，都要求有起伏有致。通常来说右手边的白虎山要比左手边的青龙山低，前面的朱雀山要比后面的玄武山低，像这样理想的地方，在现实生活中不是那么容易找到的，但客家人总是乐此不疲地追求。张耀祠著的《张耀祠回忆录》说：有一次，毛主席讲："我的老祖宗就住在滴水洞旁边的虎歇坪，为了选择这个地方，请风水先生卜了11天时间。"①

在堪舆学中，日月星辰象征"天"，池塘的半月形状代表天上的月亮，则寓意"天"，禾坪用于晒谷、乘凉和其他活动则象征"地"。古人认为：天属于阳，地属于阴，阴阳和德本身就是一种和谐的象征，《皇帝宅经》说："夫宅者，乃是阴阳之枢纽，人伦之规模。"《周易·系辞》中亦有"一阴一阳之谓道"，"阴阳合德而刚柔有体，以体天地之撰，以通神明之德"②等说法。阴阳结合，万物相生。古人用阴阳的交互与融合来解释居住环境的完美和谐，直接地将大自然"天时、地利"融入建筑中，这样的房屋寓意人居天地间，一年四季保平安，一切风调雨顺。这也是客家人继承我国传统文化"天人合一"这一生态和谐观的一个重要表现。

客家人不仅特别重视屋址的选择，而且阳宅选定后也要选择吉日良辰，即是客家人所说的"黄道吉日"。这个黄道吉日，要由民间的"堪舆先生"择定，或者是自己看"皇历"选定。如果动土时定在"子"时，哪怕晚上子时挖一锹土都算是动上了。动了土，就算占有了这个地方。凡立柱、安门、上梁、都要贴对联烧爆竹，对联常常写"地灵人杰"、"吉星高照"等以祈吉利。新居落成，再选好日子"进火"，开始应先安放由旧屋带来的祖先神位等，进行一次拜祭，希望在新环境里继续保佑家宅平安，参加入宅仪式的亲友越多越好，多点人气可以广收旺宅之效。客家先民的这种选择与建房程序，也是希冀房屋能和土地达到和谐，房屋与人的和谐，进而与自然的和谐，使自己能在这片土地上生存发展，生生不息地繁衍后代。

客家文化研究专家曾祥委先生考察了广西博白县顿谷镇金圭塘后赞道："金圭塘喝形青蟹落塘，左右砂为蟹钳拱护，祠堂五进，立壬丙向，兼亥巳，丁亥分金，右水来坤方，环绕穴场左行，水口有右砂和盘古山捍门，水口关栏紧密，左水来乙方，入门口塘，成坤、壬、乙三合水局，又于坤方、乙方各开一井，

① 张耀祠：《张耀祠回忆录》，中共党史出版社2008年版
② 《周易·系辞》

为蟹眼，灵动之至，门前为金圭塘，烟波浩瀚，收前山笔架倒影于眼前，作者在月池上作了特别安排，从祠堂的第五进可以直接看到门前塘水，将水的文章做到了极致。如此规制，为平生仅见。又，此祠堂为八运之宅，正当时运，当大发，财、丁、贵均旺。可称为天下第一塘。”①

### （四）崇文重教

客家先民来自中原，多属书香世家，可谓“衣冠南迁，书香门第”。他们秉承中原遗风，以耕读传家，素有重视文化教育的优良传统。为了鼓励后人刻苦学习，客家人为历代考取功名的人，在民居建筑物上立石旗杆或者立坊表。位于博白县新田镇亭子村的老屋就是最具代表性的客家民居之一，其主屋及祠堂的大门前就设有两根石旗杆。此石旗杆长约 5 至 6 米，石旗杆用花岗岩石条凿成方形园状石柱，柱上雕刻各种图案，貌似旗杆，故名“石旗杆”。这些石旗杆多是考上秀才、举人和进士或四品以上的官职者，便可凿上姓名、生平和主要事迹，并雕有龙凤呈祥或狮虎相争等吉祥物装饰品，不过秀才底座凿成四角，举人为六角，进士和四品官位以上的为八角形状。很明显它是客家人展现人杰地灵、崇文重教的一个标志，所谓“门前一对桅杆竖，表旌门第是书香”，“表其人，表其事，以昭示天下后世，亦表厥宅里之意也”。老屋的祠堂上设有祖宗神牌位，还有一块木匾，刻有“解元”。这也是客家人表明本门族已出功名的人，凸显家族人才辈出的荣耀，同时教育后代要有所作为，有所建树。在客家建筑的大门上方，也常能见到各种牌匾，如“文魁”、“武魁”、“贡元”、“司马第”、“进士第”等等。客家建筑门楼屋顶的设计亦融入了崇文重教的思想，其中自家无功名的，门楼的屋顶不得设计成飞檐起翘；若有飞檐起翘，则称为大夫第，故又称为府第式。有进士头衔所建造的称为“進士第”等等，目的都是为了光宗耀祖，激励子孙后代成才立业。客家建筑的设计如此注重文教，是客家人希冀族人能“知书识礼”，而对仕途的关注和对科举功名的追逐，使客家人形成了崇文重教的民风。

华南理工大学客家文化研究所所长谭元亨教授说：“客家是这样一个民系，它首先是以高文化、高素质教育即‘崇文重教’而著称于世。”②客家重视教育全国有名，学校或学堂数量很多。通过宗族和宗祠创立学校，供子弟读书，在广西客家人聚居的地方，相当普遍。如陆川吕氏道光初年即由族人捐钱谷或田产，以之出租取息，创办了“吕氏义塾”。与此同时，谢氏之族亦以同样的办法，

①《客家联盟・客家新闻・金圭塘历史文化名村建设研讨会在博白召开》2011-01-10
② 谭元亨：《客家文化论坛论文集》，广西博白，2006 年 11 月版，第 1 页

创办了新村堡莲塘村谢氏义塾。光绪末年，废科举，兴新学以后，又创办了育才高等小学堂。钟氏宗祠也创办了开明高等小学堂。许多客家民居建筑的祠堂同时又是子弟读书的学堂。一位法国的天主教神父，目睹客家人以祠堂为依托，兴办教育的情况以后，十分赞赏地说："客家人每一个村落里都有祠堂，就是他们学校的所在地。全境有七八百个村落，就有七八百个祠堂，也就是七八百间学校。按照人口的比例来计算，不但中国没有一个地方可以赶得上，就是与欧美相较之下亦不多让。"①祠堂即学堂或书房，从中亦可看出客家民居建筑已融入客家人崇文重教的具体措施和客家文化薪火相传的悠久历史。

在广西客家宗祠、公厅等众多图文并茂的石刻与木雕中，还可以清晰地看到许多有关儒家为人处世的训诫，主张人和人之间要多一些尊重、理解、体贴、关爱，多一些诚信，类似于当今主流社会倡导的尊老爱幼，诚实守信等村规民约。这一思想无疑是中华民族的传统美德，这一美德同时也是安家定国之本，不仅是初迁广西的客家人不忘这传统美德，使之成为安家之本，他们的子孙后代亦牢记祖宗的安家之训。他们把诚实守信、和睦邻里、尊老爱幼这些原则刻写在宗祠的墙壁上，让人们记在脑海里，付诸行动中，代代相传，延绵不息。

## 第四节　广西客家民居的价值

客家民居建筑是客家祖先留给子孙后代的遗产，是客家先民聪明智慧与辛勤汗水的结晶，是广西最为宝贵而璀璨的物质文化及经济财富之一。在加强对物质性的广西客家民居保护的基础上，做好文化产业的研究、开发与利用，将有利于客家社会的团结，也会进一步促进地方经济和文化的发展，从而推动广西经济社会进一步和谐。

客家民居建筑是一项重要的旅游资源。寻古探胜，求知求新，进而达到增长知识，愉悦心情是广大旅游者的普遍心理。人们都希望对自己所在地域的历史有所了解，更愿意感同身受去体验、去感悟与触摸博大精深的历史文化的积淀与传承。作为客家文化重要载体的客家民居，凸显了广西客家先民发展历程的文物遗迹，能予人以直观的感受。加上独特别致的客家风土人情，敦厚朴实的客家民俗民风等等，具有深邃丰厚的文化内涵，集观赏性、娱乐性、趣味性、激励性于一体，游人身临其境，不仅能从中感受到客家文化的博大精深，而且也能获取教益，愉悦身心，陶冶情操，净化心灵。因此观赏客家民居，能不同程度地满足人们日益丰富活跃的生活和精神需求，因而能成为广西旅游业不可

① 雷·查理斯（Ch.Ray）:《客法辞典》，1911年版；见陈运栋《客家人》第一章《绪论》1988年版

或缺的重要组成部分。

近年来，客家民居这一独特的文化资源已被广西各地的文化部门紧紧抓住，以发掘客家文化为契机，把客家民居建筑有效地转化为经济优势，形成地方社会新的经济增长点，成为一项无污染、可持续发展的富民工程。如贺州市莲塘镇仁冲村江氏客家围龙屋是广西客家建筑中的典型代表，也是广西乃至全国保存最为完整的客家民居之一，目前已被开放作为广西观光旅游的景点。2005 年 11 月 6 日至 7 日，亚细安（东盟）客属第六届恳亲大会及经贸洽谈会在贺州市举行，以客属恳亲大会和客家文化为纽带开放的广西贺州越来越吸引世界的目光。据统计，2005 年 1—6 月份，全市接待国内外游客 145.03 万人次，同比增长 15%。到 2007 年，贺州市年旅游接待人数约 300 万人次，贺州也因此成为广西旅游的一大亮点。贺州文化部门在将其列为文物保护单位的同时，又积极引导当地客家群众将其重新修缮，开发为客家历史民俗文化旅游景点，吸引了更多的客商来广西贺州旅游观光、投资，不仅较好地保护了文物，增加了群众的收入，还以此来全方位推动广西旅游事业的发展。这对广西经济与社会的和谐发展，都起到了一定促进作用。此外，玉林市的朱砂垌客家围龙屋、陆川县的谢鲁山庄等客家民居建筑也已开放为旅游景点。

从某种意义上说，抓文化就是抓经济，甚至是更好地抓经济，国际经济学界把新世纪的知识经济称之为“文化经济”。客家民居作为一笔宝贵的经济财富，充分开发它、、保护它、利用它，则可以推动广西经济社会和谐发展。为了吸引更多的游客，旅游业界必然会注意对客家民居的保护工作，使其尽量完好地展现在旅客的面前，从而获得更大的经济效益。但广西客家民居数量多，而广西的财力有限，每年用于文物保护的专项资金，对于大量的文物保护来说，可谓是杯水车薪。许多广西客家民居建筑因缺少经费而得不到及时有效的维修与保护而惨遭毁灭，如蒙山县的文尔“钟家大屋”，北流市塘岸镇，有几处建于清乾隆、嘉庆年间的客家民居，由于年久失修，早已经失去了原来的风貌。一位哲学家曾做过这样的比喻：政治是骨骼，经济是血肉、文化则是灵魂。这一比喻形象地说明了文化对社会发展的重要作用。客家民居建筑作为客家文化的重要载体，希望人们了解客家民居的重要价值，认识客家建筑对广西社会和谐发展的意义，及其能带给广西社会的经济效益，使保护客家民居成为全社会的共识。

近年来，广西各个地方的民居建设趋于同化现象日益严重，许多地方建筑缺少个性，不少地方的建筑似曾相识，几乎是千人一面，实在是大煞风景。著名建筑学与城市规划专家、清华大学教授吴良镛认为：整治城市千人一面的良方，就是要继承和发扬优秀的民族传统，彰显本土文化特色。[①]只有将时代精神、民族形式和地域特征完美融合的建筑，才符合“回归自然、回归环境、回归人性”的建筑文化理念。客家民居所呈现的浓郁地方特色的建筑风格，可为现今广西新的客家建筑、新的艺术创造提供有益的借鉴。

令人欣喜和期待的是，为了落实博白县委、县政府“两扩”、“一江两岸”的发展构想，拉开县城发展框梁，加快县城建设的进程，促进社会经济的发展，打造博白第一客家大县的这一品牌，博白县建设局委托中国建筑技术集团有限公司深圳设计院进行了《广西博白文体中心、酒店、主要道路景观概念方案》的设计，目前已取得了一定的设计成果。如博白县“文体中心”的两场四馆均设计为圆形、椭圆形；而博白县的“四星级酒店”的顶峰标志也为客家围龙屋圆形状，可见设计师把中国五大民居建筑之一的典型客家围龙屋建筑风格特色融入了其中。客家传统的方圆结合的建筑特色正是一种宇宙审美观的自然体现，其中，圆形象征广阔的天空，方型象征无边的大地，方圆结合，寓意“天圆地方”。古人云：“天地，万物之橐，宙合有橐天地。”[②]围龙屋建筑造型内方外圆，方圆结合，正好象征天地宇宙。客家人认为自己是宇宙的一分子，同时又胸怀宇宙，这种广阔的胸襟正是客家人在迁徙过程中战胜种种困难的动力源泉。随着建筑形式不断地走向开放性时，客家建筑的“围”在慢慢消解，作为生活场所建筑的“围”也在消失。虽然“围”消解了，但客家建筑格局上很强的“聚居”形式仍存在，体现了客家人不管走到哪里都还很团结的精神。由此可知博白现代“文体中心”和“四星级酒店”顶峰标志的设计融入客家方圆的建筑造型，不仅仅是表达客家人对自然宇宙的热爱和崇敬之情，更重要的是表达了客家人团结友爱的优秀文化传统，具有深刻的审美文化内涵。广西博白县此次的规划设计很好的提炼了客家建筑的精髓，并大胆地运用于现代建筑之中，通过现代与传统相结合的途径，打造出具有地域特色和时代风貌的和谐建筑，更重要的是发掘了广西客家建筑所展示的现代审美价值。

通过对广西客家民居的梳理和探析，了解客家建筑注重自然与生态的直接作用及影响，与整个自然环境和谐统一，进而达到建筑所应具有的舒适、适宜的实用价值的建筑文化理念和审美追求，体现了特定历史时期广西客家民居建筑的时代风格，解读客家群体被中共中央总书记、国家主席胡锦涛肯定和赞扬是“大家庭小社会和谐相处的典范”的密码，体悟到：安居乐业是社会稳定的基础，而社会和谐稳定又是安居乐业的前提。随着全球化、现代化进程的加快，

① 《中国青年报》2009-10-22
② 《管子·宙合》

客家传统文化的许多现象都在消失，客家民居方面传统的围龙屋已不再是 21 世纪客家人主要的居住方式。然而客家民居建筑在形成与发展过程中所推崇的团结协作、睦邻友好、共同发展的价值指向，以及它在旅游业中所起的作用，在安居乐业与社会稳定发展中起着不可忽视的作用。在当今社会改革开放的大潮中，在和平与发展的大势所趋下，做好传统文化产业的研究、开发与利用，对推动社会长期稳定与和谐发展永远不会过时。正如全国人大常委会前副委员长许嘉璐先生所说："保护、弘扬和创新客家文化，是客家之所急需，中国之所急需，世界之所急需。"[①]

① 2011-06-28 10:26:18 来源：梅州日报网络版

# 第九章 客商精神与广西品牌经济

客家人聚居最多的广西是中国西部经济较为达的地区之一，新加坡《联合早报》说“在产业转移规律推动下，中西部已出现‘四小龙’（四川、重庆、内蒙古、广西)，未来5年将领跑全国增长。中西部原本就有土地和劳动力成本低的优势，加上政策扶持力度加大，太阳终于从西边升起来，东西部之间的差距今年已开始走向缩小的道路”。[①]学术界对客家民系的研究不断深入，硕果累累，但对客家与广西经济社会发展的研究论著尚不多见，而客家人对广西经济社会发展的贡献又是极其突出的。本章主要是探析客商精神与广西品牌经济的关系，从对广西品牌企业有着重大影响的几位客商英杰的代表——晏平、陈永南、廖荣纳、谢庆奎、王祥林、陈大光、覃仕平、钟群等入手，梳理与思辨他们对广西品牌经济所作的贡献，以图丰富民族历史文化发展的层次性和历史纵深感的认识。

① 新加坡《联合早报》2010-12-30 21:15:45

## 第一节　客家人与广西品牌企业

广西壮族自治区地处中国南疆，是一个多民族的聚居地。广西经济社会的形成和发展离不开各民族的共同努力，尤其是在占广西人口11%强的客家人[①]中所产生的一批客商英杰。他们办企业，创品牌，为广西经济社会的形成与发展做出了卓越的贡献。《天下客商》把他们誉为“驰骋商海的弄潮儿，走出围屋的客家人”。[②]

### （一）晏平与玉柴集团

玉柴机器集团有限公司（简称玉柴集团）创建于 1951 年，总部设在具有 260 多万客家人的广西玉林市，现有职工两万人，是一家国有全资公司，是玉柴集团的母公司。在60年的经济发展过程中，玉柴集团由单一的工厂经营发展成为由玉柴集团通过投资与经营管控相结合的经营手段开展集团化经营，现已是一家大型的现代化品牌企业集团。其中，客家人对玉柴集团的发展作出了重大贡献。在玉柴集团两万员工中，客家人所占的比例还不算很大，但对玉柴集团的发展却起着重要的引领作用，其中最具代表性的要数玉柴集团董事长兼公司党委书记晏平。

晏平，祖籍辽宁省新金县，随父辈南移定居，出生在客家大县广西博白。1986年大学毕业，先后在南宁车辆段、大连铁路分局、大连铁龙公司、沈阳铁路局、广深铁路股份有限公司工作，2004年进入玉林市政府。2005年10月至今任广西玉柴机器股份有限公司董事局主席。在广西，客家人被称为“来人”。“客家”的本意是指外来的人，是相对本地人而言的，流落南方的汉人就是外来的人，但现在所说的“客家”则是指客家民系，是客家人的简称。客家民系的基本内涵可概括为：中华汉民族中独特的族群之一，它以客家话为独特语言，有特有的文化习俗和特别的客家精神。客家精神是由客家历史发展过程打造出来的。客家历史是客家人的流浪史、拼搏史、创业史、融合史、发展史。客家人为了生存与发展，长期的迁徙、颠沛流离，逐步摆脱了中原“安土重迁”[③]和“父母在不远游”[④]的传统保守观念的束缚，树立起四海为家的新思想。学术界界定客家人的标准主要是指具有客家方言、地缘关系、血缘关系、共同的文

① 钟文典：《广西客家》，广西师范大学出版社，2005年版，第3页

② 天下客商.梅州网[N]：http://hakka.meizhou.cn/kshg/txks.html.

③《汉书・元帝纪》

④《论语・里仁》

化心态即客家精神之一。迁入客家人聚居地生活的人，算是客家人，这是按地缘关系而言的；按精神意识论来界定客家人的则是指具有客家精神意识的“来人”，都算是客家人，其精神意识包括儒家思想、团结奋斗、开拓进取、自强不息，崇文重教，爱国爱乡等。从地缘关系与客家精神两方面考察，足以证明晏平是客家人。客家人的独特文化精神的来源于他们对汉族文化的传承和对异族文化的博采和涵化。走南闯北的生活经历为晏平今天的成熟睿智与游刃有余打下了基础，上任几年时间晏平引领玉柴集团在原有的基础上不断突破，寻求更为广阔的发展空间，进一步推进企业全球化的进程，成为玉柴集团的灵魂人物。荣获2005年“全面建设小康社会十大榜样人物”，2006年“蒙代尔世界经理人成就奖暨中国年度风云人物”，2007年“中国工业经济先进人物”，2008年“中国经济十大杰出人物”、“影响中国（行业）改革十大创新人物”、“改革开放30年中国汽车零部件行业30位杰出企业家”、“影响2008.中国时代十大创新商业领袖”、“2008中国企业创新年度人物”、“现代企业制度的先行官”，“2009年中国改革年度人物”领袖型企业家，2010年“全国优秀企业家”、“全国劳动模范”、“60 位中华儿女商界英杰”、“中国功勋企业家”、“亚洲杰出工商领袖”、2011年“中国工业先锋人物”等荣誉称号。

### （二）陈永南与柳钢集团

柳钢集团董事长陈永南也是广西博白人，曾先后在柳州拖拉机厂、柳州微型汽车厂、柳州五菱汽车有限责任公司、柳州机械厂等企业工作过，历任工段长、副主任、主任、代科长、科长、处长、副厂长、副总经理、厂长、党委书记等职务。1998年任广西壮族自治区经贸委副主任，2000年9月任柳州市政府副市长，2003年5月任柳州钢铁（集团）公司党委书记、董事长，是广西最大的国有品牌企业——柳钢的“掌门人”。

柳州钢铁（集团）公司始建于1958年，按照原设计规模为年产钢50万吨，经过40多年的发展，到2000年已上升到100万吨，实现了柳钢历史上的第一次飞跃，成为国家地方钢铁骨干企业之一。进入新世纪，柳钢的上一届领导班子曾绘制了新的发展蓝图，计划到“十五”末把年产钢量提增到300万吨。百尺竿头，更进一步，陈永南上任后，经过认真的调研和对柳钢发展潜力的预测，又果断调整了“十五”规划，提出了“十五”末要达到600万吨，“十一五”末达到1000万吨的宏伟目标，使柳钢尽快实现从百万吨向千万吨的再次腾飞，成为一颗大放异彩的“南疆钢铁明珠”，为广西经济腾飞作出了贡献。柳钢的飞跃，牢牢地巩固了柳钢在广西工业企业中的领头地位，同时也改变了柳钢在全国的排名。柳钢2003年在中国企业500强中排名为274位，2010年中国企业500强名录中，柳钢已跃居98位，排名前移了176位，柳钢这一品牌企业在经济发展中实现了腾飞。

### （三）廖荣纳与正菱集团

正菱集团前身是柳州市柳南汽配公司。1979年，客家人廖荣纳在家乡贺州市创立了个体汽车客货运输车队，1982年，他把企业从家乡贺州迁到柳州市，投巨资成立了柳州市汽车配件有限公司，1995 年引入实力雄厚的浙江齿轮总厂，创办柳州市汽车齿轮总厂。2000年，响应党中央的号召，积极配合国企改革解困，收购了倒闭的原柳州市柴油机配件厂，后来又先后收购了柳州市罐头厂，原广西第一机床厂设备，桂林第二机床厂，鹿寨水泥厂，广西合浦齿轮厂和柳州五星商业大厦部分固定资产。逐渐使企业形成“名城+名企+名牌+名家”的“中国正菱集团”品牌。成为一家以汽车零部件为主业，业务领域涵盖汽车、机床制造、贸易、物流、房地产、水泥、信息及服务业的科、工、贸一体化的大型民营企业集团。

近年来正菱集团在廖荣纳的领导下，以提升制造竞争力为核心，实现了集团的低成本扩张，进入了国家汽车整车生产目录，成为柳州市继东风柳汽，一汽柳特，上汽通用五菱之后的第四家整车厂。目前正菱集团拥有近6000名员工，3000多台套机械设备，总资产超过42亿元。2009年实现销售总额31.61亿元，上交税费上亿元，在包括所有国企在内的“广西百强企业”中，正菱集团位居第31位、广西机械加工制造行业第14位。获得“柳州市经济建设突出贡献奖”，“经济税收突出贡献奖”，“广西优秀企业”，荣登中国500强民营品牌企业，上了“胡润财富榜”。

### （四）谢庆奎与西麦集团

出生在广西贺州市的客家人谢庆奎，早年就开始创业，经历医生、运输、食品等多个行业的转换。1994年，他瞄准充满生机的食品行业，进入麦片的生产经营领域，现任西麦企业集团（包括广西贺州西麦生物食品有限公司、桂林西麦生物技术开发有限公司、桂林西麦营销有限公司）董事长、总裁。把以燕麦为主要原料的谷物食品从澳大利亚引入中国，经过十多年的努力，具有浓郁澳洲色彩的“西麦”品牌以其优异的产品质量赢得了中国消费者的信任，2004年起AC尼尔森的调查数据显示“西麦”品牌在麦类食品中连续七年排名第一。澳洲燕麦在中国深入人心，以至于中国燕麦同行也经常冠以澳洲燕麦，以取得市场份额。西麦在中国建立了完善的营销网络，在各地设立了144个分支机构。

谢庆奎遵循和坚持企业发展的品牌化、本土化、国际化的战略。在他的率领下，“桂林西麦生物技术开发有限公司”每年以25%以上的速度增长，已发展成具有现代化经营管理、规范化市场营销、优化产业结构、良好资本运作、人力资源管理等五大平台，为企业的进一步发展打下坚实的基础。目前，“西麦集团”拥有两个大型生产基地和一个营销中心，产品五个系列上百个品种，营销网络遍布全国，经营机构上百个，实现产、供、销一体化运作。2010年“桂林西麦生物技术开发有限公司”的市场占有率达20.8%，连续五年遥居燕麦行业第一名。谢庆奎多次被评为“桂林市优秀企业家”、“贺州市优秀企业家”。

### （五）王祥林与喷施宝集团

喷施宝有限责任公司成立于1985年，是广西博白县一家从事高科技农业化工用品研发、生产、推广、服务的独资企业。1992年，王祥林成立广西北海喷施宝公司，领导公司从20世纪90年代初期开始致力于新型叶面肥的研究，开发出高效、环保、无残留的新型喷施宝叶面肥，率先在全国进行大面积的试验和推广，使中国叶面肥的研究、生产和推广有了质的飞跃。王祥林领导开发的产品被列为“国家科技成果重点推广项目”、“农业部农牧渔业丰收计划项目”、“全国星火计划项目”、“国务院扶贫开发项目”、“国家十五计划全国粮油作物新技术示范推广项目”，并荣获国内外180多个奖项。

“喷施宝”先实现了农作物从传统的单一根部施肥到叶面施肥的重大转变，在我国首先开发出无毒、无残留、无污染的优质高效叶面肥，并成功地推广超过60亿亩次，创造社会效益超过1000亿元。王祥林主持研制成功的“喷施宝”曾两次荣获广西科技进步一等奖，填补了我国绿色肥料的空白。另一个用于水产养殖及水质资源净化的高科技产品“鱼虾可乐”，具有养殖调理、水质改良、防病、增氧、营养等诸多功效，为我国的水产养殖事业和海洋资源的保护养活海洋污染做出新贡献，成为当今国内首创，世界先进。被评为“高新科技产品”，列入国家“星火科技”计划。王祥林除了被誉为“中华肥王”外，全国总工会授予“五一”劳动奖章，国务院授予“全国民族团结进步模范”、“中国最佳企业家”、“中国十佳民营企业家”等称号。

由于喷施宝公司在社会、环境方面的特殊贡献，2010年1月8日，联合国秘书长潘基文先生致信王祥林董事长，赞赏其在承担社会责任和对环境保护方面所做的贡献，并邀请王祥林出席2010年6月23至25日在美国纽约举行的2010年联合国全球契约领导人峰会。

### （六）陈大光与泰富黄金矿业公司

陈大光出生于广西陆川县一个边远的小山村，是一位从事房地产开发和金矿开采的企业家。广西泰富黄金矿业开发有限公司的前身是广西南宁泰富房地产开发有限公司。公司董事长陈大光先后开发建设了南宁泰富花园、泰富新村等两个住宅小区和泰富大厦写字楼，建筑面积共10万平方米，总投资2亿多元，房产质量深受社会各界与广大用户的青睐。

为拓宽业务范围，扩大企业经济效益，陈大光1993年成立广西泰富黄金矿业开发有限公司，专注黄金生产开发。曾在广西、云南、四川收购多处金矿进行开采，目前在甘肃拥有大型矿山数座，黄金蕴藏量极为丰富。截止2008年底，公司共有员工近3000人，拥有大型挖掘机、重型汽车、推土机近千台。历年来共向国家和地方交纳各种税费达3.5亿多元，为社会公益事业捐赠财、物折合人民币1亿多元。广西泰富黄金矿业开发有限公司是全国民营黄金生产企业前五名之一，是广西黄金行业的龙头企业。陈大光被授予“全国光彩事业奖章”、“广西优秀社会主义事业建设者”等荣誉称号。

### （七）覃仕平与睡宝集团

覃仕平的老家在博白县旺茂镇大寿村，出生在一个贫苦的农家。20多岁时，他走南闯北，干起了服务农家百姓的行业，特别是改革开放的强劲东风，给头脑精明的他带来了创业致富的机会。20世纪80年代，他在柳州创办了香港睡宝集团总公司，自己担任集团董事长。通过在发展中的不断创新，睡宝公司生产的睡宝床垫已获得11项国家专利，通过了ISO9001：2000国际质量管理体系认证，研制开发了睡宝磁疗保健型睡宝普及型、宾馆型等多种不同档次、规格的床垫产品。其主导产品是轻型钢架弹力网绿色床垫，以其卫生、透气、保健等九大优点备受用户喜爱。

睡宝集团有限公司下属有四大公司：广西睡宝床垫有限公司、广西睡宝涂料有限公司、广西柳州市鼎富房地产开发有限责任公司、贺州市鼎富房地产开发有限责任公司。睡宝集团产品有睡宝床垫、睡宝床具（实木床、真皮床、布艺床）、睡宝床上用品、睡宝涂料等。睡宝集团已成为目前国内最大的专业生产弹力网床垫的厂家之一，及目前国内规模大、竞争力强的墙面涂料生产品牌企业之一，资产数亿元以上。

### （八）钟群与梦之岛集团

钟群是客家大县陆川人，是广西当代客商精英中的妇女代表。广西梦之岛（集团）是广西商业的品牌龙头企业。1995年，梦之岛购物中心是南宁市第一家开架经营的商场，秉承“用我的心，圆您的梦”的服务宗旨，把一种全新的购物理念和豪华的购物环境首先引进了南宁。2002年，梦之岛百货开业，钟群对于梦之岛古城店和民族店采取了错位经营：古城店经营的是高端品牌，消费群是高级白领；民族店经营的是中高档品牌，面向白领和高级蓝领阶层。这种针对不同消费群体的经营模式，使梦之岛没有千篇一律的感觉，即使在南宁，每一家梦之岛都有自己的特色。随着现代消费逐渐步入多样化、个性化时代，消费者的需求发生很大变化，他们开始寻找健康、时尚、实用方便的商品，而不仅仅只是关注商品的价格。为了向消费者提供更好、更舒适的购物方式，创造更加和谐、美好、舒适、优雅的生活品质，梦之岛向连锁超级市场这一新的服务业发展，搭建“优购超市”这个全新的服务平台。

多年来，梦之岛在钟群的带领下进行大刀阔斧的改革，取得了令人惊叹的业绩：梦之岛从古城店单一店发展成为覆盖南宁、桂林、梧州、贵港等地，拥有9家大型商场和超市的大型百货品牌企业，营业面积近20万平方米，员工1万多人，15年累计销售额100亿元，上缴国家税收近4亿元。广西梦之岛（集团）以商品零售额超20亿元的骄人成绩，荣获南宁市青秀区2008年度经济发展明星企业一等奖；钟群荣获青秀区2008年度优秀企业家。这是梦之岛（集团）及钟群连续第六次获此殊荣。在2009年，钟群带领近万名员工冲破世界金融危机，开拓进取，不断创新，实现了企业综合收入30亿元，创造了巨大的经济效益和社会效益，被评为2009年南宁市劳动模范。梦之岛的每一次成长和进步，都会带动整个南宁百货业的发展和提升，梦之岛也由此成为桂商优秀的领军企业。

此外，为广西经济社会做出了卓越贡献的客商英杰还有很多，他们凭借自身浓厚的客家精神，创办品牌企业，发展品牌经济，为推动广西经济发展做出了巨大贡献，也带动了广西各地商业发展的积极性。他们是具有社会责任感的企业家，客家精神在他们身上自我发扬的同时，促进了广西品牌企业的腾飞，推进了广西经济社会的和谐发展。

## 第二节　客商精神与广西品牌经济

精神指人的意识、思维活动和自觉的心理状态，包括情绪、意志、良心等。精神是平凡大地上空一颗耀眼的星，照亮前方的路。对广西客商的研究，如果不把握其精神，就不能更好的、更深层的了解客商群体。

### （一）广西客商精神的形成

客家民系的形成历史久远。客家人原属中原汉民，历史上因为战乱经过多次迁徙，最后在福建、广东、江西、广西等地定居下来。广西地处中国南疆，先秦时期，广西叫“骆越国”，属于“百越（粤）”地区，“楚越之地，地广人稀，饭稻羹鱼，或火耕而水耨，果隋蠃蛤，不待贾而足，地势饶食，无饥馑之患，以故呰窳偷生，无积聚而多贫。”[①]当时的广西处于一种生产资料贫乏，生产技术落后，百姓蒙昧无知的原始封闭的状态。广西作为南明政权的抗清战争和“三藩之乱”的主要战乱之区，赤地千里，满目疮痍。清政府入关之后，为了安抚流民，尽快恢复社会生产，出台了一系列与民休养生息的政策，如对“无主荒田”，准由官府“给以印信执照，开垦耕地”，作为己业。而且对新垦上地给以留用免予“征收钱粮”的优惠待遇。又由于清政府实行禁海政策，清初，闽、粤等沿海省区以及江西各地的客家人大量进入广西。他们在广西定居下来，安家立业，开垦荒地，到了清代雍正年间，广西“休恬安养，生齿番盛，村落错居，寒暑应候，近郡皆同中土”。[②]至清代中叶，广西已成为重要的产粮基地，每年向广东运销粮食 200 多万担。有学者认为，从闽、粤、赣迁桂的客家人，“有较强烈的商品经济意识，他们看准市场，大力种植经济作物，提高了农产品的商品率，促进了农业商品化的发展，他们还充分利用广西的原材料，兴办和发展手工业。同时，积极进行商业活动，促进了商品流通。”[③]

客家人迁徙入桂，以农为本，各业并举，是广西客家社会经济生活的主轴。客家人在为自己的生存与发展的同时，也为广西经济社会的形成与繁荣做出了重大的贡献。在广西有客家人的地方，基本都有定期的集市，客家人称“圩”。民间有句俗语：“客家人创圩，广府人旺圩”，说的是客家人经商不避偏远，不择地域，开拓市场，运营成市，然后才有广府人的“旺圩”（扩大集市规模）。

① 司马迁：《史记·货殖列传》
② 金珙等：《广西通志》卷二（气候）
③ 郑树钰、廖允武：《客家人对环境的适应性成就了客家人的辉煌》，载于第 22 届世客会《国际学术研讨会论文集》2008 年版，第 401 页

客家人热心商业，有商品意识，勇于开拓，善于经营，努力拼搏，能够在短时间内积累较多的财富。笔者的先祖原是以种田为主，一次赶集归来，在山沟中发现一只大乌龟，随即抓住返回圩上出售，换取了十分可观的糯米。从此，包粽子到集市出卖，几个月后，三兄弟逐步垄断了博白县东平、沙河、顿谷等几个乡镇的粽子市场，着实赚了一大把，并一发不可收地畅游了商海几十年。钟文典教授的《广西客家》也记载了这么一个实例：客家人在广西平果创建圩市以后，始终掌握这当地的商业经营权。“文革”期间，经商者被强制下放到农村劳动，商店被迫关门。客家人却暗地里在农村饲养禽畜出售。“文革”以后，客家人纷纷回到圩市，借改革开放的东风，工、贸、商并举，远走宾阳、田东、百色等地，大展宏图，领先成为“万元户”者不少。广西贵港木格镇也有类似情况，“文革”期间被拉上台批斗示众的23个商人中，有18个是“客家佬”，改革开放以后，重新进入木格镇商业领域带头发家致富的仍旧是这些“客家佬。”[①]“客家佬”就是促进当时广西经济社会发展的商界英杰。他们对商业有着一股向往的热情与执著奋斗的激情，这与中国传统儒家文化“重农抑商”思想是有所不同的。

### （二）广西客商精神的内涵

客商精神是指客商英杰的意识思维活动和自觉的心理状态。客家是一个独具特色的民系，他们给我们带来最大的财富便是其精神。它是客家人的历史文化积淀，是客家人在长期的迁徙生活中，在艰苦的自然状态下，由祖辈一代又一代传下来的，是对中华民族精神的继承与发扬，是中华民族伟大精神的体现。独特的客商精神是鉴别客商英杰的要素之一，客商精神对广西经济社会有着巨大的影响。

#### 1. 刻苦耐劳

卓尔不群是客家人格区别于其他民族、民系的人格的主要尺标，更是对客家人格的准确概括。它是其他族群身上所没有的秉性，是客家人的专利。无论是忠孝仁义、勤俭持家、奋发向上，还是尊师重教、刻苦耐劳、开拓进取，其他民族所具有的优秀秉性客家人都有，只是在表现程度上有所区别罢了。

打开历史的窗口看客家民系的迁徙史、创业史、奋斗史就知道，客家民系是走出来的，是刻苦耐劳地拼出来的，是在绝境中壮大辉煌起来的。冬去春来，冰雪融化，大江长河里流淌的是绯红，漂浮的是来不及躲避寒冬的僵躯。客家人已经找不到回家的路，他们只能在崇山峻岭扎下了根基。荒蛮的群山不似繁

① 钟文典：《广西客家》，广西师范大学出版社，2005年版，第154页

华都城，而是荆棘密布，杂草丛生，蛇蝎出没，猛兽横行，但客家人面无惧色，全凭刻苦耐劳的勤奋精神，用犁锄向蛮荒进军。于是开辟了一处又一处新景象，创造出前人所未有的文明来，这是客家人生命张力和再生能力的顽强显示。正如美国人文地理学教授韩廷敦在《自然淘汰与民族性》中说："现代客家人，是受过最大磨炼的祖先传下来的。因此，客家人都有一种坚忍不拔、刻苦耐劳，男女一起劳动的特性。"①

在广西客家社会，游手好闲不事生产的青年男女，即便有钱有势，也不会被人看得起。广西客家人有句俗话"早起三朝当一工，早起三年当一冬"，并编有歌谣教育子孙："勤俭丰足之家，耕读兴家之基。勤俭定能立业，奢侈导致贫困。春日一刻千金，季节绝不饶人……兴家如针挑土，败家如水洗尘。用物检点节约，破裂要多费神。房屋田地再多，乱用不久必贫。宁可自食其力，不能坐食山空。"客家人无论是负担沉重劳役，还是种田、做工、经商、当兵等，只要能维持生存、发展与可持续发展，他们都能甘之如饴，勤作不辍，劳而无怨。客家人这种刻苦耐劳的精神，在客商英杰的身上都有突出的表现。

晏平上任之初，玉柴集团的小部分员工及一些媒体对新领导的任职持有疑虑的心态，且当时玉柴集团存在一些状况，集团长期以来奉行的有需求就生产的产品思路使得生产、制造、管理、维修成本的增加。在晏平上任的短短时间里，行业形势变得越来越严峻，汽车行业一路走低，载货市场一路下滑，重卡和准重卡市场下滑幅度达32%，导致发动机制造商的生产和销售业绩低迷。从现代企业的管理角度来说，一家企业要做到稳步增长，在生产中就应做到节约成本提高产量，一个成功的企业管理人必须具有节俭的品质。客家人向来以刻苦耐劳、勤俭节约闻名于世，这是他们在长期的山地生活中养成的习惯，如今，这种习惯仍如影子般跟随着他们。新任领导的晏平面对玉柴集团的诸多情况，以先进性教育为契机，理清发展思路，实行了一系列创新，降低生产成本，使企业继续保持了快速发展。创新是客家人面临困境时为了确保生存和发展实行转变的需要。他们经常辗转流迁且长期住在贫瘠的山地之中，为了生存，他们必须主动适应并融入当地的自然与社会环境，必须不断开拓进取，创建新的事业以寻求新的生存之路。一直以来玉柴是一个企业两种制度、两种待遇情况，为了改变这种状况，2005年晏平对公司进行了机构调整，强化集团化管理与整体规划，从进一步明晰公司产权关系入手，通过建立现代企业制度，进行母、子公司构架建设和机构职能调整，整合资源实现集团内部资源共享，降低成本，提高资源利用效率，改变多个玉柴相隔的局面。此外还从管理创新方面实现新

① [美国]韩廷敦：《自然淘汰与民族性》

玉柴、新思维、创新人力资源管理与开发机制。晏平带领玉柴建设者努力拼搏，在金融危机中实现逆势增长，创造了令行业惊叹的“玉柴现象”，使玉柴集团形成了发动机、工程机械、物流汽贸、零部件、能源化工、专用汽车六大板块，销售收入从2004年的106亿元增加到了2009年的271亿元，连续五年保持了高速发展。柴油机产销量从2004年的21.8万台上升到2009年的67.1万台，连续五年保持行业第一。金融危机过后，玉柴的发展更是受到行业和媒体的广泛关注。2010年1-9月，玉柴集团实现销售收入276.44亿元，同比增长39.14%，销售发动机57.96万台，同比增长9.99%。在2010中国企业500强排名榜上，玉柴集团排名第227名，比2009年度排名上升38位，成为2010中国企业500强收入增长最快的百家企业之一。玉柴品牌价值超过80亿元，在2010中国最具价值品牌排行中名列109位。7月26日，2011年（第九届）《中国机械500强研究报告》揭晓，玉柴集团居中国机械500强第19位、中国机械品牌100强第29位。在广西企业中排名首位。

刻苦耐劳是广西客商与品牌企业续写新辉煌的重要标志。柳钢的董事长陈永南在自己成长与成功的路上走得踏踏实实，一步一个脚印，一步一个台阶，波澜不惊。每一个脚印和台阶上都清晰地留下了他刻苦耐劳的艰辛与卓越的业绩。他在柳州五菱集团、特别是在五菱集团柳州机械厂担任厂长、党委书记期间，为柳机的发展创造过辉煌的业绩，使这个老厂焕发了青春活力，为柳州五菱集团的发展作出过巨大的贡献，2003年主政柳钢以后，他又靠刻苦耐劳的精神为柳钢集团的发展和他自己的人生谱写着新的辉煌篇章。

刻苦耐劳让一个平凡的客家青年创造出奇迹。正菱集团董事局主席廖荣纳是地道的农民儿子，也不是名牌大学的毕业生，没有MBA学位。他就是靠着客家人的刻苦耐劳的勤奋与人品，在汽车制动领域打拼出了一片自己的天空。历经多年的艰苦拼搏，正菱集团已发展成为一家集轻型汽车、商务车、农用车整车制造，同时专业化大批量生产汽车变速箱、传动轴、前后桥、钢圈、板簧五大系列汽车部件总成，涉及汽车及汽车零部件、机床及机床零部件、整车、建筑房地产开发、贸易、物流、信息及服务业，集大型科、工、贸一体化现代综合性民营集团企业。

刻苦耐劳是广西客商不竭的前进动力，引领他们开拓自己美好的未来。西麦集团的董事长谢庆奎原是一个普普通通的农村中学生，以其传统的勤勉、聪慧的品质，成为一个卓有成就的企业家。1993年，他到澳大利亚考察“燕麦”，当即瞄准充满生机的食品行业。1994年开始了麦片的生产经营，注重品牌创立和市场积累，善于吃苦，敢于创新，整合资源，借力发展，一直专注于保健食品的燕麦行当，率先将国外盛行的燕麦食品引入中国麦片市场，立志创办健康食品的一流企业。他从澳大利亚引入合作资本，通过自行设计与规划，建成并投产了国内产能最大的麦片生产线，引进了世界一流谷物食品加工设备企业瑞士布勤生产线，以及先进的检验检测设备，拥有符合 GMP 标准的生产车间，具备从农作物到食品原料再到终端产品的完整产业链，设有强大的质量管理检测系统和部门，制订了高于国家标准的企业标准，企业生产流程全程通过 ISO22000 食品质量安全体系认证。经过十五年的刻苦耐劳和专业化经营，已打造了一个卓越的品牌——“西麦”。

陈大光 12 岁时，父亲因病去世，母亲和他们四兄弟相依为命。陈大光背负起长兄的责任，与母亲一道支撑起全家的重负，并暗下决心：一定要创一番事业，做一个有用的人。

因为家境贫困，陈大光辍学回家，16 岁便外出打工。一次偶然的机会，陈大光进了家乡建筑施工队，当起了一名捞沙工，虽然挣的钱不多，干活也很苦很累，但他很珍惜这个机会，决心靠自己的聪明才智多学点技术干一番事业。正是这种理念的支撑，白天他拼命地干活，晚上在工棚里看一些有关建筑的书籍。经过几年的摸索和实践，陈大光对建筑业的有关技术了解不少，包括如何设计图纸和进行工程投资预算决算以及独立承包工程等。20 世纪 80 年代末，陈大光把目光瞄准了北海，成立了陆川县建筑公司北海办事处。当时，北海作为全国 14 个沿海开放城市之一，房地产开发处于起步阶段，进驻北海的大大小小基建公司就有 100 多家。在激烈的市场竞争中，要想立足，绝非易事。陈大光不像一些老板那样热衷于“炒项目”，而是严格抓好项目的管理，灵活调度好有限的资金，对建筑质量层层验收把关。在建设北海市纺织厂时，对方要求 90 天完成这个工程，为了不误工期，陈大光吃住在工地，和工人一起日夜奋战，最后高质量地完成了任务，并荣获了优良工程的称号，得到了北海市建委的嘉奖。陈大光的建筑公司也因此逐渐树立起了良好的企业形象，公司业务不断拓展。在北海的 5 年时间，他先后承建了安全局、边防局、计委等 10 幢大楼，建筑面积达 4 万平方米，成为当时闻名北海的一支建筑队伍，同时也为他今后的事业打下了坚实的基础。

随着中越关系逐步好转，边境贸易也慢慢发展起来。陈大光凭着敏锐的眼光，快速加入了边贸生意的行列。然而，由于初涉贸易，加上对两国贸易行情不熟悉，陈大光的生意赚少亏多。多次的失败使陈大光学到了许多经验和教训，他决定前往越南海防市考察，深入了解行情。在考察过程中，他了解到越南橡胶货源充足，价格便宜，而我国橡胶原料缺乏，随着经济的发展，轮胎和胶鞋的需求量必然增加。陈大光看好了橡胶产业的广阔前景，于是，他立即与越南方面签订了橡胶购销合同。回国后，他立即同全国各地的化建公司联系，寻找买主，十多天后这一批货全部成功出手。陈大光为人诚实，重信誉，中越两方的客商都乐意找他做生意。他的生意越做越大，基本上垄断了防城的橡胶市场，陈大光也被人们冠以“橡胶大王”的称号。3 年的橡胶边贸生意期间，陈大光向国家上缴税收每年都在百万元以上，为国家作出了积极的贡献。

1993 年，陈大光在南宁成立了泰富房地产开发公司。他先后实地考察了 100 多块地皮后，决定以南宁当时最高地价，每亩 160 万元买下 13 亩黄金地段的地皮，开发建设了建筑面积达 3.8 万平方米的泰富花园。同年，通过招商，他以四分之一的股份参与国有广西横县大化金矿的开采，成为大化金矿股东之一。然而，大化金矿在开采 3 年后，由于管理不善以及其他原因，停产关闭。在失败面前，陈大光并不气馁。在听取专家和管理人员的意见后，陈大光决定倾其所有，把所有的股份收购过来。1998 年 5 月，为了使矿产资源得到有效保护和合法开采，横县南乡大化金矿进行了招标，结果陈大光的公司成为中标者。在陈大光的带领下，矿山新的管理规章制度陆续出台。同时，为加速金矿的开采，他又先后投资 2000 多万元购买了 20 台日本进口挖掘机、3 台铲车、140 多辆运输车和 17 台 200 千瓦的发电机组。他把 1500 多名员工编到 8 个分矿同时开工，在 0.4 平方公里的矿山上剥土挖石，每天平均运矿 20000 吨以上。在最艰难的日子里，陈大光每天工作 16 个小时以上，对外协调关系，对内加强管理。工人们对他的吃苦耐劳精神敬佩不已。功夫不负有心人。不到一个月，奇迹出现了！矿石经过破碎、喷淋、溶解、电解、提炼等工序之后，金灿灿的金条终于出炉了。横县泰富金矿一举成为广西有名的金矿基地。

陈大光在谈及成功创业经历时，深有感触地说，是贫苦的家境与自己坚定的信念促使他为创业一路风雨兼程，奋斗拼搏了几十年，不退缩，不畏惧，才走到今天。他强调，创业是一条很艰辛的路，要创业首先得要有刻苦耐劳，敢闯敢拼的精神，脚踏实地的干劲，真诚守信的品格，并且要善于抓住机遇，在逆境中寻找前进的突破口。

刻苦耐劳精神是广西客商开拓辉煌人生的一把金钥匙。喷施宝集团董事长王祥林，是广西博白县沙河镇一个地地道道的农村知识青年，经过艰辛的拼搏，成长为一名企业家，被誉为“中华肥王”。王祥林的创业经历可谓历尽艰辛，养蜜蜂，开手扶，开过酒饼厂，每一次都以失败告终，但是凭着客家人的“硬颈”精神，不服输，坚忍不拔的意志，他硬是屡败屡战。80 年代，随着改革开放的浪潮，乡镇企业异军突起，同类的企业也纷纷涌现，他的酒饼厂受到的严重的冲击，陷入困境，王祥林不得不放弃酒饼厂。1986年，王祥林从广西化工研究所买下叶面宝的技术专利，从此开始自己的企业创业之路。

可这条创业之路并不是一帆风顺的。叶面宝的一开始就遭到了人们的怀疑，叶面施肥还没有能一下子冲破传统施肥方式，王祥林凭借着刻苦耐劳、团结奋斗的客家精神的支撑，反复实验，宣传，免费发放资料，组织了一批的促销大军，远赴祖国的大江南北，硬是在新疆打破了突口，推销出大批的产品。王祥林带领他的团队，把触角伸到的政府、农业、科研、新闻的领域。实验和推销的成功，加上“叶面宝”用量少，增产大，效益高，价低廉，受到了的农民的喜爱，订单随即接着而来。不到三年时间，王祥林在全国30个省市推广了叶面宝，全国有1亿亩土地使用叶面宝，创社会效益20亿元。王祥林获益之余，为使企业走得更远，积极开拓创新，他盯上了另一种新型的多功能营养型叶面肥——喷施宝。通过实验，王祥林把喷施宝改造创新，终于产生了一代肥王喷施宝。新疆是使用喷施宝最多的省区，喷施宝的出色的功效，一时使“中华肥王”声名鹊起。

刻苦耐劳的客商精神关系到品牌企业的影响力的形成。贫穷的农村生活环境，磨炼了覃仕平创业致富的意志，树立了勤劳能改变人生的价值理念。为了使睡宝床垫在同行业中打响质量牌，技术、宣传、销售各个环节，覃仕平都参与其中。多年的努力付出终于获得了回报，睡宝床垫2008年1月20日在人民大会堂举行第四届（2007年度）中国床垫行业十大影响力品牌活动中荣获《中国床垫行业十大影响力品牌证书》。社会肯定了睡宝品牌，也就是肯定了覃仕平矢志不渝、刻苦耐劳的客商精神。

客家人的刻苦耐劳精神，更典型地表现在客家妇女身上，这种坚忍与耐劳，是在极其艰苦恶劣的自然环境和生存环境中锻炼出来的。自古客家男子多数远走他乡，外出谋生，而耕种劳作、把持家庭和教育子女的担子，便落在了妇女的身上。作为移民的客家人，客家妇女与男人一道，长途跋涉、开山劈岭，一方面锻炼了她们特有的刻苦、坚韧的性格，而在操持家庭的另一面上，又形成了一种特别的独当一面，养育老小，维持生计，更可贵的是毫无怨言，把它看成是自己的本分和义务。客家妇女吃苦耐劳，能独立门户，还能刚中有柔，温柔贤惠，勤劳俭朴。

钟群就是当代客家精英中的妇女代表。毕业后钟群分配在广西粮油食品公司工作，从会计、财务副科长、科长，到副总经理。1998年梦之岛改制，考核总经理候选人时，由于出色的财务能力和业务能力，她又接过了南宁梦之岛总经理这一棒。南宁一直都是广西商业的重镇，百货零售商家大展宏图之地。南百、梦之岛、百盛、沃尔玛等国内外百货零售精英云集，就在这样激烈的市场竞争环境下，梦之岛集团凭着清晰的战略定位和一流的品牌管理，创出了民营百货公司的种种经营奇迹。钟群上任之际企业亏损近千万元，她经常深入经营管理第一线了解亏损原因，结合市场调查分析，不断调整公司经营策略，当年扭亏为盈。形成以销售真品、名品、优品、新品为经营特色，坚持中高档商品的经营定位，以“介绍潮流、引导消费”为经营理念，实施品牌战略，不断扩大商品的经营容量的集团战略发展定位。客家妇女的刻苦耐劳、聪慧能干、善良友好、热心事业等优秀品质使钟群在梦之岛集团成为一个与众不同的人。正如美国纽约版《不列颠百科全书》指出：“客家妇女比纯中国人漂亮……在公共场合自由活动，是一个很勤劳的群体……非常聪明……”[①]美国人史密斯就这样不吝溢美地说道：“客家妇女，真是我们所见到的任何一族的妇女中之最值得赞叹的了……除了刻苦耐劳和尊敬丈夫以外，她们的聪明热情和在文化上的进步，也是很使我们羡慕。”[②]

凡此，刻苦耐劳的客商精神在品牌企业的发展过程，深深地体现在引领者的人格魅力及其团队意识之中。尤其是领导者个人的思想行为深深地影响企业的效率、组织文化和组织结构，并直接影响到企业的价值观体系，即品牌影响力的形成。

### 2. 诚实守信

诚实守信，是待人接物方面的一种重要的行为准则，千百年来一直被国人视为做人的美德。孔子曾大声疾呼“人而无信，不知其可也！”[③]将诚信作为治国之宝。诚实与守信二者有着密切的联系，诚实是守信的思想基础，守信是诚实的外在表现。只有内心诚实，做事才守信用。

筚路蓝缕的艰辛经历使客家人扬弃了汉民族长期以来的“安土”意识。客家人所到之处，均能安身立命，随遇而安。在异地他乡落地生根，除了面临自然环境的挑战，还有主客文化的冲突，为了战胜恶劣的自然环境，融入当地的社会，必须友善宽容与诚实守信。客家人常说“无信非君子，无义不丈夫。”把信义视为社会交往中为人处事的基本品德，并把它作为判别朋友或“小人”的价值标准。历史上的客家人被迫流落异地谋生，在政治、经济上都处于较脆弱的劣势地位。为了生存与立足，他们首先要取信于人，也需要得到朋友以信义相助，把一切损人利己、欺诈、蒙骗、陷害、背信弃义等行为看做是“小人”

① 美国《不列颠百科全书》，1911年纽约版
② [美国]罗伯史密斯：《中国的客家》，中国民俗网 2009-09-28
③《论语·为政》

之举，并以“亲君子，远小人”[1]这一古训作为座右铭。因此，客家人一般都具有质朴无华的习性，平日言谈，不尚藻饰，是就是，非就非，实实在在。跟客家人接触多了，相处久了，就知道他们一般都是诚实可友的。

在管理学方面，广西客商英杰都受到儒家思想的深远影响。《论语》曰“以力服人，非心服也，力不瞻也；以德服人者，中心悦而诚服也。”[2]2005年，晏平走马上任后就提出玉柴要进一步创新服务理念，强力构建服务网络新优势，建立以“玉柴服务，主动至真，竭力至诚”为核心，由服务宗旨、服务理念、服务准则、服务承诺和标志用语构成“五位一体”的服务文化体系。确立玉柴核心理念“绿色发展，和谐共赢”，经营思想“卓越品质，国际玉柴”。2007年，晏平又将“绿色发展，和谐共赢”进一步定位为玉柴企业的核心理念，并提出了具体目标：走绿色工业发展之路，做中国绿色动力的引领者、中国“最大活动污染源”的控制者、中国轿车柴油机的领跑者、中国节材节能的贡献者，为改善我国相对落后的自然环境作出积极贡献，将玉柴的社会责任又一次进行了提升。连续五年保持高速发展，为国家和地方经济发展做出了巨大贡献。

陈永南带领柳钢集团，以体系认证践行诚信发展之路。柳钢集团通过BG/T19001质量管理体系认证，GB/T28001：2001职业健康安全管理体系认证，GB/T24001：2004环境管理体系认证，GB/T19022-2003测量管理体系认证。计量部门获得国家质量技术监督局颁发的企业完善计量检测体系合格证，质量检测中心通过中国实验室国家认可委认证。柳钢2009年获得中国质量协会和全国用户委员会颁发的“全国用户满意企业”荣誉称号，此外还连年荣获全国质量效益型先进企业、全国质量管理先进企业、柳州市安全生产先进单位等荣誉。柳钢按照“优化产品结构，优化操作水平，优化技术指标，提高产品质量，实现精细管理，降本降耗增效”的三十六字方针以及“求变、求进、求强”的柳钢精神，加大技术创新，遵循节能减排的原则，实施可持续发展战略，提升技术、工艺和装备水平，为客户提供优质满意服务，充分利用正在构筑的中国——东盟自由贸易区金色通道，努力把柳钢建设成为华南、西南地区，乃至泛北部湾经济圈最具竞争力的钢材精品基地。

1996年，廖荣纳将正菱集团的主业由汽车配件销售转向工业制造领域，企业以“技术领先，造一流产品；诚信服务，创一流企业”为经营理念，凭借过硬的产品质量深受用户信赖，被多家主机厂指定为配套单位。1999年，收购原国有柳州市柴油机配件厂，以高科技改造传统产业，组建成为生产飞轮壳、离

① 诸葛亮《出师表》“亲贤臣，远小人”的化用
②《论语·学而》

合器壳、发动机齿轮、机油泵总成、油底壳、风扇叶、传动轴总成等10个系列200多个品牌的汽车发动机配件，进一步扩大正菱产业规模。在当今开放的市场中，正菱集团立足汽车、机床产业，建设大型高新制造基地和现代物流中心为战略目标，实施主业优先、板块互动、资源共享的经营方针，本着“诚实、守信、协作、学习、创新”的精神，更加重视产品质量，更加重视销售服务，在用户中享有良好声誉。并且努力构建和谐的发展机制，为广大用户提供更好的正菱精品，连续6年被自治区级银行评为“AAA”资信企业，连续10年被自治区工商局授予“重合同守信用”企业，是全国“重合同守信用”示范单位。企业通过了ISO9001和QS9000质量体系认证，总资产达20多亿元，其中固定资产净值近10亿元，2004年就荣登中国上规模民营企业500强第471位。

从小受儒家文化的熏陶和家庭教育的影响，谢庆奎孩童时就具有客家人的诚实涵养，喜好看电影的他，因家穷买不起电影票，只好在放映场外等到后半场时，门打开了才进去。经商后，他常说：言而有信，是一个人的立身之本。品牌本身就是质量、品质的保证，大力倡导“诚信人和是永续经营之根本”的理念。在“西麦集团”采取内引外联的方式，不断更新产品品种，严格质量监控，与国内重点科研院校和研究机构合作，聘请国内知名专家为技术顾问，投入巨资进行项目研发，强大的创新能力促成“西麦”系列产品一步一个台阶，“西麦”品牌也一步一步深入人心，享有极高的行业知名度。“西麦”食品先后获得“广西质量达标产品”、“广西名牌产品”、“广西高新技术产品认证”、“广西诚信企业、放心食品”、“中国消费者最喜爱品牌”、“全国产品质量监督抽查合格食品”、“中国消费者信得过商品”等称号，目前正加紧进行中国名牌产品的申报工作。企业也相继获得“国家食品卫生等级A级单位”、“贺州优秀企业”等荣誉称号。

颇具诚实守信品格的陈大光，先后开发建设了南宁泰富花园、泰富新村等两个住宅小区和泰富大厦写字楼，建筑面积共10万平方米，房产质量深受社会各界与广大用户的青睐。为拓宽业务范围，扩大企业经济效益，陈大光将公司转入黄金矿业开发。已投入生产的黄金矿山有四个，其中广西横县泰富金矿，是1998年从县级国营矿山购进发展起来的。该矿山是与中国黄金集团总公司联营，目前是广西生产规模最大，生产技术较先进的大型矿山。矿区储金量18.6吨，矿区面积10平方公里，生产规模为年处理0.5%以上矿石量300万吨。金矿开采所用的机械设备主要有挖掘（0.9m3-2.1m3）：36台（日本小松厂进口）、铲车 8 台（日本小松厂进口）、柳州东风自卸汽车 200 多台、柴油发电机组（200kw-500kw）16台；选矿工艺有三种，堆浸、浸池、全泥氰化炭浆厂（400

吨/日），配有电解车间、冶炼车间，形成露天机械化开采，汽车运输、选矿、冶炼一条龙生产系统。备有完善的供水、供电、运输、环保等生产和生活设施，是广西境内黄金行业最健全的环境保护制度并严格执行的龙头企业，从项目开工至今未发生过任何环境卫生受污染的事故。

“诚信不能光靠嘴巴去说，重要的是要去做，因为诚信不是一句口头禅！”[①]南宁梦之岛总经理钟群对诚信有这样的解释。秉承“诚信为本、顾客至上”的服务理念，梦之岛作为“百城万店无假货的商场”、“全国文明商场”、“消费者信得过的商场”。品质是梦之岛的命根子，这些荣誉也是消费者送给梦之岛的金字招牌，这个招牌来源于公众对其品质的认可，来源于梦之岛真正把消费者当做上帝，也是客家英杰钟群一贯坚持诚实守信的直接体现。

自从王祥林怀着一颗诚信创收之心加入联合国全球契约组织，喷施宝集团产值逐年增长，但能耗却逐年降低。从 2007 年至 2009 年三年间，公司的电力消耗年均降低近 18.6%，汽油消耗年均降低 3.95%。2009 年逐步减少高耗能设备使用，使用低耗电器和节能灯具。王祥林还修改公司章程，在员工中倡导节能减排、低碳办公：办公室空调要在气温超过 31 度时才能开放，空调温度一般不低于 26 度；推行无纸化网络办公，尽量减少纸张的消耗；打印的纸张必须双面打印，过期单面打印的文件纸张留作草稿用；办公用车或人员出差，在没有重要接待或出差人员较少时，尽可能乘坐公共交通工具；加强生产和销售的计划性，并尽可能地选取运量大、能耗相对低的铁路运输，以节约成本，降低能耗。这些举措表明了喷施宝公司在谋求发展的同时，诚实守信地将环境、社会等问题融入到经营决策中去，实现了自身与经济、社会、环境的持续发展。

“环境、绿色与健康”是香港睡宝集团一贯坚持的理念，覃仕平以“一流的产品，满意的服务，持续提升的质量水平”致力于集团的发展。秉承“以诚信面对客户，以创新寻求发展”的思想，开展当场检验产品的销售活动，大胆地把产品质量问题直面消费者的考验，用睡宝集团的诚信，把最好的质量奉献于广大客户和社会。

### 3. 团结奋斗

千年万里的移民生活经历，使客家人养成一种团结友爱，共同奋斗的传统精神。因为在逃难的时候，无论昔日在故乡时如何富贵或何等贫贱，“同是天涯沦落人”，大家都是一样。不但人人平等，没有你看不起我，我瞧不起你的情形，而且大家也都因此知道，不互相团结互相帮助，就不能共同渡过难关。所以，更进一步养成守望相助的友爱精神，形成每一个客家人彼此之间都像兄弟姊妹一

① 南宁.梦之岛总经理钟群:《诚信不是一句口头禅》，商促网

样友爱的传统。正如美国《新不列颠百科全书》所指出：“……迁居到华南的中国北方人即客家人，是一个非常勤奋和精明的群体，他们团结得十分紧密。”[1]

团结友爱，共同奋斗的精神使客家人形成了很强的向心力，这种向心力使他们无论身处何种环境都善于建立友好相处、团结合作的集体主义精神。这种精神转到商界行业必然激发现代企业的团队精神。

玉柴集团董事长席晏平在刚满45岁的时候，中国最大的内燃机制造企业之一——玉柴机器的帅印交到了他手上。他的就任，被称为“闪电般空降”。他的工作能力，最初业内疑惑：一个没有与发动机、工程机械相关职业经历的政府官员，能否继续玉柴创业的神话。客家人团结奋斗的精神孕育了这位客家英杰，在缺少资源、配套、物流优势的玉柴，在经历各种职业经历的磨砺后，晏平把客家人的这种优秀品质带到了玉柴集团。对于玉柴事业的成功，晏平从来不居功。他总是宽慰地说：“我个人没有多大能耐，我来后团队没有垮，高管没走一人。这才是最让我欣慰的。”[2]对普通员工，他同样满怀关爱。他动员普通员工提意见，择纳良言，从善如流。对要到办公室来找他的工人，也事先告诉秘书“绝对不许阻拦”；看到节日还奋斗在一线的职工，他会送上温馨的鼓励，“感谢他们过年还在为玉柴坚守岗位”。晏平用爱心与激情将团结注入了企业文化，也让企业呈现出发展的澎湃激情。他上任3年后，玉柴集团销售收入首破200亿元，同比增长13.51%，较2005年增长71.59%；柴油机产销规模达55万台，较2005年增长105.36%，写下了新的玉柴速度，为他“三年再造一个玉柴”的激情宣言画上了完美的句号。

在陈永南身上也凝聚着团结奋斗的客家精神特质。他不但注重坚持技术创新和市场开拓相结合，更注重推动技术进步与创新的机制创新，这种充分发挥人的主观能动性的力量，让十里钢城团队成为每个人是创造之人。2004年初，陈永南在柳钢专业技术人员中设立了“技术专家”制，首批授予16名工程师“技术专家”称号，每人每月发给5000元特殊津贴，极大地激发了专业技术团队的创新热情。同时，在青年工人中实施团中央、国家劳动和社会保障部等部委联合推出的“青工技能振兴规划”，并被确定为全国首批100家试点单位之一，大规模开展青工的技能培训，并通过开展燕尾服青年岗位能手，“五小”新技术攻关、岗位练兵台、创青年文明号等技术竞赛活动，为提高青工岗位技能开辟了“快车通道”，建立了青工团队成才激励机制，荣获广西壮族自治区第七届广西技能人才培育突出贡献奖。

① 天下书盟：http://book2.fbook.net/book/6019/index.htm
② 慧聪工程机械网 2011-01-05 8:58

从一个农家子弟成长为优秀企业家的廖荣纳深深懂得，企业团队文化是经营理念、管理模式、运作方式与手段提升的总合。他和他的正菱集团坚持以优良宽松的条件引进人才、留住人才，恪守“人尽其才，物尽其用，地尽其和”的原则，树立“积聚人才、善待人才、重视人才”的人力资源团队管理思想。公司以“技术领先，造一流产品；诚信服务，创一流企业”为经营理念，力求达到卓越管理，和谐共赢。公司现有员工3000多人，经营场地22万平方米。为政府创造就业岗位同时，也为地方税收做出了重大的贡献，公司先后被评为“技术创新先进集团”，2001年，又荣获“中国西部大开发地方特色产品多奖”和“广西优秀科技型龙头企业”。

西麦集团董事长谢庆奎深刻认识团结奋斗的重要意义，良好、健康的企业团队文化氛围就是企业的无形资产，也是企业可持续发展的根本。他以远见卓识的战略眼光，开放包容的思想性格，海纳百川的宽大胸怀，自强不息的拼搏精神，吸纳各方英才。聘请了国内知名专家为技术顾问、工程师，与国内外科研、教学单位、生产加工企业通力合作，共同推动中国燕麦产业的发展，为改善中国人民的饮食结构、提高全民健康水平，做出自己的积极贡献。靠着自己闪光的人格魅力和突出的人文关怀，他聚集了一大批国内顶尖专家、教授、高级工程师和企业管理人才，招聘了近百名下岗女工，并尊称为“商嫂”。对普通员工，同样满怀关爱。他动员普通员工提意见，择纳良言，从善如流。对于到董事长办公室来找他的工人，也事先告诉行政办公室主任“绝对不许阻拦”；看到节假日还奋斗在一线的职工，他会送上温馨的鼓励，“感谢他们过节还在为西麦坚守岗位”。谢庆奎用爱心与激情将团结注入了企业文化，也让西麦企业喷发出不断发展的澎湃激情。

睡宝集团董事长覃仕平也深刻地体悟到团结奋斗的意义，十分爱惜人才。睡宝涂料公司走强强联合之路，与中国科学院中科新高技术交流中心合作研制开发睡宝涂料系列产品，拥有现代化、专业化、国际化的研发机构，也聚集了一大批专家、教授、高级工程师和企业管理人才。陆续推出了20多种具有当今领先水平的墙面装饰环保涂料，其主导产品有水性腻子粉和纳米复合耐候外墙漆。“立足广西、普及全国、走向世界”是睡宝床垫乃至所有睡宝产品的发展目标。2010年参与柳州客家商会的成立，覃仕平担任常务副会长。他说，柳州客家商会成立是顺应形势所需，是客家英杰团队文化使然，让在柳州创业的客家人有了归宿感，有了一个极富含金量的名片，有了共同发展的平台。客家英杰们团结奋斗，优势互补，抓住机遇，迎接挑战，合作发展，为创造更加和谐美好的生活而奋斗，为柳州的经济腾飞作出更大的贡献。

4. 开拓创新

英国学者艾特尔曾指出："相对于一般中华民族保守的特性，客家人则可说是例外的。他们是革命的，充满了进取的气质。"[①]严酷的生存环境造就了客家人大胆开拓、改革创新的性格，不甘沉沦，不安于现状，敢为天下先。客家地区大多属"八山一水一分田"的山区，稀少的土地资源难以承受人口增长的压力，只有向外迁徙，客家人别无选择。而到外面的世界去闯荡，对客家人来说司空见惯，他们有不怕吃苦，乐于向外拓展的天性。客家的长辈常常这样告诫外出谋生的子女："再苦再难也要忍耐，不可半路转水（指回头）而被人看衰（指看不起）。"

客商精英素有敢于"开埠"之美称，敢于白手起家，敢于冒险进取。客谚"敢死有官做"，"敢食三斤姜，敢顶三下枪"，"情愿在外讨饭吃，不愿在家掌灶炉"。正是这群因移民聚集起来的广西客商英杰，坚持不懈的开拓创新，努力促进了广西经济社会的发展和变化。

"十一五"以来，玉柴集团的多项研发成果填补了国内空白：成功研发国内第一台拥有自主知识产权的轿车用柴油机并具备生产和配套能力；成功推出国内第一台国4燃气发动机，确立了玉柴在中国燃气发动机领域的领先地位；推出世界第一台利用现有零部件技术实现可再生空气混合动力功能的发动机；实现国内第一台"低碳节能高效发动机"成功装车试运行等等。在工程机械领域，五年来，玉柴重工完成了大挖、旋挖等新产品研发，丰富了挖掘机产品型谱，2010年10月份，成功推出了12款新产品，其中有9款填补了广西的空白，部分新产品还填补了国内空白。高润公司与工程研究院共同建立摩擦与润滑研究所，推出悍虎牌、重载王等新产品，并完善液压油、防冻液、润滑脂、齿轮油、船机油系列，开拓了油品的新增长点，悍虎油年产销量超过1万吨。物流集团与清华大学共同开发的"供应链物流一体化项目"，以股份公司为主体构建从采购到库存到配送"一体化"的供应链形态，树立了中国生产制造业与物流业联动发展的典范。客商英杰晏平明白，强大的自主创新能力，是玉柴品牌影响力不断提升的动力源泉。多年来的发展经验使玉柴深知，创新是企业的立命之本。玉柴一直坚持自主创新的产品研发路线，不断提升自主创新能力，被行业公认为技术创新的领跑者。玉柴在产品技术创新上秉承"超前构思，领先适用"的思想，"生产一代，研发一代，谋划一代"，致力于产品的技术创新和绿色制造，使玉柴产品始终引领技术潮流，不断推动企业向前发展。玉柴在2007年就成立了行业首家发动机工程研究院。2009年在全国企业技术中心评比排名

① 汪义生：《统一论坛》2007年第1期

中，玉柴位居第27位，行业第一名。至今玉柴完成7项国家“863”高科技前沿研究课题和11项国家其他项目。主持、参与了25项国家标准的制修订工作，取得“全国内燃机技术委员会安全与环保工作组”和“全国内燃机技术委员会柴油机电控工作组”两项国家标准制定资格。“十一五”期间，玉柴获得国家专利授权500多项。正是晏平这种开拓创新的精神，引领玉柴集团逆势增长，创造奇迹。

浓厚的客商开拓进取精神把陈永南塑造为志存高远、追求卓越而又求真务实的企业家。他既为柳钢设置了鼓舞人心的远大目标，同时也为到达目标找到了途径，这个途径就是技术改造、技术进步和产品结构的调整与创新。到目前，柳钢已投入100多亿元对传统设备进行了脱胎换骨的技术大改造，一方面淘汰了以前的全部设备，另一方面又投巨资改建、新建了许多生产线，添置了大量先进设备。例如，新建了焦炉生产线、链篦机——回转窑球团生产线，改造了多座高炉，在轧钢生产线上也新配置了轧机等，使技术装备水平显著提高。一个企业要做大做强，不能仅依靠单一的生产，除了增强产品的市场竞争力，还必须增大产品附加值，在这点上，柳钢下大气力进行了产品结构调整和新产品的开发，先后成功开发出美标ASTMA36钢板、日标SS400钢板、美标ASTMA572Gr50钢板、Q345C钢板、拉丝用盘条等10多种附加值较高的产品。其中，前3钟钢板出口到欧洲和日本市场，拉丝用盘条出口到菲律宾、越南等国。仅2005年新开发产品产值就达到6亿元，利税1.2亿元。

谢庆奎善于把开拓创新的客家精神，融入到品牌企业的建设中。市场的竞争越来越大，市场也不是一块无限大的蛋糕，企业要生存发展，必须抢占更为广阔的地盘。他大力倡导“创新毅力是事业发展之动力”的理念。正是这样的信念和作为，化解了企业发展中关键时刻的一个个危机，成就了“西麦”辉煌的今天。企业创办的早期，面对激烈的竞争和较恶劣的环境，谢庆奎既是管理者又是执行者，靠执著和毅力渡过了重重难关。在经营方面他一贯不拘泥于常规，敢于创新，勇于进取，积极以身作则地将思路转化成行动，以可持续发展的观点来运营企业。

十七年的执著、十七年的品质保障、十七年的良好表现，引来了众多世界食品巨头的青睐，纷纷向“西麦”发出邀请表达合作意向。谢庆奎致力于整合资源，在保留自身优势和品牌价值的基础上，适当引入国际企业的合作，形成强强联合，实现更加快速的发展。展望未来，“西麦集团”将继续强化健康的品牌形象，培育更为强大的营销网络，建设更为高效的管理团队，打造更为完备的产品体系，塑造更有凝聚力的企业文化，努力把“西麦”打造成为中国谷物食品的行业旗舰。

为了把企业做得更好，陈大光先后出访西欧德国等八个国家，学习外国采金的先进经验和技术。1995 年以后，他又先后投资 2000 万元在凭祥、崇左、横县创办了 3 个金矿冶炼厂，经济效益都十分可观，陈大光也被广西黄金局评为有突出贡献个人。陈大光认为，他经历了苦难的童年，从为别人做帮工到自己创业，抓住了人生每一个转折点中的发展机遇，勇敢面对竞争和挑战，不断萌发创业激情，开拓创新、不懈奋斗，使得企业不断发展壮大、做大做强。“人生下来就是要创业，要不断拼搏。有好的机会我还要继续投资，为社会发挥自己的余热。”

睡宝床垫能轰动西南和沿海各省，在现代床垫行业中独领风骚，靠的是覃仕平的开拓创新精神。睡宝床垫具有独创性的内部结构、独特的保健功能和过硬的质量保证。睡宝床垫的内部结构弹性好而且平衡稳定、防虫蛀、抗老化、不易变形、经久耐用。十多年的无数用户使用实例证明，睡宝床垫具有设计科学、弹性适中、通风透气、冬暖夏凉、四季适用、拆装方便、保健益寿、老少皆宜等优点，能满足人们对床垫多方面的需要。睡宝床垫的诞生，给人们带来了一种全新的睡眠保健新概念。2008 年，广西睡宝床垫有限公司正式成为中国保健协会会员。

客商女杰钟群率领梦之岛正在探索在社区推出让人们加盟的超市，只要有 10 平方米的场地就可以加盟梦之岛快捷超市。钟群表示，下一步的加盟店会做得很好，比如生活用品或者超市加盟店，所有的设计跟货架都由梦之岛来安排，加盟者只要交保证金就可以自己开店创业。“优购超市”和社区加盟超市的大胆探索，无疑为梦之岛注入新的活力，必将焕发出更新更亮的色彩。

早在 2004 年，善于开拓创新的廖荣纳就制定和实施了正菱集团“三步发展”战略，掀开了多元化、集团化、全球化的企业全面建设与发展的帷幕，并借助“中国东盟南博会”平台，通过 OEM 配套，建立国外生产基地和经营机构，充分享受中国与东盟建立 10+3 自由贸易所带来的巨大商机。以越南为中心，展开与东盟国家的全面合作，进行多元化贸易，通过强强联手，建成中国“西部大开发”中最强的“四跨”企业集团。在中国——东盟博览会期间，柳州正菱集团是柳南区最大的一个专门以生产汽车配件为主的民营企业。为了参加首届中国——东盟博览会，正菱集团先后开发了一批适合于东南亚国家国情的产品。在博览会的展台里，他们摆放的农用车、系列摇臂钻床、数控车床等，刚开展就吸引了中外客商的眼球。越南芒街 8 位客商在看了柳州正菱生产的农用车后，表示出了极大兴趣，认为这种农用车很适合越南使用。2009 年 11 月 4

日，董事长廖荣纳、副董事长叶祉群分别与越南、柬埔寨方面进行商贸洽谈，签订了2000辆总价值1.2亿元人民币的供货合同。另外还与柬埔寨有关方面签订了3万辆改装车的供货协议，与加拿大尤斯马斯公司签订了价值1000万美元的齿轮加工合同。

5. 爱国爱乡

在我国历史文献中很早就出现了“爱国如家”[①]的记载。在几千年的历史风霜中，中华民族所表现出强大的向心力、凝聚力，这种力量说到底就是爱国主义。爱国主义已深深地扎根于中国数千年的历史与文化的土壤中，它体现着个人对养育自己的祖国和人民的无限热爱。并由此产生出神圣的民族自尊心、自豪感和自觉报效祖国的崇高责任感和爱国心。在不同历史时期，爱国主义具体内容虽然有很大的不同，但实质是一脉相承的，都是在继承了传统的爱国主义精神的基础上，从每一个新的时代精神中吸收营养，从而不断地丰富和更新。因此，爱国主义总是与不同时代的爱国者所追求的中华民族崇高的理想是联系在一起的。

客家人爱国爱乡精神源自中原汉族的传统，因自身的颠沛流离，切身体验到战争离乱民族灾难国家贫弱给他们带来的痛苦，在“时时为客、处处为客”的窘境中最为痛切地体验到故土的可贵，而将家庭意识乡土意识和民族国家意识交织在一起，养成爱国爱乡的优良品德。日本人山口县造高度赞扬客家人，认为“他们原有一种自信与自傲之气，使其能自北方胡骑之下，迁至南方，因此，他们的爱国心，比任何一支民族都强，是永远不会被征服的……”[②]

历史上有客家商人张弼士远涉重洋、兴办实业，经营“张裕葡萄酿酒公司”享誉天下，在海外捐资办教育、弘扬中华文明不遗余力。当他得知德国轮船规定华人不准购买官舱票时，愤而创办航远公司，打造远洋巨轮，与德国轮船同走一条航线，规定比德国的同等官舱票价低一半，也不卖给德国人，迫使德轮取消了歧视华人的规定，大长了中华民族的威风！“万金油大王”胡文虎，牢记父亲遗训“子孙万代都不能忘记故土家乡”，一生爱国爱乡，捐助国难，斥巨资兴办公益事业，实现了“爱国不敢后人”的诺言。“亚洲领带大王”曾宪梓自改革开放以来，热心为祖国家乡捐助教育、文化、体育、卫生等公益事业200多项。慈善家田家炳捐出16多亿元财产，成立“田家炳基金会”，专事捐办教育等公益事业，以“田家炳”命名的单位和建筑物达数百项。在他们身上，始终体现了对祖国人民深沉的感情和爱国爱乡的优良传统。

① [汉]荀悦：《汉纪·惠帝纪》
② 日本《大汉和辞典》，1975年版

爱国爱乡也是一种造福桑梓的奉献精神，在客家人心目中，桑梓是故乡的代名词，感恩、回报桑梓是每个客家人的本分，也是每一位客商精英共同具有的客家精神。

玉柴集团董事长晏平，始终发扬客家爱国爱乡的精神，回报社会，领跑绿色玉柴。2006 年晏平以一个企业家的责任心提出了“绿色玉柴，和谐共赢”的战略思想。这是玉柴集团首次对企业的责任重新定位，明确把玉柴的使命与社会、民族、国家的长久兴旺联系在一起。提出通过打造绿色动力，节约资源与能源，优化自然生态环境，促进社会与自然的和谐发展，实现玉柴与用户、与公众、与社会和谐相处，共赢发展。以“绿色发展，和谐共赢”为行动指南，玉柴集团把节能减排放在优先位置，切实开展了节能降耗、治污减排工作，努力实现经济持续发展，污染持续下降，生态持续改善。爱民族、爱祖国、爱家乡，是客家精神的精髓。客家人善于把握历史潮流和时代脉搏，将自己的前途命运与民族的前途命运紧紧联系在一起，这种爱国爱乡之情，谱写出伟大的爱国主义新篇章。

公司在“绿色玉柴，和谐共赢”理念的领引下，2006 年，玉柴成功开发国内第一台达标欧 IV 柴油发动机，成为 1997 年以来玉柴在国内率先投放欧 I、欧 II 和欧 III 发动机后的又一次突破，带动了国内柴油发动机排放的全面升级。2007 年，玉柴独立自主成功研发出了国内首台 YC6L-50 欧 V 电控柴油机，再一次率先比国家排放标准提前 5 年，标志着玉柴在响应国家“节能减排”、提供“绿色环保动力”方面再次引跑国内柴油机行业。玉柴还成功研发了城市客车型混合动力，以四缸发动机实现了六缸发动机的加速效果，令城市的燃油消耗减少 20%左右，同时还大量减少了 CO 和其他尾气的排放。至 2008 年，多条北京公交线路用上玉柴牌欧 IV 发动机，为中国民族品牌争光，为绿色北京、绿色奥运服务。玉柴还重点抓好生产用水（节约生产用水并处理好污水）与烟气排放。此外，玉柴还充分做好宣传工作，在集团内部广泛、深入开展节约资源和环境保护的宣传工作，使全员参与节能减排，在集团内部形成了“人人讲节约、事事讲节约、时时讲节约”的良好氛围。勤俭持家、爱国爱乡的客家精神逐渐深入人心，并在玉柴集团的各个方面得到体现。2005 年 11 月，玉柴被认定为“中国驰名商标”。2006 年，玉柴品牌在世界品牌实验室评定的“中国最具价值品牌 500 强”中列第 119 位，行业排名第一，是中国动力第一品牌，广西壮族自治区排名第一；2006 年，玉柴品牌在世界品牌实验室评定的“亚洲品牌 500 强”中名列第 338 位，是行业唯一入选品牌。2007 年 9 月玉柴荣获“全国企业文化建设优秀单位”称号等，同时晏平也获“中国工业经济年度十大风云人物”等大奖。诸多荣誉证明了玉柴实力的不断增强，也证明了晏平为玉柴为社会做出不可估量的贡献，爱国爱乡的客家精神进一步发扬光大。

晏平出任公司董事长后，玉柴主动申请加入联合国全球契约，从2007年开始，每年发布企业社会责任报告，自觉履行企业社会责任。关注社会公益，为四川灾区捐赠善款和物品累计 1500 万元，并建设四川资阳玉柴希望小学。从2006年起，每年资助500名春蕾女童上学。此外，晏平个人出资建立“晏平爱心基金”，每年资助贫困职工子女上学，和为资阳玉柴希望小学购买学习用具。

钢铁工业历来被喻为高能耗、高污染、低产出的产业，而柳钢集团董事长陈永南以爱国爱乡的客商精神，在柳钢大力实施钢铁工业循环经济，正在改变钢铁工业“两高一低”的称谓，开创钢铁工业循环经济的时代。柳钢认真执行《环境保护法》，主动承担社会责任，已投入20亿元开展节能减排环境治理工作，以可持续发展为方向，以生态文明为目标，努力建设资源节约型、环境友好型企业。2009年，柳钢实际完成循环经济项目有烧结机烟气脱硫、干熄焦、热电机组、A区工业废水集中处理站等。全年实现重大环境污染事故为零，外排工业废水达标率100%，外排废弃达标率99%，工业水循环利用率97%。2010年7月底，为进一步加快推进钢铁行业淘汰落后产能，柳钢拆除了两座小高炉，并承诺两年内将4座老式高炉拆除完毕，共计淘汰炼铁产能200万吨。如今的柳钢，实现了环境效益、经济效益和社会效益共赢，为柳州市“山青水秀地干净”作出了重大贡献。

“作为人大代表，我要把发展企业作为自己第一追求，带动一方经济的繁荣，回报社会，造福于民”。这是正菱集团董事局主席廖荣纳的心声，他以特有的方式实践着自己的诺言。一是追求经济与国防双效益。2002年，广西军分区在柳州市进行城市民兵工作改革试点，正菱集团公司作为探索在民营企业建立民兵组织的试点，在廖荣纳爱国爱乡的精神教育和引导下，公司投资了十几万，按照军分区民兵建设的要求，建立了民兵组织，并先后建立了青年民兵之家、国防教育室、会议室，为民兵配备了制服和军用器械。每年民兵训练时廖荣纳都亲自组织。每遇重大节日，都要组织民兵到附近驻军单位开展拥军活动，看望军烈属和孤寡老人，送去慰问金和慰问品。二是积极参加社会公益事业，回报社会。企业的成功离不开社会各界的信任和支持，作为一名民营企业家，廖荣纳始终把群众的利益放在第一位，把职工的冷暖放在心上。多年来，他响应政府号召，积极参加社会公益事业，为和谐柳南作出了贡献。1998年，针对当时柳邕路段社会治安面临的严峻形势，廖荣纳提供了一套临街门面给柳南巡警大队，成立了柳邕路110报警点。1999年，为了改善柳邕路一带居民出行条件，捐资 10 万元支持市政府对于柳邕路的光亮工程改造。2006 年为严厉打击违法犯罪，支持公安系统的“天网工程”建设，创建和谐平安柳南，捐款 5.5 万元。为柳州电视台“110 警视风云”栏目，柳州晚报《110 警视专刊》捐款 1.7 万元。在企业发展创造巨大经济效应的同时创造了良好的社会效应，在对国有破产企业的收购改造中，先后安排下岗职工近 2000 名再就业，安排大学毕业生 200 多名，以特有的方式为柳州市公安队伍建设，促进社会平安稳定、和谐发展作出了贡献。2011 年又向在广西北海市召开的第 24 届世界客属恳亲大会捐资 100 万元。

廖荣纳在自己事业不断发展的同时，也常常心系困难群众，为家乡人民修桥铺路、兴建校舍，对社会各种捐助先后达近百万元。2005 年，廖荣纳响应柳州市政府号召，认助融安县贫困中小学生 15 名，每年提供资金支持达 2 万元，其中有一位名为莫芳万的同学，得到了廖主席的长期资助后，不仅能够继续上学而且每学期的学习成绩都名列年级前三名，小芳万受廖伯伯的影响，表示日后学有所成，必将服务正菱集团，像廖伯伯一样，帮助更多需要帮助的人。

2008 年 4 月 27 日下午，由西麦企业集团紧急生产并捐赠的近 10 万份速食食品运抵青海省救灾捐赠物资接收站。这批速食食品有效帮助了灾区群众和抗震救灾队伍减轻由于灾区特殊条件而在食品烹饪方面面临的压力。在过去的 48 小时里，运输这批速食食品的西麦车队日夜兼程、长途跋涉，从企业总部所在地广西桂林直达青海西宁。考虑到玉树地震灾区救灾重建工作的各种特殊情况，这批速食食品是由西麦集团紧急制定特殊生产计划，连续加班加点完成的，是真正意义上的“特制”救灾物资。据西麦集团董事长助理谢金菱女士介绍，西麦本次捐助的这近 10 万份抗震救灾食品中，绝大多数是杯装、碗装的速食式方便主食。“从有关的新闻报道中我们了解到，玉树地震灾区地处高原，气压较低，水在 80 摄氏度左右就会沸腾，加上地震造成的财产和设施损失，使灾区群众和抗震救灾队伍在食品烹饪方面面临相当大的困难。我们支援的物资如果能解决他们的这一难题，减轻他们的负担，也就等于是间接提高了救灾队伍的战斗力，有力支援了抗震救灾和灾后重建。”西麦集团本次的捐助还充分考虑了尊重地震灾区多样化的民族和宗教文化传统及生活习惯的需要。这些救灾食品的主食成分是燕麦，在口感和营养成分等方面均较接近灾区群众的日常饮食习惯，也能满足抗震救灾大运动量体力劳动的能量消耗。而在副食包的构成上，选择的也是符合当地宗教文化特征的素食或清真食材和配方。谢女士表示，尊重和体贴灾区群众的生活习惯，不仅是支援当地抗震救灾的实际需要，也同样表达了西麦集团对灾区人民真情实意的关怀。

除捐赠这批速食食品之外，西麦集团董事长全家老小及总部的全体员工和各区域销售人员，还自发开展了向灾区捐款的活动，募得的几十万善款通过民政机构汇往了灾区。2008 年 5 月 26 日下午西麦集团又再次派车运送物资去赈灾。

谢庆奎也常常心系困难群众，主动安排近百名因下岗而生活困难的职工，并为家乡人民修桥铺路、兴建公益设施，对社会各种捐助先后达数百万元。

王祥林和喷施宝公司同样具备着客家爱国爱乡的精神。1989 年，喷施宝公司率先在广西百色地区资助了 200 名失学儿童，让他们重返校园，完成学业。2007 年 9 月 6 日，本着“企业财富，员工分享”、“致富不忘回馈社会，实现企业社会责任”的坚定信念，王祥林捐赠个人拥有的中国民生银行股份 200 万股，中国民生人寿保险公司原始股 200 万股（市值约 3500 万元），建立企业职工福利基金，成立喷施宝贤林发展基金会。基金会既奖励和资助喷施宝公司员工及其子女，也资助需要帮助的企业、产品用户和农村贫困农民，还奖励在研究和推广绿色环保农业方面有突出贡献的专家、学者、农民。

王祥林表示，“在构建和谐社会进程中，先富如何带动后富，如何实现社会共同富裕，一直是我思考的问题。我感谢国家政策和社会支持，使我拥有了一定的财富，但这些财富并不属于我个人，而是属于员工，属于社会。财富来自社会，应回馈社会……构建和谐社会，人人有责，企业更有责。喷施宝贤林发展基金会将惠及企业全体员工，恩泽他们的子女，对社会和谐起到促进作用。”据统计，基金会成立两年时间，已累计投入资金近 135 万元，累计受益人员达到 2000 多人次。中共广西区委前书记刘奇葆对王祥林的善举给予了充分的肯定，他在批示中说：“企业家有志于慈善事业，应给予支持，并应在企业界弘扬扶贫济困的崇高精神。”①

不仅是回馈社会，在爱国道路上，王祥林还积极成为维、汉一家亲的使者，为促进民族团结不懈努力。20 多年来，王祥林的足迹遍布天山南北 60 多个县、500 多个乡镇，穿梭于维吾尔、回、汉等民族聚居区，与各族人民群众交往，帮助他们致富，以自己的行动推动了少数民族地区的经济发展，为各民族的团结做出了自己的贡献。

陈大光从贫困的农村一路走到今天的成功，朴实善良的他始终有一种浓浓的家乡情结，割舍不了对社会、对家乡的关爱。在他的企业里，不仅安排了 3000 多名的下岗职工和农民工，而且自己先后捐资 1000 多万元支持公益事业。1987

① 《王祥林的慈善情结》，中国企业报，中国企业新闻网

年，陈大光还没有多少资产，但他还是慷慨解囊100多万元，赞助家乡兴建乡政府大楼，安装闭路电视、程控电话和改建学校。为了给家乡修路，他带头捐资50万元，给横县公安局110报警中心捐资40万元，为横县南乡镇大化村修公路捐了30万元，为南宁市江南区教育局筹措教育基金捐资13万元，为支持老、少、边、远山区经济发展和解决特困户生活困难，他无偿捐资达200多万元。这样的无私捐助，连陈大光也无法记清到底有多少次了。在他的家乡，人们已经记不清有多少幢大楼、多少座桥梁是他出资修建的，又有多少学校和贫困户得到过他无私的支持。对于自己的善举，陈大光的话很朴实真诚："一个人对社会总要有贡献，自己富裕了，不能忘记社会，更不能忘记乡亲。""每当看到那些生活贫困的乡亲，就会勾起我儿时的回忆，现在我有点钱了，我有义务帮助他们渡过难关。"在他眼里，帮助别人是一件天经地义的事情，更何况是扶助自己的家乡，自己的父老乡亲们。当年因为家境困难被迫离开校园的经历，让他深深地懂得读书机会的宝贵。因此，事业成功之后，他捐助最多的就是各级学校，最关心的也是家乡孩子们读书的问题。每次回家乡，陈大光都要到学校去走一走，看一看，了解学校的情况和需要，做一些力所能及的事情，并与当地乡、村干部一起探讨如何搞好当地的经济建设。

致富后的覃仕平，情系家乡建设，多年来，覃仕平为家乡各项事业建设捐款达400多万元。2010年博白县开展农村道路基础设施建设大会战，旺茂镇硬化大寿村至深水塘屯3.5公里的村道，覃仕平捐款51万元。这条村道是目前博白县最宽广的村道之一，解决旺茂镇大寿村15个村屯8000多人行路难的问题。这条兴村富民路，寄托着游子覃仕平对家乡的无限挚爱之情。

至此，我们发现，经济社会的发展，重点在于打造品牌企业，发展品牌经济，而品牌经济的建设离不开独特的企业文化与领导者的精神领引。梳理广西客家品牌企业家的成长历程，他们都有一个共同特征，即有一套坚持不懈的核心价值观——刻苦耐劳、诚实守信、团结奋斗、开拓创新和爱国爱乡等客商精神文化。这一精神文化一旦被企业上上下下普遍认同，就能打造品牌企业，成就品牌经济，并且能不断适应技术创新与社会环境变化而魅力四射。广西客商英杰重视传承客家群体历史积淀的精神文化，能够自觉弘扬客家人刻苦耐劳、诚实守信、团结奋斗、开拓创新和爱国爱乡的精神，这是他们成长为客商英杰，崛起成为中外闻名品牌企业家的一个秘诀，也是他们成为优秀商人的必要因素。

诚然，客商精神来自中华千年文化的沉淀，来自客家万里迁徙的历练，来自偏僻山区恶劣环境的锻冶，来自祖辈一代又一代的言传身教，来自客属先贤

"源于斯，高于斯"的添薪曾彩。所谓"客商精神"，其实是"中华精神"的演绎，是在独特的社会环境和漫长的历史进程，不断推陈纳新的过程中形成的，是对中华民族精神的继承和发扬，也为中华民族的历史增添了光辉的篇章，必将对广西的品牌经济继续产生积极的影响。

（本章作者为广西玉林市人大刘戬先生等）

# 第十章 客家文化时空网站及其功能

一个对社会高度负责的新闻媒体，就是一个促进社会和谐发展的重要平台。客家文化时空网站自诞生之日起，凭借客家人突出的艰苦创业、团结奋斗、开拓进取、和谐共赢的精神，不遗余力地弘扬客家文化，促进社会和谐稳定与祖国和平统一。本章将以网络这一新媒体的影响力为着眼点，以客家文化时空网站的特色与功能为着重点，梳理、探析客家文化时空网站在和谐社会的构建中如何找准自己的定位，回应社会的诉求，及其在自身发展和实现社会对新闻媒体的期待中，找到最佳契合点，为构建和谐社会提供生生不息的资源和正确的舆论导向，引领网友对客家文化的认知、对客家族群的认同，认识“客家”这一文化资本和象征符号的价值、意义，实现文化传媒与和谐社会的共荣共赢。

“广西有客家人 700 万人，遍及全广西的 14 个地级市以及 100 多个县区，”[①]然而，一个如此重要的客家聚居地，以前却没有一个介绍客家文化的网站，致使很多人都不能了解广西客家。2004 年 5 月 24 日，客家文化时空网站建立了。它的指导思想是坚持正确的科学理论指导，坚持“百花齐放、百家争鸣”

① 2011-04-14 17:17.来源：中国新闻网

的方针，坚持社会效益第一的原则，大力研习、推介客家文化，弘扬客家精神，促进社会和谐稳定与祖国和平统一，团结奋斗，开拓创新，为把网站办成客家一流的网站而奋斗。

## 第一节　客家文化时空网站及其主要特点

登陆客家文化时空网站，就会看到内容丰富，资讯充实的页面。网站包含有资讯、日志、相册、商品、影音、文件、书签、圈子、论坛等九大板块，其中客家文化时空论坛是全球最专业的客家文化交流平台之一。客家文化时空论坛按内容来划分，有客家消息、客家研讨、客家源流、客家人物、客家风俗、客家民居、客家语言等16个母栏目，客家话写作、客家名胜古迹、客家活动等42个子栏目；按照客家地域划分为广东客家、福建客家、江西客家、广西客家等8个栏目和博白客家等3个子栏目；按照时空文化分为小说散文、诗词对联等7个栏目，张长兴、梁智华等14个子栏目；按照休闲娱乐分为贴图专区、灌水专区等多个栏目。

点击客家文化时空网站，能从文字、音乐、影视等窗口浏览到广西客家文化内容的方方面面，了解客家人的历史，走近客家人的生活，感受客家文化的精髓，体会广西客家文化的景观。进入客家文化论坛，与各地客家文化网站沟通交流，能使广西客家人更好地比照，认识自己，了解自己，扬长避短，取长补短，获益多多。

### （一）客家文化时空网站的建立

2004年4月17日至18日，“客家文化研究座谈会”在广西玉林市博白县召开。会议期间，刘斯[①]与当时到博白党校考察的广西客家海外联谊会会长陈宁、常务副理事长黄继济和陈仕金交谈中，提出了建立广西客家网站的设想，马上得到陈会长一行的赞同与支持。同年5月4日，刘斯怀着一颗炽热的心，只身前往南宁传导网络技术有限责任公司，花了2万多元注册和购买了中文实名为“客家文化时空”（英文名为 www.kjwhsky.co）的服务空间。2004年5月24日，客家文化时空网站在众人的期待中正式开通，刘斯多年来的愿望终于实现了。网站开通后，刘斯每天忙完单位的工作，就像呵护自己的孩子一样细心

① 刘斯，中共博白县委党校校长，曾任玉林地区教研室教研员，博白县委宣传部副部长，博白报社副社长兼第一副总编。博白县第十二届人大常委会委员，政协博白县第五、六、七届委员，博白县刘永福研究会副会长，广西玉林市客家海外联谊会常务理事。博白客家歌谣演唱团名誉团长，网名“伟人”

地守护着。网站也在刘斯和其他管理人员的艰辛付出与细心管理下日益发展壮大起来了。

客家文化时空网站的建立，填补了广西这个客家大区（省）没有专门介绍客家网络平台的空白。在各级领导的大力支持和刘斯团队的执著努力下，客家文化时空网站迅速走上了运行的正轨。

### （二）客家文化时空网站的运行

众所周知，成立一个网站并不难，难的是网站的长期维护需要花费大量的精力和时间，而要想把一个网站建设好，并取得一定的成就，更是一件难上加难的事情。网站建成后，遇到不少问题，然而刘斯和他的团队并没有因此放弃，而是不断摸索，找到了一条适合客家文化时空网站生存及发展的路子。

客家文化时空网站实行站长负责制，设立顾问委员会和编辑委员会，实行站长——主管——管理员——编辑——版主的梯级管理制度。站长刘斯是地道的客家人，生长在客乡，从小受到客家文化的熏陶，继承了客家人吃苦耐劳、团结奋斗、开拓创新、爱国爱乡等优良传统。刘斯对客家文化格外热爱，创建客家文化时空网站这一"虚拟社区"，正是其感恩、回报养育自己的客家社会，对客家文化传承有所作为的一个心愿和举措。要长期维护好网站并非易事，但是刘斯就用超常的毅力坚持了下来，在繁忙的工作之余，大量时间都花在网站的建设上。网站开始运行时缺乏资金，有人提出植入广告以换取资金，而刘斯只想办成一个以人文性为主的网站，不愿过多引入商业广告。经过与团队成员的反复交流、权衡，最后决定只引入教育广告而拒绝其他的商业广告。网站运行的资金困难得到缓解后，新的挑战又出现在团队的面前：网站的管理人员均不是专业人士，而且他们白天要到单位上班，根本没有足够的时间来维护和更新网站页面，加上网站的资料缺乏等等。凡此，刘斯不得不花大量的时间学习更多的电脑技术和网络管理知识，平时还得跑到外面去采风、拍照、收集，回来马上制作、上传、更新网站的资讯。刘斯的这种执著和超常付出的精神，鼓舞着网站的其他人员。在刘斯的带领下，团队成员咬紧牙关，不断攻克各种难题。"很多文章和图片都是'伟人'亲自放上去的，刚开始时，他打字很慢只能低头看着键盘一个个字母打，哪怕打短短的几十个字，他都需要很长的时间，同时颈椎的病痛迫使他不得不打一会儿字又停下来休息。看着他如此执著，我们很感动，时间久了我们都得像'伟人'那样执著了。"[①]正是刘斯团队上下的

① 引自2009年对著名网络红人、客家文化时空网站主管"流氓燕"接受《玉林日报》记者梁智华的采访，http://www.kjwhsky.com/forum.php?mod= viewthread&tid=42212

执著追求和艰辛付出，网站的资料越来越丰富，登陆和注册客家文化时空的人数也越来越多。

至今，客家文化时空网站已发展到有名誉顾问 3 人，顾问 26 人，编委 17 人，管理员和版主 72 人，遍布美国、新加坡和北京、上海、广西、广东、福建、江西、山东、湖北、海南、台湾等国家和地区。这些来自世界各地的顾问和管理人员，为客家文化时空网站提供了更加丰富的内容和更全面的资讯。

### （三）客家文化时空网站的成就

七年来，在刘斯团队的辛勤耕耘和精心管理下，客家文化时空网站已由一个不为世人知晓的网站，发展为注册加入网站的达 55300 多人，全国三大客家网站之一（另两个是：客家风情网（广州）和客家堂网（梅州）），每天点击率上万人次。客家文化时空网站的建立，让更多人了解广西客家社会，作为世界最大的客家县——广西博白也以其独特的魅力吸引着世人的目光。

依托客家文化时空网站平台，2006 年 10 月博白举办了第一届客家文化节。在本届客家文化节中，刘斯站长负责客家文化论坛工作：主编《中国博白客家文化论坛论文集》；负责客家书画摄影实物展，展出书画摄影作品 300 多幅，实物 100 多件。2007 年 5 月，刘斯又创建博白客家歌谣演唱团协会，组织创作、改编、演唱《博白好》、《家乡水蕹菜》、《编织情歌》、《茶山情歌》、《岭岗情歌》、《淡水河斗歌》、《山水情》、《寻绿珠》、《客家亲乡连四海》、《茶山缘》、《故乡的夏夜》、《阿妹涯陪仪》等 20 多首客家歌曲。在博白客家文化节、第六届“玉林商机博览会”开幕式晚会和 2008 年中国西安市世界客属第 22 界恳亲大会上，与新加坡的客家歌唱团进行了文化交流。2010 年 10 月，博白举办第三届客家文化节，刘斯负责主编《博白大观》，同时负责 2010 年“客家文化与经济发展论坛”工作，主编《第三届博白客家文化节客家文化与经济发展论坛论文集》，发表了《打造现代客家儒商的思考》一文，为博白客家文化与经济发展出谋献策。

这几届博白客家文化节的顺利举行，客家文化时空网站这个交流与互动平台做出了很大的贡献，让许多人通过网络了解博白客家文化的方方面面。之后的民歌、摄影作品比赛和论坛的深入发展，更离不开客家文化时空网站。可以说网站在发展中找准了自身的定位，积极回应社会的诉求，在自身发展和实现社会对新闻媒体的期待中找到最佳契合点，从而为构建和谐广西提供了生生不息的资讯。将广西林林总总的客家文化，通过文字、图片、音乐和视频等多种传播方式传递给大众，扩大了客家文化时空网站的影响，实现了文化传媒与和谐社会的共荣共赢。

七年来，经过不断完善，网站的功能越来越全面，内容越来越丰富，真正成了客家文化交流、互动的平台。尤其是客家文化时空论坛开设了客家文化、各地客家、时空文化、休闲娱乐和管理专区五大板块96个栏目，其中38个母栏目，58个子栏目。这些栏目文化性和专业性都比较强，分类齐全，易于阅读和查阅资料。特别是许多专家学者的栏目，个性突出，可读性强，资料权威，论点新颖。由于客家文化时空聚集了大量研究客家文化的专家学者，不少网友称客家文化时空是“藏龙卧虎”的客家网站。

客家文化时空网站组织和举办的客家文化活动有十余次。参观、考察和访问的地方有玉林、贵港、贺州、南宁、广州、上海和新加坡等地区、国家。客家文化时空网站七年来与世界各地的客家联谊会、会馆、媒体多次接触，接待了来自桂林、梅州、厦门、广州、北京、台湾和新加坡等地的专家学者。网站还与广西师范大学客家文化研究院、华南理工大学客家文化研究所、新加坡茶阳（大埔）会馆等组织进行文化交流，使网站成为各地专家学者和客家乡贤到博白考察调研客家文化的基地。目前，到网站注册的会员已达5万多人，网友有来自国内各省市，也有来自新加坡、日本、美国和欧洲等国家和地区。

这些交流活动取得的成就也是突出的。在客家文化时空论坛中，有一封来自新加坡茶阳（大埔）会馆的客家歌唱团团长杨培玉写给客家文化时空网站站长刘斯的感谢信，信中由衷地感谢客家文化时空网站，对新加坡茶阳会馆客家歌唱团一行18人的热情接待和贴心关照：“此次广西联谊之旅，可谓‘入宝山，取宝藏’，我团获益良多。亲临广西省，在此地大物博的客家原乡上游走，教人眼界大开；各地蕴含丰富历史文化背景的名川胜地，使人深深体会客家文化的源远流长；在与诸位客家音乐同好观摩演出当中，不仅提高歌艺，更促进两地文化交流，继续传承与推广多样化客家歌曲，意义深远。确切落实了本会客家歌唱团‘跨出会馆，走出国门’，以弘扬客家文化的理念……我团充分感受到‘天下客家是一家’的浓情厚谊。客家兄弟之情，深铭心中。”[①]杨培玉团长的信，肯定了客家文化时空网站这个交流平台，让外界的人士更全面地认识广西客家文化，同时也深深体会到“天下客家是一家”的友好情谊。

2008年6月，应新加坡有关部门的邀请，刘斯率团赴新加坡演出，获得好评。2010年10月，刘斯又率博白客家歌谣演唱团参加在广东省东莞市凤岗镇举行的广东、广西、江西、福建、四川、河南、台湾和新加坡、马来西亚八省三国优秀客家山歌邀请赛，获优秀组织奖、《岭岗情歌》获银奖、《茶山缘》获

① http://www.kjwhsky.com/forum.php?mod=viewthread&tid=42212

铜奖、《岭岗情歌》获优秀作品奖。刘斯本人在网站、博客中发表论文、散文、通讯、消息600余篇，还上传了大量的摄影作品，连续多年被评为博白县优秀党员和优秀党务工作者。

### （四）客家文化时空网站的特点

客家文化时空网站属于众多传媒中的网络传媒。网络传媒作为继报纸、广播、电视之后的第四新兴媒体，以新闻传播速度快、范围广，传播、接收、储存、检索都极其便捷等优势，对传统媒体形成全方位的冲击，具有传统传媒不可取代的特点，影响十分巨大，受到了人们的普遍关注。客家文化时空网站很好地利用了网络传媒的优势，拥有了其他宣传客家文化的传统媒体所没有的特点。

**多样**。比之报刊杂志和广播电视这些传统的媒体，客家文化时空网站拥有多种多样的舆论传播方式，如图片、视频、博客、论坛等。通过这些传播方式，更加方便受众的交流，而且交流方式也比传统媒体更有优势。首先，客家文化时空网站的数字化和多媒体化，不仅能够大量用文字来交流，还可以借助照片、图像、声音和影像等文件一起交流，使交流的内容更真实，更形象，更有说服力。其次，网站也与传统媒体互动，造成舆论的扩散。网络已经成为传统媒体的信息源之一，网上的舆论话题，比如客家文化时空网站举行的历次活动，在网站实时报道之后，会更快的在网上扩散，引起报纸、电视等传统媒体的关注。这些传统媒体的报道，通过从网站寻找新闻线索，再利用平面媒体进行宣传，使更多人去网上关注。三是客家文化时空网站通过与新兴网络技术的融合，让信息的传递更快捷，影响更大，如客家文化时空网站中博客、电子邮件、网络论坛等功能的发挥，可以让广西客家的信息迅速传播，在社会上造成更大的影响。

**动感**。访问客家文化时空网站，处处可以感受到新传媒的特色。如没有听过客家民歌的人，可能只是听说过客家人有自己的民歌，却不知道是什么样的旋律和词作，反映的是怎样的生活，而点击客家文化时空网站，就能找到这些民歌并且可以听韵味看歌词。在客家文化时空网站，不仅可以看到最新的关于广西客家文化的动态新闻，还能从照片、音频、视频中更深入地了解客家文化。还可以进入“伟人”、“流氓燕”等这些客家文化网站名人的博客中去了解客家文化的历史和现在，体会他们对客家文化深厚的情感。网络论坛也为广大网友提供最轻松、自由的交流平台，内容包括客家工艺、客家民居、客家联谊、音乐地带、客家饮食、客家居民等等。在论坛中，可以发帖提问，也可看别人的讨论；可以听歌休闲，也可以从精美的照片欣赏到客家人工作生活的各个方面。从帖子最直接的交流中，能方便了解到更多样、更深层次的客家文化资讯。

**便捷**。客家文化时空网站积极利用网络的广泛影响和传递信息便捷的特点，举行征文、摄影比赛、现场直播等活动。如网站为迎接2011年母亲节而举办的“客家母亲节摄影大赛”，吸引了许多人投来照片稿件。这些慈祥能干的客家母亲，有的历尽沧桑，头发花白，却依然面带微笑；有的刚做妈妈，精心地照料着自己的孩子；有的厨艺很好，为家人备上一桌客家美食。“客家母亲摄影大赛”这个赛事，正是依托网站的广泛影响和新传媒图文并茂、传播迅速的特点顺利展开的。从这些摄影作品中，能看到客家母亲们不辞劳苦、坚强能干、心灵手巧的特质，并能体会到客家和睦温馨的家庭文化。

**自由**。在客家论坛板块，不仅可以看到权威专家的文章，也可以自由地交流自己的观点；在各地客家板块，可以了解到各地客家不同的风俗习惯；在客家英才板块，能真实地感受到优秀的客家人如何通过不懈努力取得辉煌成就的经历；在客家旅游、客家音乐版块中，图、文、音并茂，让人体会到客家文化的无穷魅力。这正是客家文化时空网站拥有那么多人注册，网站论坛造成巨大影响的主要原因。

## 第二节　客家文化时空网站的主要功能

客家文化时空网站经过多年的努力，在研习、推介客家文化，提升客家群体综合素质，领引网友对客家文化的认知以及对客家族群的认同，认识“客家”这一文化资本和象征符号的价值与意义等方面，充分显示了它特有的功能。

### （一）推介客家文化，提升客家群体综合素质

客家文化时空网站将客家文化的进行了研习、推介，使客家群体在了解、体悟客家文化的过程，明白自己应该承担的社会责任，提升了客家群体的综合素质。

1. 客家

客家人的“客”字，《说文解字》释为：“寄也，从宀，各声。”“客”字由“宀”和“各”构成。“宀”为“交覆深屋也”；“各”为“异辞也，从口夂，夂者有行而止之，不相听也。”客家的概念最早是相对于土著人和先迁入本地的汉人而言的，先到为主，后到为客。晋朝的户籍就出现了本籍和客籍之分。本地人称后迁入的汉人为客，后迁入的汉人也自称为客。这是客家最早的由来。

2. 客家人

具有独特、稳定的客家语言、文化、习俗和感情心态（即客家精神）的即为客家人。客家既是一个种族概念，更是一个文化概念。这个概念要从社会学和文化人类学两个方面来理解。

作为一种普通社会现象，先来为主，后到为客，客家人当然是指后迁入的族群。据有关对客家人的统计数字，目前大陆有八千多万，海外四千多万。从构成全世界一亿二千多万客家人的梳理来看，起码包括这四类人：有客家血统的人，会讲客家话的人，在客家地区工作生活又承认自己是客家的人和不具备上述三个要件，但自己既认同客家文化又承认自己是客家的人。

3. 客家先民及客家民系的形成和发展

客家民系是在客家先民的迁徙运动中形成，其年代在宋朝。客家人在历史上曾经历五次迁移运动，其中第一期是孕育期，第二、三期是形成期，第四、五期是向海内外播散期。客家人迁徙运动的背景，是中国历史上因王权变更、农民起义或少数民族入主中原引发的北方汉民南移运动。

客家人大量迁移广西，主要在同治以后，它是广东台山、开平、四会一带空前惨烈的土客械斗导致的。械斗从咸丰六年（1856 年）至同治六年（1867 年）止，持续 12 年，死伤人数五六十万。外迁客民主要是进入高、雷、钦、廉各州。客家开始迁桂的时间上有“早在唐代或更早”、“宋元时期”、“明清之际”等不同说法，而清初是客家人迁桂的高潮则是一致的。客家人入桂的原因：为了易仕、谋生、挖矿、经商、逃难。

4. 客家文化

客家文化是以汉民族传统文化为主体，融合了畲、瑶等土著民族文化而形成的一种多元文化。内容包括：历史文物遗迹、方言文化教育、民居文化、饮食文化、民俗文化、风水文化和民间文艺等。客家文化具有质朴无华的风格，务实避虚的精神和返本追源的气质。

客家文化根植于河洛文化，肇因于移民生活，因而在语言、信仰、民俗、民居建筑等诸文化要素上，客家人既继承了中原古文化的精华，又在新的环境里创造丰富了它，从而使它嬗变成了一种具有自己鲜明特色的新文化——客家文化。

客家文化是中华文化的一部分，是客家人在征服自然、求生存、争发展奋斗的过程中，长期创造所形成的、相对稳定的、被客家人认同和接受的精神成果的总和。客家话、客家风俗、生活习惯、客家人的性格、气质、心态、思想、观念、意识及它们的载体；众多的客家精英、客家建筑、装饰、服饰、艺术品、客家文艺、各类客家文献资料等等，都是客家文化的具体体现。

客家人入桂后，已经融合了不少南方区域文化的客家文化又大量吸收了富有岭南民族特色的桂地文化，并由此逐渐形成了较为独特的广西客家文化景观。

5. 客家人格

人格是指人的先天自然性（遗传为主）与后天逐渐形成的带有倾向性的心理现象的总和或意志品格。客家人的“客”字里的“各”字，时刻在提醒客家人必须高度注意人格的修养。由于客家人在战乱中逃生，为了生存，客居他乡，寄人篱下，非常容易产生依附、仆从、雇佣的心理，甚而失去独立的人格。依附在树干上的葛藤，由于其根系浅短，无法独立生长。而客家人的根系在中原，扎根在中华民族传统文化的沃土中，无论移植到粤闽赣桂的崇山峻岭上，还是移植到南洋的椰风蕉林中，亦或是移植到欧风美雨里，都能落地生根发芽，独立顽强茁壮成长。

**平实**。战乱频仍、朝代更迭，使得原本生活在肥沃富饶的中原大地上的客家人，被迫背井离乡，举家南迁。由泱泱大国的主人沦为阶下囚，由华贵望族沦为平民布衣，往昔的歌舞升平、灯红酒绿的士族生活，弹琴奏乐的双手如今却不得不拿起犁锄，披荆斩棘，开山拓野，为柴米油盐而终日劳作，与底层土著百姓打成一片。于是形成了平实的思想性格，并在日夜劳作中慢慢地得到了强化。

**乐群**。客家人迁徙南国后，寓居在土著的地盘上，和土著之间的交往成了必然。与犹太民族不同，客家人没有自己宗教，所以在土客交往中的忌讳就少了许多，意识形态的冲突也没有达到一触即发的激烈程度。客家人奉行的是和睦共处、相互包容、平等交往、共同发展的原则，所以在与其他任何民族、民系交往中显得易于建立互信。其中的乐群性格起到了内驱力的作用，驱动客家人去接纳与被接纳、融合与被融合。

**反客为主**。客家人原是中原望族，有学识有技术，虽然已经丧失了政治上的优势，为异族所统治，但是他们依然是当时先进文化和先进生产力的绝对代表。通过不断地购买土地，置办家业，加上善于经商，他们在当地的政治地位也随着经济地位的壮大而不断地提升，因此客家人很快地后来者居上，反客为主了。在广西，客家人越多的地区越发达。

**轻财重义**。客家人经历了太多的磨难，对于国丧家亡的阵痛记忆犹新，每当面对国家的危难时刻，客家人便会自觉的挺身而出，或奔赴沙场抛头颅洒热血，或出资捐物，以赈济国家之亡难。文天祥、洪秀全、孙中山、朱德、叶剑英、王力、曾宪梓、田家炳、李光耀、他信、胡文虎等，都是杰出的客家精英代表。

**卓尔不群**。打开客家人的迁徙史、创业史、奋斗史就知道，客家民系是走出来的，是拼出来的，是在绝境中壮大辉煌起来的。客家人开辟了一处又一处新景象，创造出前所未有的文明，这是客家人生命张力和再生能力的顽强显示。当列强的炮火袭来时，客家人再也坐不住了，他们砸锅卖铁、拆屋卖瓦，踊跃参战，直到流尽最后一滴血。客家人在近一两百年来的冲天一啸举世震惊。坚定无比的信念，义无反顾的勇气，排山倒海的凝聚力便是客家人特立独行的魂魄。无论是风雨交加，还是狂风巨浪，客家人俨如随风而去的蒲公英，落地之后生根发芽，开花结果。

**乡音不改**。中国社会科学院近代史研究所科研处长徐辉琪研究员在《客家与辛亥革命》中提出："客家人使用客家语言仅赖以增强和维系友情却不拉帮结派，客家志士的表现是十分突出的。客家志士献身革命，根本上是为谋求民族独立和国家富强。"

### （二）宣传客家精神，推进广西精神文明建设

客家人之所以能够在恶劣的环境中生存、发展、壮大、辉煌，与这一族群的精神特质分不开。客家文化时空网站依靠网络媒体的影响力，给客家精神文化一个充分展现的平台，使客家精神通过网络迅速传播开来，吸引更多的人了解、体悟、研究客家精神，为构建和谐广西做出了贡献。如在"客家人物"这个板块中，可以看到许多客家人的英雄事迹，包括革命英雄，战争烈士、成功商人、社会名流、科学家、学者、歌手等，涉及多个领域。从这些人物的事迹中，可以体会到客家群体如下突出的精神品格。

#### 1. 勤劳坚韧

由于生产资料被当地的土著居民占有，后来的客家人只能落户僻壤荒野。尤其在地广人稀的广西，自然条件十分复杂，客家人只有凭借自己的身手和技术，发扬刻苦耐劳的精神，才能制服穷山恶水，开创新的家园。桂东南客家社会有俗语："只要有一捧泥，一勺水，就饿不死人。"充满了艰难困厄、成败悲欢的经历、经验与教训。

因此，客家人养成了勤劳坚韧的精神，不论男女，都以勤劳作为做人的本钱。他们虽然客居他乡处在贫困的境地，却往往能用客家人过人的智慧与勤劳的精神，不断改善自己的生存生活环境。古时广西被称为"蛮夷之地"，客家先辈们使用自己带来的斧头柴刀等工具，斩荆棘，辟田地，建围屋，种五谷，植蔬菜，养六畜，以坚强的意志，顽强的毅力，去开垦这片荒凉的土地。经过数

代人的努力，当年的荒山之野逐渐变成了肥沃的良田。民国《崇善县志》说：“土著农民（即本地农民）性好懒，不加耕种，于种谷外，只知麦豆，花生，芋薯可种而已，故农产品少，获利不多，且岁收稻谷逾万者寡，不及万者众。中稔之年，仅堪衣食之用，凶岁则难免米菽不饱，短褐不完之虞。外来农民（即客民，清光绪时来自钦州、博白、郁林者）有耐劳之性质，无畏艰难之心志，时而春耕，戴星出入，勿懈厥功；时而夏耘，烈日当空，汗滴如霖，不辞况瘁。且尽力沟洫，以备旱涝……其勤力较胜于土民。”[①]

网站还介绍了客家长辈在创业过程中所形成的勤劳俭朴，艰苦奋进等客家精神，写进族训家规，教育子孙后代，让它成为客家家庭教育内容的一部分。

### 2. 团结奋斗

长期筚路蓝缕的移民生活经历，使客家人养成一种恭谦平等、团结友爱的传统精神。因为在逃难的时候，无论昔日在故乡时如何富贵或何等贫贱，“同是天涯沦落人”，大家都是一样。不但人人平等，没有你看不起我，我瞧不起你的情形，而且大家也都因此知道，不互相团结互相帮助，就不能共同渡过难关。所以，更进一步养成守望相助的友爱精神，形成每一个客家人彼此之间都像兄弟姊妹一样友爱的传统。因此，客家人所到之处，均能安身立命，随遇而安，在异地他乡落地生根。除了面临自然环境的挑战，还有主客文化的冲突，为了战胜恶劣的自然环境，融入当地的社会，必须开放与兼容，这就使得友善宽容的客家人十分看重和谐与团结。不但要加强客家人的团结，而且要加强和客居地人们的团结，与土著人和睦相处，和谐发展。

### 3. 诚信睦邻

客家人知道“勤劳与团结”是生存的根本保证，也是发展的重要途径，然而他们也意识到，仅仅依靠自身努力想要谋求发展是不够的。“一个篱笆三个桩，一个好汉三个帮”。创造平等互利，和谐融洽的人际关系是发展的必要人文环境，特别是身处多民系或少数民族居住的地方。所以客家社会提倡“诚信睦邻”，对待邻居做到诚实守信，与人为善，尊重彼此，相互忍让，平等相待，共同发展。“勤俭耐劳”加上“诚信睦邻”，使客家人能够迅速融入当地的生产生活，与土著居民一起创造物质财富，达到共赢。如广东兴宁人刘弼一，乾隆年间迁入马平基隆村后，因为村邻人排外，合议不让卖土地给外来人，刘弼一没有耕地，但他自强不息，依靠饲养鸡鸭开基立业，同时努力与当地居民沟通、协调，“三年之后，村人皆知我忠厚善良，敬而无失，恭而有礼，排难解纷，方得邻里相

① 《崇善县志》（风俗）

交，让卖田地。”刘弼一得到当地居民的信任，过上了比较安定康乐的生活。[①]另一位广东兴宁人刘胜章在乾隆四十五年（1780年）迁入马平，当时土著乡邻相约对他不租不借不卖田地，也禁止他开荒种地。刘胜章遂以养鸡、打铁并为乡邻修理或打造农具为业，同时不计得失在家门前设置茶缸，免费为路人提供茶水。他的诚实善良最后得到了乡邻们的信任和尊重。[②]他俩由被排斥到被接纳，由不被理解到被信任，最后与当地人和睦相处，共同生活。这就是客家人以诚实换来的尊重，这曲折复杂的过程，无不透视客家文化的理性精神和诚信睦邻的价值观念。

从客家文化时空网站中的客家风俗、客家民居以及民间故事等内容的介绍，也能体会到客家人诚信睦邻的风尚。正是由于客家社会重视诚信睦邻，客家人才能够在保存好自我文化的基础上，进行文化互动，尊重他族文化，吸收他族文化，同时秉承“和为贵”的原则，积极构建一个和谐的族际关系。

**4. 崇文重教**

客家祖先因战乱、灾害、朝代更迭，从中原南迁，其中绝大部分是“衣冠世家，书香门第”，在新的环境重建家园，形成独特的客家民系时，边农耕边发扬先祖兴学育才的传统。他们就地取材，因陋就简，在所迁居的地方兴办教育，蔚然成风。客家有俗谚“男子不读书，家计无出路”。客家人为加强自身生存与发展的实力，崇文尚武，积极办学，舍得下本钱供子弟读书。只要子弟上进，上大学，出国留学，都竭力提供学费。父母供不起，则由亲属相帮，或由宗族、祠堂相助。时至今日，广西客家社会仍坚持喜读书、尚礼教、崇信义、讲朴素、勤耕作的优良传统。在广西，客家人越多的地区教育越发达。

因此，客家社会文化素养比较高，他们不仅开发了途经的江淮、江南、岭南等地的经济，而且把华夏传统文化播散所到之处。既是拓垦荒野的新移民，又是中原文明的传播者。客家社会崇文重教的动机与儒家宣扬“万般皆下品，唯有读书高”的出发点有所不同。客家人农、商、读并重，不因为抬高读书的地位而轻视农业、商业。客家社会崇文重教是为了明理，达到道德教化的目的。

在网站所介绍的客家民居众多图文并茂的石刻与木雕中，还可以了解到许多有关儒家为人处世的训诫，主张人和人之间要多一些尊重、理解、体贴、关爱，多一些诚信，类似于当今主流社会倡导的尊老爱幼，诚实守信等村规民约。这一思想无疑是中华民族的传统精神，这一精神同时也是安家定国之本。不仅是初迁广西的客家人不忘这传统精神，使之成为安家之本，他们的子孙后代亦

① 钟文典：《广西客家》，广西师范大学出版社，2005年版，第133页
② 钟文典：《广西客家》，广西师范大学出版社，2005年版，第134页

牢记祖宗的安家之训。他们把诚实守信、和睦邻里、尊老爱幼这些原则刻写在宗祠的墙壁上，让人们记在脑海里，付诸行动中，代代相传，延绵不息。

正因为客家人重视教育的传统，使客家社会出现不少英才。在网站“客家英才”这个板块中，有许多取得显著成就的客家故事。如广西博白县顿谷镇金圭塘，据说王履坦国师的五个儿子都中了科举，当地的人称五子登科，后来这五个儿子各立门户分成了现在的五个房人，这五房人相当有名声、势力，在当地无人不晓。世界著名语言学家王力、北京大学国际关系学院教授王缉思、广西大学教授秦似、全国政协委员、广西喷施宝集团董事长王祥林、参与研究神舟 6 号并获奖励的王熙强、2010 年被中国原子能科学研究院录取为博士研究生的王祥高均出自金圭塘。

5. 爱国爱乡

由于政治、战争等原因不得不离开中原故土，因此客家人善于把握历史潮流和时代脉搏，将个人或小家庭的前途命运与国家、民族的前途命运紧紧联系在一起，并把这种家族观念提升为忧国忧民、爱国爱乡之情感。

从网站的系列人物介绍中，可看到许多可歌可泣的爱国志士和民族英雄。如 1882 年前后抗法英雄、黑旗军司令刘永福；清末爆发的中国历史上规模最大的农民起义——太平天国运动中的抚王朱锡锟、堵王黄文金、昭王黄文英；革命先驱——朱锡昂。尤其是在抗美援朝中有 297 位博白籍人为祖国贡献了自己年轻而宝贵的生命，让人深深体会到客家人热爱祖国的赤诚之心。广西北流市刘氏客家一族在 2002 年 12 月修订《翰堂刘氏族谱》中，明确规定“要热爱社会主义祖国，不准危害国家”、“要维护社会稳定”。无论任何时候，客家人都坚持“一个中国”的原则，具有超越其他民系的大局感和强烈的国家认同感，这是一种“主人公”的姿态，自觉参与国家政治生活，自觉维护各个民族、群体之间的和谐关系。

网站中的客家名胜、民间故事、客家民歌、诗词对联、影视星空等板块，也是为着实现广西社会精神文明建设的目标而竭尽全力的。

### （三）创建交流平台，服务广西社会物质文明

广西位于全国地势第二台阶中的云贵高原东南边缘，地处两广丘陵西部，山岭连绵，岭谷相间，自然环境恶劣，垦地稀少，到处是茫茫荒原。到了清代雍正年间，广西“休恬安养，生齿番盛，村落错居，寒暑应侯，近郡皆同

中土”。[①]这些变化与大量客家移民的开发大有关系，在官方文献、地方志书、客家人的谱牒中都有记载。网站介绍客家人有农、商、读并重的传统，客家人在商业取得成就的人物也很多。

在网站的“客家经济”板块中，可以看到全国各地客家经济的发展特色，内容包含旅游业、生态养殖、药业、围屋经济、农村经济建设等方面。在客家文化时空网站未开通之前，各地和各领域的客家经济发展状况很难及时了解和沟通。有了客家文化时空网站，各地客家和客家经济这些内容板块的设置，让大家有了一个相互交流经验，取长补短，共同发展的便利平台。

从中可以看到，客家人对商业的热心与执著，源于客家文化对物质追求的肯定，与中国传统儒家文化形成的“重农轻商”有所不同。震惊世界的“太平天国起义”，由客家人发起，起义的纲领《天朝田亩制度》要求废除旧有土地所有制，从中可以看出客家人对更好的物质生活追求的毫不掩饰，这也是客家文化对自然人性的肯定，对生命个体的物质要求给予正视。

客家文化对物质追求的肯定，培养了优秀的客商素质，进入变化莫测的商海后能够做到沉着镇定，目光长远，开拓进取。在广西诞生了许多客商传奇，广西科宝公司、沙龙纸业公司、云南传承茶业有限公司董事长、广联（南宁）投资公司董事张国兴和玉柴机器集团有限公司董事局主席晏平就是其中佼佼者。张国兴被称为“频创‘广西之最’的客家儒商”。他是广西第一个从日本引进最先进的彩色冲印设备的商人，把以前需要几天才能冲印出来的黑白照片变成了几十分钟就能冲印出的彩色照片，他也是广西最先开创生活用纸品牌——“沙龙纸巾”的商家。[②]晏平对玉柴集团的巨大贡献，荣获2010年“全国优秀企业家”、“全国劳动模范”、“60位中华儿女商界英杰”、“中国功勋企业家”、“亚洲杰出工商领袖”等荣誉称号。[③]

客家大县广西博白有着一个响当当的名号——“中国编织工艺品之都”。据考证，早在宋代，博白的民间编织工艺就已闻名。1979年秋，来自博白的两套精美芒编工艺品在广交会上大放异彩，引来外商一片赞叹和大量订货，从此博白芒编工艺品在国内外声名鹊起，并远销东南亚及欧美市场。如今，芒编产业已发展成博白的支柱产业之一，博白也逐步成为全国最大的编织工艺品出口基地。[④]

① 金珙等：《广西通志》卷二（气候）
② 王祖能：《频创“广西之最”的客家儒商》，引自网页：
http://blog.tianya.cn/blogger/post_ show.asp?BlogID=318551&PostID=10363988，2007-7-19
③ 慧聪工程机械网 2011/1/5/8:58
④ 唐群峰：《博白芒编：指间飞舞的财富》，广西新闻网 2010-09-16

客商、企业家，为推动广西经济社会发展做出了巨大贡献，也带动了广西各地商业发展的积极性，促进了广西社会的物质文明。

此外，客家文化时空还借助网站这个平台举行过多次活动，接待过不少专家学者，让他们在参与活动的过程中，进一步了解广西经济发展中所存在的问题后多提建设性意见，同时将广西经济社会推介出去，让更多的人看到广西的经济社会发展前景和潜力，吸引更多的有识之士来投资，助力广西社会的物质文明建设。

2010 年 10 月 23 日，玉林市博白县举行了第三届客家文化节。在当天上午举行的项目签约仪式上，博白成功引进 14 个大项目并当场签约，总投资 47.85 亿元。①仅凭借“客家文化”品牌影响力，该届客家文化节共有 250 家县内外企业参展，包括台湾统一集团、香港福尔集团等一批知名企业。这次客家文化节首日便有数万人次的群众及客商参观了文化节。此外，还有 60 位专家学者应邀而来，参加“客家文化与经济论坛”和“客家建筑论坛”，畅谈客家的发展之路。博白举行的这第三届客家文化节，之所以能造成这么大的影响，与近几年广西客家文化的宣传与服务分不开，而这些宣传，客家文化时空网站是主要推介与服务平台的之一。

### （四）把握传媒特点，促进广西社会和谐稳定

构建和谐社会，是我国社会发展的新要求，也是治国安邦的重大战略任务。现代传媒在构建社会主义和谐社会中，具有其他载体不可替代的重要作用。

客家文化时空网站属于现代传媒中的新传媒，互联网的产生带来了人类传播方式的革命性飞跃，正在成为信息社会的基本工具。经过十余年的快速发展，互联网在我国已经深深融入到人们的工作、学习和生活当中，推动着社会政治、经济和文化的不断发展进步，同时对人们的思想观念产生越来越大的影响。与报纸、广播、电视等传统媒体相比，互联网具有开放度高、信息量大、交互性强等特点，打破了传统媒体的时空界限，成为覆盖广泛、快捷高效、影响巨大、最具潜力的大众传媒，在新的舆论格局中发挥着不可替代的重要作用。对许多知识分子和青年学生来说，互联网已成为第一信息来源宝藏。

网络传媒自身的特殊功能和特点决定了其对国家和公众负有重要的责任，这种责任可以从政治、文化、经济、科技、社会等多个方面来认识。网络传媒之所以能够肩负这种责任，是因为传媒的影响力，而传媒的影响力则取决于其传播范围和受众需要，及其传播内容。传播的内容要保证真实有益，才能正确

①《广西日报》2010-10-24

引导舆论，这就要求网站的信息必须有一个真、善、美的灵魂，这个灵魂就是网站的公信力。只有拥有正面、可靠的公信力，大众传媒才会产生影响力，才能为自身带来社会效益和经济效益，进而在社会上树立良好的形象，成为大众信赖的媒体。

客家文化时空网站在建立、运行和发展过程中，正确把握了传媒的特点，找准了自身的定位，确立了网站在社会上的影响力，成为了让人信赖的可亲媒体。客家文化时空网站素来注重舆论导向，致力于传播真实的信息。同时，网站的论坛板块也为关心客家文化、关注广西发展的人们提供了一个开放和友好的交流平台，让网友们及时了解广西经济社会的发展动态。站长刘斯将网站定位为一个文化时空网站，尽量使其与商业不作过多的联系，以避免商业投资影响网站的舆论导向。尽管这样做使网站的维护所需的资金有限，却能够始终如一坚持纯粹地传播文化、正确的舆论导向，并且通过不断的努力，将网站建设成为一个能够不断促进和谐社会建设的平台，为广西经济社会的稳定发展起了助推的作用。

### （五）肩负神圣使命，推动伟大祖国和平统一

客家文化对宝岛台湾的影响深远。在台湾的客家约占台湾总人口的26%，客家文化随客家人迁徙台湾而入台，在台湾有广泛的影响，已经成为台湾文化的重要组成部分。

1987年，台湾《客家风云》杂志创刊，提出“重建客家人尊严”的诉求，力图复兴台湾客家文化。台湾地区的许多县市在中小学开设了客家母语教学、客语能力测验、客家歌谣、客家戏曲等教育课程，举办客家祭典、客家文化节，设立客家文化社（园）区、客家文物馆，还开办客家广播电台和全球唯一的“客家电视台”。

2009年5月，国务院颁发的《关于支持福建省加快建设海峡西岸经济区的若干意见》，明确要求“拓展闽南文化、客家文化、妈祖文化等两岸共同文化内涵”，把客家文化列为加强海峡西岸经济区文化建设、促进两岸交流合作和平发展的重要内容。在福建省客家研究联谊会第三次代表大会上，中共福建省委副书记王三运莅会时说，客家研究联谊工作是一项大有意义、大有作用、大有作为的事业，遍布世界的客家人是推进海西建设、促进祖国统一的一支重要力量。[①]

客家文化的研习与交流能为祖国和平统一的大业作出贡献。台湾客家文化与大陆客家文化一脉相承，客家先民创造的光彩夺目的客家文化在台湾有关广

①《福建日报》2007-09-16

泛的影响。台湾的客家人约有600万，大多为大陆客家的后裔，他们在语言、风俗、生活习惯、性格气质等方面都与大陆客家人有相似之处，大都保留和传承了大陆客家祖地的传统。

客家人多数是在外族入侵时被迫南迁离开家园的，备尝颠沛流离之苦，因而对国家、民族的前途和命运极为敏感和关注。他们的灵魂深处蕴涵着不妥协、不受辱、不甘被奴役的反抗精神，怀有强烈的爱国主义情怀。日本人竹越三郎所著的《台湾统治志》说："客家是台湾最开化，最坚强和最富民族意识而不易统治的民族，他们的团结力尤其惊人，以致政府当局，不得不限制他们的住居地区，使其不得聚集在一处。""故乡的月最圆"，众多台湾同胞与海外客属侨胞一样，始终想念、眷恋着故乡的山山水水。他们中许多人一次次回乡省亲探友，寻根问祖，尽力支持家乡的建设。

尤其是客家人格外认同"自家人"。无论在何处，客家人一见面，只要一方说客家话，对方会迅速作出反应"自家人哩"。"自家人"是以客家方言为基础的，只要彼此同讲客家话就认为是"自家人"。这种"自家人"的说法，在客家人的日常生活和交往中，自然带有一种亲切感，并在社会中发挥协同和互助作用。"自家人"的认同，在一定的程度上促进了客家人的交融和发展，对客家人的和谐相处起到一定的作用。客家人这种以"祖宗言"为纽带的"自家人"情结，不论天南地北，不问张三李四，是无处不在，无人不有的。随着时代的进步，交往的频繁，这种情结似乎变得平淡无奇，但在他们的意识深处，却挥之难去。近几十年来，世界各地轮流举办的客属联谊会、恳亲会如火如荼，就是以"祖宗言"为纽带的。台湾客家人和大陆的客家人语言是一样的，语言的一致性让两岸的客家人倍感亲切，更好沟通。正如客家学者汉南先生在《形成客家民系的四大特征》中所说："客家话是客家民系的一大象征，是唯一不用地方命名的民系语言，形成之后，一直传播到后来客家聚居地（海内外），真可谓：五洲客家音，四海桑梓情。客家人走遍天涯海角不忘中国是根。在世界客属恳亲大会上讨论或大会发言，大家讲客家话，唱客家山歌，一般不用翻译，相互可以听懂，相聚一起，被一股浓浓的亲情所包围。"①客家文化时空网站意识到：不断有台湾以及海外的客家人回大陆寻根访源，认祖归宗，充分表明了中华民族大家庭的感召力和炎黄子孙的凝聚力；推动两岸关系的良性发展，可以利用台湾客家人祖籍在大陆，频繁回来寻根谒祖等条件和机会，主动推进两岸客家联谊，积极宣传包括客家文化在内的中国优秀传统文化，不断增强祖国的吸引力和民族凝聚力；开展两岸人民交流合作，就是为了争取台湾民心，而争取民

① 福建省客家研究联谊会主编《客家》（双月刊）2008年第四期，第14页

心最重要也最有效的方式，莫过于争取文化上的认同；弘扬客家文化，有利于增进海峡两岸民众对客家文化的认同、血缘的族群认同，逐步发展为现代意义上的民族、国家的认同，这对促进祖国和平统一有着重要的意义。

因此，客家文化时空网站建立至今，为广西客家的宣传做了不少的努力，同时也为各地客家的交流做出了贡献。通过网站的推介，使台湾客家人更多的了解大陆客家文化，而网站所举办的活动，则让更多的两岸客家人感受到浓浓的同胞情谊，使其找到文化的强烈认同。通过他们相继回大陆寻根的机会，又促进两岸血缘族群的多方交流，从而推动祖国和平统一大业的向前发展。

在世界经济一体化和各国文化大融合的今天，利用客家文化来沟通国内外的联系，不失为一条便捷的通道。客家文化时空网站作为新型媒体，准确找到了自身的社会定位，把握了网站应起的社会作用，通过网络传媒的优势，宣传客家文化，为提高客家民系的整体素质，推进广西社会精神与物质文明建设，促进广西社会和谐发展，推动祖国和平统一，沟通国内外的联系等方面，必将继续发挥它应有的重要作用。

# 第十一章 客家人的生态和谐观

## ——以广西博白县为例

在人们致力发展经济的今天，对生态和谐的探讨也逐渐成为人们关注的焦点之一。我们认为生态和谐应主要包括人与自然的和谐、人与人的和谐以及人的自身的和谐等因素。生态和谐的世界是一个人与自然万物浑然一体的世界，是一个充满希望的世界。这样的世界，在面对满目疮痍的自然、人性变态扭曲的生存环境的现代一些人眼中是那样的遥不可及，但它确实被一支庞大的民系——客家人神奇地演绎着。博白是广西客家最大的聚集地，广西有客家人约700万，博白则占了140多万，在博白所有的乡镇，都有客家人分布。客家人有着一部漫长、艰辛的迁徙史。在与大自然，与周邻居民经历了相斗、相聚，并相互认同、和睦共处后，客家人仍坚守着汉民族优秀的传统文化，并在生产和生活中加以继承发展。客家人在其不断发展进程中，在对待人与自然、人与人、人的自身的问题上，都蕴涵着浓郁的生态和谐美学观。正因为如此，才使得这支从各地迁入博白的客家民系，得以在博白各地原本荒芜的不属于他们的土地上扎根和发展。

## 第一节　人与自然的和谐观

人的生命得以延续，离不开自然界，人类和自然界是浑然一体的。但在人类的文明发展史上，人对自然的征服，人和自然的冲突从来就没有停止过，要做到天地与我并生，万物与我为一的生态和谐美学境界是难乎其难的。然而，客家这支神奇的民系向世人演绎了这一生态和谐境界，在处理人与自然的和谐问题上作出了近乎完美的选择。在建筑风水观、园林风水观、崇尚土地观等方面都体现了“天人合一”的生态和谐美学思想，体现了超凡的睿智。

### （一）客家围屋所蕴涵的生态美学观

围龙屋是客家民居的杰出作品，被誉为中国五大传统民居之一。在博白的许多客家居处，随处都可以见到壮观的围龙屋。围龙屋不分大小，大门口必有一块禾坪和一个半圆形池塘。禾坪用于晒谷、乘凉和其他活动，池塘有蓄水、养鱼、防火、防旱等功用。围龙屋大门之内分上、中、下三个大厅，左右分成两厢或四厢，俗称横屋，一直向后延伸。在左右横屋的尽头，筑起围墙形的房屋，把正屋包围起来，小的十几间、大的二十几间，正中一间为“龙厅”，故称为“围龙屋”。围龙屋构形中前半圆的池塘象征“阴”，后半圆的围屋代表“阳”，两个半圆合为一圆代表“天”，两半圆之间的方形代表“地”。这一平面设计表达了中国古代“天圆地方，阴阳和德”的传统文化意象。古人认为：天属于阳，是圆形的；地属于阴，是方形的；天圆地方本身就是一种和谐。围屋的这种构形是客家人初始作为“外来客人”的一种心灵慰藉，因为这种天圆地方、阴阳和德的房屋构形可以使他们有效地抵御外来的干扰、侵犯。不过他们认为，最重要的还是这样的房屋能使主人身心健康，永保平安，一切风调雨顺。

这种创意源于道家的自然宇宙观。老子的宇宙论认为天地万物是一个自然整体，从包括人类在内的天地万物的共性来看，它们都含有“阴阳”，都是阴阳二气妙合而成的，即所谓的“万物负阴而抱阳，冲气以为和。”[①]从天地万物的本原来看，它们都来自一个“道”，所谓“道生一，一生二，二生三，三生万物。”[②]“道”是独一无偶的。由独一无偶的“道”分化为“阴阳”二气，“阴阳”二气相互作用而生出第三者，即“冲和之气”或“中和之气”，由它们再产生出千差万别的天地万物。由此可见，“道”是天地万物的根源和基础。宇宙中的一切

①《老子》第四十二章
②《老子》第四十二章

自然之物，都以“道”为最大的共性和最初本原的有机统一的整体。人也是天地万物的一部分。“人法地，地法天，天法道，道法自然。”[①]人与地为法则，地以天为法则，天以道为法则，道的法则就是自然而然。人由天地而生，天地由道而生，道并非由谁所生，道本身是自然而然的，本来如此的。所以宇宙间有“四大”，即“道大、天大、地大、人亦大。”[②]从上述四者的关系来看，归根到底，就是人应当法天地，法自然。老子关于人是自然界即天地万物的一部分，人应当效法自然这一生态哲学，实际上和中国古代最早的“天人合一”的生态和谐美学观是相吻合的。客家围龙屋所蕴含的天圆地方、阴阳合德的文化意象，正是中华民族“天人合一”这一传统生态和谐美学观的一种体现。

因此，博白客家人在围龙屋建筑的选址时是很重视“堪舆”文化意象的。古人云“智者乐水，仁者乐山。”[③]其实，“堪舆”二字，无非是讲建筑与自然山水达到和谐、相宜、浑然一体的境界。这与老子最高的智慧与哲学“道法自然，天人合一”的生态和谐美学观是相一致的。风与水是自然界的两个代表，堪代表高处，表明地势变化与自然环境。风水用抽象的“气”来解释自然环境，认为按照“气”的运动变化规律即按照自然的秩序，采取自然的行动，就会获得平安与快乐。在地理学中，这“阴阳”二气交流而产生出各种变化。概括而言，堪舆通过对气的控制，迎合引导人类与之产生和谐，从而有助于改善居住环境，保证人类的身心健康及后世的繁盛。这种“聚气”说在围龙屋的选址时是很受重视的。客家人认为“背山面水”是最好的堪舆屋址选择。在许多客家居处，依山临水而建的围龙屋比比皆是，卧龙岗陈氏围屋、东平塘龙林氏围屋是典型的代表。即使围龙屋原来不是临水的，他们亦会迎面造水，力求使屋场“背山临水”。

“堪舆术”是一种有关村镇、屋宅、园林等建筑环境的基本理论与规划设计的理论。它集自然地理学、建筑景观学、环境心理学、风景美学等知识于一体，运用于传统建筑规划之中。它含有丰富的科学成分，注重建筑本身的布局安排，从空间的维度考察人体与自然地理环境，地极磁波变化的关系，力求人与自然环境的和谐统一。也就是“道法自然，天人合一”这种生态和谐美学观的表现。用现代观点看待堪舆术，就是按照天人和谐的生态美学观来选择和营造有利于身心健康的居住环境的一门技术。

堪舆术在建筑屋址上要求“背山面水”，也科学合理地利用了大自然。因为

① 《老子》第二十五章
② 《老子》第二十五章
③ 《论语·雍也》

人们在生活实践中发现，向阳的南坡适宜人居，冬季温暖干燥，夏季温和湿润，树木易于生长，有助于调节气候，而且背山可以阻挡冬季的北向寒风。另外，较之于平原上孤零零的小屋，山体还可依为屏障，紧临水系，为人们提供了丰富的水源，解除了饮食、浣沐、消防等后顾之忧。由于特殊的生存环境背景，客家民系耕山是历史的无奈选择，但是长期的耕山生活渐渐沉淀为文化情结。这种情感一经形成，就必然左右该民系的思想行为。客家人的围龙屋建筑文化，作为特有的建筑文化结合体，正是客家文化“山水相依”的堪舆术的产物。围龙屋没有挖山而建，而是依山而建，这样不仅保持了自然的原来面貌，使之与自然达到和谐共存，而且在客观上也节约了耕作的土地。临水而建或营造水面而建，就能和山相对应，使围龙屋达到“山之气运，随水而行。”[①]水能聚气，能使家族兴旺发达，事业风顺，财源广进，这是历经磨难和坎坷的客家人魂萦梦牵的。这也许有些迷信的成分，但更多的是科学成分。为何水能聚“气”，这里的聚气和前文所提到的聚气是一样的。“气”为何物？《葬书》云：“夫阴阳之气，噫而为风，升而为云，降而为雨，行乎地中而为生气。”[②]可见“气”其真实形态就是自然界中的“云”和“雨”，也就是“水”之源。由此可见，“背山临水”的理念是科学合理地利用自然，力求与自然相和谐的生态美学观的一种体现。

### （二）风水林所蕴涵的生态和谐观

至今为止，博白许多客家居住地仍保留着“风水林”。“风水林”是客家人认为对人的平安长寿，多子多福，升官发财，逢凶化吉等作用的天然或人工林木。在经济、科学技术均比较发达的今天，这些风水林依然存在着，且仍备受主人的保护。博白县的许多客家村落，几乎每户人家都有一片属于自家的竹林或果园式的风水林。其实客家所谓的“风水林”也是堪舆意识的产物，堪舆理论认为好的风水不仅形局佳、气场好，而且山青水秀，环境宜人。树木繁密的“风水林”自然也成了好的风水景致。因此，“背山临水”的好屋址再加上风水林，就完全符合了客家“屋场好，环境好，必家丁兴旺”的希冀。实际上，对风水林的保护也是客家人对自我的一种保护。通过保护风水林，来防止山上的水土流失，保护山的稳固和优美的自然环境。有山有水而无林木，犹如人之失却衣饰与毛发。山青水秀，人文景观才能健康发展。风水林的最大功用和最深教益是人们能够重视生态环境的保护，使生态环境达到平衡，达到天人和谐。

① [晋]郭璞：《葬书·内篇》
② [晋]郭璞：《葬书·内篇》

由此可见，客家人对风水林的保护也是力求人与自然和谐的生态美学观的一种表现。

### （三）崇拜土地的生态和谐观

俗话说："落地生根"，有地才能生根。客家人对土地就特别崇拜。他们不仅在建筑物的选址时特别重视风水屋址的选择，而且在屋址择好后准备开挖地基起房时，许多地方都有一道必进行的仪式，这种仪式俗称"落砖脚"。"落砖脚"就是在挖沟砌墙之前，屋主让堪舆先生挑选个吉日良辰，到时叫上亲戚朋友围在一起往沟里撒些泥土，以示有泥土落地，必能生根开花结果，预兆主人能安居乐业，子孙繁衍。此外，"拜山挂纸"也体现了客家崇拜土地的传统文化。即将滴了鸡血的黄表纸挂在已辞世先人的坟头，压上泥块，这叫"挂纸"。不过，要强调的是，他们在"挂纸"时只用泥块，不用石头、木棍之类的东西。客家人这些崇拜土地的做法其实也是他们崇尚自然的表现。人类是踩着土地一步步发展到今天的，土地不仅是自然界的重要部分，同时也是人类必不可少的生存要素之一。客家人崇拜土地，希望能和土地达到和谐，进而与自然和谐，使自我能在土地上生存发展，继而繁衍后代。特别对初迁博白的客家人而言，正是这种崇拜土地，珍惜土地，爱护每一寸土地的思想观念才使他们在这快外乡土地上落地生根。博白客家先民的崇拜土地的生态和谐观一直被其子孙一代代地延续着。

山水、土地对人类来说都是不可缺少的生存要素。只有崇尚山水，崇拜土地，与之相和谐，人类才能得以生存发展。在很早以前，博白客家人作为"来人"，崇尚山水的"堪舆术"，崇拜土地的传统文化，即崇尚自然的生态和谐观，是他们在这块土地上得以生存发展的先决条件。直到今天，这些观念仍是博白客家繁荣富强的根本。

当然，除了崇尚山水、崇拜土地，达到人与自然的和谐之外，与周邻人的和谐，自我的和谐也是博白客家人生存发展的优良传统。

## 第二节　人际关系的和谐观

博白客家人有句流行语"行为失措，尚可挽正。人际失和，百事无成"。这确切地强调了人和的重要性。人和是指人与人之间的和睦相处，公道平等，民风淳朴的社会理想状态。在儒家思想中，"人和"是突出的部分。孔子云："礼之用，和为贵。”[①]孟子云：“天时不如地利，地利不如人和。”[②]可见，我国古人很重视人际关系的和谐。在现实生活中，也只有和谐的人际关系，才能疏通各种社会关系，化解各种矛盾冲突，建设人民群众日益向往的美好社会。当然，真正人际关系的和谐并不是件容易的事情，而是伴随着人际关系和谐不断推进社会和谐的一个长远的历史过程。正如博白客家人，从初迁博白时的小规模，发展到现今100多万人的庞大规模（据客家文化时空网：中国大陆客家人口最多的是广东的五华县119.5万人，兴宁县113万人，英德县107万人，广西博白140万人），也是一个依靠和谐的人际关系才能得以发展壮大的过程。刚迁入博白时的客家先民，虽然大部分受到“土人”（原土著居民）的阻挠歧视，但他们通过建立与“土人”的和谐关系，获得了“土人”的接纳、信任，最后得以和其他民系交融发展成为今天的规模。

### （一）睦宗邻

在儒家的“人和”理念里，主张人和人之间要多一些关爱，多一些诚信，做到“老者安之，朋友信之，少者怀之。”[③]用现代话来说，就是要尊老爱幼，诚实守信。这一思想是中华民族的传统美德，这一美德同时也是安家定国之本。不仅是初迁博白的客家人不忘这传统美德，使之成为安家之本，他们的子孙后代亦牢记祖宗的安家之训。他们把诚实守信、和睦邻里、尊老爱幼这些原则写在族谱上，记在脑海里，付诸行动中。

客家人谈与人交往，常说的一句话是“假是自己做的，面是人家给的。”意谓为人处世，与人交往，必须言而有信，自尊自重，才能取得人家的信任、尊重，脸面才有光彩。初迁入博白的客家人想要以少数、弱势立足其中，得到发展，诚信睦邻尤为重要。在许多不同姓氏的族谱里，都记录着与乡邻宗族和谐相处的原则。如彭氏之族，其先祖彭居亲手订的“家训”中，就有“敦亲族，恤孤寡；礼宾客，睦邻里。”不少姓氏族谱中的家训亦有“睦家族，和乡党”。如《刘氏族谱总编》就有睦族邻的内容记载。他们就是凭着这种诚信的作风，睦邻的人际关系才得以在博白大地立足并安居乐业的。在睦宗邻的同时，尊老爱幼也是博白许多客家人家训的重要内容。如刘氏族谱中的族规：“要尊老爱幼，不准凌弱逞强”。《廖氏家史》族规：“老者饥寒，维护至百年终老，幼者抚养成人。”可见，博白客家在重视与乡邻和谐相处的同时也重视宗亲之间的和谐关系。

① 《论语·学而》
② 《孟子·公孙丑下》
③ 《论语·公冶长》

新中国成立以前，“蒸尝”是促进宗族内部关系和谐的重要措施。(“蒸尝”，冬秋祭祀名）祠当有尝，即祠产。蒸尝支出由族内分配，用于族内事务，蒸尝的一个重要作用是扶困济弱。一族之大，人口众多，难免会有贫富、强弱之分。鳏夫、寡妇、孤老、残疾者，失去生活的依靠，有赖于亲人、祠堂的接济，日有所食，岁有所依，嫁娶、丧葬得到帮助。有的祠堂在订立的族规中，还规定“族中鳏寡孤独及年老无依靠者由公项付给恤费。寡妇守节，奉准族会后，可由公项给建房金，并优先给胙肉”。博白县众多客家人的祠堂，除用蒸尝祭祖、助学外，还设有“功名田”，供族内那些穷秀才和做过文武官员，享有“功名”的族老作养老费，直到去世。儒家的重要经典《礼记》中的《礼运》篇描绘大同世界的社会景象：“故人不能独亲其亲，不独子其子，使老有所终，壮有所用，幼有所长，矜寡孤独废疾者，皆有所养。”[①]大同世界无疑是一个万物和谐的世界。蒸尝是一定社会的产物。虽然蒸尝不能使博白客家实现大同世界，但在旧社会，没有固定的社会保障制度，如果祠堂的蒸尝积储比较丰富，司其事者比较公正、开明，自可在扶贫济困中起到缓解社会矛盾的作用。

### （二）自家人

热情如火、豪爽豁达的天性，是客家人区别于被主流文化约束，每每善于抑制自己的感情，显得太理智化的其他民系的重要特征。尤其在当今，当物欲与商业化使得人际关系日趋淡漠之际，博白客家人的这一特征就更为明显了。只要步入博白客家地区，无论是在村镇还是边远的山乡都是如此。哪怕你平时不会喝酒，而在宴席上，在他们热情、豪爽的劝饮下，你也不得不喝上一盅。当然，这不仅仅表现在宴席上，平时有什么困难，他们都会热情地伸出援助之手，千方百计，竭尽全力帮忙。他们重感情，重义气，鄙视那种斤斤计较的思想行为。为朋友两肋插刀，甚至不惜赔上身价性命。情义之重，是令人叹服的。正因为如此，客家人比较容易跟其他的民系沟通，打成一片，结成良好的人际关系。

无论在何处，客家人一见面，只要一方说客家话，另一方会迅速作出反应“自家人”。“自家人”是以客家方言为基础的，只要彼此同讲客家话就互认为是“自家人”。这种“自家人”的说法在客家人的日常生活和交往中，都自然带有一种亲切感，并在社会中发挥协同和互助作用。“自家人”的认同，在一定的程度上促进了客家人的交融和发展，对客家人的和谐相处起到一定的作用。刚迁入博白的客家人凭着这种“自家人”的认同，他们同甘共苦，联手开辟自己

① 《礼记》卷七

生活的新天地，为社会的发展作出了贡献。例如：明代中叶，有数姓客家人从广东同迁博白县，凭着“自家人”的“人和”思想，使自己在逆境中以小变大，由弱变强。更多的是在日常生产和生活中的互相帮助，济困救贫，一般都是尽心尽力，少讲或不讲报酬。例如：哪家穷人的儿子娶媳妇没钱置家具，村里或外村的自身也不富裕的“自家人”，就会很慷慨地把自家的凳子、柜子、茶壶等送给他们，而且送的是家里最新最好的。用他们的话来说，“不好的怎能送人呢？”在“自家人”的帮助下，穷人也能顺利地成家立业。大凡农忙日子，绝大部分先种完或收割完的人家，都会主动去帮助缺乏劳动力的“自家人”，他们的劳动不需要任何报酬，哪怕饭也是在自己家里吃的。要强调的是，上面所举的例子在博白客家地区并不是个别现象，而是普遍现象。他们凭着“自家人”的情结，诚恳地沿袭着“天下客家一家亲”这一特别的传统美德。

客家人这种以“祖宗言”为纽带的“自家人”情结，不论天南地北，不问张三李四，是无处不在，无人不有的。随着时代的进步，交往的频繁，这种情结似乎变得平淡无奇。但在他们的意识深处，却挥之难去。这些年来，各地客属联谊会、恳亲会，不就是以“祖宗言”为纽带吗？在全面建设有中国特色社会主义，共享和谐生活的今天，愿客家人这种“自家人”的情结发扬光大，为中华民族的团结、国家的富强、社会的进步、人类的和平共处共同奋斗。

## 第三节　客家人自身的和谐观

在儒、道、佛三家传统文化中，儒家重人际和谐，道家重天人和谐，佛家重自身和谐。人本身就是和谐的产物，人本身其实也充满了矛盾，可正因为和谐这把刻刀，鬼斧神工地把人的自身雕铸成了和谐最集中的展板。众所周知，和谐的人是构建和谐社会的主体，社会主体不和谐就不可能形成和谐的社会。和谐的家庭、社会等各种社会环境对建立和谐的人有很大的作用，但要建立和谐的人格，在很大程度上是取决于个人自我的调节。佛家认为，主体意识支配主体行为。任何道德只有内化为主体素质时，才能成为自觉的行为风范。概括来说，人要想净化自我，使自身和谐，达到忘我的境界，就必须在生产、生活中适当调节自己、约束自己、屏弃杂念。博白客家人当初作为“来人”，能在广西立足并发展成为今天的规模，在一定程度上也得益于其对自身和谐的不懈追求。

### （一）山歌一唱心就开

在博白各地客家住处，特别是在偏僻乡村，山歌是非常流行的。有些地方还成立了以演唱客家山歌剧为主的演出团体。山歌，顾名思义，多是在山上唱的，田间也经常出现。这有一定的缘由，一两个人在山上或田间干活，不论是放牛、割草、砍柴，还是烧木炭、割松香、挑担子，都是很寂寞很劳累的。人们在劳作时通过类似“鸡公相打胸对胸，山羊相打角乱冲。男人相打争天下，女人相打争老公。”或“榄子打花花揽花，郎就揽上妹揽下；牵起衫尾等郎揽，等郎一揽就归家。”等幽默风趣的山歌排遣寂寞、消除疲劳、解愁开心、愉悦自我、调剂枯燥的心情，达到“净心”境界，最终得以放下寂寞劳累，坚守劳动岗位。不仅如此，一些山歌还可以使人乐而忘忧，去除对功名利禄的“痴”，顺其自然。如：

唱歌好，
唱只山歌了百愁。
冇忧冇虑任崖去，
安然自在胜封侯。
唱歌好，
唱歌快乐赛神仙。
冇信请看刘三妹，
唱歌得道上西天。

佛家认为，名利面前，很多人都痴迷其中，无法自拔，只有通过修心、净心，才能认清事物本质，清除一切杂念、妄念，断灭无数的烦恼，自身才能达到和谐。可见客家山歌在博白客家人自身调节方面起着重要的作用。“上岗过坳唱一首，百斤担子也变轻”，“人人都有忧愁事，山歌一唱心就开”。

### （二）放开心胸，颐养性情

博白客家人十分重视养性。使精神情绪处于安静、乐观，没有过分欲望的状态，叫做保养精神，亦称养性。它源于老子“少私寡欲”的思想。道家认为，人们在精神情绪方面，做到心胸开阔、性格爽朗、不图名利、排除私心就能达到长寿的目的。当今生理学、医学也证明：只有良好的心态才能有助于身体的健康，特别是生病的人更应保持良好的心态，这样才有助于病情的好转并达到长寿。现实生活中，很多人在得知自己患病后都是郁郁寡欢，吃不下，睡不着，有的竟是抑郁终日，这就严重影响了身体的健康和病情的好转。博白多数客家人就不一样，他们秉承了祖先天生乐观的性格，对生老病死很看得开，就算得了重病也不忧，日常起居照常，且能乐悠悠地谈笑风生：“生死有命，多想冇益，一餐三碗饭，食得落就是福。”

客家人也很轻视“身外之物”。所谓“身外之物”，指名位、钱财等身体之外的东西。他们认为这些东西，既不能随人生而带来，也不能随人死而带去，所以把它称为“身外之物”，表示轻视之意。在日常生活中，客家人常言：“功名利禄、生冇带来，死冇带去。”所以每当人们官场失意或者市场竞争失败后，常常会听到一句话：“名利不过身外物，有命就是福。”这些话语，会使一时失意者在心理上得到调节和平衡，起到自我安慰的作用。此外，“儿孙自有儿孙福”也是客家人自我安慰的一种方式。这种方式在老人中很常见。他们以乐观的态度看待人生，乐观的精神态度亦有益于他们健康长寿。正因为客家人的自我调节使得自己始终能保持着良好的平和心态，因而博白的长寿者很多。

### （三）客家“晡娘”的自我和谐观

客家人对已婚妇女，通称“晡娘”。在传统主流文化中，尽管有男重女轻、男外女内之说。但在客家人的家庭中，多数妇女都能独立生活，在日常劳动生产和生活中，都起着内外“半边天”的作用。博白客家人多从外地迁来，入居之始，必须劳动创业，否则难以立足，所以男子饱食逸居无所事事者并不多见。如果男子外出谋活，则耕耘纺织，奉养老人，抚育子女，社会交际，得赖“留守妇女”全部承担。即使在今天，客家妇女仍是家里的“半边天”。在博白的许多客家乡村，随处可见女性扶犁掌耙、吆牛种地、上山砍柴的倩影。这些上山砍柴、下田耙地的“留守妇女”，一般都是老公在外赚钱寄回家做补贴，自己则安分守己在家干农活，照顾老人小孩。如果男人在外的工作待遇差强人意，夫妻一年还会见上两三次面；如果丈夫在外面的待遇不尽人意的话，夫妻俩一年只能在春节的时候才见上一面，有些甚至一年也见不上一次面。夫妻的这种状况，用不好听的话来说，“留守妇女”就像“守活寡”。正常的人都是有生理欲望的，特别是已尝过男女鱼水之欢的女人，她们更渴望与自己心爱的人身体接触。在世俗人眼中，女人都忍不住长期两地分居的寂寞而红杏出墙，背着自己丈夫去另找男人。但是，绝大多数在家留守的客家“晡娘”都能按捺住自己生理的本能欲望，遵守妇德，安分守己，忠于丈夫，对家庭尽职尽责，辛勤劳作。她们洁身自爱，拒绝与丈夫之外的登徒浪子乱搞关系，并努力使自己的生理本能欲望在劳作、敬老教子等行动中平息。客家妇女用自身的表现告诉了世人：男人不在身边，女人也可以不寂寞；即便寂寞也可以在劳作中自我寄托、消解。客家妇女的忠贞持家，不仅使自身得到协调平衡，在一定程度上维护了家庭的和谐，进而也促进了社会的和谐，因为家庭是社会的细胞。

当今，我们国家正强烈地呼吁共建社会主义和谐社会，甚至倡导共创和谐世界。客家人就像时代的先锋，他们在自身的修养、与人的交往以及人与自然微妙的关系等多方面都融入了和谐的理念，并将这种和谐理念付诸于日常生产和生活中。客家人向世人阐释了独具特色的生态和谐美学思想，并向世人演绎了一个人与自然、人与人、人的自身和谐的独特世界，这无疑是对社会主义和谐社会的突出贡献。

（本章曾在 2006 年 10 月（台北）世界客属第 21 届恳亲大会上宣读）

# 第十二章 客家人格识小

## 第一节 论题的提出

近几十年来，全世界有两个族群是学界研究比较有兴趣的：一是以色列的犹太人，二是中国汉民族南迁形成的支系客家人。《美国国际百科全书》说“客家是中华民族最优秀的民族之一”，美国耶鲁大学教授韩廷敦氏《种族的品性》说：遍布世界一亿多“客家人的历史，很值得研究，许多有眼力的人，不说过么，他们是今日中华民族里的精华。”西方来华的传教士与文化人类学者——英人种学家史禄国在《中国东部和广东的人种》中说：“中国最卫生、勤劳和进化的，就是客家人。”英国学者爱德尔在《客家人种志略》中认为，“客家人是刚柔相济，既刚毅又仁爱的民族。”日本学者山口县造在《客家与中国革命》一书中认为“客家是中国最优秀的民族。”全国人大常委会前副委员长许嘉璐先生说：“保护、弘扬和创新客家文化，是客家之所急需，中国之所急需，世界之所急需。”[1]

[1] 2011-06-28 10:26:18 来源：梅州日报网络版

确实，随着19世纪中叶的一声炮响，烟雾弥漫在中华民族世代生养栖息的国度，战火很快在这里肆虐蔓延，中国几千年的文明史册也从此画上了沉重的一笔。国家兴亡，匹夫有责。面对外国列强的长驱直入，面对满清朝廷的懦弱无能，面对鸦片的乌烟瘴气，不可一世的王朝的底层正在酝酿着一场惊天动地的革命。它横扫了大半个中国，建立了一个敢于和清廷叫板的政权，给入主中原几百年的游牧民族几乎致命的打击。太平天国，近乎神话般地在神州大地上演了一出精彩的“客家起义戏”。虽然结局是悲壮惨烈的，但是它却给后面一系列的大刀阔斧式的革命做出榜样。在这次运动中，客家人做出了很大的牺牲和贡献，上至最高领导者，下至底层的兵士，客家人都占了多数。其中“太平天国的发起者是四位客家人：洪秀全、冯云山、洪仁玕、李敬芳。太平天国起义的领袖是天王洪秀全、东王杨秀清、西王萧朝贵、南王冯云山、北王韦昌辉、翼王石达开，他们都是客家人。”①

辛亥革命又是一出精彩、成功的“客家革命戏”，它直接推翻了几千年的封建统治。继兴中会之后，1905年，孙中山和他的助手在国外组织的兴中会、光复会、华兴会三个团体，在日本东京联合成立统一的革命政党——中国同盟会。在同盟会成立大会上，除孙中山当选总理一职外，在整个领导核心成员中客籍人占了46%。“他们是外务部长廖仲恺（惠州客家人）、会计部长谢良牧（梅州客家人）、司法部长何天翰（梅州客家人）、评议部议员胡汉民（江西吉安客家人）、梁慕光（惠州客家人）等。”②

对于客家人骤然以难以置信的亮度闪耀在中国近二百年的一部灾难史和革命史上，世人遂对这一族群刮目相看。客家学者谭元亨先生甚至这样比喻：“宛若一阵晨钟的轰鸣冲开了漫天沉重的阴霾。又如兀起的群峰，托起了正要塌陷的苍穹。不，当如撕裂长空的闪电，驱开了近现代中国历史上几乎化不开的黑暗。”③显然，世人已经从梦中惊醒，不得不再次认认真真地去仰视、发掘、剖析这一特殊的群体——客家民系。为何客家民系在近代这段关乎民族存亡的历史时期涌现出大量的“救世主”式的英雄人物？他们的集中爆发是历史的偶然，还是与其自身的特质有关？疑问总是难以用常识去解释奇迹的。因此，解读客家群体是必要的，而解读客家人格却又是问题得于解决的突破口。

① 丘政权：《客家与近代中国》，中国华侨出版社，1999年版，第25-26页、第447-448页、第446-447页、第447页、第293页、第294页。

② 饶任坤、卢斯飞：《客家历史文化纵横谈》，广西教育出版社，1993年版，第174-175页

③ 谭元亨：《客家圣典》，海天出版社，2004年版，第158页、第52页、第302页、第302页、第246页、第77页。

## 第二节　客家人格的主要表现

人格的定义，美国著名人格心理学家L.A.珀文在《人格科学》一书中是这样认为的："人格是认知、情感和行为的复杂组织，它赋予个人生活的倾向和模式（一致性）。像身体一样，人格包含结构和过程，并且反映着天性（基因）和教养（经验）。另外，人格包含过去的影响及对现在和未来的建构，过去的影响中包含对过去的记忆。"①为使研究更具有操作性，本文姑且把人格定义为：指人的先天自然性（遗传为主）与后天逐渐形成的带有倾向性的心理现象的总和或意志品格。

客家人的"客"字，《说文解字》释为："寄也，从宀，各声。"非常清楚，"客"字由"宀"和"各"构成。"宀"为"交覆深屋也"："各"为"异辞也，从口夂，夂者有行而止之，不相听也。""客"字里的"各"字时刻在提醒客家人必须高度注意人格的修养。由于客家人在战乱中逃生，为了生存，客居他乡，寄人篱下，非常容易产生依附、仆从、雇佣的心理，甚而失去独立的人格。如依附在树干上的葛藤，由于其根系浅短，无法独立生长。而客家人的根系在中原，扎根在中华民族传统文化的沃土厚壤中，无论移植到粤闽赣桂的崇山峻岭上，还是移植到南洋的椰风蕉雨中，亦或是移植到欧风美雨里，都能落地生根发芽，独立顽强茁壮成长。客家的人格主要表现在：

### （一）平　实

客家的诞生其实是历史开了一个玩笑。世界上任何一个民族，它们的诞生都是基于其社会族群相同的历史文化背景，包括语言文化、宗教信仰、生活习俗等都表现出高度的相似性。在经过长期的集居劳作、休养生息之后，各个民族也便形成了自己的特色文化，并在特定地域和时空上保持相对的稳定。然而，客家的诞生却非同一般。战乱频繁、朝代更迭，使得原本生活在肥沃富饶的中原大地上的他们，被迫背井离乡，举家南迁。由泱泱大国的主人沦为阶下囚，由华贵望族沦为平民布衣，这难道不是历史开的错误玩笑吗？但历史的玩笑开得实在太离谱了，从五胡乱华到黄巢起义，鲜血染红了中原大地，在南迁的漫漫长路上，客家人经历了十口遗一的惨烈剧痛。幸运的是，上苍为客家人安排了最后的"飞地"，②他们才不至于遭到灭顶之灾。三大湖、葛藤坑、梅州等等，

① [美]L.A.珀文：《人格科学》，周榕等译，华东师范大学出版社，2001年版，第4页
② 谭元亨：《客家圣典》，海天出版社，2004年版，第158页、第52页、第302页、第302页、第246页、第77页。

哪块“飞地”不是荒蛮之野？但是那种“留得青山在，不怕没柴烧”的硬颈和骨气激励了客家人，使得他们在绝路逢生之后，开始白手起家，自我拯救，从事物质生产。可想而知，让那些过惯安逸生活的上层社会的士大夫去从事农业生产，谈何容易？往昔的歌舞升平、灯红酒绿的士族生活，弹琴奏乐的双手如今却不得不拿起犁锄，披荆斩棘，开山拓野，为柴米油盐而终日劳作，这需要多大的勇气和毅力？

生活境况和身份地位的大逆转所带来的冲击与阵痛，使得客家人清醒地认清了时势，并逐渐适应和接受了这一转变，直面现实。他们从此日出而作，日落而息，与底层土著百姓打成一片。于是形成了平实的思想性格，并在日夜劳作中慢慢地得到了强化。

如今在客家人聚居的村落，即使是花甲之年的老者，只要尚且还有足够的力气，他们都会闲不住，仍然耕田犁地，劈柴担水，放牛喂猪，几乎所有家务都做。他们身上始终显露出自力更生的简朴作风，这正是朴实又易于满足的平民性格。

从共和国十大元帅之首朱德总司令身上，也不难发现客家人平实的性格。在井冈山斗争时期，国民党在“围剿”、“进剿”红军的同时，还对井冈山地区进行了经济封锁，以使红军断粮断盐，企图把红军困死在井冈山上。为了粉碎对方的围攻，红军需要储备大量的粮食。当时作为红军军长，朱德不仅要指挥部队的战斗，还要亲自下山去挑粮食。丝毫没有因为自己是军队的领导人而摆起架子，他用兵如神，爱兵如子，体恤部下，和战友们建立起深厚的手足情。这正是客家人平实的思想性格，一种无法抗拒的亲和力。

其实，平实思想性格何尝不是一种豁朗的为人处世心态。尤其在兵荒马乱的年代，颠沛流离的生活使客家人对和平稳定的社会、政治清明的环境空前地渴盼。他们对战争深恶痛绝，只想安分守己地过上平平安安的生活，因此从某种意义上说，在动乱年代客家人的平实思想性格是社会稳定和谐的重要构成元素，是难能可贵的。

### （二）乐　群

刚刚南迁的客家人正是对中原望族的身份耿耿于怀而不能自拔，以至初始时与周邻的土著人格格不入。客家人不管身在何处，地处何方，境况何如，也无论客徙几回几载，还是万难千险过后的十口遗一，只要躲过劫难得以安身立命，休整之后的客家人便会“以郡望自矜”，“大多数人仍为其祖先显赫及血缘的高贵而叹服，”[①]于是乎，深深的自豪感、优越感便油然而生了。这种无法舍弃的自恋情结几乎萦绕在客家民系的思想天空之上，贯穿于他的精神性格之中。

在他人看来，这几乎是病态的自恋，因为往昔的皇亲贵族、书香门第，如今却一贫如洗、穷困潦倒。客家人却打肿脸充胖子，俨然一副高高在上的空架子，这是多少让人嗤之以鼻的。“尤其是某个已沦落到最下层，潦倒不已的浪子，仍喋喋不休讲祖上的名人时，更觉得有点让人讨嫌了。”[②]

客家人缘何如此自恋呢？我们以为可从他们的贵族观念进行解读。客家人强烈的贵族观念是其性格的显露，因为人格是人的先天自然性与后天逐渐形成并带有倾向性的心理现象的总和或意志品格。这种心理倾向其实就是祖上的曾经显赫辉煌，它要求后人也必须有同样辉煌显赫的身份地位。于是这种观念在某种程度上竟能很好地保持了客家自身的“德行”。它激发客家人在落魄时奋起，沉迷时激昂，恰是一剂强心剂，激活的能量使得整个民系会自觉地维护形象、重塑形象。那种对列祖列宗负责任的态度，便是每个客家人不成文的心理许诺。因此，客家人的贵族观念让他人不可理喻，也让自己困惑不已。困惑以至不能自拔，一方面也许是暂时的窘迫与昔日的辉煌形成强烈的反差造成的，另一方面则是创业时的肉体和心灵的双重负担形成的。

这里，用一个实例也可以反证客家人强烈的贵族意识——勤劳的客家妇女。客家妇女的勤劳是举世闻名的，是区别于其他民族、民系的劳动妇女的重要依据。美国人史密斯就这样不吝溢美地说道：“客家妇女，真是我们所见到的任何一族的妇女中之最值得赞叹的了；在客家中，几乎可以说，一切稍为粗重的工作，都是属于妇女们的责任……客家妇女，除了刻苦耐劳和尊敬丈夫以外，她们的聪明热情和在文化上的进步，也是很使我们羡慕。”[③]在客家人家庭中，她们已经不仅是半边天，而且算得上是顶梁柱了。上山砍柴、下地耕作、担水喂猪、洗衣做饭等等，客家妇女在家里家外几乎能做男人所能做的一切苦活累活。因此，她们显得尤为勤劳能干，然而客家妇女这种优秀的品质却是男人的陋习所亲手“培育”的。在家务面前，客家男人们常常会表现出强烈的自豪感、优越感，仿佛自己比女人金贵，不必做家务活。于是乎，习惯成了自然，在客家男人中便形成了一种默契，一条不成文的规矩——家务活永远属于女人的专利。直到今天，这一“不平等条约”被相当一部分客家男人继承甚至发扬光大了。这该是客家人“贵族观念”的很好例证了。

① 谭元亨：《客家圣典》，海天出版社，2004 年版，第 158 页、第 52 页、第 302 页、第 302 页、第 246 页、第 77 页。
② 谭元亨：《客家圣典》，海天出版社，2004 年版，第 158 页、第 52 页、第 302 页、第 302 页、第 246 页、第 77 页。
③ [美]罗伯史密斯：《中国的客家》，中国民俗网 2009-09-28

但是完全用贵族观念来解析客家人的自恋情结是远远不够的。尤其是在社会经济政治文化高度发达的今天，客家人的思想意识形态已经发生了明显的变化，传统的中原望族观念已经不能使客家人产生太长久的自豪感、优越感了，也不能解释这个民系凸显于世的凝聚力。“显然，这种‘衣冠贵族’的文化意识和宗法意识，是不可能长期保持下去的，随着历史的进步和社会性质的转变，随着所谓‘衣冠贵族’阶层的瓦解，这种社会意识终究要被打破而退出历史舞台。”①取而代之的是客家民系对其族群的自我认同意识，即族群意识。“客家之所以表现出比其他民系具有更强烈的凝聚力，主要依靠的是族群意识的强化和发展，并不断适应着社会的变化。”②赵明先生在《论族群意识与客家群体的凝聚力》中给族群意识定义为“指有着共同血缘关系的人类共同体所具有的一种思维认同倾向。”③

那么，客家人是怎样通过这种有共同血缘关系的群体，源源不断地补给精神上的自豪和优越的呢？这要从大汉民族说起。

客家是汉族的一支民系，这早已是不争的历史事实，因此研究客家便不能把其与汉族割裂开来。自先秦至汉以来，世界上诞生了一个最为庞大的民族——汉族，至此华夏子孙便以汉人为正宗，以汉人为荣。尤其是刘姓汉人，更以汉王朝的缔造者自居，时时给人“汉室后裔”之感。这一现象在今天的刘姓客家人中间也显得很普遍。刘姓客家人不但自视为中原望族，而且常常地把“刘家天下”当做一段美好的回忆。同样，李姓客家人也把盛唐、“李家天下”当做美谈，以李氏后人为豪。

特殊的王族、王朝、王者“后裔症”在客家民系中普遍存在，并且代代遗传。它起码说明客家人“具有的一种思维认同倾向”——我为汉人，亦为客家人。两种自我归属感同时并存，彼此间既相互的区别，又相互的认同。以汉人自居时，是血统正宗；以客家人自怜时，又是王室后裔。无论从哪个角度去认祖归宗，客家人都能找到非一般的双重成就感，这正是客家人为什么能长久地保持自豪感、优越感的秘密。

如今客家人的足迹几乎遍布全球，形成了一个拥有一亿二千多万人口的庞大族群。客家人得以如此发展壮大，单依靠自豪和优越的自恋感是行不通的。因为自恋可能会变成孤芳自赏，也可能变成独自守望——对自我本色的守望。

① 丘政权：《客家与近代中国》，中国华侨出版社，1999年版，第25-26页、第447-448页、第446-447页、第447页、第293页、第294页。

② 丘政权：《客家与近代中国》，中国华侨出版社，1999年版，第25-26页、第447-448页、第446-447页、第447页、第293页、第294页。

③ 丘政权：《客家与近代中国》，中国华侨出版社，1999年版，第25-26页、第447-448页、第446-447页、第447页、第293页、第294页。

而孤芳自赏所带来的结果是被隔绝、孤立，甚至是仇视，这与庞大的客家民系的生存现状是不相符的。因此，客家人的自恋情结，其实是对自身文化、族群特色的守望。他们在守望、固守的同时接纳新事物、新环境，这是乐群人格特征的表露。

客家人的自恋并且带有浓郁的贵族气质，却不影响他们走出去与外界交往。尤其是客家人迁徙南国后，寓居在土著地盘上，和土著之间的交往成了必然。与犹太民族不同，客家人没有自己宗教，所以在土客交往中的忌讳就少了许多，意识形态的冲突也没有达到一触即发的激烈程度。客家人奉行的是和睦共处、相互包容、平等交往、共同发展的原则，所以在与其他任何民族、民系交往中显得易于建立互信。其中的乐群性格起到了内驱力的作用，驱动客家人去接纳与被接纳、融合与被融合。

然而“土客大械斗”却是不可回避的事实，这些漫长而惨烈的武装冲突给双方都造成了巨大的损失，但可以肯定的是，“土客大械斗”不是由于意识形态的冲突而引起的水火不容，而是民事纠纷引发，并被某些权势所利用的结果。

尽管土客产生了摩擦，但是客家人总能迈过这道坎，走出争斗的阴霾，继续他们平实的生活。所以便有了今天的客家民系——离家为客、四海为家的迁徙族群。假如没有乐群的精神性格，客家人是无法完成迁徙南国后的重建家园、安居乐业的，更不可能在海外长期扎根立足、繁衍生息。

### （三）反客为主

这是客家人格的突出表现，它给这个民系带来了很多麻烦，可以用血和汗来抒写这段刻骨铭心的创业历程。

没有经过大劫大难是无法体会到生存之不易的。客家人千年流徙，居无定所，每到一处无不是自力更生，用双手开荒拓野，重建家园，以达到经济上的自给自足。然而毕竟是外来客人，作为后来者的客家移民必须要付出比土著居民更多的努力才得以生存。因此，无论在哪里的客家集居之地，几乎都会流传着这样的传说：客家人向土著居民购买土地。土地是生存繁衍的根本，客家人初来乍到，除了轻便的财物之外，其他的一切生活、生产资料都是迁徙过程的累赘。更何况是在极为突然的情况下举家逃难的，所以客家人到了新的环境后可以称得上是白手起家了。

给土著地主做长工是客家人最初经济生活的来源，在积累了一定财富后，客家人便开始向地主购买土地，从而拥有了属于自己的生产资料。“雍正年间……嘉应州长乐县横坡约泥坑人范端雅……入川后，父子不避辛劳，披星戴月，奋发图强，先佃地后买地，至第二代已‘置田七百余亩’”。[①]客家人原是中原望族，有学识有技术，虽然已经丧失了政治上的优势，为异族所统治，但是他们依然是当时先进文化和先进生产力的绝对代表。通过不断地购买土地，置办家业，加上善于经商，他们在当地的政治地位也随着经济地位的壮大而不断地提升，因此客家人很快地后来者居上，反客为主了。

广西客家人的先祖好些是清朝时期由闽入桂的。先祖初来乍到自然贫寒得很，只好给土著地主做长工，靠出卖体力混口饭吃。再后来便向土著地主租借田地来耕种，由于勤劳能干、节衣缩食，先祖有了一定的积蓄，于是又向土著地主购买房产、田地。然而土著地主万万没有料到，这些势单力薄的客家人居然能后来居上，反客为主了！广西博白、陆川的客家先祖不但勤于耕织，还善于经商，通过小本买卖苦心经营，很快演变成了当地经济社会的主角。经济上的崛起使得客家人能在土著的领地上立足扎根，而随着人口翻了几番后，客家人在当地便显得举足轻重了。

看得出来，客家人的反客为主是通过和平方式演进的，他们南来为客，带来的先进科技和先进文化，极大地促进了地方经济社会的发展。这种自力更生、白手起家的创业历程，显示了客家民系顽强的生命力，这一点与犹太民族是相似的。犹太人在二战中惨遭重创，差点儿从地球上消亡，但最终还是延续了种族的香火，并且一跃成为商界乃至政界、科技界的激流。但犹太民族在哪都不是主人，他们没有客家民系强烈的主人翁意识，即使是今天的以色列国，也很难得到阿拉伯国家的承认和接纳。

### （四）轻财重义

这是客家人格的又一特征。义，在客家人看来既是丰富的，又是简单的。之所以丰富，是因为客家人都牢记着“贫贱不能移，富贵不能淫，威武不能屈”[②]的古训，视财利为过眼烟云，大有“生不带来，死不带去”的朗阔胸襟。义是大度、宽容、理智、正直，它是人生极为重要的组成部分。于是乎“舍生取义”、“忠肝义胆”、“大义凛然”等便是客家人常常挂在嘴边并付诸行动的原则。而“钱乃身外之物”的乐善好施精神便是客家人对义的最简单、最朴素的理解和诠释。

在著名的缅甸华侨领袖、客家人胡文虎身上，就能找到这种与众不同的客家人的特质。胡文虎在20世纪30年代中国抗日战争中做出了突出贡献，他“以

① 陈世松：《四川客家》，广西师范大学出版社，2005年版，第65页。
② 《孟子·滕文公下》

社会之财，还诸社会；自我得之，自我散之，以天下之财，供天下之用。”[1]因此“胡文虎这位万金油大王兼报业大王，在20世纪30年代，为祖国抗战竭尽全力，无私奉献，做出了巨大的贡献。”[2]国难当头，他慷慨解囊、仗义相助，几乎倾其所有以救亡，用实际行动表达出了强烈的“舍小家顾大家”的集体主义精神和崇高的爱国图强思想。因为客家人经历了太多的磨难，对于国丧家亡的阵痛仍然记忆犹新，所以每当面对这样的危难时刻，客家人便会自觉的挺身而出，或奔赴沙场抛头颅洒热血，或出资捐物，以赈济国家之亡难。

在民间广为流传的著名客家戏剧《好心有好报》也讲述了一个关于财与义的故事。春良为了躲避战乱和妻子一起逃难，但路上夫妻却走散了，于是春良便四处寻访，但终无结果，随即在一家饭馆打工度日，一面向吃客打听妻子的下落。一日张义郎来店里吃饭，走时忘了拿包裹。当善良的春良发现这个装了许多银子和花边的包裹后，便决定暂为保管，待日后失主来认领时再奉还。不曾想，这包裹可是张义郎的终身幸福所在，原本他打算用这些银子娶媳妇的。所以当春良将包裹原封不动地还给张义郎时，他激动不已，千恩万谢后便认了春良为义兄，并邀请其前去喝喜酒。但在迎娶路上，春良却发现张义郎要迎娶的新娘恰巧是自己失散多日的爱妻。此时两位义兄弟并没有因此产生冲突，张义郎感恩于义兄，遂马上遣退了媒人，最终使春良夫妻团聚。

这虽然是文学创作，但却非常本真的体现出客家人在财和义之间的取舍标准。仗义疏财的秉性在客家族群里是具有普遍性和代表性的，它植根于客家人的心田，世世传播，代代相颂。

### （五）卓尔不群

卓尔不群是客家人格区别于其他民族、民系的人格的主要尺标，更是对客家人格的准确概括。它是其他族群身上所没有的秉性，是客家人的专利。无论是忠孝仁义、勤俭持家、奋发向上，还是尊师重教、吃苦耐劳、开拓进取，其他民族所具有的优秀秉性客家人都有，只是在表现程度的深浅有所区别罢了。

打开历史的窗口看客家民系的迁徙史、创业史、奋斗史就知道，客家民系是走出来的，是拼出来的，是在绝境中壮大辉煌起来的。她不像候鸟那样，南徙越冬后可以重返故里，继续在熟悉的环境中生息繁衍，直到又一个冬天的到来，它们才恋恋不舍地飞走。对于客家人来说，每一次冬天的到来都是漫天飞

① 丘政权：《客家与近代中国》，中国华侨出版社，1999年版，第25-26页、第447-448页、第446-447页、第447页、第293页、第294页。

② 丘政权：《客家与近代中国》，中国华侨出版社，1999年版，第25-26页、第447-448页、第446-447页、第447页、第293页、第294页。

雪，何况是奇袭而来，更让人始料不及。

冬去春来，冰雪融化，大江长河里流淌的是绯红，漂浮的是来不及躲避寒冬的僵躯。客家人已经找不到回家的路，他们在崇山峻岭扎下了根基。荒蛮的群山不似繁华都市，而是荆棘密布，杂草丛生，蛇蝎出没，猛兽横行，但客家人面无惧色，用犁锄向蛮荒进军。于是开辟了一处又一处新景象，创造出前人所未有的文明来，这是客家人生命张力和再生能力的顽强显示。

当列强的炮火袭来时，客家人再也坐不住了，他们砸锅卖铁、拆屋卖瓦，踊跃参战，直到流尽最后一滴血，客家人在近一两百年来的冲天一啸举世震惊。

坚定无比的信念，义无反顾的勇气，排山倒海的凝聚力便是客家人特立独行的魂魄。无论是风雨交加，还是狂风巨浪，客家人俨如随风而去的蒲公英，落地之后生根发芽，开花结果。

特立独行，时运不济后的毅然决然，踌躇满志后的一往无前。一切从头开始，从零做起。天有不测风云，人有旦夕祸福。看破红尘似的找准了方向，无论大悲大喜都要稳住阵脚。于是他们及时地放下了包袱，重建家园。正如谭元亨教授所说："在没有任何外援与依靠——也决不奢望外援与依靠，一切，都得自己来做主，来不得丝毫的犹疑和踌躇，更不能有半点的畏惧与怯场，没有别的选择，唯有一往无前。"[①]

即使在女人仍处于从属地位的封建社会，客家的"晡娘嫲"也表现得特立独行。钟文典教授一语中的："客家妇女，不论贫富，都不缠足，不束胸，也不施粉黛，一切顺乎自然。"[②]她们撑起了家庭的半边天，日出而作，日落而息，但凡男子能做的苦累活，客家"晡娘嫲"几乎都能做。在一般的客家人的家庭中，汉族所谓"男主外，女主内"、"男耕女织"的分工并不是绝对的，通常是男女共同劳作，共谋发展。客家女人会以勤劳能干为荣，以好吃懒做为耻，并且常常以实际行动教育自己的子女。

与其坐以待毙，不如放手一搏。客家人善于化被动为主动，化危机为转机，兢兢业业地埋头苦干，但他们有时也会违背"常伦"地去行事。古人云"父母在，不远游"，然而客家人四海为家那是出了名的，他们不会世世代代固守那一亩三分地，长相厮守。其实兵荒马乱的社会现实也不容许客家人守住故土，即使在和平时期，客家人仍然选择的是离开故土，外出创业。只要他乡能够生存、发展，他们甚至会举家同迁、举族同迁。这也许是客家人的足迹遍及全球的原因之一。

① 谭元亨：《客家圣典》，海天出版社，2004 年版，第 158 页、第 52 页、第 302 页、第 302 页、第 246 页、第 77 页。
② 钟文典：《广西客家》，广西师范大学出版社，2005 年版，第 159 页。

说到客家人“孤胆英雄”式的创业历程，广西博白客家人无不敬佩率先入桂的祖先。为了维持生计，他们起早贪黑，日夜赶制竹篾织品，到了圩日便挑到街上去卖。而在竹篾织品生意惨淡的季节，便挑着一些农特产远走他乡，少则十天半月才回一趟家，久则去了好几个月。有时甚至走南闯北，远去贵州、湖南做生意，这一去便是一年半载的，然而每次回家，他们总能带回一家老小的希望。正是他们的勤劳能干，才维持了家族的生计。

正是这种特立独行的性格，造就了客家人心灵的自由天空。它是客家人蛰伏后的一鸣惊人的引擎，是客家人出其不意的果敢推动力。失去了它，客家不再是客家，而将变得波澜不惊，平庸不堪；固守着它，客家定会青春永葆，辉煌再续。

### （六）乡音不改

战火撕破了中原大地上的阴霾，映红了整个世界，风尘仆仆的客家人回首翘望，还是看不到一丝希望。他们知道离开意味着诀别，没有再见；回家，更是痴心妄想。中原大地已经没有他们的家了，家园早就被异族所占据或在战火中毁于一旦。更何况，那里充满了杀戮、水火不相容的仇恨。胜者为王，败者为寇。汉人败北失天下，客家人捡得性命已是不幸中的万幸了。于是他们只有逃，逃往山区，在那里扎根发芽、开花、结果。

然而，客家人毕竟是性情中人，是血肉之躯，纵然有千年万里的时空隔阂，特殊的时刻，他们总是向故土的方向张望，忆起许多事情来。那里曾是祖辈生息繁衍的风水宝地，也是他们的梦之所在。于是出现了全球客家、崇正会联合总会以及香港崇正总会，它们都是海内外客家人为了更好地交流沟通感情而自发成立的大会机构。近些年来，轮流在世界各地召开的客属垦亲大会，寻根探源的客家团体也不断地前往故土。然而，回家的路在何方？宁化石壁、“葛藤坑”，真的就是那朝思暮想的故乡了吗？寻根探源的客家人已经无法从眼前的客家围龙屋中找到家的感觉，仿佛它们跟自己没有丝毫的关联了，因此相见的一刹那他们甚至不敢相认了。也许是“独在异乡为异客”太久了，又或者那种“处处无家处处家”的泰然之感，使得客家人早已习惯了旅居的生活，所以怀着无限憧憬地踏上寻根之路后，真正见到故乡时，他们却像失散多年的亲人，既陌生又熟悉。只有到即将离开的时候，这些客家游子的眼里才涌起了闪亮的泪珠。他们如梦初醒：原来故乡虽不再，但它却永远存留在每个客家人的心中，并且那份思念比其他任何人都要强烈、更频繁得多。

只有深深地体会到客家人的思乡之情，才不难解释客家人为什么会背着祖宗的尸骨、牌位远走他乡，也不难解释各地的客家族谱为何都详尽地记载了故乡在何方，更不难解释客家人缘何喋喋不休地向他人讲述着自己祖宗的事迹……很多客家人的祠堂上都立着祖宗牌位，而他们的聚居地也必定会有先祖灵骨安息的墓冢。九葬九迁，十葬万年。因思乡而思祖，又因思祖而思乡，把先祖的遗骨安葬在客居之地，这是客家人远徙他乡所必不可少的内容。他们以此希望先祖能庇佑客家子孙，换得世代的荣华富贵。

所有这一切都是为了激起心中不灭的乡思，为了燃起“家天下”的归宿感和自豪感，为了有根的亲切——于是把它珍藏到永远。

偶然的机会，陌生的彼此听到了熟悉的乡音时，“自家人”之感总会油然而生，大有相见恨晚之意。谭元亨教授在《客家圣典》里这样认为“没有任何一种方言，具有客家话这么普遍的认同感、内聚力——它甚至是一种精神力量，一种无可抗拒、无形的却不可抹煞的精神力量。”①因此客家话的作用已不仅仅是交流和沟通那么简单了，它是一座桥梁，是一条纽带，是整个客家民系得以维系的根本，更重要的是，它寄托了客家人的情感——第二故乡。于是，有客家人的地方便有客家话，有客家话的地方便是故乡。第一故乡是可以离开的，但第二故乡却要世代恪守的，“宁卖祖宗田，不丢祖宗言”。失守了第二故乡，客家人不再是客家人。客家人这种以“祖宗言”为纽带的“自家人”情结，不论天南地北，不问张三李四，是无处不在、无人不有的。随着时代的进步，交往的频繁，这种情结似乎变得平淡无奇。但在他们的意识深处，却挥之难去。正如中国社会科学院近代史研究所科研处长徐辉琪研究员在《客家与辛亥革命》所中提出的：“客家人使用客家语言仅赖以增强和维系友情却不拉帮结派，客家志士的表现是十分突出的。客家志士献身革命，根本上是为谋求民族独立和国家富强。”这些年来，各地客属联谊会、恳亲会，不就是以“祖宗言”为纽带吗？在全面建设有中国特色社会主义，共享和谐生活的今天，愿客家人这种“自家人”的情结继续发扬光大，为中华民族的团结、国家的富强、社会的进步、人类的和平共处共同奋斗。

如今，“广西有客家人700万人，遍及全广西的14个地级市以及100多个县区。”②他们大都使用客家话进行交际，但同时也会使用其他语言。例如：贵港市覃塘区东龙镇京龙村的客家人，他们除了使用客家话以外，还根据一定场合、对象使用壮话、贵港话。其主要原因还在于，嫁入京龙村的女人大多为壮族的，但即使这样“客而家焉”，客家人仍然恪守自己的方言、习俗，保持特有

① 谭元亨：《客家圣典》，海天出版社，2004年版，第158页、第52页、第302页、第302页、第246页、第77页。
② 2011-04-14 17:17. 来源：中国新闻网

的文化氛围。

然而在一些地方，也出现客家人被当地土著同化的现象，福佬客便是其中之一。“在客福族群互动中，或者由于客家人占少数，福佬人占多数，客家聚落的周围多为福佬人，或者由于福佬人经济比较发达繁荣，在政治、文化上居于主导地位，客家人为了与福佬人打交道（例如福佬人主导的集市做买卖，进行物资交流等），不得不学习和采用福佬话进行交际。久而久之，在自己村落中也改用福佬话，连服侍、行事也逐步效仿福佬人，最后导致客家话流失，客家文化走样变形，于是客家人就慢慢演变成半福佬人乃至全福佬人了。”①同样，在香港也出现客家话被别的语言同化的现象。早在20世纪30年代，客家话还是香港的主流语言，但到了今天，客家话已经濒临灭绝了。由于香港大量的市区人口通过买房或租房大量涌入，客家原居民很快成为少数，使原来的乡村范围无法通行客家话。村中的祖父祖母只好乖乖地跟孙子一起学习广府话来适应新生活。“多数客家乡村中只剩下老弱妇孺，让客家话勉强苟延残喘。”②“于是，客家的传统文化——首先是客家方言——开始渐渐褪色，主要表现为客语受到香港主流广府方言的影响和同化。”③海外客家地区也同样出现客家话被同化的现象，这是应该引起客家世界重视和反思的。

但不管怎样，客家文化、客家话在全球范围内仍然不会消亡，在战争年代不会，和平年代同样也不会，毕竟大多数客家人仍旧坚信“宁卖祖宗田，不丢祖宗言”。随着客家世界受到普遍关注，族群意识的逐渐觉醒，必将会让每一个客家人重新认识客家，肯定客家，崇尚客家，这是完全可以预期的。

客家民系是伟大而充满魅力的民系，从远方走来，走了千年万里，才走出了阴霾，然而他们并不知道，后面等待的又会是什么？究竟还有没有万劫不复？今天的故乡还是明天的故乡吗？会不会还有另一块“飞地”在等待着他们去开拓，还是某个蛮荒之地向他们隐隐约约地招手？他们有一种天生的预感——客家女人的预感：劳动是快乐的、永恒的；故乡是过去的、未来的；辉煌则是明天的。他们还有一种信念：普天之下舍我其谁！他们已经在几百年来的不懈努力中兑现了这个诺言，证明了自己非同一般。正因为如此，客家民系与犹太民族才举世瞩目。这便是探究客家人格与价值的意义之所在。

① 谢重光：《福建客家》，广西师范大学出版社，2005年版，第88页。
② 刘义章：《香港客家》，广西师范大学出版社，2005年版，第121页、第180页
③ 刘义章：《香港客家》，广西师范大学出版社，2005年版，第121页、第180页

# 第十三章 客家人的为人处世

客家是中华汉民族的优秀分支，客家民系是历史移民的产物。客家人的根在人文荟萃的中原，客家先民始自西晋末年“五胡之乱”，延至唐、宋、元、明、清不同历史时期，为避战乱和祸患，离开中原故土，先后五次大南迁。他们先在闽粤赣交界的广袤山区中扎根，以后又向南方各省及海外播衍。现在已有千万客家人分布在全世界 80 多个国家和地区。人们常说：“有太阳的地方就有华人，有华人的地方就有客家人。”客家人已成为当今世界上分布最广、影响最深远的民系之一。一代又一代客家人，在继承博大精深的中华传统文化的基础上，创造了丰富多彩的客家精神文化，令人神往。

## 第一节　谦和睦邻，诚实守信是客家人的处世之本

中国传统文化的核心精神是“和”，即追求和谐的中和主义。孔子说：“礼之用，和为贵，先王之道，斯为美。”[①]它是儒家追求的最高社会理想。“和”

① 《论语·学而》

的人生观，具体表现在以“中庸”[①]为准则的处世哲学上。它要求人们在处理问题时，注意避免“过”或“不及”两个偏向，以保持各种矛盾与关系的和谐统一。中华民族崇尚和平的价值取向，由此形成。这种处世哲学中“和”的原则，使中华民族注重个人品格的修养，待人接物讲究礼节，养成谦和善良、温柔敦厚的品格与习惯。因此，“文质彬彬”、“温良恭俭让”[②]，被公认是君子应有的品德风范。

一千多年前，中原一带由于发生天灾和战乱，许多书香门第、仕宦之家，甚至皇亲贵族被迫南迁。客家先民在千年万里迁徙的过程中，经历了万般艰辛，最后在山区定居。为了生存与发展，必须依靠集体的力量，才能战胜恶劣的自然环境，这就要求和睦相处。与此同时，儒家文化精神也伴随着他们在新的地方扎根，并与客家精神文化融为一体。这对客家人善良、好客、包容的性格形成起了重大的影响，至今仍影响着客家人的为人处世哲学。

客家人主张“万事以和为贵。”两个人在狭窄的路上相遇，客家人会主动谦让，年轻的让年长的，男的让女的，空手的让挑担的，挑担轻的让挑担重的，挑重担的会让给扛抬的。俗话说“客家，客家，好客之家”。主张“谦和为贵”的客家人，素有热情好客的传统，倘有宾客登门，殷实之家将以丰盛酒席热情款待。就是贫穷人家，他们宁可自己勒紧腰带，节俭过日，也要倾其所有招待客人。在一些偏僻山村，还有家族，邻里共同招待的情形。来了不速之客，主家正为一时无法置办食品而发愁时，家族邻里闻讯，或主动送来贮藏的香菇、竹笋干、银耳等山珍，以及平时舍不得食用的鱿鱼干、墨鱼干等海味或烹制一道自己最拿手的菜肴端上席来。这时，主家依例请来族长或长辈坐于上席，并请来家族邻里一起作陪，谈笑风生，和乐融融。“一家来客，四邻接待”这是山村客家人的风俗。即使邻里之间曾发生过口角，也不会记旧时怨恨，照样提着酒壶端着菜肴，到邻居家款待客人，这样一来，邻里之间便会前嫌尽去，和好如初。因此得到中共中央总书记、国家主席胡锦涛的高度评价“大家庭小社会和谐相处的典范”。[③]

迁徙的苦难，出洋的冒险，使客家人强烈企盼和衷共济、平等友爱、共同发展。他们继承、发扬儒家以和为贵的仁爱精神，积极化解当地土著人的戒心和敌意，教化、同化他们，使当地土著（如古越族、畲族、瑶族等）部分人融入客家民系之中。客家民系的形成过程，让人们清晰地看到中华民族谦和睦邻、

① 《中庸》和《大学》、《论语》、《孟子》并列称为“四书”
② 《论语·学而》
③ 罗钦文：《总书记春节看土楼 客家文化受瞩目》，中国新闻网，2008-02-18

和谐相处的形成与发展过程。客家人身上所体现的精神文化，也折射出中华民族“海纳百川，有容乃大”[①]源远流长的文明光彩。

诚实守信，是待人接物方面的一种重要的行为准则，千百年来一直被国人视为做人的美德。孔子大声疾呼“人而无信，不知其可也！”[②]将诚信作为治国之宝。诚实与守信二者有着密切的联系，诚实是守信的思想基础，守信是诚实的外在表现。只有内心诚实，做事才守信用。

诚实守信是客家人继承中华传统文化精神的优秀品格。客家人常说“无信非君子，无义不丈夫。”把信义视为社会交往中为人处事的基本品德，并把它作为判别朋友或“小人”的价值标准。历史上的客家人被迫流落异地谋生，在政治、经济上都处于较脆弱的劣势地位。为了生存与立足，他们首先要取信于人，也需要得到朋友以信义相助，把一切损人利己、欺诈、蒙骗、陷害、背信弃义等行为看做是“小人”之举，并以“亲君子，远小人”[③]这一古训作为座右铭。客家人一般都具有质朴无华的习性，平日言谈，不尚藻饰，是就是，非就非，实实在在。跟客家人接触多了，相处久了，就知道他们一般都是诚实可友的。曾宪梓、田家炳、姚美良等客家商界精英，无一不是靠诚实守信发展的。曾宪梓白手起家，创立了“金利来”名牌。只要人们一问起金利来团队的任何一个成员“什么是金利来精神？曾宪梓先生成功的秘诀是什么？”他们会毫不犹豫地回答：“勤、俭、诚、信。”的确，始终贯穿其企业王国的每一个成员的就是曾宪梓一生所坚持“勤、俭、诚、信”的为商做人之道。

曾宪梓常说：“无论各地的情况如何不同，各个顾客的要求如何差异，只要我们本着以诚待客、处处设身处地地为客人着想的精神，一切问题都可以得到解决。”[④]曾宪梓不仅是这样说的，也是这样做的。20 世纪 60 年代末，当曾宪梓还在做泰国丝领带生意的时候，位于香港中环的龙子行是当时中等偏上的百货公司之一，也是曾宪梓早期的重要客户。一次，曾宪梓因为急着要去泰国订购泰国丝领带原料，临行前给龙子行订购泰国丝带的经理报了价。对方也及时预订了二十打领带。不过因为时间关系，双方当时都没有签订合同，只是口头协议。当曾宪梓在泰国进货的时候，发现泰国丝的价格已涨，如果按照自己原来的报价领带卖给龙子行，就意味着这笔生意会亏损。但曾宪梓想到做生意最关键的是“执事以信”，宁可自己吃亏，也要坚守信诺。从泰国回香港后，虽然前后的价格已经大有不同，而且龙子行的经理也是行家，也十分了解不断变化

① 1839 年 3 月，林则徐奉旨以钦差大臣身份到广州查禁鸦片，在其厅堂内挂此联
②《论语·为政》
③ 诸葛亮：《出师表》“亲贤臣，远小人”的化用
④ 天下书盟：http://book2.fbook.net/book/6019/index.htm

的市场行情，但是曾宪梓还是按照当初口头协议的价格，将领带卖给他们。龙子行的经理十分感佩曾宪梓诚实可信的经商作风，因为曾宪梓在当时那个时刻正为六口之家的生存而奔波，能够做到如此信守诺言，是非常不容易的。这以后，双方相互合作，十分信赖、默契。

## 第二节　艰苦奋斗，自强不息是客家人的立业之基

客家人，这是一个充满颠沛流离、饱经风霜的苦难的代名词，客家人迁徙过程充满血泪和辛酸；客家人，这又是一个富有艰苦奋斗、自强不息的光辉的代名词，客家人历经磨难，创造了独特的客家精神文化。客家人的“客”字，《说文解字》释为“寄也，从宀，各声”。“客”字由“宀”和“各”构成。“宀”为“交覆深屋也”；“各”为“异辞也，从口夊，夊者有行而止之，不相听也”。客家先民作为“客”，是“后来人”，来到陌生的地方，自然条件比较优越的地方早已被土著人占据，他们只能向尚未开发的山区进军，才能找到落脚地。在开发山区的过程中，面临险恶的自然环境，层峦叠嶂，毒蛇猛兽出没。为了生存立足，他们需要有艰苦奋斗的坚强意志。深谙中华文化精髓“生于忧患，死于安乐”①的客家人素来特别能吃苦耐劳，每天都是披星戴月地在田间工作，晚饭后还要劳作一二小时才休息，周年如一日，毫无偷懒。不只穷人家如此，大户人家也一样。各地流传的民间谚语，是客家人进行艰苦奋斗教育的生动教材，比如“早出三朝当一工”。客家人不睡懒觉，平时妇女早早起床烧火做饭、挑水洗衣、喂猪喂鸡，男人则早早下田或上山干活。至于插秧时节，村民更是半夜起来，在田头点上火把，拔秧插田。尤其是客家妇女特别能劳苦，她们的体格一般都很健壮，而且习惯了劳动，并不以为苦，大都能独自经营家庭生活。她们辛勤工作，常年如此，从未听见一句怨言。美国人史密斯就这样不吝溢美地说：“客家妇女，真是我们所见到的任何一族的妇女中之最值得赞叹的了……除了刻苦耐劳和尊敬丈夫以外，她们的聪明热情和在文化上的进步，也是很使我们羡慕。”②

自强不息，语出《易经》“天行健，君子以自强不息。”③其意是，天上的日月星辰是不分昼夜，永恒运动，所以“天”是“刚健”的，人应效法天，积极进取，永不停息。自强不息的民族精神传统，造就了国人独特的苦乐观，孔

①《孟子·告子下》
② [美]罗伯史密斯：《中国的客家》，中国民俗网 2009-09-28
③《周易·乾卦》

子就是“发愤忘食，乐以忘忧，不知老之将至尔。”[①]他一生以天下为己任，以万民之苦乐为苦乐，以有限生命，成就“立德”、“立功”、“立言”三不朽之伟业。这样的一生，上无愧于天，对得起道德良心，下无愧于地，对得起列祖列宗。作为中华民族儿女的客家人，继承和发扬了先辈们自强不息、威武不屈的精神。

一部客家史，就是客家人自强不息、开拓创新的奋斗史。客家人长途跋涉，辗转奔走，只有充满自信，并具自立、自强、不断进取的意识和能力，才可能在颠沛流离中坚持下去，才能在严酷的环境中生存下来，才能开拓出一条美好光明的道路。客家人深刻认识到，人生在天地宇宙间，本身就是匆匆过客。人的生命是短暂的，做客更是暂时的事，更何况又是“过客”。客家人不断地迁徙，客寄于陌生的环境里，要适应新的环境和陌生的人群，就得抓紧时间，珍惜光阴，努力学习，勤奋拼搏，不能有稍微的松弛懈怠，时时处于积极进取的精神状态中，这样的生命才有意义。许多卓有建树的客家杰出人物，都是清贫苦读只身投向社会或一条裤腰带远涉重洋的。他们能拼搏创业，精神支柱便是可贵的自信心，显露出革命、开拓、进取、创新等自强不息的精神特质。文天祥、洪秀全、黄遵宪、孙中山、朱德、叶剑英、陈寅恪、王力、田家炳、曾宪梓等一大批成功的客家人身上，无不折射出中华民族优秀儿女自强不息的光辉！

## 第三节　团结互助，和谐发展是客家人的为人之道

长期筚路蓝缕的移民生活经历，使客家人养成一种恭谦平等、团结友爱的传统精神。因为在逃难的时候，无论昔日在故乡时如何富贵或何等贫贱，“同是天涯沦落人”，大家都是一样。不但人人平等，没有你看不起我，我瞧不起你的情形，而且大家也都因此知道，不互相团结互相帮助，就不能共同渡过难关。所以，更进一步养成守望相助的友爱精神，形成每一个客家人彼此之间都像兄弟姊妹一样友爱的传统。因此，客家人所到之处，均能安身立命，随遇而安，在异地他乡落地生根。除了面临自然环境的挑战，还有主客文化的冲突，为了战胜恶劣的自然环境，融入当地的社会，必须开放与兼容，这就使得友善宽容的客家人十分看重和谐与团结。不但要加强客家人的团结，而且要加强和客居地人们的团结。比如客家人在农忙时，家里人手不够的时候，不去“雇请”工人，而去找左邻右舍来“帮工。”“帮工”也叫“换工。”这是基于客家人传统的平等精神。他们认为：你来替我做工，不是我用钱买来的，而是你发挥友爱精

① 《论语·述而》

神来给我帮忙。至今广西陆川、博白等地的客家人他们在做比较大的事情（如农忙、婚丧嫁娶等）时，总是互相帮忙的。又如那一座座工程艰巨而浩大的客家围龙屋，正是客家人的团结创业的结晶。四圆同心、三圆同心的大土楼，正体现了客家人同心同德同甘共苦的团结精神。

同时，客家人一次又一次的向南迁徙，最主要是北方战乱即军事压力，这种来自外部的压力，没有把南下的客家人压垮，反而增加了他们巨大的凝聚力。不断的凝聚，客家先民共同的语言，共同的崇敬祖先意识，共同的命运与遭际，共同的千里征途，共同的血与泪……这一切，使他们更有效地团结在一起。这样，一支独立卓行、具有自身鲜明特征的民系，便在来自社会和自然界的外力挤压下日益内聚，在千年迁徙、万里跋涉中形成了一个团结奋进的坚强的群体。可以说，客家人艰难的迁徙过程，就是团结奋进的过程。美国《新不列颠百科全书》指出："……迁居到华南的中国北方人即客家人，是一个非常勤奋和精明的群体，他们团结得十分紧密。"[①]

客家人迁来之前，赣闽粤桂山区地带都是人烟稀少、毒蛇猛兽出没的原始森林。在这荒野的崇山峻岭中，居住着百越、畲、瑶、蛋族等当地土著。这些少数民族文化落后，处于刀耕火种的荒蛮时代，生产力水平极其低下。客家人大量的不断南迁，给这些荒僻而神奇的土地带来了蓬勃的生机。客家人从中原地区带来农作物的种子、先进的农耕技术和建筑技术等，毫无保留地与所在地的土著人分享。他们共同伐木垦荒，筑坝造田，把一个个小盆地或低缓的坡地开垦成片片井田或层层梯田，并修渠筑坡，引水灌田，使寂静的群山阡陌纵横，如诗如画。昔日荒凉闭塞的山野，变得人声喧闹，鸡犬相闻，生产力水平得到了很大的提高。客家人逢山开路，遇水搭桥，一个个村寨有盘山小径或通衢大道相通。一些人口集中的较大村寨形成了集贸市场。就这样，客家人把热闹带进了千沟万壑，把繁荣带进了穷乡僻壤，把文明带进了荒峦山野，与土著人和睦相处，和谐发展，和乐融融。

如今客家儿女已分布在世界五大洲八十多个国家和地区，他们对侨居地经济社会文化的发展，对促进中外文化交流，对增进中国人民与侨居国家或地区人民之间的友谊，也起着积极的作用。客家史是华侨史的组成部分。客籍华侨与侨居国人民一起，和谐相处、共同发展，为争取民族独立、幸福而奋斗的可歌可泣事迹，被载入侨居国的史册中熠熠生辉，也为整个世界的文明事业作出了不可磨灭的贡献。

① 《孟子·滕文公上》

## 第四节　崇文重教，爱国爱乡是客家人的发展之泉

长期处于贫困山区的客家人衣食难保，兴学读书谈何容易！但是他们认识到，只有知识文化才能改变自己的社会地位和命运。因此，客家人愈是贫穷愈是坚定地送子女读书，读书的也能拼命发愤，历尽艰辛，只为将来有个好前途。这是一条以文治贫，以学翻身的进取之路。客家人素来对儒家“学而优则仕”的思想奉为信条，尤其是对孟子所言“逸居而无教，则近于禽兽”[①]笃信至深。这种重教化，着力提高族群文化素质的优良传统，无疑是客家文化普及，人才辈出的历史渊源。扎根赣闽粤桂山区后，他们秉承中原遗风，以耕读传家，以兴学为乐，以读书为本，以文章为贵，以知识为荣，在客家社会里蔚然成风。

走进客家山区，微风送来树木的清香，也送来浓浓的书香。远处传来泉水的叮咚，也传来琅琅的书声，这宛如“天籁”传来的书声和书香，令人为之陶醉。“教子读书，比屋皆是”，几乎所有的家长都支持子女读书。即便是很贫困的家庭，生活都难以为继了，做父母的依然咬着牙关，义无反顾地勒紧裤带供子女读书。有卖田地供子女读书的，有长年咸菜稀粥从嘴里省出钱来为子女交学费的，有挑担、卖樵为供子女上学的，有因家贫无法让子女上学、而从千里之外背着书回来教子女的父亲，有帮人舂米两天只吃一次饭为供丈夫读书的妻子……好些地方志都记载着客家人重视读书的话语“男子不读书，家计无出路”，“不识字，一头猪”，“讨食也要教子女读书”，“山瘠载松柏，家贫好读书”。客家地区广泛流传这样的童谣：“月光光，秀才郎；骑白马，过莲塘；……放条鲤嫲八尺长。鲤嫲头上承灯盏，鲤嫲肚里做学堂。做个学堂四四方，兜张凳子写文章……”“蟾蜍罗，咯咯咯，唔读书，冇老婆。山鹁鸠，咕咕咕，唔读书，大番薯！”

客家各宗族都非常重视兴学育才，办好本族子弟的教育，并把这视为本族兴旺发达的大业。祠堂之多，是客家地区一大特色。一位法国天主教神父，目睹客家人以祠堂为依托，兴办教育的情况以后，十分赞赏地说：“客家人每一个村落里都有祠堂，就是他们学校的所在地。全境有七八百个村落，就有七八百个祠堂，也就是七八百间学校。按照人口的比例来计算，不但中国没有一个地方可以赶得上，就是与欧美相较之下亦不多让。”[②]祠堂大都用来办学校，祠堂

① 《孟子·滕文公上》
② 雷·查理斯（Ch.Ray）：《客法辞典》，1911年版；见陈运栋《客家人》第一章《绪论》1988年版

亦学堂，且大都置有“公田”，收取租谷或租金（俗称“公尝”），作为办学费用。还有不少氏族有公尝山、公尝田、这是祖辈在兄弟分家时，并不将祖产分齐，而将这一部分田地、山林、鱼塘留下来作为氏族的公产，并用它每年的收入来兴办村学，帮助老师，支持族中子弟上学。有的族规还写明凡考上中学、大学者，资助钱财若干。此外，从前民间还有“文会”、“互助会”，将集股所得的钱、粮，以奖学金的形式来扶助穷家子弟求学。再有，客家地区山多田少，人多地少，生存环境极为严酷，地理条件的制约，使客家人向外发展极受羁绊，他们唯有发奋读书，“学而优则仕”，争取考科入选，金榜题名，才能光宗耀族。他们深知，唯有发奋读书知书识字，才能学习谋生技能，不断发展。况且客家来自中原、河洛，多为门户清高人士，可谓“衣冠南迁，书香门第”。在文化意识里有“万般皆下品，唯有读书高”、“书中自有黄金屋，书中自有颜如玉”的传统观念。南迁赣闽粤桂后，面对严酷的生存环境，强化了“唯有读书才有出路”的观念。客家人认为，“男人志在四方”，决不做“灶下鸡”、“缸下拐”。在他们看来，“捏泥卵”（务农）、留守家园是最没出息的。这一切，使客家人崇文尚学，重视教育，以致客家地区教育之盛、人文之秀闻名天下。

崇文重教的民风，使客家英才辈出，世代相传，灿若群星，溢彩流光。在客家精英中，既有独领风骚的艺坛巨匠，又有学术领域的一代宗师；既有杰出的书画家，又有才气横溢的散文家、诗人……他们的成就在中国文化史上，编织成丰富多彩的绚丽图景。当代文史大师郭沫若先生曾赞叹客家：“文物由来第一流。”[①]如客家大县广西博白县顿谷镇的王家宗祠——金圭塘，据说王履坦国师的五个儿子都中了科举，当地的人称五子登科，后来这五个儿子各立门户分成了现在的五房人，这五房人在当地相当有名声、势力，在当地无人不晓。世界著名语言学家王力教授、北京大学国际关系学院院长王缉思教授、广西著名诗人秦似教授、中国科学院心理研究所四通打字机发明人王缉志、全国政协委员、广西喷施宝董事长王祥林、参与研究神舟 6 号并获奖励的王熙强、2010 年被中国原子能科学研究院录取为博士研究生的王祥高等均出自金圭塘。

在我国历史文献中很早就出现了“爱国如家”[②]的记载。在几千年的历史风霜中，中华民族所表现出强大的向心力、凝聚力，这种力量说到底就是爱国主义。爱国主义已深深地扎根于中国数千年的历史与文化的土壤中，它体现着个人对养育自己的祖国和人民的无限热爱。并由此产生出神圣的民族自尊心、

① www.meizhou.gov.cn
② [汉]荀悦《汉纪・惠帝纪》

自豪感和自觉报效祖国的崇高责任感和爱国心。在不同历史时期，爱国主义具体内容虽然有很大的不同，但实质是一脉相承的，都是在继承了传统的爱国主义精神的基础上，从每一个新的时代精神中吸收营养，从而不断地丰富和更新。因此，爱国主义总是与不同时代的爱国者所追求的中华民族崇高的理想是联系在一起的。

客家人的爱国爱乡的精神特别突出，涌现了许多可歌可泣的爱国志士和民族英雄。例如鸦片战争时期广东水师提督、抗英名将赖恩爵，1882 年前后抗法英雄、黑旗军司令刘永福，中日甲午战争抗日保台领袖丘逢甲，爱国诗人、维新改革思想家黄遵宪，抗日烈士罗福星（1912 年台湾抗日）……叶挺、叶剑英，不胜枚举。日本人山口县造曾高度赞扬客家人，认为“他们原有一种自信与自傲之气，使其能自北方胡骑之下，迁至南方，因此，他们的爱国心，比任何一支民族都强，是永远不会被征服的……”[①]客家先人多数是在外族入侵时被迫南迁离开生于斯长于斯之家园的，他们备尝颠沛流离之苦，因而对国家民族的前途和命运极为敏感和关注。他们的灵魂深处蕴涵着不妥协、不受辱、不甘被奴役的反抗精神，怀有强烈的爱国主义情怀。

“故乡的月最圆”。众多的海外客属侨胞，始终想念着眷恋着家乡的山山水水。他们中许多人不远千里，一次次回国返乡省亲探友，寻根问祖，尽力支持家乡的建设。如梅州地区很多文化、教育和公益福利事业等设施，就是由海外侨胞、港澳台同胞投资或参与捐资兴建的。在大埔县，举目所见，许多中小学校校舍、医院、桥梁等，是东南亚著名的实业家、慈善家田家炳先生捐建的。田家炳先生是客家精英的杰出代表，他不仅在家乡大埔捐巨资建学校、医院、桥梁等，而且在全国各地捐建数百项工程，其爱国爱乡精神，深受客家人乃至全国人民所敬佩。曾宪梓先生创办的金利来（远东）有限公司，不但占领了香港和东南亚市场，同时，在新加坡、马来西亚、泰国等国家建立了分公司，经营范围也从领带发展到男士系列用品。随着金利来领带声誉日隆，曾宪梓先生摘取了亚洲领带大王之桂冠。他说：“只要我还活着，只要我的公司不倒闭，我就要为祖国为家乡多作贡献。”[②]到目前为止，曾宪梓博士在国内的捐资总额已逾 10 亿元人民币。

凡此，客家迁徙及其所体现的中国传统文化精神，形成了独特的客家精神风范：谦和睦邻，诚实守信是客家人的处世之本；艰苦奋斗，自强不息，是客家人的立业之基；团结互助，和谐发展是客家人的为人之道；崇文重教，爱国

① 日本《大汉和辞典》，1975 年版
② 天下书盟：http://book2.fbook.net/book/6019/index.htm

爱乡是客家人的发展之泉。梳理和探究客家迁徙所形成的思想体系及其为人处世风范，让人领略到中华文化光辉灿烂，源远流长，犹如一部规模宏大、气魄非凡的交响乐，而客家精神文化则是其中扣人心弦、美妙无比的华彩乐段！

（本章作者是滕云博士，本书入选时略作修改）

# 第十四章 客家人的家庭与宗教

## ——以广西客家为例

汉族支系——客家人的宗教信仰并不是单一的，而是多元化的。不论是中国本土的宗教——道教，还是从海外传进来的——佛教、基督教和伊斯兰教，客家人都持来者不拒的心态对待。对宗教的研究，历来得到海内外学者的重视，但对作为构成社会细胞的家庭与宗教，尤其是对广西客家人的家庭与宗教的研究仍不多见。广西客家人的家庭与宗教之间存在着怎样的联系？出现这种现象的原因是什么？本章拟就广西客家人的家庭与宗教的现象略作简单的梳理与探析，以就教于方家。

### 第一节 广西客家人家庭与宗教的主要表现

在广西，客家人的宗教信仰大致有自然崇拜、神灵崇拜、祖先崇拜以及主要信仰的佛教、道教、儒教和基督教崇拜，等等。从广西客家人的自然崇拜、神灵崇拜和祖先崇拜中，多少可以追根溯源出主要的佛教、道教、儒教和基督教的胡奥来。这些宗教信仰在广西客家人的家庭中具体表现如下。

### （一）自然崇拜

在科学技术比较落后的过去，人们过着靠天吃饭的日子，因此对于自己不明白的大自然现象产生了敬畏心理。广西客家人也与其他民系一样，每逢节俗祭拜或祭祖的时候，也不忘向老天爷虔诚礼拜，而祭拜的对象就是自然界的太阳、月亮、星辰以及大地、山、水等。

广西客家社会的家庭自然崇拜主要表现有：在七夕乞巧节这一天，客家妇女会对着天上的星辰祈福，祈求自己可以心灵手巧，能够编织美好生活。而月亮则是客家妇女的又一崇拜对象，在八月半左右，客家妇女普遍会有拜月之举，目的是祈求一家团团圆圆，和和美美。此外，在客家大县——广西博白新仲村一带地区，每当过了年后，每家每户都会进行祭月的活动。据一位姓王的当地人说，这个祭月的活动主要是为了祈求新的一年全家平安顺利。祭拜的贡品一般都很简单，只用果品、糕点一类的祭品。

广西客家人崇拜自然、尊重自然的观念，来源于对主流文化“天人合一”的认同。孔子说“天何言哉，四时行也，百物生焉。”[①]意思是：“天何尝说话呢？（春夏秋冬）四季自然运行，百物自然生长。”由此可知，所谓“天”即指“自然”。人与自然和谐相生是人类共同的审美价值追求，也是广西客家社会崇尚自然的最高境界。孟子曰“尽其心者，知其性也；知其性，则知天矣。”[②]汉代大儒的代表人物董仲舒进一步提出了“天人之际，合二为一”[③]的命题。道家学派的鼻祖——庄子也提出了“与人和者，谓之人乐，与天和者，谓之天乐。”[④]崇尚“天人和谐”已成为客家文化的精髓，也是风水文化所探索和追求的理想境界。在广西客家地区，“天人合一”这种观念体现在各个方面，如在广西客家人的建筑上：即选宅造屋讲究堪舆、讲究与山水融为一体。在广西境内的客家地区俗称“堪舆师”为“地理先生”。客家人笃信堪舆之说，他们认为，风水好，可使子孙“发”；风水不好，则祸及子孙。因此，无论是建新房，还是修阴宅，都要请“地理先生”摆罗盘看山水走向，论来龙去脉，寻找风水宝地，以求丁财两旺，荫及子孙，为此，甚至不惜攀高涉险，四处奔走。这些可以从他们的典型民居建筑——“围龙屋”看出客家人对于建屋的讲究，而且从“围龙屋”的建造中，还可以看出客家人对道家文化“天人合一”观念的追求。他们在建屋时很注重地形和座向，讲究地势高爽，坐北朝南，坐西向东的取向，而

①《论语·阳货》
②《孟子·尽心上
③《春秋繁露·深察名号》
④《庄子·天道》

且还要依山傍水。在广西客家地区，仍有不少保存完好的围龙屋，如博白县顿谷镇金圭塘王氏宗祠、贺州莲塘白花圩江家的围龙屋等等。基本上是按形势派风水的四兽理论来选择地形的，即要求玄武高耸，明堂藏风蓄气，水口紧锁，朱雀跳跃，左边青龙山要高，仰首，右边白虎砂要低，俯伏。玄武就是后山，就是来龙，对来龙要求要有生气，即山势连绵不断、蜿蜒起伏、开帐收束，这样就能让主人兴旺发达。前面是明堂位置，要求开阔又要四周有山环绕，才能藏风聚气；还要有弯环有情的水自长生、帝旺、临官等吉的方向流来，往墓、死绝、衰病等凶的方向流去。水的出口还要有山紧紧挡住，见到来水看不到去水的情形来说一般都比较好。前山是朱雀，包括靠近的案山和远方的朝山，都要求有起伏有情。通常来说右手边的白虎山要比左手边的青龙山低，前面的朱雀山要比后面的玄武山低，不过像这样理想的地方，在现实生活中不是那么容易找到的，但客家社会还是乐此不疲地追求。

### （二）神灵崇拜

客家人宗教信仰的多元化，使得他们所崇拜的神灵显得复杂繁多。在广西客家地区，崇拜的神灵主要有文、武二帝，客家地区中特有称谓的还有土地神“伯公”，以及一些人们自己编造的神灵，如“阎王”、“三界神”等神灵。

文、武二帝分别是指“文帝”孔子和“武帝”关羽。广西客家人重视教育，“耕读为本”，崇文重教，而孔丘就成了人们普遍崇敬的圣人。在客家人看来，要想改变境遇，唯一的办法就是晴耕雨读，金榜题名，走仕途之路，这就是践行儒家所提倡的“学而优则仕”理念。在一些书香门第，多会特设并敬拜“大成之圣先师牌位”。关羽重义气，民间将其尊为“武圣”，在客家地区，祭拜“武圣”的人不少。农历五月十三是关帝诞，在关帝诞那天人们会祭拜关帝爷，这主要是为了祈求风调雨顺，物阜年丰。

除了有关帝诞之外，还有一个社王诞。农历每年的六月初六，即为在客家地区有特有称谓的“伯公”的诞辰。到了这一天，虔诚的客家人就要给各处的伯公上香、敬茶，办三牲、果品敬祀伯公。有的地方还举行春秋两次盛大的“作福”祭典，在春季的“作福”祭典中，人们向“伯公”祈福、许愿，到了秋季则要向“伯公”完福、还愿。此外，人们还会把一些辖地较广的水口或村口伯公，尊称为“公王”或叫“社官老爷”。在广西客家地区，有一个叫“社日”的节日。社日祭拜在各地有所不同，但就一般而言，各地“社日”在一年中分成春社、秋社，人们有集体出谷宰猪祭社坛，然后会餐分肉的习俗。祭祀的意义都一样，春社意在祈求保佑整年风调雨顺，五谷丰登，人畜平安；而秋社是在喜庆丰收，感谢社王的恩赐，祈求来年再续。

这个“作福”和“社日”中的祈福和还福，又与广西客家地区很常见的年初祈福和年尾还福很相似。有很多的地方在年初以及年末会到观音庙里，也有到社公处去祈福以及还福的，这种情况在广西很多地方都是比较常见的。每一个地方祈福与还福的仪式大致相同。在钦州贵台一带，据当地的一位姓李的客家老妇说，他们当地与其他广西客家地区一样，一般都是年初祈福，年尾还福。她家在祈福时，要准备一碗茶水，糖果、饼干或者糍粑也可以，再准备各种色纸，来到社公面前祈福，主要是祈求一年中全家人平平安安，诸事顺利。另外，还有一些人家会到各种庙里面去祈福，大致的过程也都和在社公处的祈福一样。之后，还要回到自家的厅堂烧香、烧纸。到了年末去还福的时候，人们准备的祭品必须要和年初祈福时准备的相同，还福的过程也是和年初祈福时的过程和仪式大致相似。另外，由于地方不同，所需的祭品也不尽相同。在广西其他的客家地区，有些地方的客家人在祈福和还福时，除了要准备上面所说的供品之外，还要同时备上三牲作为贡品。

除此之外，由于在广西客家地区对“伯公”的崇拜很多，因此“伯公”的神位，可谓处处都有，无论是在田间、路口、大树下，甚至在祖坟旁，都有专门建造的后土伯公神位。这些在家庭以外的伯公能起着保佑人们在外能够平安顺利等的心理作用。在广西客家人的家里，住屋内还会有镇宅土地龙神伯公、灶头伯公、床头伯公等，这些家里的伯公主要是起保佑全家成员幸福无灾的心理诉求。

在广西客家地区，佛教也相对比较盛行。客家人的佛祖信仰，以观世音菩萨最为普及，有的人家会在家里设观音座。有些客家人在年初祈福和年尾的还福的对象，也是各个庙宇中的观音娘娘。每年的农历二月十九是观音诞，在这一天人们会向观世音焚香求子祈福。像以上所举观音诞、关帝诞和伯公诞一类的神灵诞辰，都是年长的广西客家人所共知的。

当然，广西客家人的家庭神灵崇拜主要还体现在年节风俗上。广西客家人的年节风俗与各地的各族人民没有什么大的区别，一般都可以分为三十几个祝福、祭祀性的节日，主要有春节、元宵节、清明节、端午节、中元节、中秋节、重阳节、冬至节等等。其中，春节是所有节日中最重要的。

要过好大年，首先就要从小年开始准备。进入腊月之际，也就意味着年关将至，客家人就要开始为迎接新年做好准备了。于是，到了腊月二十三日或者是二十四日，每家每户要做的一件事，那就是祭“灶王”。其实广西客家人在腊月祭祀的灶王即是道教里的一个神。灶神很早就进入道教神谱，称东厨司命，后来升级为帝，号东厨司命大帝。灶神的生日在八月三日（又有说是十五），该日家家点灶灯祭灶。但现在所说的辞灶、接灶已经演变成过年习俗的一部分了。

在客家民间，传说灶神是玉皇大帝派下凡间的使者，因主管各家的衣食，被供于灶旁，这样就可以清楚地了解每一家吃的是什么，以此来掌握他们的真实情况。每年的腊月二十三这一天，人们会祭“灶王”，以便灶神返回天庭向玉帝禀报在凡间的善恶是非。祭祀“灶王”的贡品比较简单，一般都是以素食、茶酒以及香烛为主，其中糖食则是家家必备的。必备糖食的原因，据说是为了甜甜灶王的嘴巴，让他能上天美言几句。另外一种说法是，为了让灶王的嘴巴被糖食粘住，上天之后就不能向玉帝讲凡间的坏话了。直到除夕之夜灶神才会重回凡间复职，那时的“灶王”神位已经被家家户户的人们打扫得焕然一新，以此迎接灶神的回来。

送走灶王之后，人们就可以做些大规模的清洁扫除工作，把屋子里里外外都打扫得干干净净的。接着就要采办年货，制作各种糕点，以备过年之时可以自食或是用于招待亲友、送礼等，过年的气氛已经越来越浓。到了除夕夜，子时到来之际，人们会根据历书所指的大利方向，敬拜天地，遥拜四方神灵以及祭祖。此外，客家人过年时也有一些禁忌，如大年初一不扫地，担心把财气好运扫出门了；不杀牲畜，不吃荤食。虽然现在年初一不吃荤食的忌讳少了，但是，不杀牲畜的习俗是比较普遍的，而这一禁忌想是与佛教的斋戒茹素有关。

除了在腊月二十三要祭神灵的之外，其他还有一些节俗是要祭神灵的。比如在正月十五，新年就要结束的上元节这天，人们除了要供奉祖先外，也要供奉各方的神灵。在农历五月初五端午节，客家地区又称之为“五月节”，这一天，人们会用三牲祭祀神灵，这个习俗在客家地区是很普遍的。除此之外，人们还习惯过“中元节”，广西的客家人也多在七月十四或是七月十五过中元节。在中元节前，家里的妇女就会用各种色纸剪裁各式的衣服、鞋子、帽子、金银财宝以及各种箱柜之类的象征物品，到了中元节的午后，就用各种贡品祭祀祖先和各方神灵，而之前准备的那些纸衣、纸帽以及金银财宝等就被焚烧，以供先人灵魂回来取用。

在家庭式的拜神活动中，拜神是按照神的大小有着一定的先后次序来进行的。每当逢年过节或者有其他红白事情时，人们就会杀鸡，并准备酒、香烛、鞭炮及其他祭品。首先在自己房屋门前拜天神，然后按照神的大小顺序祭拜，最后回到自己的祠堂，拜自己的祖先。整个祭拜过程一般由家中的女性主持，小孩或者丈夫充当助手的角色。这是因为客家妇女长年和男子一样从事生产劳动，在男子外出的时候，还要挑起一家里里外外的所有事务，是家里的顶梁柱。

因此，在客家地区，客家妇女的勤劳能干与独立自主都让她们享有较高的地位。

此外，因为相信命运，畏忌神灵，广西客家人在日常的家庭生活中也有不少禁忌的事，从中也可以看出道教存在的痕迹。客家地区流行巫觋。古代时，称女性为“巫”，称男性为“觋”。在客家地区的“巫”，称为“仙姑”或是“神婆”。仙姑已受道教影响，崇奉玉皇大帝，并以“仙”为名。而客家地区的觋也已与道士合而为一。仙姑通过请神问鬼，为人们驱邪去灾，这是所谓的“问仙”，指一部分人在有病痛时不相信医生，有挫折时不依靠自己的努力去解决，而是相信仙姑和神婆的指点行事。在广西客家地区也流行问仙，特别是当家里发生一些不如意的事情时，广西客家人，特别是老一辈的人习惯去问仙，以求破解之法。

还有一种是道教的术数。包括算命、看相、择日、堪舆等活动。算命，一般是以人的生年、月、日、时的干支作为“四柱”，由算命先生为人推算出一生的吉凶。看相，是根据金、木、水、火、土五行相生相克之说，再由相面先生看人的面容、五官、骨骼以及气色等，结合五行之说推断出所谓人生命运的好歹。择日，凡婚丧、建造、出行、修墓等，不论大小事情，常请课日师推算宜忌日子，才有所动作。这些活动在广西农村的客家人日常生活中也是较常见的。大多数时候，还可以看到有的人家家里添了新生儿后，会有长辈请面相先生帮看这个小孩的命格，以此来推断这个小孩将来的命运。还有一种情况就是，男女要结婚之前，会请来算命先生推算双方的“八字”。两个人的“八字”讲究是相生还是相克。若是两方命格相生，那么这段婚姻就会美满，如果是双方命格相克，有可能婚事就办不成了。在广西，择日多见于客家人建造房屋或是选取阴宅，以及婚丧、出行这些日常的生活中，广西客家人会请来课日师推算出理想日子，才会有所作为。

另外，客家地区还流行延请道士、和尚参与的“打醮”的祭祀活动。打醮的名目繁多，有祈求平安的打“平安醮”，有驱瘟疫、除天灾的“许愿醮”，有好收成时打“酬谢醮”，有丧葬，则请道士打醮，以“超度”亡灵。打醮时，要设斋道祭祀，道士击鼓诵经，举行演戏娱神诸活动。在广西客家地区，多见的是丧葬时，习惯请道士打醮。当家里有亲人去世，一般的普通人家多到道观中请求为亡灵施行拜忏仪式，财力较雄厚的，则请道士到家中结坛拜忏。比一般忏仪排场更大的，是举行水陆斋。水陆斋一般要做七天，也可以做更长的时间。所谓水陆，是指要供奉上天、中地和下水三界的诸多神灵，包括使三界六道亡灵饿鬼都解脱烦恼，出离苦趣，所以规模很大，而且其中包括了很多成分，甚至包容了众多的超度亡灵仪式，那些仪式在小型的斋仪中是可以独立举行的。

上述做法在各地会有种种变异，但其用意则都一致，主要在于行孝慈，同时也给家人带来安全感，解除因亲人亡故带来的心理阴影。

凡此，这些问仙、算命、打醮等的活动都是人们由于敬畏鬼神，以此来寻求心灵的安慰才有的行为。

在广西客家地区，我们还可以见到不少以佛、道的名义兴建的寺、庙、观、堂、坛等宗教建筑物。因此在广西客家人的日常生活中，还可以见到他们入庙拜神求签，求问祸福的这种情况。

此外，当我们走在街上或者去到客家人的家里，可以看到一个现象，就是在客家人的居室或是店铺等处的墙上，会贴着用红纸书写着“童言无忌”、“百无禁忌”之类的红签。这么做的用意是以此来表明自己无所禁忌，然而也可以看出这是一种反作用的表现，在他们的内心实际是因为敬畏鬼神的存在。

另外，基督教随着鸦片战争的爆发开始传入我国。在著名的太平天国运动开始之时，太平天国的主要领导人物是以创立“拜上帝教”来吸引教徒，并以此来扩充革命力量的。但是，基督教在广西的影响不如前面所说的这几个宗教广泛、深远。不过，人们还是可以在广西的一些客家地区看到有教堂的存在，因此属于基督教的耶稣和圣母等西方的神灵，也有人信奉和崇拜。

### （三）祖先崇拜

祖先崇拜观念起源于古代的鬼魂观念，人们视祖先为神灵，以缔造姓氏的始祖、族姓有功业或是移民的开基祖先作为其崇拜对象，长期祭祀。客家人一向有着很深厚的宗社情结，与其他地区一样，客家人的祖先崇拜主要包括两种形式：祖先牌位崇拜（祠祭）和祖先坟墓崇拜（墓祭）。和其他地方的客家人们一样，在广西，客家人对祖宗的崇敬，远胜于对任何神灵的崇拜，祖先被奉为善神，保护本家族人丁兴旺。因此，在客家的很多节日里，扫墓祭祖成了重要的活动之一。

客家人之所以有着如此强烈的祖宗崇拜情结，是因为其有利于家庭成员的团结，发挥互助的精神。“客家人辗转迁徙，一生奔波，每至一地，独身创业，更祈望得到祖宗的庇佑，需要亲人的帮助。而敬祖尊宗，正是团结家人、族众与宗亲的最好精神支柱，富有强大的凝聚力量。尤其是在身处逆境，或分迁远去的时候，这种情结更加强烈。”①

在广西客家人的家庭里，一般在逢年过节的时候都会有祭祖的习惯。比如过年、清明、重阳节的时候。另外，在很多日常生活中也有是要祭拜祖宗的。

① 钟文典：《广西客家》，广西师范大学出版社，2005年9月版，第93页

在除夕之夜，每家每户都会首先把祭祀祖宗的香火堂布置一新，同时贴门神和对联。当所有的准备工作完成以后，家人就要一齐把荤素贡品、香烛、纸炮等聚集在祖宗香火堂，祭祀祖宗。到了子时，旧岁过去，新年已至，这时家家户户都焚香点烛，燃放鞭炮，敬拜祖宗，还会向老祖宗所在的方向，遥拜列祖列宗。

到了上元节时，因为新年就要结束了，人们也会供奉祖宗以及各方神灵，并吃元宵，取家庭美满团圆之意。

广西客家人到了清明节，习惯是在清明节的前后数日间扫墓祭祖。祭祖分为“做大众清明”和各房各户的清明。“大众清明”是指全族或是合族的人一起祭拜共同的祖先，各家各户的清明则是以家庭为单位的，家庭内部成员、各房祭祀自己直系的祖宗。一般是做完“大众清明”才再做各房各户的清明。祭祀时的祭品除了有猪、鸡、鱼、茶、酒、香烛、鞭炮之外，还有艾叶与糯米粉做成的艾糍。挂在墓碑上的纸是有讲究的，必须滴上鸡血。“做大众清明”时，祭祀会从远祖到近祖的依次进行，这些祭祀是由数房合族的祭祖。到了要扫墓祭祖的那天，人们就会用蒸尝备香烛祭品同至祖墓除草、挂纸和祭祀，兼及所有同辈或无后的先人坟茔。参加祭祀的人数通常是有蒸尝的多少来决定，当然，还要族老开明才可以，否则就是每户一人，而且只限男丁。祭祀行礼时的顺序是依房并长幼次序而进行的。各房各户的清明大致过程也是和“做大众清明”时类似，但是，祭祀的对象只是自己直系的祖宗。祭拜祖宗的作用是为了追思先人的业绩，激励后人建功立业，增强人们宗族和家庭成员之间的凝聚力。

而有些地方，到了重阳或重阳前后数日也有扫墓和祭祠的习俗，如广西的陆川县，到了重阳节或前后数日，就会有扫墓的习俗。据一位姓陈的当地人口述，重阳节的祭祖也和清明祭祖一样隆重，但是在当地，清明时多数是做各家各户的清明，而到了重阳的时候，则是“做大众清明”，也还有做各房各户的“清明”的。陆川客家在做完大众清明后，届时“集中族人，大摆筵宴，入席者在年龄、学历上都有严格规定；……此祭，本族人到者有份（妇女除外）。”[①]这些祭祀以及聚餐过去是没有妇女参加的，已经成家的妇女在这种时候，只能负责准备采购、烹饪事务，为上坟的男人提供一切的后勤服务工作，这些分工长期明确。过去广西客家妇女不能参加祭祖的原因是，因为客家属于汉族的一个民系，客家人受中原儒家文化影响，在男尊女卑的传统思想的影响下，客家妇女的社会地位还是较低下的，在家庭以外的社会交际中，女性往往处于劣势，甚至根本没有多少地位。就如上面所说的，过去在祭祖的时候，妇女是不能参

① 《陆川县志》，广西人民出版社，1993年8月版，第828页

与的，甚至有些地方妇女连看都不得看。这种现象，现在已大为改变了。

此外，对于祖先的崇拜除了表现在祭祖方面，同时对于选取阴宅地理方位的讲究同样也是一种对于祖先的崇拜。广西玉林市陆川县大桥乡的陈氏兄弟，为了替先祖重选阴宅，请了不少的堪舆先生来勘查地势，选取风水宝地。选好地理位置以后，自家的亲兄弟花了一个星期的时间亲手挖掘先祖阴宅，以显示对于先祖的崇敬之情。

从广西客家人对祖宗的崇拜中，不难看出客家人深受儒教的影响。儒家思想里常有“仁者，爱人”[①]以及“已所不欲，勿施于人”[②]诸如此类的说法。故客家人在为人处事上也是深受儒家思想的影响，在与人交往时秉持自尊自重，言而有信的态度，这样才能取得别人的信任和尊重。因此，在谈及与人交往，客家地区流行的一句话就是：假是自己做的，面是人家给的。在家庭关系上，广西客家人的家庭和汉族其他民系的家庭没有大的区别。广西客家人的家庭主要是建立在汉民族传统的宗法制度上，都是依据血缘以及婚姻关系来维持家庭成员之间的关系。就一家而言，多是男性为一家之主，父辈当家。凡家里的生产和生活上的安排，子女的教育，财产的分配等家中大小事情，以及对外的交际，都是家长做主。当父辈年老体衰，对于家里的事务力不从心了，就可以从长子或是儿辈中挑选优秀的人才，来负责家庭事务，而父辈仍然是一家之长。这种家庭关系，体现了尊老敬老的美德。广西客家人对于祖宗的崇拜，更甚于对于其他神灵的崇拜，也可以说是受儒家所宣扬的美德对他们产生了深远的影响。因此，无论是对外的交际或是家庭关系，都可以看出儒家思想对于广西客家人的熏陶。

## 第二节　广西客家人家庭与宗教密切联系的主要原因

“家庭和宗教（与宗教和经济或宗教和政治形成对照）彼此之间保持着一种特殊的关系，宗教的存在，在很大程度上是家庭存在的一个功能。”[③]换句话说，宗教可以看做是人类的内心世界以及对事物认知的再加工。

客家人的家庭中出现的自然信仰与神灵崇拜，是由于在远古时期，古人因为对于自然界的事物不了解，因此对于这些事物产生一种敬畏的心理。他们认为刮风下雨、闪电雷鸣、山、水、木、石等等的自然现象及自然事物都分别有

① 《论语·里仁》
② 《论语·颜渊》
③ [美] M. E.斯皮罗：《文化与人性》，社会科学文献出版社，1999 年版，第 282 页

一个神灵来掌控，所以，在人们的潜意识里，无论是风调雨顺或是干旱洪涝，这些都取决于天意。正是这些山、水、木、石与人类的生活有着密切的联系，自然被人们当成了敬拜的对象。

广西客家人对于祖宗的崇拜远胜于对其他神灵的崇拜，这是由于客家先民自中原辗转迁徙，每到一个地方独自创业，为后世的子孙打下基础，所以，客家人教导子孙应追思祖宗的勤劳，追远知本，这样才是体现孝道。这种观念已成为大家共同的认知了，把祖宗神化，让后世子孙来祭拜，正是这种崇根敬祖的体现。

广西的客家人与其他地区的客家人一样，受中原儒家思想影响很大。他们身上所体现的与人交往以及家庭关系的两个方面，都是受到儒家思想的影响。客家人与人交往坚持诚信睦邻的另外一个原因，是由广西客家先民在入住广西时的情况决定的。因为，客家人迁入广西时，面对的自然环境是恶劣的，特别是在多民系和多民族居住的地区，想要以少数、弱势立足其中，并得到发展，就必须诚信睦邻，才能立足兴家。

道教大力张扬自然主义思想，主张回归自然，不脱离自然，与自然和谐为一。为此，老子提出了人法自然的思想：“人法地，地法天，天法道，道法自然。”[①]人与地为法则，地以天为法则，天以道为法则，道的法则就是自然而然。人由天地而生，天地由道而生，道并非由谁所生，道本身是自然而然的，本来如此的。所以宇宙间有“四大”，即“道大、天大、地大、人亦大。”[②]从上述四者的关系来看，归根到底，就是人应当法天地，法自然。老子关于人是自然界即天地万物的一部分，人应当效法自然这一生态哲学，实际上和中国古代最早的“天人合一”的生态和谐美学观是相吻合的。人的一切思想和行为与自然相一致、相协调，不能违背自然，更不能破坏自然的和谐。这些思想对于客家人迁入广西之时，面对恶劣的环境以及资源匮乏的情况，激励了广西客家人充分合理的运用自然资源，用自身的勤劳在广西地区扎根。面对荒芜的土地平原，客家人从实际情况出发，勇于开拓，讲究规划，创业兴家。他们根据广西的土地以及自然气候等情况，进行农作物和果蔬的种植，饲养畜禽，进行水产养殖，种甘蔗榨糖，进行山林开发，矿产开采。在这些种植和开采业上，客家人充分利用了自然资源，又遵循了自然的规律，做到了人与自然的和谐共处。如前所述，广西客家人的建筑也是体现了天人合一的观念。围龙屋讲究堪舆，一般在建屋时，讲究地理位置要左青龙，右白虎，前朱雀，后玄武。而房屋的建造又

① 《老子》第二十五章
② 《老子》第二十五章

符合八卦的这样得来的房屋其实是为了追求与大自然的统一，也是由当时的环境所驱使的。客家先民从中原迁来，到了广西，多数是山地，面对穷山恶水，为了预防自然猛兽以及当地土著人的侵袭，客家人把房屋建造成了这种“围龙”模式，把家族成员聚集在一起，这样的居住方式有利于防御外来骚扰，平安生存。

佛教在汉代传入我国，魏时开始广泛传播。东晋时，佛学采用玄学的语言，加速了它的发展，广泛为士大夫所信奉。到了南朝，佛教的发展达到了最高峰，因此唐代杜牧有诗句“南朝四百八十寺，多少楼台烟雨中。”而且佛教讲“生死轮回”、“因果报应”，叫人去恶从善，所以信奉者较多的主要在客家人的身上体现了佛教强调的人内部的和谐调节，即从心理上去调节人们的欲求，以维持社会与家庭的和谐。早期的广西客家先民，面对日复一日的劳作和随时可能会遇到的危险，长期被压抑的心灵需要找到一个释放的平台，而佛教所宣传的因果报应、转世轮回，让人们在这些痛苦中得到了解脱，并且在长期的劳动过程中，形成了体现于客家人身上的勤劳与智慧。

“宗教系统可以被看做是家庭关系的隐喻表达方式。”[①]在广西客家人的家庭中，就妇女在家庭宗教活动中的表现，可以看出客家妇女在家庭中所处的地位。妇女在客家社会以及家庭个体中有着特殊的地位，这不仅是因为客家妇女从不缠足方面，更重要的是，客家妇女无论在内或外，都称得上是“半边天”。由于在广西的客家人多从外地迁来，在入桂之时，条件艰苦，必须以劳动创业，否则就难以立足。因此，大多数的客家男子就不可能安逸的待在家里享受清福。男子一旦要出外谋生，那么客家妇女就得用她们的一双大脚“日则作田工，夜则织纺纱”，并且还要连带的对内侍奉老人，养育儿女，对外的社会交际，这些都得依赖于客家妇女的全力承担。这种劳作不仅仅是贫穷人家而已，那些富裕人家的妇女也同样是这么勤劳的，这也和其他地区的客家妇女一样。可见，把客家妇女称为“半边天”是有据可依的。就连美国的传教士罗伯特·史密斯（Robert Smith）在《中国的客家》（1905）一书中曾称赞过客家妇女的：“客家妇女真是我所见到的、比任何妇女都值得赞叹的妇女。在客家的社会里，一切艰辛的日常工作，几乎全由她们来承担。”

就一般的家庭而言，父亲是一家之主，主要负责全家的生计和开销，是家庭的顶梁柱，而母亲主要是协助父亲，管理好家庭的日常生活，以及维持家庭的主要成员的关系。至于子女，则要孝敬父母，服从父母，等级处于父辈之下，在家庭里的影响力没有父母亲这么大。于是依次类推，等级越低，则在家庭的

① [美] M. E. 斯皮罗：《文化与人性》，社会科学文献出版社，1999 年版，第 282 页

影响力就相对越低，这是符合儒家“上下有别”等级秩序所要求的。但是，每一个家庭成员都有自己的家庭权利及义务，都要在自己的位置上对家庭有所贡献，这个又是其他成员不可代替的。这种关系体现在宗教中，就表现在诸神都是各司其职，不会也不能超越自己的职责范围去做事情。这个道理，无论是在本土的道教，还是在外来的佛教以及基督教，都是一样的。

当然，广西客家人的家庭中的宗教信仰如一把双刃剑，有其积极的一面，也有消极的一面。其积极的一面体现在：广西客家人家庭中的民间宗教信仰有利于家庭成员对于传统民俗以及民俗文化的传承。儒家宣扬的仁义观道德观对于广西客家人的交际有着积极的意义。儒家的崇文重教，也让广西客家人一方面致力于生产同时，注重科学文化知识的学习。道教的天人合一观念，是一种人类与环境和谐相处的智慧，道家深恐因过分干预自然而危害人的自身，而且认为自然界是一个有机的整体，人类只要采取“无为”的态度，顺应自然，生态便可恢复秩序和平衡。这些思想，可以说是现今环境保护的先驱了。因此，广西的客家人在对待自然生态环境时也保持了这种“无为”的做法，与大自然保持了和谐统一。佛教里的“人人皆可成佛”、“众生皆平等”的理念，让客家人懂得对待一切事物应持的平等态度,佛教中的佛理也让客家人学会自我调节，面对困难时能够正确对待。其消极的一面体现在：助长了迷信的思想，如出行要看日子；婚嫁的两个人一定要命相相合，否则就不能成婚；生病了不去看医生，而去求神问卜，等等。这些迷信活动都是不科学，不可取的。

宗教属于上层建筑范畴，会随着经济基础的发展而变化。改革开放以来，随着经济社会的不断转型发展，移风易俗，广西客家人的宗教信仰早已发生了很大的变化。比如祭祖活动，现在很多的客家地区已经允许妇女参加了。相信，随着时代的不断发展，广西客家人也将会不断地改革一些不合理的旧俗，广西客家人家庭与宗教的关系也将会随之不断地变化和发展。

# 第十五章 桂东南客家人的家庭教育

客家是汉民族中的一支重要民系。桂东南客家的先人原居住在我国富庶的中原地区，因为战乱、征调、戍守、流放和仕宦等原因向南迁徙。他们的到来，不仅添加了民力，弥补了广西“地广人稀”的不足，更带来了先进的社会理念与生产技术，推动了广西经济社会的发展。其中最具特色的一支便是分布在桂东南的客家民系。近代桂东南地区，一般认为包括现在的玉林、贵港的全部县市，及岑溪、苍梧、武宣等县，与广东接壤，邻近北海。

## 第一节 桂东南客家人的形成及其主要特点

中原汉人南下到达广西的，始于秦代，据《史记·秦始皇本纪》载：“三十三年，发诸尝逋亡人，赘婿、贾人，略取陆梁地，为桂林、象郡、南海，以适遣戍。”其中自然也会有客家人，也就是说客家人最早入桂始于“秦代”。桂南博白庞氏，唐以前迁来。[①]桂东南的苍梧县，蒙姓则于宋末从江

① 朱德华等:《博白县志》卷十，1990年年版

西迁来。[①]到了宋代桂东南已是他们择居的重点了。到了明末清初，客家人入桂日益增多。他们的足迹几乎遍布了广西的各府和各个州县。客家人入桂，随遇而安，由东到西逐步迁徙，越往西客家人越少，他们多沿西江先到达桂平，再转而南下北流江到博白，继而进入钦州、防城地区，所以桂东南地区客家人最多。今天广西客家人多是在明清时期迁入的，而且这些客家人居住的地理位置，也基本上是那个时期确定下来的。

大量移民的迁入，使得桂东南地区的耕作技术不断改进和提高。他们的到来不仅增添了人力，更带来了先进的生产技术和经验及作物新品种。因此，在广西经济较发达的地区，“首推桂东南，桂南次之，桂中、桂东、桂北再次之。”[②]与客家人人数的分布的多少成正比关系，越是客家人相对集中的地方经济越发达。明清时期，客家人聚居的桂东南成为广西最大的“粮仓”和“果仓”，这一区域无论农业种养或是手工业生产、商业经营或是城镇圩市聚落的发展水平，都为广西之最高。[③]据客家历史文化纵横学·史籍记载：“乾隆十三年到二十六年，广西贮谷从 20 万石增至 183 万石。且大部分在桂东南。”[④]粮食的增产使桂东南成为重要的商品粮基地。由此可知，清代中前期，桂东南已是广西农业最发达的地区，耕作技术也达到了一定的先进水平。这些移民中最具特色的一支便是分布在全广西而又主要集中在桂东南的客家人。桂东南面临南海，沿海开放城市就设在桂东南的海滨城市——北海，从地理位置来看，桂东南占有一定的地理优势。种种现象都说明：在广西，凡是客家人聚居的地方，社会开发程度较高，经济实力发展较快。

经济的发展与社会变迁的状况，取决因素很重要的一条便是人的素质，特别是社会群体的素质。这其中包括了群体一定的社会生产经验、一定的知识积累和生存技能程度等，而这些素质的获得又取决于家庭教育的发展以及对家庭教育内容和方式的科学选择。

## 第二节　桂东南客家家庭教育的内容和方式

深受汉族文化影响的客家，是一个十分重视家庭教育的族群。客家人在创业历程中所取得的成效，与其家庭教育的成功是分不开的。家庭教育是指父母或家庭中其他年长者自觉地、有意识地按照一定的社会要求，通过自己的言传

① 刘介：《广西通志》（社会篇），氏族二，苍梧县，广西人民出版社，1990 年版
② 熊守清：“略论广西客家的源流分布及特点”，《广西师范大学学报》（哲学社会科学版）第 32 卷，第 4 期，1996-12-25
③ 饶任坤、卢斯飞：《客家历史文化纵横谈》，广西教育出版社，1993 年版，第 123 页
④《清史稿》（食货志），卷五

身教，对子女施以一定教育的社会活动。桂东南客家聚居地的传统家庭教育，从方式看，主要表现在家庭日常生活和生产活动中，以自己在生产、生活经历中形成的本族群先辈承传下来的。客家人在长期的迁居繁衍中形成的本族群的特性，及他们在生产、生活经历中积累下来的经验知识、人格魅力等感染晚辈，逐渐陶冶和培养客家晚辈对“客家精神”的认同感，以及为人处世的原则与提高自身生存、发展素养的基本技能。

### （一）为人处世教育

广西客家社会认为，真正的素质教育首先应该是人文教育，就是注重人的素养教养的提升。客家人的伦理道德观念、行为规范准则等“为人处世”标准，既传承了中原传统文化的精华，也与客家先民屡经战乱等因素而不断南迁的过程中经历磨难，及在穷乡僻壤的环境中艰苦创业的锻炼是分不开的。在艰苦创业的过程中，生产、生活经验的不断积累及各种文化的相互影响，逐步演变为客家人相对稳定的传统习俗、社会风尚和道德标准，这些对客家后辈起着教育和向导的作用。

在伦理道德上，客家人延续汉族文化传统，要求崇尊祖宗、孝敬父母、善待亲属族人、怜惜孤寡等。例如桂东南的陆川县启氏之族，共定族约十八条，其中就有“敦孝悌，重人伦，睦族邻，恤孤寡。”[①]2001年修的博白县《刘氏族谱·总谱》，依旧传承其700年前的老祖“广传公家训”十四条，其中也含有“敦孝悌，睦亲族，和乡邻”。

在人际交往中，客家讲究为人要品行端正，有礼有节，不卑不亢，忠厚待人；做事要光明正大，不损人利己，戒偷抢、戒毒嫖，戒争论。中国素有“礼仪之邦”的美称，这在客家群体中表现得淋漓尽致。不但儒者贤士具有这种品质，就是布衣百姓也重礼仪，讲守信，热情尚礼，谦和大度。桂东南客家群体认为无礼无节的人就是无德无能的。为了劝诫子孙，规范他们的做人行为，在桂东南客家社会中流传这样一首《戒赌歌》：

丢开工夫你无做，丢开诗书你无读，家有万贯心不足，四处游荡寻赌屋，餐饥餐饱无定宿，蚊叮虫咬板凳朴（睡），赢得一回就上隐，连输百次心不服……教子教孙莫赌钱，赌博终归衰到督（底）。[②]

此外，也有一些客家谚语是针对后辈进行劝诫和训导的：“小偷针，大偷金；小偷油，大偷牛。石头也有翻身日，北风还有回南时（客家人遵循忠厚待人，

① 刘介：《广西通志稿》（社会篇），氏族三，广西人民出版社，1990年版
② 黄志荣：《陆川县志》卷一，（文艺创作·谚语），广西人民出版社，1993年版

忌轻视他人)。老大不尊，带坏子孙。”客家老少均可随口而出。

在家庭生活中，客家人要求应具有团结互助，同舟共济的美德，要养成勤俭持家，不奢侈浪费的习惯。桂东南客家人有一句俗话“早起三朝当一工，早起三年当一冬”。还有一首教育客家晚辈歌谣：

勤俭丰足之本，耕读兴家之基。勤俭定能立业。奢侈导致贫困。春日一刻千金，季节绝不饶人。一年只望一春，一日又望早晨。有事莫推明日，今日就想就行……勤俭先贫后富，懒惰先富后贫。兴家如针挑土，败家如水洗尘。用物检点节约，破烂要多费神。房屋田地再多，乱用不久必贫。宁可自食其力，不能坐食山空。①

在陆川县《周氏孟九支谱.族训》中，对子孙后代也有如下要求：“倡互助，相携提。勤农桑，衣食足。尚节俭，拒奢欲，丰衣食。”陆川启氏之族，族约也有重勤俭，务正业；重生产，讲互助。可见客家人提倡节俭之重视。

言传身教是客家人传统教育方式，而且强调身教重于言传。勤俭是中华民族的美德，而这在客家母亲身上表现得尤为突出。客家母亲那种勤劳耐苦精神对后辈的熏陶亦可谓罕有，这正是客家人优良人格品德的真实展示。这样的教育效果无疑可以入脑入心、激励后辈的，是子孙们一辈子的精神财富。在客家社会广泛流传着一首赞美客家母亲的歌谣“……老公外出，家务自当。教育子女，孝敬爷娘……亲戚邻里，齐声赞扬。”

可以说成熟的客家个体是上述伦理道德观念、行为规范准则的载体和传播者。我们很容易理解，在客家家庭教育中，长辈们把他们或继承下来或自己生活积累的这些优良传统，在日常生活中进行言传身教、潜移默化地传递给晚辈，使晚辈们形成了自己基本的人生态度和处世原则。在漫长的客家拓荒史中，客家文化能代代相传，其内在机制主要归结于这种以客家精神为核心，以家庭父子薪火传承为形式的为人处世的家庭教育。

南宋伟大的思想家、哲学家、教育家朱熹是江西客家人。他从小受到“三堂”(墓堂、祠堂和学堂)教育的熏陶，把儒家的“仁、义、礼、智、信”和客家人的家庭教育结合起来，撰写了《朱子家训》，作为朱氏家族的家庭教育教材，规范家庭成员的行为道德标准。《朱子家训》是一部集为人处世等多方面道理于一册的经典著作，是一部家庭教育、培养子女完善人格过程中，接受传统文化教育的读本，能让受众坚持良好的生活习惯，去恶修善，坚持家长里短的品行，被誉为中国家族文化教育的典范文本。几百年来，广西官府与民间都公开刻印发行，广为流传，家喻户晓。桂东南客家家庭普遍以此为教材，让受教育者从

① 严永通、凌火金：《广西客家山歌研究》，广西人民出版社，1991年版

个人修身到社会文明，从家庭和睦到构建和谐社会都接受洗礼。

### （二）劝学进取教育

作为中华汉族民系的客家，一方面深受儒家文化影响，希望家庭的教育能造就知书识礼、忠孝双全的后代子孙；另一方面由于客家迁徙之处均为穷乡僻壤且交通不便之地，要生存勤耕种，要发展只有读书仕进，于是客家人以“耕读为本”，十分重视劝学进取教育。“勤俭耕读是客家人的立身之本，客家民系自古崇尚教育以耕读传家，虽贫也令其子弟读书，蔚为传统发扬至今。”[①]

长辈劝诫晚辈勤奋读书是客家人家庭教育的重要内容。在桂东南，长辈们很注重子孙读书。在孩子很小的时候，长辈们会日复一日地向他们讲解和灌输先辈流传下来的“茅寮出状元”的思想。客家社会的谚语中也有不少是关于劝读的“书爱读，打要练”、“生子不读书，不如养大猪”、“不读诗书，有目无珠”，“路不走不平，人不学不成”，“捡漏趁天晴，读书趁年轻”，“天光唔起误一日，少年唔学误一生”等等。甚至客家童谣也提到读书的重要：“蟾蜍罗，咯咯咯，唔读书，冇老婆……”他们令其子弟读书的目的几乎相同，都希望子女通过读书，能够功成名就，光宗耀祖。陆川客家族谱《谢氏族谱·谢氏始祖法蘅公族谱原序》就留下祖先对子孙后代的谆谆教导：“唯唤所望族人者，曰耕、曰读……能勤于读则功名可成，以荣其身而光宗耀祖，所谓扬名显父母者此也。”

在孩子很小的时候，客家长辈们就向孩子灌输传统的观念——唯有读书高，而这个精神的灌输者主要是客家妇女。客家男子大都外出谋生，持家教子的重担几乎都落到妇女身上。这种儿童时期的启蒙教育，最具特色的是用儿歌、讲故事的方式进行。客家妇女通常在给孩子喂食或在哄孩子入睡的时候给孩子讲故事、唱儿歌。客家妇女在哄孩子入睡时，一边用手轻拍着孩子的背脊，一边哼着儿歌，使小孩在平时的耳濡目染中得到启迪和教育。客家儿歌轻松活泼、语言简单纯朴，口语化，读起来朗朗上口，而且易记。陆川县南一带就流传有这样一句“男人不读书成牛公，女人不读书成牛嘛”。年长者经常用这句话对晚辈进行劝诫，贵港客家当地还传诵着这样一首儿歌：幼小读书不认真，不知书内有黄金，早知今日文章贵，点起明灯用心寻。

陆川县大桥镇雅松乡苏塘村一陈姓家庭，夫妻以务农为主，有三子一女，生活甚是贫困，但儿女四人从小都懂得勤奋苦读，成绩一直在班上名列前茅，后来，四人都以优异的成绩考上了大学。对于一个农民家庭来说，同出四名大学生是一件很难得的事情。调查得知，陈氏夫妻二人深知知识的重要，从小就

① 冯秀珍：《客家文化大观》，经济日报出版社，2003年版，第669页

教育儿女要勤奋读书，不希望儿女像他们一样“面朝黄土背朝天”，还经常用“天下无难事，只怕有心人”，“只要工夫深，铁棒磨成针。”这两句古训来鼓励孩子。一个农民家庭要负担四个大学生的费用是十分不易的。当儿女纷纷考上大学以后，夫妻二人决定，就算“生钱借谷”（借钱卖房）也要供儿女读书。这种家庭教育，可说是客家家庭教育的典型范例。

长辈在对后一代进行劝学教育时，给孩子所讲的故事内容，主要是先辈们当初如何贫困，后来坚持苦读，最终得以如愿以偿功成名就，光宗耀祖的事迹，即所谓的“茅寮出状元”。用这种讲故事的方式来教育孩子绝不仅仅是对先辈业绩的简单回忆和眷恋，更是充满生命力和说服力，且具有很大激励性和可操作性的，其教育效果无疑是晚辈们的精神财富与动力。

客家人这种强烈的求知进取精神，体现在客家话中是“卖田卖地也要教儿子读书”。科学技术是生产力，这是马克思主义历来的观点。早在一百多年以前，马克思就说过，机器生产的发展要求自觉地应用自然科学，并且指出：生产力中也包括科学。现代科学技术的发展，使科学与生产力的关系越来越密切了。科学技术作为生产力，越来越显示出巨大的作用。高度重视文化建设，提高文化软实力，是客家群体教育努力的方向，也是推进桂东南地区经济社会发展的驱动力。客家求知进取精神促使客家儿女勤奋努力，不断为社会做贡献。

千百年来，客家先辈含辛茹苦，鼓励儿女们读书上进，为中华民族培养了许多栋梁之材。如世界著名的语言学家王力先生，出生于书香门第的家庭环境，他的祖父和父亲都是当地有名的读书人，是他启开心灵智慧窗扉的启蒙老师。祖父与父亲的悉心教导，使他酷爱读书，受到了较好的传统文化的熏陶，从而培养了他从小勤奋好学的好习惯。

### （三）谋生技能教育

客家人虽把劝学教育放在首位，但当晚辈在学业上无所建树时，长辈便会把以劝学教育为主的家庭教育转变为以谋生为主的技能教育。这在桂东南客家家庭中是常有的。据陆川《李氏调甲坡族族谱》记载：清朝末期至民国的半个多世纪中，兵患连年，全国民众都处在水深火热之中，然而调甲坡李氏宗族的经济生活却充满生机，异常活跃。这一时期李氏宗族的几代人中，在商业上，先后有“十二世祖俊邦公（创业公）子孙为主的‘泰和’商号。”“十四世祖春南为主的‘发记’商号，（及）稍后的官垌的‘会昌’（商号）”；“十四世祖庆勋的香纸店”；“荔枝山十六代德才的杂货店”等等。在手工业制造上，“三房城门口有和光的铁锅厂”；“大坪玉华的瓷器厂”等，而尤其引人注目的是“九洲江畔石勾坡以圹墩十四世祖瑞林为主的露天造船厂（所造木船宽 2 米多，高一米三，长十三米左右）。”连续几代人（十二世至十六世）都在经商或从事手工业生产。很显然李氏家族中存在子承父业的现象。[①]

从近代到现代，客家家庭在谋生技能教育上始终保留着“子承父业”的传统。陆川县良田镇文官村饶氏一家就是一个很好的例子。20 世纪 80 年代初，饶氏第十九代孙饶林以开办养鸡场和果园谋生，经营得有声有色，产业不断扩大，到 80 年代末，便是当时少有的万元户。到 90 年代中期，子承父业，饶林之子饶彪继承了父亲的产业，从父亲那获得了经营之道，并强化学习，产业扩大到两个果园，四个养鸡场及一个鱼塘，成为当地的纳税大户。

在长辈们处理商务，与人打交道或进行手工业生产的过程中，后辈先是跟着看，随着年龄的增长又开始在长辈的指导下帮着干，最后长辈们觉得晚辈的成长及技术已经成熟时，便会让他们试着独立干。长此以往，长辈的经营技能和专业经验逐渐被后辈掌握并继承下来，于是就有子承父业的情况出现，这正是客家家庭谋生技能有效教育的结果。

## 第三节　桂东南客家人重视家庭教育的主要原因

### （一）艰辛漫长的迁桂史是客家家庭教育形成及发展的基础

客家人饱经忧患、祖祖辈辈都是颠连迁徙的移民。明末清初入桂的客家人，大部分是为了逃避战乱、“趋吉避凶”而来的，因而他们渴望得到一个安定的营生环境。加上客家人自古以来就富有民族思想，具有强烈的反抗精神。纵观客家人自秦汉以来的迁徙史，每当民族蒙难，国势阽危之际，总是不惜抛弃家园，别离故土，跋山涉水，辗转万里，为的是不甘屈服于异族的欺侮凌辱，求取国家的稳定与富强。从表面看，迁徙远去，与抗争相悖，是消极行为，但在长期的迁徙和艰苦流亡中，也强化了民族意识和爱国思想，其不甘于屈服于敌对者的精神，其中也具有积极的意义。

在近代，中国人民反封反帝的抗争，也多有桂东南客家儿女的参与。太平天国在广西的起义和发展，从两广走向江南，为的是对农民天国的探索和追求。从中法甲申战争、中日甲午战争、辛亥革命、人民解放战争，直至为保卫和建设新中国的战斗历程，桂东南的客家儿女和全国人民一道，写下了光辉的篇章。如抗法战争中的刘永福、冯子材，五四运动中的宁培英、朱锡昂及文学艺术战

① 《清史稿》（食货志），卷 5

线上的客家青年秦似，抗日名将廖磊、李膺勋、吕天龙和朱光等等。

凡此，客家人的家庭教育注重言传身教，长辈们把先辈们的英雄事迹用于教育影响晚辈，从而强化了客家后生们的民族意识和爱国思想。这不能不说是客家家庭教育的功劳。

### （二）客家先民开发桂东南的需要

客家先民来到桂东南，要想在恶劣的自然与社会环境下站稳脚跟，安居乐业，生存繁衍，首要问题是掌握谋生技能。因此，在以家庭为单位的自然经济调控条件下的近代桂东南客家社会，长辈向晚辈传授谋生技能必然成为家庭教育的重要内容。广西地广人稀，且自然条件十分复杂，为数不多的好田、好地、好山场多已被当地的土著居民占有，后来的客家人只有凭借自己的身手和技术，发扬刻苦耐劳的精神，才能制服穷山恶水，开创新的家园。桂东南一带的客家人中流传有这么一句俗话："只要有一捧泥，一勺水，就饿不死人。"这充满了艰难困厄、成败悲欢的经历与经验教训。

客家人迁到桂东南，多是只身或单家独户而来。起初人生地不熟，语言不通，与当地土著居民很难沟通，很不利于开展生产。然而，客家人在与当地土著人的接触和交往过程中，自尊自爱，勤劳节俭，忠厚待人，且言而有信，因而逐渐得到他们的认可。在互相交流中，彼此吸纳，慢慢地赢得了当地居民的尊重与信任，取得了骄人的成绩。潘景星在民国《崇善县志》把外来客民和土著居民做了比较，说：

> "土著农民（即本地农民）性好懒，不加耕种，于种谷外，只知麦豆，花生，芋薯可种而已，故农产品少，获利不多，且岁收稻谷逾万者寡，不及万者众。中稔之年，仅堪衣食之用，凶岁则难免米菽不饱，短褐不完之虞。外来农民（即客民，清光绪时来自钦州、博白、郁林者）有耐劳之性质，无畏艰难之心志，时而春耕，戴星出入，勿懈厥功；时而夏耘，烈日当空，汗滴如霖，不辞况瘁。且尽力沟洫，以备旱涝……其勤力较胜于土民。"[①]

客家人在艰苦创业过程中慢慢形成了勤俭耐劳，开拓奋进，诚信睦邻等客家精神。为教育好子孙后代，先辈们把这些内容写进族训家规，让这些精神不断影响客家儿女，使它成为客家家庭教育的一部分。

① 潘景星:《崇善县志》

### （三）崇文重教是客家家庭教育发展的重要原因

客家先人根在中原，饱受中原文化的熏陶，南迁到广西这种穷山恶水的地方，想要站稳脚跟，开创新的家园，单靠蛮干是不够的。客家先人清楚地知道，要求生存、发展就必须提高自身的素质，而读书识字便显得不可或缺的了。在陆川《氏族谱·嵴公训子》中就有诗句曰："终身多看诗书语，行遍天涯总不危。"这种传统一直发扬至今，影响着客家子弟。正是这种传统家庭教育的激励，才使得客家的子弟们比其他民系的子弟更加认真读书，更懂得珍惜每一次来之不易的机会，为客家人赢得了无限的光彩。

世界著名的语言学家王力先生就是其中的一个例子。王力先生，出生于广西博白县崎山陂这个偏僻的山村。他的父亲是个秀才，但王力先生尚在幼年时，家道已经中落，他上完小学，就因贫失学了。1913 年，13 岁的王力一面勤奋自学经史子集之书，一面以办私塾、教家馆和小学维持生活。一天在到学生李子初家吃饭的时候，意外地在一间屋子看到了十四箱书，装着各种典籍，从经史子集、天文地理到医卜星相，几乎无所不备。正求知若渴的王力看到这么多书，不啻于捡到了一笔巨大的财富，眼睛都发亮了。他征得主人同意，把这 14 箱书带回家去，开始了艰苦、顽强而持久的自学。如果说是这十四箱书造就了一个伟大语言学家，不如说是客家人那中勤奋苦读的精神造就了一个伟大的学者。

中国驻泰国大使张九桓，他出生于博白县龙潭镇田面村中山队的一个农民家庭。初中三年正好碰上我国三年困难时期，家里困难，交不起伙食费，就靠老师和同学的接济。在家人和老师的支持下，他终于考取了北京外国语大学。这都是桂东南客家家庭有效教育成功的典型。

每一种文化都具有传承性，每一个社会、民族、团体乃至家庭，都通过不断地继承而形成文化传统。客家文化源远流长，客家先人在迁徙创业中不断地积累经历，总结经验，吸收各种文化精华并形成了在语言、民俗、精神特质等方面具有显著特点的客家文化。尤其是客家长辈通过家庭教育把这种文化内涵代代相传，这对客家后辈的生存与发展，或者说客家文化的传承与发展作出了的重大贡献。这也意味着，在客家移民开发桂东南的过程中，客家家庭教育在其中所起的作用是不可忽视的。正是由于客家家庭教育的不断传承与发展，才使得客家族群成为桂东南地区最具特色的群体，使得客家人在开发桂东南以及为国争光的历史长河中大放光彩。

时代发展到今天，桂东南地区的发展面临着更大的历史机遇，地区的发展不能缺少人文底蕴。种种事实表明，经济的发展、社会的变迁都与社会文化息息相关，而文化的形成、传承与发展的过程，存在一个通过人们学习、扬弃、再学习、再扬弃不断进步的过程。家庭教育总是选择有益于它的社会文化，并将其传递给社会的人群，这样才能实现它作为文化传承手段的作用，所以，家庭教育本质上是一种价值导向的工作。审视桂东南客家家庭教育的内容和方式，我们发现其既具有人生价值导向的作用，更具有发展导向的作用。其家庭教育的成功经验，对于今天推动客家地区教育事业的发展，培养适合社会发展需要的人才，仍具有许多值得借鉴的地方，对于实现客家文化价值观念的传承及现代转换也具有一定的启示意义。

# 第十六章 客家精神与玉柴集团

客家是汉族最重要的民系之一，客家先民在千年万里的迁徙中所积淀的"客家"精神，是一笔十分宝贵的精神财富。这一精神的最主要特征是"硬颈"，其表现为不服输，"卓尔不群"。这一精神的最大优势是友善宽容，自强不息，和谐共赢，回报社会，充满爱国爱乡的情怀。客家人聚居最多的北部湾是中国西部经济较为达的地区之一，新加坡《联合早报》说"在产业转移规律推动下，中西部已出现'四小龙'（四川、重庆、内蒙古、广西），未来5年将领跑全国增长。中西部原本就有土地和劳动力成本低的优势，加上政策扶持力度加大，太阳终于从西边升起来，东西部之间的差距今年已开始走向缩小的道路。"[①]客家人为北部湾的经济社会发展做出了巨大的贡献，学术界对客家民系的研究不断深入，但客家与北部湾经济社会发展的研究论著尚不多见。本章主要是探析客家精神与玉柴集团的发展，从对玉柴集团发展有着重大影响的两位客家人——晏平和刘碧清入手，梳理他们对玉柴集团所作的贡献，思辨他们所具有的客家精神怎样影响玉柴集团，以图丰富民族历史文化发展的层次性和历史纵深感

① 新加坡《联合早报》2010-12-30 21:15:45

的认识。正确看待客家人在北部湾经济社会发展的作用，有利于加速北部湾乃至整个中国西部的现代化建设。

## 第一节　客家人在玉柴的地位

玉柴机器集团有限公司（简称玉柴集团）创建于 1951 年，总部设在具有 260 多万客家人的广西玉林市，现有职工两万人，是一家国有全资公司，是玉柴集团的母公司。玉柴集团采用母、子公司组织构架，有效运用国有资产的多种实现形式，充分利用一切有利于科学发展的社会资源，形成多种友好共存共同发展的多样性所有制结构。在 60 年的经济发展过程中，玉柴集团由单一的工厂经营发展成为由玉柴集团，通过投资与经营管控相结合的经营手段开展集团化经营，现已是一家大型的现代化企业集团。其中，客家人对玉柴集团的发展作出了重大贡献。在玉柴集团两万员工中，客家人所占的比例还不算很大，但对玉柴集团的发展却起着重要的引领作用，其中最具代表性的便是玉柴集团董事局主席兼公司党委书记晏平和前副董事长兼公司党委副书记刘碧清这两位客家人。

刘碧清，女，广西玉林市陆川县客家人。1997 年 8 月至 2000 年 5 月先后在玉柴任宣传干事、党委办公室主任、党委书记等职务，2003 年 11 月任玉柴常务副理事长兼任玉柴机械集团副董事长。刘碧清进入玉柴任职之初，玉柴集团的产业只有柴油机和工程机械两大板块，且玉柴的发展步入了一个低谷。这是一个年轻还不完美的玉柴，正因年轻还不完美，才可吸收更多的精英，玉柴足以让刘碧清施展客家人独特的才华。正和客家祖先面临困难的性质一样，在适应一个新的空间时，需要不断地探索、修正缺陷的同时才能得以发展。针对玉柴的实际情况，刘碧清任职以来从本职出发积极思考使企业更好、更健康的发展之路，推进国企改革，积极探索合资企业党建工作和思想政治工作的新路子，高起点开展企业文化建设，组建社会公益事业等系列工作，促进了玉柴集团的科学发展。三十多年的同风雨历程使刘碧清对玉柴产生深厚感情的同时，也获得了回报。长期从事党务、人力资源管理工作的她取得了显著成绩，企业党委多次获得市级、省级、国家级荣誉。她主持研究的《国有企业经营者考核评价体系》通过了省级鉴定，在实践中广受好评。玉柴几十年的发展，刘碧清有不可估量的贡献。客家妇女的刻苦耐劳、聪慧能干、善良友好、热心事业等优秀品质，使刘碧清在玉柴集团成为一个非常受欢迎的人。正如美国纽约版《不列颠百科全书》指出：“客家妇女比纯中国人漂亮……在公共场合自由活动，是一个很勤劳的群体……非常聪明……”[①]美国人史密斯就这样不吝溢美地说道：“客家妇女，真是我们所见到的任何一族的妇女中之最值得赞叹的了……除了刻苦耐劳和尊敬丈夫以外，她们的聪明热情和在文化上的进步，也是很使我们羡慕。”[②]独特的客家精神在现代企业中具有独特的魅力。

晏平，祖籍辽宁省新金县，随父南移定居，出生在客家大县（王力的家乡）广西博白。1986年大学毕业，先后在南宁车辆段、大连铁路分局、大连铁龙公司、沈阳铁路局、广深铁路股份有限公司工作，2004年进入玉林市政府。2005年10至今任广西玉柴机器股份有限公司董事长。在广西，客家人被称为“来人”。“客家”的本意是指外来的人，是相对本地人而言的，流落南方的汉人就是外来的人，但现在所说的“客家”则是指客家民系，是客家人的简称。客家民系的基本内涵可概括为：中华汉民族中独特的族群之一，它以客家话为独特语言，有特有的文化习俗和特别的客家精神。客家精神是由客家历史发展过程打造出来的。客家历史是客家人的流浪史、拼搏史、创业史、融合史、发展史。客家人为了生存与发展，长期的迁徙、颠沛流离，逐步摆脱了中原“安土重迁”[③]和“父母在不远游”[④]的传统保守观念的束缚，树立起四海为家的新思想。学术界界定客家人的标准主要是指具有客家方言、地缘关系、血缘关系、共同的文化心态即客家精神之一。迁入客家人聚居地生活的人，算是客家人，这是按地缘关系而言的；按精神意识论来界定客家人的则是指具有客家精神意识的“来人”，都算是客家人，其精神意识包括儒家思想、团结奋斗、开拓进取、自强不息，崇文重教，爱国爱乡等。从地缘关系与客家精神两方面考察，足以证明晏平是客家人。客家人的独特文化精神的来源于他们对汉族文化的传承和对异族文化的博采和涵化。走南闯北的生活经历为晏平今天的成熟睿智打下了基础，上任几年时间晏平引领玉柴集团在原有的基础上不断突破，带领玉柴集团寻求更为广阔的发展空间，进一步推进玉柴企业全球化的进程，成为玉柴集团的灵魂人物。荣获2005年“全面建设小康社会十大榜样人物”，2006年“蒙代尔世界经理人成就奖暨中国年度风云人物”，2007年“中国工业经济先进人物”，2008年“中国经济十大杰出人物”、“影响中国（行业）改革十大创新人物”、“改革开放30年中国汽车零部件行业30位杰出企业家”、“影响2008中国时代十大创新商业领袖”、“2008中国企业创新年度人物”、“现代企业制度的先行官”，“2009年中国改革年度人物”领袖型企业家，2010年“全国优秀企业家”、“全国劳动

① 美国《不列颠百科全书》，1911年纽约版
② 美国 罗伯史密斯《中国的客家》，中国民俗网2009-09-28
③《汉书·元帝纪》
④《论语·里仁、学而、为政》

模范”、“60位中华儿女商界英杰”、“中国功勋企业家”、“亚洲杰出工商领袖”、2011年“中国工业先锋人物”等荣誉称号。

## 第二节　客家精神与玉柴团队

精神指人的意识、思维活动和自觉的心理状态，包括情绪、意志、良心等。精神是平凡大地上空一颗耀眼的星，照亮前方的路。对客家的研究，如果不把握其精神，就不能更好的、更深层的了解客家群体。

中国传统文化的核心精神之一是“和”，即追求和谐的中和主义。孔子说：“礼之用，和为贵，先王之道，斯为美。”[①]和就是美，它是儒家追求的最高理想。客家素以和谐与团结著称，因此得到中共中央总书记、国家主席胡锦涛的高度赞誉“大家庭小社会和谐相处的典范。”[②]这种精神是客家祖先在千年万里迁徙的过程中逐渐养成并流传下来的。客家人由于经历了长期的移民生活，养成一种恭谦平等、团结友爱、爱国爱乡的传统精神。因为在逃难的时候，无论昔日在故乡时如何富贵或何等贫贱，“同是天涯沦落人”，大家都是一样。不但人人平等，没有你看不起我，我瞧不起你的情形，而且大家也都因此知道，不互相团结互相帮助，就不能共同渡过难关。所以客家人必须团结在同一屋檐下，建设好大家庭。再加上客家人迁徙居住在山区，容易产生各占山头，各自顾各的现象。因为“客家人”的命名，并不是以地域性来命名的，所以他们的团结就缺少了地缘的凝聚力。他们只能靠共同的中原命根脉系，共同的迁徙命运，共同的文化传统，共同的语言习俗，共同的客家精神，在各地互相鼓励，努力奋斗。因此加强客家人的团结就显得尤为重要，身在异乡为异客，直把客人当亲人。因此，更进一步养成守望相助的友爱精神，形成每一个客家人彼此之间都像兄弟姊妹一样友爱的传统。美国《新不列颠百科全书》指出：“……迁居到华南的中国北方人即客家人，是一个非常勤奋和精明的群体，他们团结得十分紧密。”[③]

筚路蓝缕的生活经历使客家人扬弃了汉民族长期以来的“安土”意识。客家人所到之处，均能安身立命，随遇而安，在异地他乡落地生根。除了面临自然环境的挑战，还有主客文化的冲突，为了战胜恶劣的自然环境，融入当地的社会，必须开放与兼容，这就使得友善宽容的客家人十分看重和谐与团结。不

① 《论语·里仁、学而、为政》
② 罗钦文：《总书记春节看土楼　客家文化受瞩目》中国新闻网，2008-02-18
③ 美国《新不列颠百科全书》，1988年英文版

但要加强客家人的团结，而且要加强和客居地人们的团结。以客家人为主体的太平天国运动，就曾提出“天生天养和为贵，各自相安享太平”、“天下多男人，尽是兄弟之辈；天下多女人，尽是姐妹之群”的口号。①

团结友爱，以和为贵的精神使客家人形成了很强的向心力，这种向心力使他们无论身处何种环境都善于建立友好相处、团结合作的集体主义精神。这种精神转到商界行业必然激发现代企业的团队精神。刘碧清把客家人的这种优秀品质带到了玉柴集团，在工作期间她很善于为玉柴营造友好合作、相互促进的集体主义氛围。从基层走出来的刘碧清非常注重倾听基层反映上来的呼声，职工经济困难、住房困难、子女就业困难等问题她都尽心解决，解决不了的就提交党委会、总经理办公会，甚至董事会来集体研究解决，有些问题并制定成文件，为以后类似问题的解决提供参考方案。此类问题都关乎培育忠诚、博爱、协同、安康的玉柴文化，是构建和谐企业团队的重要思想因素。人与人之间的相互关系、团体间的相互合作将会影响到企业的任何一项变革与发展。在管理学方面，客家受到儒家思想的深远影响。《论语》提出“以力服人，非心服也，力不赡也；以德服人者，中心悦而诚服也。”②刘碧清善于以德服人，把爱心变成一种具体可行的激励机制，为构建和谐玉柴打下基础，从而激发了职工热爱企业、以玉柴集团为荣并为其无私奉献的主人翁精神。

客家的家族宗法与儒家的仁和理念交融结合，形成了客家人团结友爱、相互帮助的精神品格，迁入广西玉林并定居在客乡的客家人及其后代传承并发扬了这些优秀品格，刘碧清把这种精神运用到工作中。只有和谐的人际关系，才能化解各种矛盾，增强内部的凝聚力，建设和谐美好的玉柴社会。在玉柴这个以生产柴油机这些刚性机器为主的国有大型企业里，刘碧清秉承客家这一精神理念，以女性独特的工作方式，为玉柴的团结和谐而努力，也为玉柴增添耀眼的光彩。刘碧清与玉柴的各层领导非常注重玉柴的团队建设，为了解决超编人员的分流安置和上岗，终止合同员工的重新就业问题，玉柴组织实施了“千人再就业工程”，分流安置下岗员工，并没有简单地把下岗员工推向社会。2005年，晏平代替王建明接任玉柴集团董事长的职位，期间，小部分企业员工的思想受到影响。为保证企业的稳定发展，刘碧清带领企业党委班子把企业员工的思想工作做好，让各个部门的各项工作，都能围绕集团公司的工作重点去实施，把各个工作环节和部门连接起来，互相支持、团结协作。企业职工在领导的引导下，形成一个具有战斗力的整体，推进玉柴集团的稳定发展。

①《太平诏书·原道醒世训》
②《论语·里仁、学而、为政》

晏平任公司董事长的工作理念是"以人为本"，认为在原有的基础上实现玉柴远景目标最关键的是人，因为做事情的目的首先是改善人们的生活，其次，无论什么高科技的事情也都要靠人的智慧去完成，去实现。他上任后所做的第一件事就是重奖对曾经玉柴集团发展做出了突出贡献的科技人员。2005 年 11 月，玉柴拿出 400 万元对在技术攻关项目中做出突出贡献的集体和个人进行奖励，并授予奖章。其中个人最高奖金达 30 万元，集体最高奖金达 70 万元，超过 70 多名科技骨干受到奖励。这是新的领导层对"以人为本"经营理念的最好诠释。此外，企业对普通员工的关心也被提到应有的高度。晏平多次要求玉柴干部"要关心职工利益"。2005 年企业投入 25 万元装修东华小区"职工之家"，落实职工的医疗保险和部分退休职工的待遇，为职工解决实际困难 56 件，帮扶资金 97800 元，各个子公司为职工办实事好事 250 多件，帮扶资金 75000 多元。晏平郑重提出打造"高素质的干部队伍，高绩效的管理团队，创造性的劳动群体"，树立人才建设的"团队化、立体化、职业化、国际化"目标。从此，有了团队今天这样特色鲜明、作风硬朗的风格。无论是技术团队、营销团队，还是管理团队、生产团队，抑或是技师团队、服务团队，他们在玉柴这个大舞台上显示出强大的生命力和创造力。玉柴团队的追求与企业的追求合二为一，个人的价值与企业的价值融为一体，这样的团队是企业最宝贵的财富，是企业可持续发展的资本。

追溯晏平的这种人本意识，跟客家文化里特别突出的崇文重教传统有关。客家对人的教育内容极为丰富，有人生价值、意志品质、立身处世、交朋结友等，培养他们好学问、尊重人、包容心、善独立的精神。出生在客乡博白县的晏平在成长中受到这种文化的熏染，这种客家精神在现代企业中就体现为"以人为本"的管理方式。

"以人为本"是玉柴集团思想政治工作的核心内容。现代对于人本意识的理解是尊重和推崇人，弘扬人生命存在的意义和主体独立自觉的价值。多年从事党的工作的刘碧清深谙此道，在她的思维里，人力资源的创新价值是最为关键的因素，是企业最重要的资源。而人力资源要发挥巨大的作用，就是要合理配置员工岗位，以利于人尽其才，为每一个岗位的发展提供机会，为每一个层次的攀登创造条件。从 2006 年初开始，刘碧清就开始注重抓绩效考核管理工作，健全和完善薪酬体系、福利制度，健全企业激励机制。同时大力协助晏平抓好职工培训，系统开展中级技术工人、高级技术工人、技师、高级技师的培训和技能鉴定工作，培养具有高素质的能工巧匠团队。

晏平、刘碧清以实际行动诠释客家人"尊教重才"的精神，关心、爱护企业员工，注重提高人的整体素质，挖掘人的潜能，充分调动人的积极性和创造性。加强“以人为本”的企业精神、企业哲学的理念渗透，就能不断增强企业团队的凝聚力和向心力。

## 第三节 客家精神与玉柴现象

客家精神是指客家人的意识思维活动和自觉的心理状态，这是一个独具特色的民系，他们给我们带来最大的财富便是其精神。它是客家人的历史文化积淀，是客家人在长期的迁徙生活中，在艰苦的自然状态下，由祖辈一代又一代传下来的，是中华民族精神的继承与发扬，是中华民族伟大精神的体现。独特的客家精神是鉴别客家人的要素之一，客家精神对玉柴集团的发展有巨大的影响。

### （一）开拓创新，和谐共赢

玉柴集团的自身使命是用卓越和领先，满足公众的动力立体需求。要完成使命，玉柴集团就必须不断创新，不断提高产品质量，在行业中领先。秉承玉柴集团的使命，在企业面临困境之时，晏平与刘碧清引领玉柴突破常规，不断创新，克服困难。自强不息是玉柴集团发展一往无前的动力。

自强不息，语出于《易经》“天行健，君子以自强不息。”[①]其意是，天上的日月星辰是不分昼夜，永恒运动，所以“天”是“刚健”的，人应该效法天，积极进取，永不停息。自强不息、开拓创新，是中华民族崇高的传统道德精神，它激励着一代又一代的中华儿女拼搏奋斗。

一部客家史，所展现的就是客家人自强不息，开拓创新的奋斗史。漫长的迁徙岁月，客家人长途跋涉，辗转奔走，扎根闽粤赣桂，只有充满自信，并有自立、自强、自我奋斗的意识和能力，才可能在颠沛流离中坚持下去，才能在严酷的环境中生存下来，才能开拓出一条美好光明的道路。客家人深刻认识到，人生在天地宇宙间，本身就是匆匆过客。人的生命是短暂的，做客更是暂时的事，更何况又是“过客”。客家人不断地迁徙，客寄于陌生的环境里，要适应新的环境和陌生的人群，就得抓紧时间，珍惜光阴，努力学习，勤奋拼搏，不能有稍微的松弛懈怠，时刻处于积极主动进取的精神状态，这样的生命才有意义。许多卓有建树的客家人物，都是清贫苦读只身投向社会或一条裤腰带远涉重洋的。他们能拼搏创业，精神支柱便是可贵的自信心，精神动力是自立、自强、

①《周易·乾卦》

自我奋斗。因此，客家人自立自强的意识很强，不安于现状，总想改善环境，改变处境。他们又很自信，不仅敢想，而且敢干，显露出革命、开拓、进取、创新等自强不息的精神特质。

这种精神特质在玉柴集团董事长晏平和前副董事长刘碧清身上打下了深深的烙印。晏平上任之初，玉柴集团的小部分员工及一些媒体对新领导的任职持有疑虑的心态，且当时玉柴集团也存在一些状况，集团长期以来奉行的有需求就生产的产品思路使得生产、制造、管理、维修成本的增加。在新领导上任的短短时间里，行业形势变得越来越严峻，汽车行业一路走低，载货市场一路下滑，重卡和准重卡市场下滑幅度达32%，导致发动机制造商的生产和销售业绩低迷。从现代企业的管理来说，一家企业要做到稳步增长，在生产中就应做到节约成本提高产量，一个成功的企业管理人必须具有节俭的品质。而客家人向来以刻苦耐劳、勤俭节约闻名于世，这是他们在长期的山地生活中养成的习惯，如今，这种习惯仍如影子般跟随着他们。新任领导面对玉柴集团的诸多情况，以先进性教育为契机，理清发展思路，实行了一系列创新，降低生产成本，使企业继续保持了快速发展。创新是客家人面临困境时，为了确保生存和发展实行转变的需要。他们经常辗转流迁且长期住在贫瘠的山地之中，为了生存，他们必须主动融入当地的自然与社会环境，必须不断开拓创新，以寻求新的生存之路。一直以来，玉柴是一个企业两种制度、两种待遇的状况。为了使玉柴更好更快发展，晏平对公司进行了机构调整，强化集团化管理与整体规划。从进一步明晰公司产权关系入手，通过建立现代企业制度，进行母、子公司构架建设和机构职能调整，整合资源实现集团内部资源共享，降低成本，提高资源利用效率，改变多个玉柴相隔的局面。此外，还从管理创新去实现新玉柴、新思维、创新人力资源管理与开发机制。从此，玉柴进一步创新服务理念，强力构建服务网络新优势，建立以“玉柴服务，主动至真，竭力至诚”为核心，由服务宗旨、服务理念、服务准则、服务承诺和标志用语构成“五位一体”的服务文化体系。晏平带领玉柴建设者努力拼搏，在金融危机中实现逆势增长，创造了令行业惊叹的“玉柴现象”，使玉柴集团形成了发动机、工程机械、物流汽贸、零部件、能源化工、专用汽车六大板块，销售收入从2004年的106亿元增加到了2009年的271亿元，连续五年保持了高速发展。柴油机产销量从2004年的21.8万台上升到2009年的67.1万台，连续五年保持行业第一。金融危机过后，玉柴的发展更是受到行业和媒体的广泛关注。2010年1—9月，玉柴集团实现销售收入276.44亿元，同比增长39.14%，销售发动机57.96万台，同比增长9.99%。在2010中国企业500强排名榜上，玉柴集团排名第227名，比2009

年度排名上升38位，成为2010中国企业500强收入增长最快的百家企业之一。玉柴品牌价值超过80亿元，在2010中国最具价值品牌排行中名列109位。7月26日，2011年（第九届）《中国机械500强研究报告》（以下简称《报告》）暨《世界机械500强》发布会在北京隆重举行。《报告》揭晓，玉柴集团居中国机械500强第19位、中国机械品牌100强第29位；在广西企业中排名首位。

中国社会科学院近代史研究所科研处长徐辉琪研究员所撰论文《客家与辛亥革命》中指出："事实上，客家人在团结互助、任劳任怨、不怕挫折、勇于进取和不图个人名誉地位，以及使用客家语言仅赖以增强和维系友情却不拉帮结派等方面，客家志士的表现是十分突出的。客家志士献身革命，根本上是为谋求民族独立和国家富强。"晏平从2005年到玉柴任职以来，积极贯彻科学发展观，确立玉柴核心理念"绿色发展，和谐共赢"，经营思想"卓越品质，国际玉柴"，坚持走绿色工业发展之路，不断推进企业改革创新，连续五年保持高速发展，为国家和地方经济发展做出了巨大贡献。其中，2008年玉柴战胜全球金融危机影响，实现销售收入209.88亿，同比增长14.32%，从规模到管理实现了"三年再造一个玉柴"的目标。2009年，晏平带领玉柴团队苦练内功、抢抓市场，销售收入达271.97亿元，同比增长29.58%，柴油发动机产销量突破67万台，连续五年稳居全国同行业首位。这与客家人在战乱灾荒、千年迁徙中不但没有溃散、消亡，反而能够克服困难，不断开辟出新的天地，最根本的原因是他们有强烈的爱国主义精神相通。客家人素来对国家的前途和命运十分关注，他们在艰难的历程中仍然燃起爱国主义的激情，因此能开辟出新境界，迎来新生活。从清朝的曾国藩的富国强兵之计，康有为、梁启超的维新运动，太平天国的洪秀全，辛亥革命的孙中山，人民革命的毛泽东和朱德，改革开放的邓小平，他们都是为了中国的现代化而奋斗。虽然他们的思想、信仰、途径、办法、手段各不相同，但是追求国家富强和民族现代化的目标是一致的。

玉柴不断推进技术的自主创新，三年来共获得国家专利440项，在柴油机排放、电控等核心技术方面引领民族汽车动力：国内首家推出国4、国5低排放柴油机，国内首家推出单轴并联式（ISG）城市客车混合动力，相同工况下节油20%以上。推出全球首台可再生空气混合动力发动机，实现全国首台低碳节能高效发动机装车试运行，为我国低碳经济做出了贡献。积极推广节能减排新技术，使发动机单位功率的微粒排放量大大降低。2009年玉柴多缸以上发动机销售总量是1994年的7倍，但产品微粒排放总量并没有增加，为改善自然环境做出了贡献。用晏平的话说："企业创新应该是企业永恒的主题，特别是全球推动低碳产业，中国企业加应该把自己的竞争范围放到全球的视野里面来，玉柴是中国最大的车用发动机生产基地，六十年的历史，我们玉柴地处祖国西南比较偏僻的地方，不但是没有被历史淘汰，反过来一直保持非常强盛的势头，最得益于长期以来坚持我们企业自主创新。”①晏平用崭新业绩书写出让世人满意的答卷，客家人开拓创新、自强不息的精神再一次闪闪发光。

客家精神是一种自强不息、开拓创新的精神，客家精神还是和谐共赢，繁荣社会的精神。客家人秉承没有创新就没有发展的理念，一步一步走向成功。刘碧清在玉柴工作期间有不少的创新记录，如积极探索合资企业党建工作和思想政治工作的新路子，建立健全了党的工作系列制度。党建工作卓有成效，保证了企业的生产经营工作顺利进行，高起点开展企业文化建设工作，使以人为本的企业文化深入人心。在她的工作思维里，从来没有领导要求“我”做的被动状态，都是“我”要下工夫，不断创新地做好领导布置的工作记录。

领导的精神状态影响着员工的精神面貌，客家独特的创新精神在玉柴已经深入人心，面对走出去的趋势，玉柴企业人员时刻把创新放在心里。玉柴人以不同的方式诠释一个共同的心声：玉柴能有今天的发展，靠的是强大的凝聚力，这股凝聚力的形成，靠的是“以人为本”精神的管理，靠的是企业不断创新的思想政治工作。客家人自强不息、开拓创新的精神，使他们善于将所在的集体利益与国家利益相融合，在为国家的繁荣富强做出贡献的同时也带动当地社会经济及单位集体员工生活的和谐发展。

### （二）回报社会，爱国爱乡

客家精神是开拓创新，和谐共赢的精神，客家精神还是回报社会，爱国爱乡的精神。我国各族人民在几千年的历史风霜中所表现出强大的向心力、凝聚力就是爱国主义精神。爱国主义体现了个人对养育自己的祖国和人民无限的热爱，并由此产生出的民族自尊心、自豪感和自觉报效祖国的崇高责任感和爱国心。日本人山口县造高度赞扬客家人，认为“他们原有一种自信与自傲之气，使其能自北方胡骑之下，迁至南方，因此，他们的爱国心，比任何一支民族都强，是永远不会被征服的……”②

客家祖先南迁多数是因为外族入侵，被迫离开自己的家园，备受离乡之苦，所以客家人对国家民族的未来特别关注，对国家的强盛、民族的崛起有强烈的愿望，爱国爱乡的精神特别强烈。客家谚语有“白手起家真忠士，赤心报国是忠臣。”“舍命才算真豪杰，爱国方成大丈夫”、“宁为刀下鬼，不做亡国奴”等，

① 慧聪工程机械网 2011-01-05 8:58
② 日本《大汉和辞典》，1975 年版

都是客家人爱国精神的体现。历史上客家人民族英雄的例子特别多。南宋末，右丞相文天祥（江西吉安客家人）曾以兴宁县城西郊为大本营，号召百姓抗元。在元追兵即将来临之前，还奋笔疾书了每个 1.5 米见方的“忠孝廉节”4 个大字。北伐名将叶挺将军，抗日英雄谢晋元，领导辛亥革命的孙中山，中国共产党的著名将领朱德、叶剑英、刘亚楼、肖华等都是客家人中赤心报国的代表人物。缅甸的“万金油大王”胡文虎发达以后，其大部分利润都用于祖国的公益事业。香港实业家曾宪梓、田家炳等纷纷投资内地办学与公益事业。

玉柴集团董事长晏平也是当代客家爱国主义的杰出代表。他发扬客家爱国爱乡的精神，感恩、回报社会，领跑绿色玉柴。2006 年晏平以一个企业家的责任心提出了“绿色玉柴，和谐共赢”的战略思想。这是玉柴集团首次对企业的责任重新定位，明确把玉柴的使命与社会、民族、国家的长久兴旺联系在一起。提出通过打造绿色动力，节约资源与能源，优化自然生态环境，促进社会与自然的和谐发展，实现玉柴与用户、与公众、与社会和谐相处，共赢发展。2007 年，晏平将“绿色发展，和谐共赢”进一步定位为玉柴企业的核心理念，并提出了具体目标：走绿色工业发展之路，做中国绿色动力的引领者、中国“最大活动污染源”的控制者、中国轿车柴油机的领跑者、中国节材节能的贡献者，为改善我国相对落后的自然环境作出积极贡献，将玉柴的社会责任又一次进行了提升。以“绿色发展，和谐共赢”为行动指南，玉柴集团把节能减排放在优先位置，切实开展了节能降耗、治污减排工作，努力实现经济持续发展，污染持续下降，生态持续改善。客家人善于把握历史潮流和时代脉搏，将自己的前途命运与民族的前途命运紧紧联系在一起，这种爱国爱乡之情，能不断谱写出伟大的爱国主义新篇章。

在“绿色玉柴，和谐共赢”理念的领引下，2006 年，玉柴成功开发国内第一台达标欧 IV 柴油发动机，成为 1997 年以来玉柴在国内率先投放欧 I、欧 II 和欧 III 发动机后的又一次突破，带动了国内柴油发动机排放的全面升级。2007 年，玉柴独立自主成功研发出了国内首台 YC6L-50 欧 V 电控柴油机，再一次率先比国家排放标准提前 5 年，标志着玉柴在响应国家“节能减排”、提供“绿色环保动力”方面再次引跑国内柴油机行业。玉柴还成功研发了城市客车型混合动力，以四缸发动机实现了六缸发动机的加速效果，令城市的燃油消耗减少 20%左右，同时还大量减少了 CO 和其他尾气的排放。至 2008 年，多条北京公交线路用上玉柴牌欧 IV 发动机，为中国民族品牌争光，为绿色北京、绿色奥运服务。玉柴还重点抓好生产用水（节约生产用水并处理好污水）与烟气排放。此外，玉柴还充分做好宣传工作，在集团内部广泛、深入开展节约资源和环境保护的宣传工作，使全员参与节能减排，在集团内部形成了“人人讲节约、事事讲节约、时时讲节约”的良好氛围。勤俭持家的客家精神深入人心，并在玉柴集团的各个方面得到体现。2005 年 11 月，玉柴被认定为“中国驰名商标”。2006 年，玉柴品牌在世界品牌实验室评定的“中国最具价值品牌 500 强”中列第 119 位，行业排名第一，是中国动力第一品牌，广西壮族自治区排名第一。2006 年，玉柴品牌在世界品牌实验室评定的“亚洲品牌 500 强”中名列第 338 位，是行业唯一入选品牌。2007 年 9 月玉柴荣获“全国企业文化建设优秀单位”2011 年 4 月玉柴荣获“中国工业先锋示范单位”称号等，同时晏平也获“中国工业经济年度十大风云人物”、“中国工业先锋人物”等大奖。诸多荣誉证明了玉柴实力的不断增强，也证明了晏平为玉柴为社会做出了应有的贡献，爱国爱乡的客家精神进一步发扬光大。

使命常常是驱使企业家向战略目标奔跑的动力，将企业战略与国家环保战略融合起来，通过技术进步和高效劳动，实现循环经济，促进环境优化，为改善人类生存环境，不懈努力。正如晏平所说：2011 年，恰值辛亥革命一百周年、中国共产党建党 90 周年之际，欣逢玉柴建厂 60 周年，集团正式吹响向“十二五”千亿迈进、首战跨越 400 亿元规模的号角，动人心魄的时刻已经来临，催人奋进的乐章已经奏响，全体玉柴建设者厉兵秣马，踏上征程，迈向千亿第一春。①

任职期间，刘碧清也很注意引导员工回报社会，关注弱势群体，积极参加社会公益活动。1995 年，刘碧清代表玉柴完成了向国家工程捐款 750 万元，在中国建 35 所希望小学的工作。2006 年组织员工捐款实施“春蕾计划”，帮助 500 多名特困女童完成学业，制定了《玉柴集团实施“春蕾计划”扶持特困女生上学方案》和《玉柴集团实施“春蕾计划”活动管理制度》。“春蕾计划”贯彻了党的十七大精神，是构建和谐社会的善举，也是玉柴团结友爱的集体精神的升华。

晏平出任公司董事长后，玉柴主动申请加入联合国全球契约，从 2007 年开始，每年发布企业社会责任报告，自觉履行企业社会责任。关注社会公益，为四川灾区捐赠善款和物品累计 1500 万元，并建设四川资阳玉柴希望小学。从 2006 年起，每年资助 500 名春蕾女童上学。此外，晏平个人出资建立晏平爱心基金，每年资助贫困职工子女上学，和为资阳玉柴希望小学购买学习用具。

2011 年 6 月，玉柴集团在广西博白县打造强优配套产业园，占地 7350 多亩，计划总投资约 70 亿元，分三期建设，产业园集生产、市场、仓储、商住、

① 慧聪工程机械网 2011-01-05 8:58

文教、融资、交易、生态“八大功能”为一体。晏平表示，玉柴配套产业园落户博白城东工业区是玉柴“十二五”及更长时期的发展需要，是玉柴打造千亿企业的强力支撑。玉柴博白配套产业园项目和职业教育资源整合项目，将为玉柴“十二五”的发展提供强有力的产业配套保障和人才支撑。

凡此，客家精神对玉柴集团的团队建设、自强不息、开拓创新、和谐共赢、回报社会、爱国爱乡等方面有重大影响，是玉柴集团健康快速发展，提升国际市场竞争力，成为世界知名品牌不可或缺的因素。精神的财富，是用之不尽、取之不竭的。客家精神是客家人经历了磨难、挫折、困难锻造而成的。客家人不仅在政治、文化、军事、科技等方面有突出的表现，在经济生活中也有重大的建树。晏平、刘碧清独特的客家“硬颈”精神与“卓尔不群”的个性，是他们率领玉柴集团在世界经济浪潮中稳操胜券的法宝。当然，除了以上提到的团结和谐、勤俭节约、开拓创新、人本意识、爱国爱乡等对玉柴企业建设有较大的影响以外，晏平、刘碧清身上所体现客家人的纯朴务实、艰苦奋斗、坚毅刚强等优秀品质和其他方面都对现代企业文化建设有重大的促进作用。在充满机遇和挑战的今天，多元化的环境使企业在国际上的竞争越来越激烈，如何更好地构建企业文化、建设企业团队、建立独具特色的企业管理模式和规划企业科学发展的方向等，将是决定企业命运的关键。从客家精神对玉柴集团科学发展的影响来看，企业在正确看待客家精神的同时，汲取客家文化的精华，借鉴这种文化的独特性来构建适合自身生存需要的现代化企业管理方式，保证企业能在激烈的国际竞争中，较好地生存与发展，无疑是有裨益的。

# 第十七章 客家与新马泰社会

“客家”的本意是指外来的人，是相对本地人而言的，流落南方的汉人就是外来的人，但现在所说的“客家”则是指客家民系，是客家人的简称。客家民系的基本内涵可概括为：中华汉民族中独特的族群之一，它以客家话为独特语言，有特有的文化习俗和特别的客家精神。

客家精神是由客家历史发展过程打造出来的。客家历史是客家人的流浪史、拼搏史、创业史、发展史。客家人为了生存与发展，长期的迁徙、颠沛流离，逐步地摆脱了中原“安土重迁”①和“父母在不远游”②的传统保守观念的束缚，树立起四海为家的新思想。客家先民受到儒学的传统教育，宗族、家族观念根深蒂固。离开中原背井离乡，长期的流浪生活，更体会到宗族、家族合力的重要性，更加巩固和加强了宗族家族观念，敬祖睦宗的思想观念显得十分突出，修族谱，修宗祠十分重视。客家先民在饱尝长期离乡背井的痛苦之后，深刻体会到家、乡、国命运于一体，荣辱与共的关系，有强烈的爱国爱乡的思想。客

①《汉书·元帝纪》
②《论语·里仁》

家精神的表述可以包含意识和行为等各个方面，大致可将其归纳为：自强不息、开拓进取、勤劳朴实、博采众长、崇文重教、热情友善、团结互济、敬祖睦邻、爱国爱乡。

客家人移民海外，始于南宋末年的金兵南侵，在其后的数百年间，由于各种原因，客家人渡海谋生者络绎不绝。新加坡、马来西亚、泰国三国是海外客家人聚居较集中的地区，客家人在新马泰社会发展中有着重要的地位。客家人在建设和发展新马泰社会的活动中起着重要的作用。客家人用客家精神支撑和发展自身，并在领引新马泰社会的建设和发展中做出了巨大的贡献。

## 第一节　客家人下南洋的主要原因

### （一）因战乱而逃亡

南宋末年，文天祥率领以客家人为主的反抗元蒙侵略大军欲占粤中，最终失败，其中的幸存者逃亡海外，到东南亚各地谋生。明末清初，清朝对抗清志士进行残酷的迫害屠杀，许多反清复明的志士出海避难，徐图东山再起，其中客家人占有相当大的比重。太平天国起义失败后和广东西路“土客大械斗”失败后，客家人南逃谋生，有很多人自卖或被迫卖往海外。

### （二）因进取而闯荡

客家人生性顽强，只知追求出路，只怕没有路走，不怕山高路遥，对生死不会顾虑太多，因此有客家俗语“情愿在外讨饭吃，不愿在家掌灶炉。”客家男子年龄稍长，就会有出门创业的念头。客家人五次大迁徙，范围扩展到江西、福建、广东、广西、四川、湖南、台湾等地，18 世纪末又远渡南洋、美洲做劳工，之后辐射到世界 80 多个国家和地区，在全球繁衍了众多客家人及其后裔。在海外的客家人多半是扎条裤带出远门，漂洋过海创基业。

### （三）因贫困而谋生

客家人迁徙到南方后大多聚居在赣南、闽西、粤东等地区，这三个地区同属于典型的丘陵山地。客家人聚居在这些地区，不断繁衍生息，人口膨胀使家乡山多田少、人多地少的矛盾越来越严重，有限的生存空间导致客家人不得不向外发展求生存，如广东梅州石扇人罗芳伯。清乾隆三十七年（1772 年），罗芳伯抱着到南洋采金谋生的希望，邀集同乡，带着工具、种子、干粮和淡水等出海，经过两个多月的艰难跋涉，漂流到婆罗洲——一个基本没有开发的荒岛。罗芳伯在这样的环境中开垦土地，种粮种菜，而后又到东万律开采金矿，并最终成为兰芳大统制大唐总长。

### （四）因需要而前往

东南亚地区被西方殖民者征服后，纳入殖民经济体系，西方国家需要大量的廉价劳动力去从事东南亚殖民地的开发。中国劳动者受西方殖民者诱骗，到南洋做苦力，其中客家人占了相当比例。鸦片战争后，清政府已逐渐改变了过去的海禁政策，再加上19世纪后半期，海上交通逐渐发达，也大大促进了近代中国的海外移民浪潮。

### （五）因自豪而拓展

东南亚的客家人对他们本身的历史与现状，以及他们的先辈对东南亚作出的贡献感到自豪。在东南亚历史上，有不少著名的汉族历史人物都是客家人。如上文提到的18世纪开辟西婆罗洲坤甸的罗芳伯，19世纪下半叶创建吉隆坡的巨人叶亚莱，19世纪末和20世纪初东南亚著名的富商兼清廷显贵的张弼士等。客家后辈认为长江后浪推前浪，应该青出于蓝而胜于蓝，不断拓展先人的事业。

## 第二节　客家人在新马泰社会的突出表现

### （一）客家人在新马泰社会的概况

1. 新加坡

华侨旅居新加坡已有200多年历史。华族占新加坡全国人口的76.4%，约有195万多人，在华族中，客家人约50万，占华族总数的25.6%。他们在新加坡多经营药材业、当铺业、玩具业、成衣业，对五金、皮革、旅游、机械、建筑等行业也有经营。尤为突出的是客籍华人在该国政治地位很高，从首领到政府机关的官员，客籍华人占了重要位置，其业绩载入了新加坡的史册。

新加坡和马来西亚原是一家人，因各种因素，导致各自独立门户，但民间组织的私交还是互相来往交流，联系密切。居新加坡的广西客籍同乡大多数是由马来西亚迁来，或到新加坡升学深造后留下来成家立业，继而成为公民的。居新加坡的广西客籍同乡从事各行各业，有成就者不少，海外广西客籍同乡会的组织以新加坡三和会馆居首位。它创立于1883年，迄今已128多年，是一间跨省级的组织，是由广西和广东的廉州和高州三属人士之先贤创办，故称“桂廉高三和会馆”。在 1992 年为了配合地理版图和实际境况，更名为“广西暨高州会馆”。据不完全统计，居新加坡的广西客籍同乡过万人，但很多年轻的一代对故乡观念淡薄，对故乡地理也不了解，连自己的祖籍也分不清是广西还是广东的了。因广西客籍人士多数是讲白话，与粤语相近，他们就认是广府人，有些则说自己是新加坡人。

2. 马来西亚

客家人侨居马来西亚也有 200 多年的历史，现在马来西亚的华侨华人约有 450 多万，其中客家人约有 100 万，占华侨华人总数的 22%。他们大多侨居在吉隆坡、马六甲、怡保、芙蓉等地。早期客家人多经营锡矿、橡胶业、服务业、建筑业、小商业等。当代客籍华人多受当地文化教育（中文教育受限制），素质较高，大都从事医生、教师、律师及国家公务员等职。马来西亚的客家人至今仍然保存着较完整的中华汉民族传统文化和习俗，尤其教育事业受到重视，由民间集资的独立中学有六十多间，从小学到中学从未断层。

据不完全统计，全马来西亚约有五、六十万广西客籍同乡，分布在马来西亚各州城市乡镇，共设有 41 间同乡会或会馆和总会组织，最高领导是马来西亚广西总会，其办事处设在首都吉隆坡市。居马来西亚广西客籍同乡许多是橡胶园、可可园、棕榈园的园主，也有不少已迈向工商和其他行业，有的还参与政治，实属人才济济，在华社广西客籍团体已占一重要席位。

3. 泰国

中国移民大量流入泰国，可追溯自泰王朝（500 年前）及至曼谷王朝时期。在泰国的华侨、华人约有 500 万，其中客家人约有 60 万，占华侨华人总数的 12%。早期侨居泰国的客家人，多经营制衣业、药材业、金融业、小商业、建筑业等。

广西客籍早期由马来西亚移居泰国南部勿洞的同乡，均在此成家立业，多数成为橡胶小园主。至第二代或第三代，他们受到高深教育后就前往曼谷、北部清远和合艾各地城市发展各行各业。乡会组织在勿洞有两间广西客籍团体，早期有八桂堂，后期有勿洞泰国广西会馆，另泰京曼谷有泰国广西会馆，合艾有泰南广西会馆。据不完全统计，全泰国的广西客籍同乡有数万之多。

## （二）客家人在新马泰社会的方方面面

1. 经济领域方面

东南亚国家的华侨、华人有句口头禅：“客家人开埠，广府人旺埠，闽人和潮人占埠。”这在某种意义上说是对早期海外华侨史的概括和真实写照。东南亚不少地方是由客家人“开埠”的，是客家人把一些人烟稀少或荒无人烟的地方开发成了港口、城镇甚至大城市。客家人到南洋后，很快就与当地人民携手并肩，开采锡矿业，开垦种植园，修筑路桥，建造海港，充当苦力。他们充分发挥自己的聪明才智，流血流汗，为新马泰社会的开辟和建设作出了重大贡献。

早期东南亚的客家移民是以开矿为主，所开采的矿物主要是金和锡。从18世纪中叶到19世纪中叶，他们垄断了东南亚金、锡矿的开采达1个世纪之久。在1个世纪多的漫长时间里，赤手空拳的客家人到东南亚开采矿山，经过一番艰苦奋斗，一部分人脱颖而出，创立事业成为著名的企业家。如罗芳伯、叶亚莱、胡子春等都是从低层做起，一步一步发展起来的。罗芳伯始以教书为业，后成为兰芳公司的创始人。叶亚莱煮饭出身，终成为开辟吉隆坡的功臣。

客家移民也从事种植稻米、蔬菜和水果等。客家人的耕植地区大都靠近矿区，因矿区大部分由客家人控制，在销售时没有语言的隔阂。从另一角度看，客家人给矿区源源不断地供应农副产品，使矿区可以达到自给自足而获得更高的自治和更利于自己的发展。客家人也开垦种植园，橡胶是马来西亚的重要资源，客籍商人李莱生看准机会，购买了大量优质橡胶园，发展橡胶业，为马来西亚成为“橡胶王国”作出了重大贡献。

早期客家移民也从事港口贸易和现代交通航运业的经营。19 世纪中叶以后，近代航运的发展以及苏伊士运河的开辟，东西交通与贸易日趋发达，给东南亚的华族商人制造了很好的机会。那些有远见的客籍商人乘机发展交通航运业，如大埔籍张弼士，当他在荷属爪哇地区经商有成后，抓紧时机积极发展交通航运业。由他创设现代的轮船公司，航行在东南亚和中国南部各港口。

新马泰社会的客家人，世代以来，多以经营中小商业为主，家庭式的商业销售点遍布城乡，为活跃地方经济起着重要的作用。20 世纪 50 年代以来，客籍华侨大部分已经入籍居住国被称为华人，他们的经济已成为所在国的国民经济中重要的一部分。华人突破传统的商业经营范围，向制造业、矿业、房地产业、养殖业、交通运输业、旅游业和金融业等领域发展。许多人由家庭式经营发展到集团经营，并向国外扩展业务，建立了许多跨国公司。客家人引进国外先进的生产技术、设备和管理经验，为所在国产品打入国际市场，发展民族经济，开辟了广阔的天地。

**2. 政治领域方面**

清朝时，华侨在其居住国中政治上没有地位，也没有法律上的保障。马来西亚和新加坡受英国殖民统治达200多年，泰国是法国的殖民地，居住在这些国家的客籍华侨、华人同样长期受到西方列强殖民者统治。在那黑暗的年代，广大客籍华侨、华人和当地人民团结在一起，为反抗帝国主义列强的殖民统治进行了可歌可泣的斗争。当日本帝国主义发动太平洋战争，东南亚各国被日军占领时，旅居在新加坡、马来西亚等国的客籍华侨、华人，成立各种组织，与侨居国人民一道参加反日斗争。在这些共同对抗侵略者的斗争中，客家人作出了突出的贡献。中华人民共和国成立后，各国政府在对待华工问题上的态度有所改变，在法律上给予其一定的保护，并对华侨在居住国所做出的贡献进行了肯定。

华侨华人过去并不关心政治，由于多方面的原因，逐渐改变了对政治的态度，开始积极参政。如新加坡是以华人为主体的国家，政权为华人所掌握，从总理到政府主要高官，都是客籍华人掌权，这是五大洲中唯一的由客籍华人领袖执政的国家。泰国客籍华人参政也很活跃，20 世纪 50 年代，祖籍广东梅州东郊乡的谢其昌荣任合艾市市长，不负众望，蝉联两届，把合艾市建设成为仅次于首都曼谷的现代化的大都市。

**3. 思想文化方面**

老一辈侨民文化知识水平较低，饱尝缺乏文化知识之苦，他们怀念故土，较深地受到中华传统文化伦理的影响，因此在社团组织的支持下，一些华侨首领自力更生，自行集资，创办华文学校。在几十年间，华文学校遍及华人聚居的地区，使适龄华侨子弟从小受到正规教育，还保持和传播中华文化。客籍华侨、华人在投资教育方面做出了很大的贡献。东南亚国家独立后，大都限制华文传播，但现今如新加坡正在大力推广华文教育，马来西亚对华校极为重视，对有困难的华校给予适当补贴，泰国则吸取了禁止华校的教训，放宽政策，增加华文课时。新一辈客籍侨民自小受到良好的教育，在教育程度上有了很大的提高。许多新一辈的客籍华人受过高等教育，并涌现了许多科技、文化方面的人才。客籍华裔青年一代多受现代西方物质文明以及当地文化的熏陶和道德观念的影响，他们崇尚西方先进的科学技术和西方的生活方式，同时逐渐被当地社会习俗、文化等同化，但新客籍华侨、华人对故土也存有好奇心。

**4. 社团组织方面**

早期社团组织有几种组成方式：一是因祖籍地域而结合起来的一种地缘关系。客籍华侨、华人的地缘关系，不局限于祖籍行政区域，主要是以方言和生活习俗来定界，如新加坡的“南洋客属总会”。地缘组织的出现，推动了华侨团体的扩大和发展，使华侨能够逐步和当地社会结合，有助于促进侨居地国家的经济和文化的发展。二是因有相同血统的而形成的一种群体关系，也叫“同宗”。中国人习惯以姓氏来定界，相同的姓氏就认为是同宗亲人。早年华侨出国，因人生地疏，虽然家族史毫无瓜葛，但凡同宗者，排辈分、溯源流、认宗亲。在客籍华侨、华人聚居的新马泰社会，“宗亲会”组织很健全，如泰国72府中，共40多个宗亲会，它们定期开会，组织庆典，极为活跃。这样的血缘性组织已结成一种社会力量，产生了一定的社会效应，尤其是奉献财力、物力赞助社会福利文化事业，发挥了一定的社会功能。三是以人们所从事经营的行业进行结合的合作关系，其范围大小不一，大至整个农、工、商业，小至同一营生的小商贩、小手工业。客籍华侨、华人一向以经营工商贸易为主，所以属于商业、工业、贸易业的同业组织在新马泰社会，为数众多。其存在和活动，推动了社会经济的发展。

近几十年来，社团组织有了新的发展趋势，出现了国际性的社团组织，如“世界客属恳亲大会”、“海外李氏宗亲总会”等。这些社团组织将各地的客籍华侨华人组织起来，打破了原来封闭的界限，适应了新形势发展的需要。

### （三）新马泰社会的杰出客家人物

在新马泰社会中，客家人可谓人才辈出，有开埠功臣叶亚莱、姚德胜等，有商业巨斗张弼士、李莱生等，他们为新马泰社会的建设和发展立下了汗马功劳。以下是几位杰出的客家精英。

1. 李光耀

李光耀1923年9月16日出生于新加坡，祖籍广东省大埔县党溪乡。13岁时考入当地顶尖的英校莱佛士书院，1940年考入莱佛士学院，日军占领新加坡后中断学业，战争结束后赴英国留学，在伦敦经济学院学习时逐渐展现反殖民统治倾向。

1950 年李光耀在英国加入了一个由当地东南亚人组成的以争取马来亚独立为目标的团体“马来亚论坛”，当年 8 月回到新加坡，从事律师工作。1952年因为代表新加坡罢工的邮差与政府谈判而名声大噪，在工会中建立群众基础，为以后从政铺下了良好的基石。

1954年李光耀与一些从英国回来的华人，当地受华文教育的左派学生和工会领袖成立人民行动党，参加次年举行的首次选举。这次选举中李光耀本人顺利当选立法院议员，开始与新加坡的共产党合作争取独立，更深入地投身反殖民主义的斗争中。

1959年新加坡取得自治地位，在自治政府的首次选举中人民行动党成为立法议院第一大党，李光耀出任总理。此后李光耀一直希望能够与马来亚合并成立“大马来西亚”，以取得正式的独立，同时也可以为新加坡经济发展提供保障。

1963年7月，李光耀在伦敦与马来亚政府达成协议，双方正式合并，但是合并后联邦政府与新加坡政府很快就在经济等多项政策上发生严重分歧。1964年新加坡发生种族骚乱，李光耀政府指责马来西亚联邦政府试图推行“种族沙文主义”，马来人在联邦内享有特殊待遇，并煽动新加坡的马来人反对当地华人政府，最终导致了新加坡在1965年8月退出马来西亚联邦。

独立后，李光耀积极推动经济改革与发展，成功使新加坡在三十年内发展成为亚洲最发达的国家之一，在其任内推动了开发裕廊工业园区、创立公积金制度、成立廉政公署、进行教育改革等多项政策。今天的新加坡的政府以高效、廉洁而闻名，人民生活水平较其他亚洲国家为高。李光耀在缺水缺土的新加坡建成了现代化国家，有“国父”之称。

2. 叶亚莱

叶亚莱是吉隆坡开埠功臣，广东省惠州惠阳区秋长镇的客家人。清咸丰四年（1854年），他跟随同乡，离开贫困的家乡，是典型的被卖到南洋淘金的“猪仔”。叶亚莱在矿场表现出色，很快赢得矿场主管信任。而后他因管理矿业表现出色，便从吉隆坡第二任甲必丹刘壬光手中接过棒子，协助管理吉隆坡，他也被称为“吉隆坡王”。

1866年吉隆坡爆发一场王室土侯间的内战，叶亚莱不可避免地卷入了维持了8年的内战，叶亚莱与雪兰莪州执政东姑古丁结盟。1870年吉隆坡陷入内战中，3年的战争使吉隆坡变成废墟，叶亚莱惨遭盟友背叛，几经辛苦才成功光复吉隆坡。当时内战令叶亚莱负逾10万元的战争债务，加上经营的矿场积水，一度面临破产。叶亚莱向英商和新加坡、马六甲华商借贷，以维持矿业生产，当时的借贷缴付高达18至20%的利息。1873年3月光复胜利后，叶亚莱成为吉隆坡最高领导人，被称为“吉隆坡王”。

叶亚莱领导吉隆坡直到1880年还政于英殖民政府为止。叶亚莱将吉隆坡建设成为一个美丽且有活力的城市，吉隆坡人民世代纪念他。

3. 他信

他信·西那瓦1949年7月26日出生于泰国北部清迈一个普通客家商人家庭，是第四代泰国华裔。1969年，他信考入曼谷警官学校，并以全校第一的成绩毕业，之后在警界工作，后弃警从商。他信的父亲是个商人，他独特的个性和勇于开创的精神，深深感染了年幼的他信。他信从小就佩服父辈们的辛勤劳作和刻苦经营。他信从父辈那里继承的最大财富就是客家人的不断奋斗、创新和拼搏的精神。

1982年，他信创办了西那瓦电脑服务与投资公司。1987年，他信创立了西那瓦公司，主要业务是软件市场营销。一年后，他信决定创立自己的寻呼公司，这就是后来大获成功的西那瓦寻呼。这家公司后来又逐渐发展了移动电话业务以及其他先进的信息服务，很快成长为泰国最大的移动运营公司。与此同时，他信对商业卫星产生了兴趣。他相信泰国应该拥有自己的商业卫星，而不是从其他国家的商业卫星上租用空间。1990 年，尽管财力还并不雄厚，他信决定斥资 200 亿泰铢，获取当时泰国国有电信企业 TOT 公司 20 年的运营权，其中包括一项卫星计划。20 世纪 90 年代中期，他已拥有 4 家上市公司超过 50%的股份。同时，他信成为泰国首富，是《财富》杂志评出的世界 500 位“大亨”中唯一的泰国人。

他信 1994 年进入政界，同年 10 月担任泰国外交部长。1995 年 7 月至 1997 年 11 月，两次出任泰国副总理。1998 年，他建立了泰爱泰党并任主席。2001 年 1 月，泰爱泰党在议会选举中获胜。2001 年 2 月 9 日，他信成功当选为泰国第 54 任总理。他信出任总理期间，泰国经济保持稳步增长。在禁毒、消除贫困、泰南问题、穷人看病等方面，他信政绩斐然。有人称他信是泰国政坛上难得的领袖人物。他信没有一般政客的官僚作风，雷厉风行，办事果断有魄力，工作务实有效率。他主张进取性灵活外交，致力于区域合作，大大提升了泰国的国际地位和形象。2006 年 9 月 19 日泰国军方发动政变，达信被迫下台，2009 年至今流亡海外。

## 第三节　客家精神在新马泰社会的张力

客家人的根在中原，客家先民由北而南迁徙，披荆斩棘，历尽艰辛。他们先是在赣南、闽西、粤东三角地带的山区扎根，后不断向南方各省播衍，进而向海外发展。目前，客家已成为世界上人口最多、分布最广、影响最大的民系之一。一代又一代的客家人，创造了丰富多彩的客家文化，凝聚了引人注目的客家精神。

### （一）自强不息，开拓进取是立足之本

《易经》：“天行健，君子以自强不息。”[①]孔子望着滔滔东去的大江，发出“逝者如斯夫”[②]的感叹，这些都表达了中华民族积极进取的思想意识。孟子提出“生于忧患，死于安乐”[③]忧患意识，他认为，只有不断追求，进取自强，

①《易经·乾卦》
②《论语·子罕》
③《孟子·告子下》

国家生命才能得到延续，相反则自取灭亡。屈原“路漫漫其修远兮，吾将上下而求索。”[①]也反映了这种自强不息的民族精神。

深受儒家思想影响的汉族支系的客家男子年龄稍长，就会有出门创业的念头，这种自强不息的精神在出洋开拓的客家人身上更能体现出来。马来西亚侨领叶亚莱是开创吉隆坡的开埠元勋，该国大埔籍客属华侨肖畹香，十多岁还在大埔山区放牛，而后一条裤带闯南洋，白手起家，成为当地巨富。他们能拼搏创业的精神支柱便是可贵的自信心，精神动力是自立、自强、自我奋斗。因为客家人自立自强的意识很强，所以他们不安于现状，总想改善环境，改变处境。在新马泰社会，客家人善于抓住一切机会发展自己。他们又很自信，并有自我奋斗的精神，因而他们不仅敢想，而且敢干。他们为人处事都显露出开拓、进取、创业的自强、自信、自我拼搏的潜质。

### （二）勤劳实干，博采众长是生存之道

勤劳节俭是中华民族优良美德之一，客家人尤为显著，这是长期在艰苦环境中为求生存而养成的。客家社会广泛流传的谚语说“唔（不）怕家里穷，就怕出懒虫”、“唔想出汗，莫想食饭”、“持家要俭，创业要勤”、“理家千万计，勤俭居第一”。客家人继承了传统文化所特有的谦逊、进取的品格，所以，能从外来文化中吸收营养，从而使自己根深叶茂，得到不断丰富和发展。

客家人也对中国传统文化采取“扬弃”的态度。在保留和弘扬传统文化中积极、优秀精髓的同时，又吸收西方文化的合理成分，丰富、发展了中华民族的传统精神，从而形成了客家人独特的为人处世哲学。如曾宪梓为领带取名：Gold Lion原为英文，意为“金狮”。曾宪梓保留Gold“金”字的意译，取Lion的音译，而取名为“金利来”。此名称符合东方人的习惯，祈盼能带来大吉大利。曾宪梓善于吸纳外国的优势，同时又结合了本民族的文化特色，发扬了中华传统文化。

### （三）崇文重教，掌握知识是发展之源

《礼记·学记》：“玉不琢，不成器。人不学，不知道。是故古之王者，建国军民，教学为先。”[②]这表明中华民族自古重视教育。客家先民源自中原，客家人对儒家学而优则仕的思想奉为信条，尤其是对孟子所言“逸居而无教，则近于禽兽”[③]笃信至深。客家社会流传的谚语“有子不读书，不如养大猪”、“不

① 《离骚》
② 《礼记·学记》
③ 《孟子·滕文公上》

读诗书，有目无珠"、"山瘠栽松柏，家贫好读书"。是对这种重视教育的传统的极好的体现。这种重教化，着力提高人们文化素质的优良传统，是客家文化普及，人才辈出的历史渊源。客家先民来自人文荟萃的中原，扎根赣闽粤山区后，他们秉承中原遗风，以耕读传家，崇尚文化，重视教育，以兴学为乐，以读书为本，以文章为贵，以知识为荣，在客家社会里蔚然成风。

客家社会人才辈出，主要是因为客家地区长期以来形成的崇文重教的传统。需要特别指出的是，崇文重教不是个别人的行为，而是整个客家民系的共识共为，不论贫富贵贱。广泛深厚的教育基础，推崇文化知识的社会风尚是使客家人才辈出的主要原因。

### （四）团结互济，热情友爱是克难之途

中国传统文化的核心精神之一是"和"，即追求和谐的中和主义。孔子说："礼之用，和为贵，先王之道，斯为美。"[①]和就是美，它是儒家追求的最高社会理想。道家学派的庄子也提出了"与人和者，谓之人乐，与天和者，谓之天乐。"[②]和就是乐，这是道家追求的最高境界。"和"的人生观，要求人们在处理问题时，注意避免"过"或"不及"两个偏向，以保持各种矛盾和关系的和谐统一。中华民族崇尚和平的精神，也由此形成。这种处世哲学中"和"的原则，使中华民族注重个人品格的修养，待人接物讲究礼节，养成了谦和善良、温柔敦厚的品格。为了生存和发展，客家人必须依靠集体的力量，才能克服恶劣的自然环境带来的困难。客家人继承了这种中华民族的传统并在长期的移民生活中，养成一种不卑不亢、团结友爱、平等待人的精神传统。人人平等，没有互相瞧不起的情形，而且大家也都因此而知道，不互相团结互相帮助，就不能共同渡过难关。所以，更进一步养成守望相助的友爱精神，形成每一个客家人彼此之间像兄弟姊妹一样友爱的传统。客家人在新马泰社会更是发挥团结友爱的精神，组成各种社团组织，既共同抵御当地人的骚扰，也对新来的客家人进行扶持帮助，同时也壮大了自身的力量，使海外的客家人能够更好地发展。

### （五）爱国爱乡，不忘祖宗是客家心结

早在两千多年前，我国已形成了爱国的思想观念，在《战国策》中，就有"周君岂能无爱国哉"[③]的说法。在几千年的历史风霜雨雪中，中华民族所表

① 《论语·学而》
② 《庄子·天道》
③ 《战国策·西周策》

现出强大的向心力、凝聚力，说到底就是爱国主义。爱国主义体现着个人对养育自己的祖国和人民的无限热爱，并由此产生出神圣的民族自尊心、自豪感和自觉报效祖国的崇高责任感和爱国心。客家先民作为“客”，是“后来人”，来到陌生的地方，自然条件比较优越的地方早已被土著占据，他们只能向尚未开发的山区进军，才能找到落脚地。客家人一次又一次的向南迁徙，最主要原因是北方战乱即军事压力。这种来自外部的压力，没有把南下的客家人压垮，反而增加了他们巨大的凝聚力。客家人爱国爱乡的精神特别突出，涌现出许多可歌可泣的爱国志士和民族英雄，如鸦片战争时期广东水师提督、抗英名将赖恩爵，1882 年前后抗法英雄、黑旗军司令刘永福，中日甲午战争抗日保台领袖丘逢甲，爱国诗人、维新改革思想家黄遵宪，爱国将领叶挺、叶剑英等，不胜枚举。

客家人备尝颠沛流离之苦，因而对国家民族的前途和命运极为敏感和关注。他们的灵魂深处蕴涵着不妥协、不受辱、不甘被奴役的反抗精神，怀有强烈的爱国主义情怀。众多海外客属侨胞，始终想念眷恋着家乡的山山水水，他们中许多人不远千里，一次次返国回乡省亲探友，寻根问祖，尽力支持家乡的建设。如梅州地区很多文化、教育和公益福利事业等设施，就是由海外侨胞、港澳台同胞投资或参与捐资兴建的。在大埔县，许多中小学校校舍、医院、桥梁等，就是东南亚著名的实业家、慈善家田家炳先生捐资建设的。

凡此，客籍华侨、华人历尽艰辛到新、马、泰国，对新马泰社会的开发和建设、经济发展、文化繁荣、社会进步有过历史性的贡献，并对新马泰社会现今的发展仍在起着重要的作用。在客家人奋斗的同时，客家精神被继承和发扬，它支撑着客家人自身的发展，并在客籍华侨华人的身上得到鲜明的体现，同时也继续为新马泰社会的发展与繁荣发挥独特的作用。

# 第十八章 客家文化研究的普世核心价值——以广西客家为例

勤耕重教、刻苦耐劳、坚毅刚强、开拓创新、团结奋进、睦邻好客、爱国爱乡等优秀文化传统，确是维系客家民系最宝贵的精神财富。

客家文化研究如何赢得大众的认可？客家文化研究如何融入主流社会？客家文化研究的当代普世核心价值是什么？客家文化的精髓是什么？客家文化研究成果中最具实力和影响力的东西是什么？客家文化研究是否可以服务于整体社会的进步与发展？客家文化研究的新台阶是什么？如何避免客家文化研究陈陈相因，更上一层楼？客家文化与儒家文化最显著的区别是什么？广西客家文化研究的特点是什么？

全国人大常委会前副委员长许嘉璐先生一针见血指出：对客家文化的研究，应不限于对过去的文献、历史的考证、文物的留存、风土文化的记录，也应该研究如何使之内化，变为今天的我们和我们的子孙后代须臾不能去的内在。①

① 2011-06-28 10:26:18 来源：梅州日报网络版

中共中央总书记、国家主席胡锦涛在2010年春节期间参观被列入世界文化遗产名录的福建永定客家土楼时，真知灼见地称赞它是中华文化瑰宝，是大家庭、小社会和谐相处的典范，一定要把祖先留下的这份珍贵遗产守护好、传承好、运用好。[①]和以色列犹太人相比，汉族支系客家人有一千多年的迁徙史，不论其自身内部或与周邻土著居民都不乏矛盾，但最终都能和谐共处。靠的是什么？——客家文化。

客家在迁徙及定居的过程中所形成的客家文化，杂糅了中原文化、闽粤赣山区的土著少数民族（如古越族、畲族、瑶族等）文化及湘赣文化、广府文化、福佬文化等周边文化，经过上千年的社会生活、生产劳动的实践，去糟存精，在协调人的自身、人与社会、人与自然关系等方面达到一定平衡的效果，可谓是“和谐文化”。客家人入桂以后，已经融合了不少南方区域文化的客家文化又大量吸收富有岭南民族特色的桂地文化，并由此逐渐形成了较为独特的广西客家文化景观。

“广西有客家人700万人，遍及全广西的14个地级市以及100多个县区。”[②]广西壮族自治区是中国少数民族人口最多的边疆省区，各民族相处融洽，社会发展稳定，是西部经济与文化较为发达的地区之一。2008年，在广西壮族自治区成立50周年大庆时，中共中央充分肯定广西是维护民族团结的模范、维护统一的模范、维护稳定的模范、我国民族关系“三个离不开”的模范。[③]这与客家文化在广西的盛行有着怎样的密切关系？

2006年10月，笔者应邀在台北第21届世界客属恳亲大会（客家文化学术研讨会）上作了题为《论客家人的生态和谐观》的演讲，之后台湾大学领导盛情邀请到该校进行座谈交流。现不揣陋见，试从广西客家社会独特的思维方式、优先选择、价值基石、文化根基、制度保障等五个方面进行梳理与思辨，与大家分享，以期抛砖引玉。

## 第一节　客家文化与和谐社会的独特思维

人是社会变化的主体，人心稳定是社会稳定的基础，而心情愉悦又是人心稳定的前提。只有正确处理好人与人的关系，才能实现社会长期稳定和谐的目标，即只有上下双方自觉的良性互动，才能产生长久的社会稳定与和谐。为此，

① 罗钦文：《总书记春节看土楼 客家文化受瞩目》，中国新闻网，2008-02-18

② 2011-04-14 17:17. 来源：中国新闻网

③ 广西日报 2008-12-20

广西客家强调社会转型的平稳实现不是通过暴力的强制手段或大规模的群众运动，而是通过不同文化的互相润滑融合、共同发展社会生产力、确立普遍认同的思想文化理念和社会秩序来完成。

1. 不同文化互相润滑融合

广西客家人大部分因战乱逃难而迁入定居，因谋求生存而扎根创业，是南迁汉人与当地土著民族完美融合的模范。博白是客家人在广西居住最多的县，地佬话和新民话（即客家话，因新迁来而得名）是博白民众使用的两种方言。博白新民话的形成要比地佬话稍晚些，但讲新民话的人数比讲地佬话的要多。由于同居一个地区和社会交往、商品流通等因素，博白地佬话与新民话接触广泛频繁，相互影响，相互吸收，相互促进，在语音、词汇和语法上有许多共同之处。在语音方面，它们共同保留了一套入声韵的 p、t、k 和阳声韵的 m、n、ng 等。在词汇方面，有的互相吸收，有的大同小异与普通话相对应，如“岩”（刚刚）则是新民话从地佬话中吸收的。在交流过程中，地佬话和新民话互相影响，在语言发音、词汇使用、句式语法等方面互相吸收。因此，在博白县绝大多数群众，讲地佬话的不仅能听懂新民话，也能讲流利的新民话；而讲新民话的群众，绝大多数既能听懂地佬话，又能流利讲地佬话。博白两种方言——地佬话和新民话交替使用，早已成为 140 多万博白民众交际的重要工具。在广西各地，一个家庭同时讲几种话也是司空见惯的，有的父母和子女都讲客家话，媳妇讲白话或壮话，女婿讲桂柳话等，都能零距离地交流，类似联合国，和睦相处，和乐融融。

广西客家人与土著民族彼此通婚、认亲，也经历了很长时间的相互润滑磨合。虽然客家人在婚嫁习俗上仍存有一些自己的传统特点，但有些方面是受了少数民族的影响的。如在融安、来宾等地的客家人，结婚迎亲时有新郎向新娘“示威”的风习，这是受了民族间的影响的。这种“示威”习俗是一种典型的“男权主义”，也说明女性在家族的地位是低下的。据钟文典教授考证，这并非客家人所有，是受少数民族的影响。[①]

2. 共同发展社会生产力

大量客家人的迁入，侵犯了土著人的利益，土著人必定排斥，所以客家人要靠自己的智慧，共同发展社会生产力，给当地社会带来经济利益，让土著民族感受到这样一个族群带来的好处，才会接纳他们。客家人把从中原带来的农作物种子、先进的农耕技术和建筑技术等，毫无保留地与所在地的土著人分享。他们共同伐木垦荒，筑坝造田，把一个个小盆地或低缓的坡地开垦成片片井田

① 钟文典：《广西客家》，广西师范大学出版社，2005 年版，第 225 页

或层层梯田，并修渠筑坡，引水灌田，使寂静的群山阡陌纵横，如诗如画。昔日荒凉闭塞的山野，变得人声喧闹，鸡犬相闻，生产力水平得到了很大的提高。客家人逢山开路，遇水搭桥，一个个村寨有盘山小径或与大道相通。一些人口集中的较大村寨形成了集贸市场，民间有句俗话“客家人创圩，广府人旺圩。”其中代表了圩市从无到有，都是客家人迁徙到广西，为谋求生存的一种方式。从另一角度看，客家人也给土著人的经济贸易创造了条件，他们不避偏远，将小本经济运行于各个小镇，给土著居民的生活注入了新的活力，也带动了当地的民间买卖。就这样，客家人把热闹带进了千沟万壑，把繁荣带进了穷乡僻壤，把文明带进了荒峦山野，与土著人和睦相处，和谐发展。

### 3. 确立普遍认同的文化理念

中国传统文化的核心精神是“和”，孔子说：“礼之用，和为贵。”[①]这是大众普遍认同的文化理念。广西客家社会普遍存在的尊重彼此、相互包容、平等相待、共同发展的精神文化，就是实现客家崇尚和平的社会目标与和谐相处的具体路径。两个人在狭窄的路上相遇，客家人会主动让路，年轻的让年老的，男的让女的，空手的让挑担的，挑担轻的让挑担重的，挑重担的会让给扛抬的。客家人经常说的一句话：“假是自己做的，面是人家给的。”意谓为人处世要自尊自重、言而有信，与人相处要平等相待，对别人尊重才会取得人家的信任。客家人这种求和、包容的处世原则和意识修养，是一千多年迁徙过程中个人生存与发展的需要，也是族群的生存与发展的需要。特别是迁入多民族居住地，想要得到土著民族的认同、接纳，必须从自身做起，从小事做起，才能立足并得以发展。即使邻里之间曾发生过口角，客家人也不会记旧时怨恨，会提着酒壶端着菜肴，到邻居家款待客人，这样一来，邻里之间便会前嫌尽去，和好如初。广西贵县的“土”、“客”在经历咸丰年间大规模的“土来械斗”之后，马上订立了《来土既合定章》，追溯“械斗频年，既田地之多荒，并行人之绝迹”的可怕恶果，决定“以前互相仇杀，并抢掠牛马及焚毁房屋各件，两造概行解释，罔念前仇。”[②]

### 4. 建立公信的社会秩序

长期的逃难，在严峻的现实面前，客家人意识到只有宗族团结，齐心协力才可以维系自身的生存和宗族的发展。因此，客家人重视宗法制度，在迁徙地迅速组织人建立祠堂、编写族谱、制定族规，规范族众。以祭祖敬宗的方式联络宗族感情，形成了一套既体现汉民族普遍性，又有客家特殊性的宗法制度。

① 《论语·学而》
② 华中师范大学历史系《中国近代史资料拾遗》第一缉

在族规面前，不分贫穷富贵，不分男女老幼，不分地位尊卑，客家子弟一律是平等的。就算是高高在上的族长，一旦触犯了族法，一样要依族法处置。据族谱记载，广西北流市客家联石第九代族长罗应宸利用向族人借贷之机，挪用公款，以至账目不清，被族人勒令交出。客家社会还是男女平等的典型，女儿也有继承家族遗产的权利。客家人重视昭穆伦常，要求族人奉公守法，如违反家训族规，或是危害国家社会及他人生命财产者按危害程度处罚，一律严惩不贷。广西贺州客家《龙氏家祠规章》对作奸犯科，杀人掳掠者不管是族长也好族人也罢，一视同仁，平等看待，常以出宗作罚。[①]可见，广西客家社会机制健全，社会管理完善，社会秩序良好。

客家社会能共同营造平等相待，互相帮助，济困救贫，友爱族人的温馨氛围，客家的社会保障体系——“蒸尝”机制不可忽视。蒸尝是秋冬祭祀名，蒸尝收入来源于族人量力捐助，或由族人按房派捐，或有族人违背族规罚款提供，还有绝户所遗财产拨入等。蒸尝的支出由族内分配，除了祭祀、办学、兴修祠堂，还用于扶困济弱，使失去生活依靠的弱者（鳏夫、寡妇、孤老、残疾者等）和贫者。有赖于“自家人”的接济，日有所食，岁有所依，嫁娶、丧葬得到帮助，这就减小了家庭间的贫富悬殊，保持“自家人”生活的基本平衡。据柳城县大埔镇客家李树璋长者介绍，他们有族规规定：祠堂蒸尝对族中孤寡老弱者养老和送终的有“长春尝田”，对年节祭祀祖宗的有“敬宗尝田”，有帮助贫困族人殡葬亲人的“老人费”，还有帮助族内贫困男丁成亲的“老婆费”。可以说，蒸尝机制对客家社会内部稳定所起的作用，不仅显现在物质上，还显现在精神上，使人们的物质需求得到基本满足，精神得到愉悦。客家这一社会保障体系——蒸尝机制是保持“自家人”大家庭平等和谐的理想选择，也是维系客家小社会友爱温馨的有效手段。

## 第二节　客家文化与和谐社会的优先选择

没有物质文明，就谈不上精神文明，更不用说什么社会稳定、和谐。客家充分认识到：人生的种种苦难，莫大于生存所需的生活资料的贫乏，因此他们在漫长的生活和斗争中，凝聚了刻苦耐劳、坚毅刚强、开拓创新、团结奋进等优秀传统，优先选择大力发展生产力，共同创造了物质文明，也共同维护了社会的长期稳定与和谐。物质资料，顾名思义离不开“衣、食、住、行”，只有在这最基本的四方面得以充分保障，人心才能稳定，民众才能真正安居乐业，社

① 刘介：《广西通志稿·社会篇》（氏族三）

会才能稳定和谐发展。

### 1. 衣着

客家先民从中原带来了先进的耕作技术，一改当地土著刀耕火种的原始农耕状态，农业生产飞速发展。客家人与土著人共同开垦荒地，种植经济作物，有效解决衣着材料的困难。早在少数客家先民进入广西的宋代，广西经济作物的种植主要是苎麻。陈尧叟任广西转运史时，看到农民种苎麻有好处，认为除耕种水田外，“地利之博者惟麻苎尔”，因而倡导“广植苎麻”。[①]经他大力提倡，苎麻种植得到普遍推广，“今树艺之民，相率竟劝；杼轴之功，且以推广”。[②]此外，宋时广西的植棉也有相当的发展。刻苦耐劳的客家先民，凭借自己的辛勤劳动很快满足了基本的生活资料，同时也用上了从中原带来的先进纺织技术，大大发展了客家社会的手工业。“他们的入抵，有力地提高了广西少数民族与汉族的融合程度，改变了广西的文化景观和经济面貌，为广西社会注入了新的血液。”[③]

### 2. 粮食

客家移民的入桂，不仅增添了人力，弥补了广西“地广人稀”的不足，更带来了先进生产技术和经验及作物新品种，并毫无保留地与所在地的土著人分享，使全区各地的农田耕作技术不断改进和提高。德国威斯巴登 1969 年德文版《布洛克豪斯百科全书》说：“客家人促进了华南丘陵地区农业的显著发展。”

据宋人周去非记载：“西北流民，自五代之乱籍于钦者。”[④]这种西北流民，多是今天钦州各地的客家先民。广西的水稻种植历史悠久，桂林甑皮岩原始文化遗址中出土了大量稻谷遗物化石，说明广西培植水稻已有几千年的历史，但直到宋代，广西的水稻品种仍只有几种。明清以来，随着外来移民的增加，水稻品种也不断出现，清代达到几十种，且已有了旱稻的种植。康熙五十二年凌森美任贵县知县，他看到“邑境地高水大，不知灌溉”，于是“历乡村，相其土宜，教以种旱稻。”[⑤]在广西经济较发达的地区，“首推桂东南，桂南次之，桂中、桂东、桂北再次之。”[⑥]与客家人数分布的多少成正比关系，越是客家人相对集中的地方经济越发达。明清时期，客家人聚居的桂东南成为广西最大的“粮仓”和“果仓”，这一区域无论农业种养或是手工业生产、商业经营，或是城镇圩市聚落的发展水平，都为广西之最高。[⑦]据史籍记载：“乾隆十三年到二十六

① 《宋史》卷二八四《陈尧叟传》
② 《宋史》卷二八四《陈尧叟传》
③ 饶任坤、卢斯飞：《客家历史文化纵横谈》，广西教育出版社，1993 年版，第 105 页
④ 周去非：《岭外代答》卷三《五民》
⑤ 谢启昆：《广西通志 · 宦绩》
⑥ 熊守清：“略论广西客家的源流分布及特点”，《广西师范大学学报》（哲学社会科学版）第 32 卷，第 4 期，1996-12-25
⑦ 饶任坤、卢斯飞：《客家历史文化纵横谈》，广西教育出版社，1993 年版 123 页

年，广西贮谷从 20 万石增至 183 万石。且大部分在桂东南。”[①]粮食的增产使桂东南成为重要的商品粮基地。

红薯和芋头，是广西客家人喜欢种植的主要杂粮作物，也是日常辅佐大米的主食。因为红薯属于高产作物，既可作为主粮，其茎叶可作菜蔬，又是喂养猪、牛等的主要饲料，所以，在客家山区，往往利用整块耕地薯芋兼种。“杂集于山谷高原、水泉阻绝处”，种植红薯、玉米等杂粮。[②]民国年间柳城客家人“性殊强悍，勤苦耐劳，男妇终岁不辍……闻其初来时亦殊贫苦，然能以勤俭自持，努力奋进，由雇农而佃农而自耕家，迄今成为大地主都不少。”[③]

### 3. 居住

客家人在千年万里的迁徙和定居过程中，将中原文化与迁入地区的土著文化相互交流，取长补短，相互融合，创建了适应广西自然、社会环境，文化迥异的南方地区的或圆或方，或高或低，或大或小的——围龙屋，实现了孟子所提倡的：“居者有其屋。”[④]不仅有了安定的住所，而且拥有了属于本家族风格多样的民居建筑，居住其中，其乐融融。

“围龙屋”是客家文化的物化载体，顾名思义就是被围起来的屋子，是广西客家人居住、祭祀、议事、生产、生活的场所。围龙屋始见于唐宋，兴盛于明清，巧妙地结合了中原古朴遗风以及广西丘陵地区的文化特色。广西贵港君子垌客家围屋群、合浦县曲樟乡、贺州莲塘镇、玉林市朱砂垌等，处处彰显中国五大民居建筑之一的特色。灵川江头村、长岗岭村、灵山大芦村、灌阳月岭村等建筑带有明显的中原民居建筑特点。昭平黄姚、南宁杨美、平南大安等则是著名的古镇，而陆川谢鲁山庄、平南范家大院、武宣黄氏庄园等古宅大院，以其规模体量之大，建筑水平之高，享誉一方。

### 4. 出行

客家先民主要迁徙（出行）路线主要是由北而南沿水路下来，刻意寻找能够远离战争的、交通阻隔的边缘山区定居。公元前 214 年秦王朝统一岭南，开发广西桂林灵渠，沟通湘江与桂江，第一次打开了长江与西江两大水系的水上通道。学界有人认为这些客家先民为在西江流域创置郡县、移民拓殖西江沿岸平原，创造了良好的交通便利条件。沿此路线可上溯至浔江和郁江，从而加强了浔江和郁江沿岸与中原经济文化的联系，促进了今广西地区西江沿岸各族人民的交往与经济领域的开发、发展。据记载，建武十八年（公元 42 年），马援

① 《清史稿》(食货志)，卷五《清史稿》(食货志)，卷五
② 曹文深:《全州志》
③ 《柳城县志·民事》卷四
④ 《孟子·梁惠王章句上》

南征交趾，“发长沙、桂阳，零陵、苍梧兵万宗南下，汇集合浦，”[1]即充分重用了秦代开辟、西汉利用的湘桂水路和西江航道，并将这一水路向南开拓至合浦。新开拓向南延伸的路线，即在今藤县北流江口进入北流江溯江南下，至今北流市城区附近舍舟登陆，过鬼门关，至今玉林市玉东新区茂林附近马援营转入南流江，经马门滩直下台浦。(当时为人马粮秣中转设置的军营城堡，史称“马援营”，至今遗迹尚存——位于玉林市玉东新区茂林镇东南，南流江东岸)。从此，舟楫通行，人无艰阻，使客货通过能力大大提高，为以后进一步开发桂东南及加强和安南的联系打下了良好的交通基础。北流江、南流江及联系二江的陆路形成的联水陆运交通线，使郁（玉）林州城人烟辐辏、市肆热闹、户口繁殷，从而维系和发展了它在桂东南物资集散地和南北物贷使客中转站的地位，并上升为“岭南一大都会”。

目前，南流江流域仍是广西客家人的主要聚居地。广西七百多万客家人，博白就有一百多万，加上周边合浦、浦北诸县，南流江流域的客家人要占广西客家人总数的三分之二以上。

## 第三节　客家文化与和谐社会的价值基石

汉族社会是十分讲究等级的，而汉族支系客家人虽然也讲究等级，但在社会转型变化的过程中，注重双方自觉的良性互动，即广西客家社会普遍存在的“尊重彼此、相互包容、平等相待、共同发展”的精神价值文化。

**1. 尊重彼此**

尊重彼此就是彼此之间尊重对方，包括尊重对方的文化、习俗、兴趣爱好等。翻阅华夏几千年的历史，尊重是一个永恒的话题。《礼记》曰：“君子贵人而贱己，先人而后己。”[2]大儒荀子强调：仁者必敬人。深谙儒家文化精髓的汉族支系——客家人，千年万里的苦难史、迁徙史、发展史，靠的就是理解、尊重和信任他人他族，最终赢得他人他族的认可和尊重，建立起族群之间的和谐大家庭小社会，并得以生生不息地发展。

**互尊人格**。黄维（曾任博白县副县长）之曾祖时代，某年除夕前夜，邻村一个贫苦人，因无钱买肉过年，半夜潜入黄宅欲盗其鹅，被曾祖发现。曾祖知其不是惯偷，既未驱赶，亦未训斥他，见贼慌逃在梁上，反而说：“不要慌，慢慢下来!”并拿来梯子，以免他跌落受伤。之后，曾祖又亲自捉来一只肥鹅，让

① 韩光辉、张宝秀：《地理科学》第12卷，第2期，1992-05
② 《礼记·访记》

其拿回家去过年。临走时又问："你家有姜和粉条吗？"随即让家人取来给他，并嘱咐："以后若有什么缺失，可直接来取好了！"[①]别人来偷盗，黄维的先祖不但不把他当贼，还把他当客人以礼相待，让人十分感动。因此，黄维的祖先赢得了大家的敬重，体现了客家人善于换位思考的宽广胸襟与尊重人、理解人的精神境界。

**互尊习俗**。来自中原人文荟萃的客家人梳理出人际交往的一条规律：越是对对方所爱或所崇拜的事物表示真诚的欣赏和喜爱，就越容易产生共鸣，获得对方的接纳和认可。神灵崇拜是各族群最为神圣的信仰世界，客家族群不仅尊重他族的信仰，并且真诚地"进庙拜神"，甚至在原住居民离开之后，仍然敬奉不辍，这是一种充满智慧的族际交往法则。在广西博白县客家社区，原为瑶族先民百越的居住地，有许多称为"盘古"的社坛。盘古是瑶族同胞的始祖大王，但庙的建筑却是客家人的一排三间，内墙画有一神龙，庙里供奉的有盘古大王，有观音，有八仙等32位神像。在原住居民自愿迁离该地之后，博白客家人仍不改其名，不变其俗，四时依礼祭祀，至今仍不断——无怪乎客家族群容易得到原住居民的接纳。可见，敬人如敬己，立人如立己，达人如达己。有了相互尊重，才会有融合与发展，才会有遍布世界的客家人。

### 2. 相互包容

包容是一种境界，人要达到这种境界，就必须拥有博爱的心和博大的胸襟，这是一份坦荡，一种气概。

**包容得道**。客家社会强调相互交往时，要注意节制自己，"有理也要让三分，得饶人处且饶人"。多数客家人宁可吃亏忍让，也不与人结仇。他们认为以和为贵，少结冤家，才能立足异地并多交朋友；多一个朋友，多一条路走。广西博白有句流行语"行为失措，尚可挽正。人际失和，百事无成"。强调了人和的重要性。偶尔在涉外过程中有争执或冲突，客家人也尽量息事宁人，避免永无休止的官司纠纷，争取大事化小，小事化了。充分体现了客谚"相打望人拖，官司望人和"，"忍得一口气，免受百日灾"的包容思想。

尤其值得一提的是客家妇女。她们在家庭中不仅是半边天，几乎算得上是顶梁柱：上山砍柴、下地耕作、担水喂猪、洗衣做饭等，出得厅堂，入得厨房。不管在家里还是家外，男人能做的，她们基本能做，男人能受的一切苦和累，她们同样受得。客家妇女这种任劳任怨的精神，说白了就是在尊重理解男人的基础上忍让出来的。男人是一家的顶梁柱，肩负着赡养老人，照顾妻子，抚养儿女多重责任。客家妇女看在眼里记在心中，将心比心去体会做男人的不易，

① 刘道超：《族群互动中的文化自觉》，广西民族研究，2008-01

理解男人的压力，知道男人在外奋斗的艰难，因此她们谅解男人在家不做家务的懒惰。她们无怨无悔地包下家里的一切劳作，尽己之能，出己之力，妥善处理好家庭琐事，竭尽全力为男人分担责任。美国人史密斯就这样不吝溢美地说："客家妇女，真是我们所见到的任何一族的妇女中之最值得赞叹的了……除了刻苦耐劳和尊敬丈夫以外，她们的聪明热情和在文化上的进步，也是很使我们羡慕。"①

**有容乃大**。孟子说："仁者爱人，有礼者敬人。爱人者，人恒爱之；敬人者，人恒敬之。"②由爱引起爱，由尊重引起尊重。包容他人对自己有意或无意的伤害，是让人钦佩的气概；包容他人曾经的过失，是对他人改过自新的最大鼓励；包容他人对自己的敌视、仇恨，是人格至高的袒露。广东恩平客家人李氏于同治年间，率领家人迁居广西柳城县木桐村，向当地人租地耕种，为方便耕作，住房就建在田间。凡遇当地强人入室偷窃，既不与之打斗，亦不躲藏，反而指引盗者，粮仓、猪牛、鸡鸭之所在，任由强人取拿。李氏平时为人勤谨真诚，乐于助人，包容忍让最终获得当地人的接纳认可，逐渐发展成为富甲一方的大户。③有着自觉包容理念的客家人对他人他族的尊重、理解与包容，律己之真诚与信用，最终赢得他人他族的认可和尊重，建立起族群之间的和谐，使自己的族群也得以生存，发展，壮大。

**3. 平等相待**

平等相待是人和人之间的一种关系，人对人的一种态度，是人类的终极理想之一。人和人之间的平等，不是指物质上的"相等"或"平均"，而是在精神上互相理解，互相尊重，把对方当成和自己一样的人来看待，没有地位高低、身份显赫之别。

**族内平等友爱**。长期的移民生活，使客家人养成一种不卑不亢、团结友爱、平等待人的传统精神。因为在逃难的时候，无论昔日在故乡时如何富贵或何等贫贱，"同是天涯沦落人"，大家都一样了，没有你看不起我，我瞧不起你的情形。而且大家也都因此知道，不互相团结，互相帮助，就不能共同渡过难关，所以养成了人人平等，守望相助的精神，形成了每个客家人彼此像兄弟姊妹一样友爱的传统。广西客家社会在农忙时，家里人手不够，不去"雇请"工人，只找左邻右舍，他们就来"帮工"。"帮工"也叫"换工"，这是基于客家人传统的平等精神。他们认为你来帮我做工，不是我用钱买来的，而是你发扬友爱精神来给我帮忙的。现在广西陆川、博白等地的客家人农忙、婚丧嫁娶等大事的

① [美]罗伯史密斯：《中国的客家》，中国民俗网 2009-09-28
② 《孟子・离娄下》
③ 钟文典：《广西客家》，广西师范大学出版社，2005 年版，第 136 页

操办，他们总是互相帮忙的。那一座座工程艰巨而浩大无比的客家围屋，正是客家人的团结创业的结晶。四圆同心、三圆同心的楼房，正体现了客家人同心同德，同甘共苦的团结友爱精神。

**族际平等相处**。客家人千年万里饱经忧患，祖祖辈辈颠连迁徙的经历，使他们渴望得到一个安定的营生环境，谋取温饱生活，因此客家人非常重视邻里关系的和谐。盘古是瑶族同胞的始祖大王，广西贺州市八步区的都江盘古庙的墙壁上刻着盘古大王神像，以及迎神转座建醮捐资的人名，这其中除了有瑶族人，还有客家人、壮人，本地人、湖南人等。更有意思的是盘古庙的建筑是客家特色的一排三间，中厅全部敞开的传统房屋形式，而且正面内墙上画着一条黄色长龙，庙内神像中，除供奉盘古大王神像外，还有客家供奉的观音、八仙等23位神像，足见客家与其他民族间的平等以及互相接纳与亲近。同时客家入乡随俗，不仅尊重他族习俗，而且参与其中，把它当自己的习俗一样相待。现今广西客家各地都有“二次葬”的习俗，但北方的汉族（最忌挖祖坟）是没有这个习俗的，可见“二次葬”的习俗是汉族客家先民在迁徙与定居过程中受他族影响而形成的。

**4. 共同发展**

客家人知道，仅仅依靠自身努力想要谋求发展是不够的，“一个篱笆三个桩，一个好汉三个帮”，创造平等互利，和谐融洽的人际关系是发展的必要人文环境，特别是身处少数民族居住的地方。因此客家人能够迅速融入当地的生产生活，与土著居民一起创造物质财富，达到共赢。

**经济共赢**。客家人迁徙入桂，多是只身或单家独户而来，以农为本，各业并举，是广西客家人经济生活的主轴。广西商业经济呈现全面繁荣局面，客家人的作用不可低估。在广西有客家人的地方，基本都有定期的集市，客家人称“圩”。客家人热心商业，有商品意识和拼搏精神，勇于开拓，善于经营，能够在较短时间积累较大财富。笔者的先祖原是以种田为主，一次赶集归来，在山沟中发现一只大乌龟，随即抓住返回圩上出售，换取了十分可观的糯米。从此，包粽子到集市出卖，几个月后，三兄弟逐步垄断了博白县东平、沙河、顿谷等几个乡镇的粽子市场，着实赚了一大把，并一发不可收地畅游了商海几十年。

客家人对物质文明的追求，培养了优秀的客商素质，进入变化莫测的商海后能够做到沉着镇定，目光长远，开拓进取。在广西诞生了许多客商传奇，广西科宝公司、沙龙纸业公司、云南传承茶业有限公司董事长、广联（南宁）投资公司董事张国兴就是其中佼佼者。张国兴被称为“频创‘广西之最’的客家儒商”。他是广西第一个从日本引进最先进的彩色冲印设备的商人，把以前需要几天才能冲印出来的黑白照片变成了几十分钟就能冲印出的彩色照片。他也是广西最先开创生活用纸品牌——“沙龙纸巾”的商家，他同时也是广西培养老板人数最多的民营企业“校长”。据不完全统计，近二十年来，他带出了六十多位老板，其中有近三十位百万富翁，近十位千万富翁，如好友缘酒家、永恒婚纱、巴黎婚纱的老总黄虹就是其中之一。①

**文化交融**。不同的民族，有各自的语言、各自的习俗及文化思想，客家人长期同壮、瑶、侗、苗等少数民族生活在一起，民间文化总会互相影响。以生活习俗为例，婚前“以歌择偶”、“抛绣球”、“换巾”、“赠槟榔”等求情、定情的恋爱方式，并非壮族仅有。婚后“不落夫家”婚俗，以及童养媳、上门等，壮族有，瑶族、汉族客家人也有。壮、瑶、苗、仫佬等族有“歌圩”、“歌堂”、“走坡”等唱山歌的习俗，在桂东客家人居住较集中的贺州市八步区，每年农历四月廿六日（浮山庙炮期），五月十九日的歌圩，是贺州规模最大、参加人数最多的民间传统娱乐活动的节日。届时，成千上万的各族群众纷纷来到浮山，浮山歌圩唱的山歌形式有本地人山歌、客家山歌、壮歌、瑶歌等。这表明，各民族虽有不同的生活习俗，但由于人们长期生活、劳动在一起，思想文化的交流，各种习俗必然会互相影响，互相渗透，互相融合，互相吸收，共同发展。

**人际和谐**。长期的移民生活经历，使客家人非常重视人际之间的和谐。广西贺州市是一个本土人与客家人、各族人和谐相处，多元文化并存的地方。在中国——东盟自由贸易区加紧构建之际，2005 年 11 月贺州市承办亚细安（东盟）客属第六届恳亲大会暨经贸洽谈会，旨在弘扬客家精神，增进海内外客家人的团结和友谊，促进贺州与东盟国家的文化交流和经济合作，推进祖国和平统一。亚细安（东盟）客属恳亲大会由“10+3”组成，即由东盟 10 国加上中国（包括台湾、香港、澳门地区）、日本、韩国的客属社团组成。恳亲会的宗旨是：“迈向世界，和平开拓，发展经贸，联谊连心。”贺州市洋溢着客家人浓浓的亲情，与来自东盟各国及世界各地的千名客家人代表欢聚一堂，共叙乡情，共谋发展。千年不改是乡音，万水难隔故乡情，足见客家人非常重视人际关系的和谐。

## 第四节　客家文化与和谐社会的文化根基

家庭是社会的细胞，是构成社会最具活力的基本单元，是社会多维关系的一个交叉点。家庭还是人们安居乐业，建立和谐人际关系的摇篮，也是消除各

① 王祖能：《频创“广西之最”的客家儒商》，引自网页：
http://blog.tianya.cn/blogger/post_ show.asp?BlogID=318551&PostID=10363988，2007-07-19

种矛盾，解决社会问题的首道防线，因而社会的稳定与否，很大程度上取决于家庭的和谐与否。客家社会和谐的良性发展是与客家家庭的良性发展密不可分的。所谓和谐家庭，主要是指家庭内部各成员之间、家庭与社会之间、家庭与自然之间相互和谐的系统和谐。它以家庭每个成员的全面发展为基础。

1. 家庭成员间的和谐

中国素来强调“家”与“国”是同构的。“天下之本在国，国之本在家。”[①]《大学》：“欲治其国者，先齐其家。”“一室不治，何以治天下。”[②]家和万事兴，家齐国安宁。儒家把“修身、齐家”看作“治国、平天下”[③]的前提，认为家是缩小了的国，国是扩大了的家，家庭利益与国家利益密不可分，只有每个家庭都和谐了，社会的稳定和谐才有可能。承载着中华传统文化精髓的客家人在饱经风霜的迁徙过程中，认同、实践并不断强化了这一主流文化的理念。

**夫爱妇敬**。客家男子深知男人的“男”字是“用力把田地扛起来”的深刻内涵，大多能勤劳耐苦，不畏艰难，勇于接受厄运的挑战，敢于冒险，开拓进取，就是已婚的客家男子仍坚持出外拼搏。他们常说“熬得苦中苦，方为人上人”，“人勤地生宝，人懒地生草。”这一切都是为了使家里的日子越过越好，减轻妻子的负担，使家庭生活能够尽快奔小康。好些客家男子为了养家糊口，背井离乡，甚至漂洋过海，谋求发展，开辟家庭事业可持续发展的新天地。

因此，留守在家的妇女便义不容辞担当起家庭的重担，无怨无悔。在客家社会中，客家妇女几乎是家庭的重心，有客家俗语：“没有老婆不成家。”这个“家”不仅指结婚生儿育女，更重要是指在家庭中所处的特殊地位。客家妇女在家中勇于担当一家之主的角色，经常主持家政，对老人的照顾，幼儿的教养，家庭生活的料理等，无不做得周到完美，且从无怨言。客家妇女还扮演男子外出进行事业打拼背后的力量源泉，是成就丈夫事业的好帮手。由于客家妇女在家庭生活中与丈夫相互支持，相互帮助，共同承担家庭发展的责任，因而普遍具有不可多得的良好素质与涵养，使她们不仅在体力上，而且在精神上都能很好地胜任自己在家庭中所承担的重要角色。日本人山口县造在《客家与中国革命》评价：“日本女人以温柔顺从著称于世，而客家妇女亦毫不逊色。而且我们可以说，日本妇女之所以温柔顺从，是病态，因为她们的生活，须靠男子，不能不借此求怜固宠；而客家妇女的温柔顺从是健康的，因为她们都能够生活，她们纯然是真挚的爱和传统的对于丈夫的崇敬……”

① 《孟子·离娄上》
② 刘蓉：《习惯说》
③ 《礼记·大学》

**父慈子孝**。广西博白的刘氏族谱中有族规："要尊老爱幼，不准凌弱逞强。"《廖氏家史》族规："老者饥寒，维护至百年终老，幼者抚养成人。"客家父母很注重自己身体力行对子女的影响，父母的一言一行都努力要求作为孩子学样的典范。客家有谚语"大做样，细学样"，"大个（大的）带哩（小）无好样，细个学哩唔晓几像（不知有多像）"，"为老不尊（正），带坏子孙"，"老娘无好样，嫩娇宿和尚"，"中梁不正桷子斜，父娘（父母）不正子女歪"，"父正子不邪，母勤女不懒"等，都体现了这种思想。客家人相信"屋檐流对水，点点不差池"，要教育好子女，自己必须先做好榜样；要教育好晚辈，首先从长辈做起。若是孩子被人骂为"早死爷娘无教养"，则是对父母及家人的极大侮辱。可见客家社会都是极重视对孩子进行道德教育和培养的，而家庭对孩子的早期教育又是任何其他教育所不能替代的。教育具有很强的教化功能，对客家大家庭小社会的良性发展起到了积极的推动作用。

2. 家庭邻里间的和谐

客家人常说"远亲不如近邻"、"千金买宅，万金买邻"、"人到难处邻里亲"。客家邻里守望相助，这种"天下客家是一家"的心理认同，使得"天下客家一家亲"的美德延续至邻里。如广西贺州鹅塘镇彭氏之族，其先祖彭居敬订的"家训"就有"敦亲族，恤孤寡，礼宾客，睦邻里。"

**宗族内的和谐**。客家人特别重视宗族内部团结和集体观念，美国《新不列颠百科全书》指出："……迁居到华南的中国北方人即客家人，是一个非常勤奋和精明的群体，他们团结得十分紧密。"①

广西客家社会除了靠宗法制度维持宗族秩序的和谐，还有以"祖宗言"为纽带的"自家人"情结。客家人见面，只要一方讲客家话，另一方会迅速反应："自家人哩！"于是彼此间陌生感马上化解，亲密感油然而生。"自家人"情结使客家人能够同甘共苦，发挥协作与互助的精神。广西贺州市江海清外出"发达"后，曾数次回贺州老家，因家族人口繁衍，仁冲老屋已不够族人居住，他出资请人在老屋东南面另建一座围屋，兄弟六人共同分享，称为"新屋"，即是保存至今的有名的江家围屋。江海清极重亲情，顾念族人，出资助学于族亲贫穷子弟，至今仍为族中后辈称颂。这种怀土思宗的"自家人"情结惠及到江家后代。

**宗族外的和谐**。广西是一个本土人与客家人，各民族和谐相处，创造出多元文化并存的地方。客家人在守护汉民族文化的同时，也尊重当地他族文化，甚至认同和吸纳外族文化。他们尊重当地的风俗习惯，乐于与当地人平等交流，

① 美国《新不列颠百科全书》，1988 年英文版

善于向当地人学习，争取思想文化平等互动。博白《威武郡廖氏家史》族规中要求族人做到“邻里相依，异姓相助，团结友爱。”就是要无条件尊重他人，消除不同民族成员之间陌生感，身体力行“四海之内皆兄弟”[①]的古训。客家人与其他少数民族产生文化兼容共生的现象，在风俗习惯上互相影响、交流与吸纳，逐渐达到民族属性的转化与认同。这种习惯用和蔼、仁爱的金子般的心善待他人，积极营造友好相处的氛围，构建和谐的族际关系，有力推动了广西社会各民族的和谐发展。

**3. 客家家庭与自然界的和谐**

客家社会非常注重与自然界的和谐共处，在构建和谐家庭的同时，也神奇的演绎了人与自然和谐这一完美的传奇。在客家民居建筑、伯公信仰、风水园林等方面都体现了“天人合一”的和谐美学思想，体现了客家人的超凡睿智。

**民居建筑的和谐**。客家人在围屋建筑的选址时，重视地形与座向，一般首选地势高爽，坐北朝南，坐西朝东或坐西朝东南取向，且讲究依山临水，绿树成荫之处。认为这种民居建筑的价值取向是山环水抱，背后有山做依靠能旺人，前面有水来环绕能旺财，屋向南偏东，以门取旺气。且房屋能以四周的山川形势、砂、水等天然气势为主，结合与人类赖以生存发展、关系密切的水土结构，构成天然优美的自然环境。加之采用合理的外部建造结构及其内部构造，以达到蓄气藏风得水的目的，从而引导人类与之产生和谐。这有助于人的长久居住，获得心理平和，保证人们的身心健康及后世的繁盛。客家围屋没有挖山而建，而是依山而建，这样保持了自然的原来面貌，使之与自然达到和谐共存的境界。在广西的许多客家居处，依山临水而建的围龙屋比比皆是，玉林朱砂垌围屋、博白卧龙岗陈氏围屋都是典型的代表。

**伯公信仰的和谐**。“伯公”是客家人对土地神的特有尊称，大凡客家聚落，都普遍存在着伯公信仰。客家敬土地如敬神，可见客家人对土地崇拜的感情之深。在客家地区，“土地伯公”的神位随处可见，无论是在家中，在田间地头，在村口古树下，都设有土地伯公。其神位的设置极其简单，往往一小神龛，两边贴有对联“神恩施大化，厚德载群生", 龛内常只一块石碑或木牌、红纸、石头等。客家人的住宅内也设有土地伯公神位，主人们早晚上香供茶。他们在从事生产或其他活动之前，总要先敬土地神。如每年农事之始，首次下田时要备果品、香烛、茶水，在路边或树旁或石壁等处，祭奉土地神。播种时要在田头烧纸，禀告土地伯公，祈求鸟雀不要糟蹋谷种，秧苗长得茁壮。上山打猎、建造新屋都要敬土地神。客家人崇拜土地，希冀能和土地达到和谐，进而与自然

① 《论语·颜渊》

和谐，使自己能在土地上生存发展，继而繁衍后代，保持家庭的稳定和壮大。客家人正是凭着这种崇拜土地，珍惜土地，爱护每一寸土地的思想观念才使他们在外乡土地上落地生根。客家对土地崇拜之情，已经内化成了一种信念。至今，这种崇拜土地的和谐观，一直被其子孙一代代延续着。

**风水林的和谐。**“风水林”是客家认为对人的平安长寿，多子多福，人丁兴旺，升官发财，逢凶化吉等作用的天然或人工林木。客家社会认为对风水林的保护也是客家人对自我的一种保护。通过保护风水林，保护山的稳固，防止山上的水土流失，为客家家庭创造和谐的外部环境，山青水秀的景观才能使人健康发展。风水林的最大功用和最深教益是使人们重视生态环境的保护，使生态环境达到平衡，达到天人和谐。

## 第五节　客家文化与和谐社会的秩序保障

宗法制度对客家宗族起了团结凝聚的作用，家规族训是客家宝贵的伦理、法律文化遗产，两者相互作用维系了客家社会秩序的和谐稳定。

**1. 客家宗法制度的特点**

祠堂，祭祀供奉崇祖睦邻。祠堂分为宗祠和家祠，是家族祭祀祖先，商议众事，族长或家长实行宗法统治，族人“联宗”的重要场所。祠堂是宗族历史与荣誉的象征，是家族的标志。因此，客家人重视祠堂的修建，每个家族都把祠堂修建与修葺当做宗族的头等大事。在广西，客家人的祠堂可以说是各个姓氏都有，随处可见，甚至一姓一族，建家祠、宗祠几处或十几处的并不少见。

祠堂是祭祀之地，平时威肃无比，但在祭祀之日，却热闹非凡，本村及附近村落的本族人齐聚祠堂，不少远迁他地，甚至移居东南亚各国的子孙都会回到祖居地参加祭祀。举行隆重的祭祖仪式，一方面是表达崇祖之情，希望得到祖先庇佑，另一方面也希冀通过祭祀共同祖先来笼络族人的感情，实现宗族内部的大团结。

族谱，昭穆有序团结内部。客家人编修族谱的宗旨是为了“尊祖、敬宗、睦族、知本。”目的是使家族、宗族得到认同，强调内部团结。客家长期是宗族社会，个人是宗族的成员，客家人常说“同是一个祖宗下的子孙不分亲疏，团结互助，光宗耀祖”，即所谓的“一家亲”。“一家亲”思想将一家一族捆成一个整体，促进家族团结友爱，将宗族正确的意识转化为宗族整体的守法意识，维系宗族社会和谐有序。

2. 客家的家规族训具有民间法律效力

广西客家每个家族记载的家训族规，较之其他民族更为完备，涵盖日常生活的方方面面，对族长的产生、婚姻、财产继承权等做了具体的规定。家族根据家训族规履行司法功能维护宗族内部秩序，保护宗族存在与发展。它既体现了国家的权力意志，也体现了家族的意识形态，还体现了地方性的文化张力。而且家法族规并不只是国家政策和法规的简单转移，而是将其与乡规民约巧妙地糅合起来，采用国家现行法规条例的叙述方式清晰地表达出来，并具有民间的法律效力。客观上预防和减少族人犯罪，为稳定地方社会秩序发挥了积极的作用。

3. 客家社会的法律保障机制及其功能

**畅通的民意表达机制**。客家社会民意表达素来是通畅的，表面上族中的一切事情由族长决定，族长看似有至高无上的权力，其实，族长只是客家宗族的官方发言人，族长和各房支长组成的族老管理层均由房族人公选产生。在决议族中事务，族长和各家各房的代表认真倾听各个方面的意见和要求，及时解决族众所反映的问题，化解怨气，从而增强凝聚力，实现稳定与和谐。

**合理的利益协调机制**。客家族大人众，不可避免有贫富分化现象。因此，有必要通过各种教化、规定来灌输同族人之间的亲睦观，协调利益分配。有的祠堂在订立的家训族规中作了明确规定，如博白县客家《廖氏家史》明确“老者饥寒，维护至百年终老，幼者抚养成人”。陆川县众多客家人的祠堂，除用共产祭祖、助学外，还设有“功名田”，供族内那些穷秀才和做过文武官员，享有“功名”的族老作养老费，直到去世。难能可贵的是客家社会将合理的利益协调机制落到实处：孤儿、寡妇、鳏夫、残疾人缺乏劳动力，客家人就在农忙时不遗余力地帮扶他们，使之日有所食、岁有所依、老有所养。蒸尝等共产是一定社会的产物，虽然蒸尝不能使客家实现大同世界，但在旧社会，没有固定的社会保障制度，如果祠堂的共产积储比较丰富，司其事者比较公正、开明，自可在扶贫济困中起到缓解或降低社会矛盾的作用。

**公平的纠纷调处机制**。北流客家《翰堂族谱》中提到族规是经过家族委员会扩大会议通过的，可见为了纠纷调处的公平公正，族内的社会精英制定族规的过程是严格的。族规要求“凡我族人皆要自觉遵守，互相监督。如有违者，定要严训。屡教不改，且已经触犯法律者，必须向政府或司法部门报告，绳之以法，决不宽恕。”[①]客家是以亲情伦理为基础，运用道德手段与法律手段，让族众自我教育、自我约束、自我监督。由于客家制规严格、判决公平、执罚公

① 2011-06-28 10:26:18 来源：梅州日报网络

正，正确地处理族内矛盾，因此能促进家族和谐的良性发展。

**有效的权力制约机制**。客家社会为了保证权力的正常行使，动用各种监督主体，运用多种手段监督。客家首脑们并非世袭制，族人有公选和弹劾的权力。客家民众对他们进行监督、考核，若首脑们在其位不谋其政，玩忽职守，贪赃枉法，拟其不孝之罪，重罚不恕，甚至是惩处永不许入祠，以为后戒。如上文提到的广西北流市客家联石第九代族长罗应宸利用向族人借贷之机，侵蚀挪用公款，以至账目不清，被族人勒令交出。客家通过权力制约机制保证权力的正常使用与客家社会的和谐。

宗法以宗族为基础，宗族以血缘关系为基础，血缘关系是个人从出生到老死都脱离不开的最重要的人际关系。由血缘关系中形成的亲亲尊尊、尊老爱幼、团结凝聚、爱家爱乡的感情，在任何社会中都是无法替代的人类最原始最基本的思想感情。广西客家社会在宗法情感上建立了以爱族主义为基础，家族主义为支柱，爱国主义为核心的价值体系，并通过族规培植法律信仰，形成广西客家社会秩序，实现和谐。如今，客家宗法制度已解体，但客家所培植的法律信仰却根植在客家社会每个成员的心中，推动客家社会的和谐发展。家庭是社会的细胞，一家一族的和谐，无疑维系着广西乃至整个中华大家庭的稳定与和谐。

客家文化的普世核心价值——和谐，是客家人对汉民族和中华民族精神弃劣取精并加以弘扬、创新的结晶。研究它，不仅有利于普及和提高客家民系广大成员的社会意识和自身素质，也有益于推动我国及人类世界精神文明建设。正如全国人大常委会前副委员长许嘉璐先生所说："保护、弘扬和创新客家文化，是客家之所急需，中国之所急需，世界之所急需。"①

社会的矛盾与冲突在一定意义上说就是文化的冲突，如果我们的研究能抓住这一客家文化的精髓，离弃表象直指影响社会稳定和谐的内核，就有现实的针对性，就能使客家文化研究更上一层楼。学界对社会如何稳定和谐进行了多维研究，硕果累累，但多是从居高临下的权力介入等强制手段或大规模的群众运动的视角来研究，而从相互尊重、平等互动这一价值永恒的客家文化视角切入研究，尚未引起学界足够的重视。我们的研究，希望能拓展该领域的空间，能服务于主流社会并赢得大众的认可，因为这是客家文化研究的最具实力和影响力的东西，这个客家文化的软实力能服务于人类社会整体的进步与发展，也能突出广西客家文化研究的特点。

① 2011-06-28 10:26:18 来源：梅州日报网络

# 主要参考文献

[1] 周易
[2] 尚书
[3] 春秋
[4] 左传
[5] 国语
[6] 论语
[7] 孟子
[8] 老子
[9] 庄子
[10] 礼记
[11] 诗经
[12] 楚辞
[13] 汉书
[14] 史记
[15] 三国志
[16] 朱子论语
[17] 钟文典. 广西客家研究综论. 桂林: 广西师范大学出版社, 2005
[18] 钟文典. 广西客家. 桂林: 广西师范大学出版社, 2005
[19] 钟文典. 广西通史. 南宁: 广西人民出版社, 1999
[20] 钟文典. 20 世纪 30 年代的广西. 南宁: 广西人民出版社, 1993
[21] 谢重光. 客家源流新探. 福州: 福建教育出版社, 1995
[22] 谢重光. 海峡两岸的客家人. 台北: 幼狮文化出版社, 2000
[23] 谢重光. 客家形成发展史纲. 广州: 华南理工大学出版社, 2001
[24] 谢重光. 乡土中国——闽西客家. 北京: 三联书店, 2002

[25] 谢重光. 畲族与客家福佬关系史略. 福州: 福建人民出版社, 2002
[26] 谢重光. 闽台客家社会与文化. 福州: 福建人民出版社, 2003
[27] 谢重光. 福建客家. 桂林: 广西师范大学出版社, 2005 年
[28] 谢重光. 客家文化与妇女生活——12—20 世纪客家妇女研究. 上海: 上海古籍出版社, 2005
[29] 谢重光. 客家文化述论. 北京: 中国社会科学出版社, 2008
[30] 饶任坤, 卢斯飞. 客家历史文化纵横谈. 南宁: 广西教育出版社, 1993
[31] 饶任坤. 客家历史文化. 南宁: 广西教育出版社, 1997
[32] 饶任坤, 陈仁华. 太平天国在广西调查资料全编. 南宁: 广西人民出版社, 1989
[33] 卢斯飞. 卢斯飞集. 北京: 线装书局, 2010
[34] 彭会资, 钟钊. 博白客家. 桂林: 广西师范大学出版社, 2006
[35] 冯秀珍. 客家文化大观. 北京: 经济日报出版社, 2003
[36] 谭元亨. 客家圣典: 一个大迁徙民系的文化史. 深圳: 海天出版社, 1997
[37] 谭元亨. 客家与华夏文明. 广州: 华南理工大学出版社, 2003
[38] 谭元亨, 黄鹤. 客家文化审美导论. 广州: 华南理工大学出版社, 2001
[39] 谭元亨. 广东客家史. 广州: 广东人民出版社, 2010
[40] 苏斌、李辉. 桂东客家人. 南宁: 广西民族出版社, 1997
[41] 李林. 依法治国与和谐社会建设. 北京: 中国法制出版社, 2007
[42] 罗香林. 客家源流考. 北京: 中国华侨出版公司, 1989
[43] 罗香林. 客家研究导论. 台北. 古亭书屋印行, 1981
[44] 刘大可. 客家之光. 福州: 福建教育出版社, 1995
[45] 张卫东. 客家文化. 北京: 新华出版社, 1993
[46] 吴飞. 传媒影响力. 北京: 中国传媒大学出版社, 2005
[47] 王玉德. 神秘的风水. 南宁: 广西人民出版社, 2004
[48] 樊浩. 伦理精神的价值生态. 北京: 中国社会科学出版社, 2004
[49] 凌世耀, 刘斯. 博白大观. 南宁: 广西人民出版社, 2010
[50] 刘斯. 客家文化与经济发展论坛论文集. 第三届博白客家文化节论坛组, 2010
[51] 严永通, 凌永金. 广西客家山歌研究. 南宁: 广西人民出版社, 1991
[52] 吴善平. 客家古邑. 广州: 华南理工大学出版社, 2010
[53] 李克. 玉林文化遗产. 北京: 红旗出版社, 2009
[54] 骆中钊. 风水学与现代家居. 北京: 中国城市出版社, 2006

[55] 钟庆财. 易经与和谐民居. 南昌: 江西人民出版社, 2009
[56] 程建军. 藏风得水: 风水与建筑. 北京: 中国电影出版社, 2005
[57] 南国早报编. 探秘广西. 桂林: 广西师范大学出版社, 2009
[58] 璟萍. 礼仪的伦理学视角. 北京: 中国社会科学出版社, 2007
[59] 赖富强, 刘庆. 趣闻广西. 北京: 旅游教育出版社, 2007
[60] 黑格尔. 法哲学原理. 北京: 商务印书馆, 1979
[61] 孔永松, 李小平. 客家宗族社会. 福州: 福建教育出版社, 1995
[62] [法]劳格文. 客家传统社会. 北京: 中华书局出版, 2005
[63] 黄汉民. 客家土楼民居. 福州: 福建教育出版社, 1997
[64] 樊浩. 伦理精神的价值生态. 北京: 中国社会科学出版社, 2001
[65] 弗兰西斯·福山. 信任——社会道德与繁荣的创造. 呼和浩特: 远方出版社, 1998
[66] 朱志明. 经济社会转型时期若干问题研究. 济南: 济南出版社, 2006
[67] 马克思恩格斯全集. 北京: 人民出版社, 1972
[68] 陈世松. 四川客家. 桂林: 广西师范大学出版社, 2005
[69] 杨智勇. 家族主义与中国文化. 昆明: 云南大学出版社, 2000
[70] 罗勇. 客家赣州. 南昌: 江西高校出版社, 1998
[71] 罗勇, 林晓平. 客家文化特质与客家精神研究. 哈尔滨: 黑龙江人民出版社, 2006
[72] 陈国庆. 中国近代社会转型研究. 北京: 文献出版社, 2005
[73] 陆学艺. 社会学. 北京: 知识出版社, 1991
[74] 陆学艺, 李培林. 中国社会发展报告. 大连: 辽宁人民出版社, 1991
[75] 耿明斋. 中国经济社会转型探索. 北京: 社会科学文献出版社, 2008
[76] 邱权政. 客家与近代中国. 北京: 中国华侨出版社, 1997
[77] 张维耿. 客家话词典. 广州: 广东人民出版社. 1995
[78] 曾令存. 客家·文学·禅. 北京: 社会科学文献出版社. 2006
[79] 邓迅之. 客家源流研究. 台北. 明天出版社. 1982
[80] 肖祥, 谭培文. 从底线伦理到终极关怀——社会主义和谐价值观研究. 桂林: 广西师范大学出版社, 2009
[81] 畅征. 小国伟人·李光耀. 北京: 学苑出版社, 2004
[82] 黄崇岳, 杨耀林. 客家研究文丛. 广州: 华南理工大学出版社, 2006
[83] 刘佐泉. 客家历史与传统文化. 开封: 河南大学出版社, 1991
[84] 刘佐泉. 观澜溯源话客家. 桂林: 广西师范大学出版社, 2005

[85] 周雪香, 陈支平. 华南客家族群追寻和文化印象. 合肥: 黄山书社, 2005
[86] 曾祥委. 客家的文化与民性. 哈尔滨: 黑龙江人民出版社, 2005
[87] 丘桓星. 客家人与客家文化. 北京: 商务印书馆, 1998
[88] 罗英祥. 漂洋过海的客家人. 郑州: 河南大学出版社, 1994
[89] 肖平. 客家人: 一个东方族群的秘密. 成都: 地图出版社, 2002
[90] 刘介. 广西通志. 南宁: 广西人民出版社, 1990
[91] 黄志荣. 陆川县志. 南宁: 广西人民出版社, 1993
[92] 朱德华. 博白县志. 南宁: 广西人民出版社, 1990
[93] 张谷, 王缉国. 王力传. 南宁: 广西教育出版社, 1992
[94] 刘义章. 香港客家. 桂林: 广西师范大学出版社, 2005
[95] 葛荣晋. 道家文化与现代文明. 北京: 中国人民大学出版社, 1997
[96] 徐宵鹰. 歌唱与敬神——村镇视野中的客家妇女生活. 桂林: 广西师范大学出版社, 2006
[97] 包兆会. 庄子生存论美学研究. 南京: 南京大学出版社, 2004
[98] 孙希旦. 礼运注解. 北京: 中华书局, 1989
[99] [美] L. A. 珀文. 人格科学. 周榕等, 译. 上海: 华东师范大学出版社, 2001
[100] 林耀华. 义序的宗族研究. 上海: 上海三联出版社, 2000
[101] 刘晓春. 仪式与象征的秩序. 北京: 商务印书馆, 2003
[102] 魏文华. 太平天国全史演义. 北京: 新华出版社, 1989
[103] 辛亥革命回忆录. 北京: 中国文史资料出版社, 1981
[104] 散木. 中国元帅朱德. 北京: 中共中央党校出版社, 1995
[105] 范硕. 叶剑英在非常时期. 北京: 华文出版社, 2002
[106] 吴剑杰. 孙中山及其思想. 武汉: 武汉大学出版社, 2001
[107] 赵春晨, 雷雨田, 何大进. 基督教与近代岭南文化. 上海: 上海人民出版社, 2002
[108] [美]M. E. 斯皮罗. 文化与人性. 北京: 社会科学文献出版社, 1999
[109] 包兆会. 庄子生存论美学研究. 南京: 南京大学出版社, 2004
[110] 刘长久. 中国佛教. 桂林: 广西师范大学出版社, 2006

# 后　记

本书为广西壮族自治区哲学社会科学规划研究项目，得到广西壮族自治区哲学社会规划领导小组办公室资助。

2006年10月，有幸被邀请参加台湾第21届世界客属恳亲大会，并在国际客家文化学术研讨会上作“论客家人的生态和谐观”演讲，后被台湾大学领导盛情邀请到该校进行交流，获益匪浅。从台北回来后，不时思考：作为客家子弟，应该为客家事业做些力所能及的工作。于是，凭着平时的积累，2007年率先在广西玉林师范学院开设“客家文化研究”，后更名为“客家学”课程，薪火相传地推介、研究客家文化，坚持发表相关论文。拙著就是在此基础上，进一步条理化、规范化，申报并获准资助2011年度广西社会科学规划课题 “客家文化与和谐广西研究”，交由浙江大学出版社出版的。

在成书过程中，曾蒙广西壮族自治区党委常委、统战部长黄道伟同志的审阅指导，多有匡正，广西区党委原书记、政协原主席陈辉光先生赐写序文，勉励有加，将终身铭记。广西社会科学界联合会主席庞汉生先生、广西师范学院党委原书记陈仕金先生、广西师范大学王建周教授、彭会资教授、熊守清教授、刘道超教授、刘小林教授、广西师范学院卢斯飞教授、广西社会科学院饶任坤研究员、北京科技大学冯秀珍教授、广西警官高等专科学校朱其良教授、广西桂林师范高等专科学校滕云博士、广西区党委宣传部邓亚平先生、广西钦州市党委统战部蔡家东先生、广西玉林市客家海外联谊会常务副会长廖佳章先生、广西玉林市人大刘戬先生等，提出了弥足珍贵的修改意见。广西玉林师范学院在校生陈翠、江燕敏、刘义程、李伟维、池小乐、韦钰佳、农雪瑜、班玉玲、李志芳、罗统飞、庞博玲、朱名运、朱伟萌、陆叶、胡红梅、韦雯婧、李凯敏、陈玉萍、何丹宁、梁海兰、凌敏、徐艳璘等，在选修“客家学”课程时，参与田野调查、资料收集、分类整理、文字校对等工作，可以说，本书是集体智慧和汗水的结晶。在此，谨向上述诸位先生和学生表示由衷的谢意！同时，也吸取了学术界部分研究成果，限于篇幅，未能一一注出，谨在这里加于说明并致以衷心的感谢！

本人十分赞赏全国人大常委会原副委员长许嘉璐先生在2011年"海峡两岸高峰论坛"上的见解："客家文化可以说是中华文化的缩影、典型、样板，或曰范式，是中国人民献给人类的一份厚礼……保护、弘扬和创新客家文化，是客家之所急需，中国之所急需，世界之所急需……对客家文化的研究，应不限于对过去的文献、历史的考证、文物的留存、风土文化的记录，也应该研究如何使之内化，变为今天的我们和我们的子孙后代须臾不能去的内在。"

遗憾的是，笔者的认识与所做的努力尚有明显的差距，尤其是在梳理历史上的客家名人有关"和谐"社会建构的言与行，以丰富民族历史文化发展的层次性和历史纵深感，倍感困难重重；加上田野调查不够深入细致，所掌握的素材不够丰富，致使行文中重复使用等方面，热切盼望方家指点给力，以便再版时更好地充实、完善。

徐天河

2011.10.30

图书在版编目(CIP)数据

客家文化与和谐广西 / 徐天河著. —杭州：浙江大学出版社，2011.11

ISBN 978-7-308-09279-1

I. ①客… II. ①徐… III. ①客家—民族文化—建设—研究—广西 IV. ①K281.1-53

中国版本图书馆 CIP 数据核字(2011)第 227286 号

客家文化与和谐广西

徐天河　著

责任编辑　张　琛 (zerozc@zju.edu.cn)

封面设计　杭州墨华文化创意有限公司

出版发行　浙江大学出版社

(杭州天目山路 148 号　邮政编码 310007)

(网址: http://www.zjupress.com)

排　　版　杭州中大图文设计有限公司

印　　刷　杭州日报报业集团盛元印务有限公司

开　　本　710mm×1000mm　1/16

印　　张　18.5

彩　　插　1 印张

字　　数　350 千

版 印 次　2011 年 11 月第 1 版　2011 年 11 月第 1 次印刷

书　　号　ISBN 978-7-308-09279-1

定　　价　39.80 元



浙江大学出版社发行部邮购电话　(0571)88925591